中国林业统计年鉴 2012

CHINA FORESTRY STATISTICAL YEARBOOK

国家林业局◎编

中国林业出版社
CHINA FORESTRY PUBLISHING HOUSE

图书在版编目(CIP)数据

中国林业统计年鉴. 2012 / 国家林业局编. —北京：中国林业出版社，2013. 9
ISBN 978-7-5038-7157-3

Ⅰ. ①中… Ⅱ. ①国… Ⅲ. ①林业经济－统计资料－中国－2012－年鉴
Ⅳ. ①F326. 2－66

中国版本图书馆 CIP 数据核字(2013)第 189609 号

中国林业统计年鉴（2012）

作者：国家林业局
地址：北京市东城区和平里东街 18 号
电话：010－83221210
E-mail：cfybook@ 163. com
出版：中国林业出版社(100009　北京市西城区德内大街刘海胡同 7 号)
发行：新华书店北京发行所
印刷：北京华正印刷有限公司
版次：2013 年 9 月第 1 版
印次：2013 年 9 月第 1 次
开本：880mm × 1230mm　1/16
印张：29. 25
字数：1100 千字
定价：258. 00 元

中国林业统计年鉴2012

CHINA

FORESTRY STATISTICAL YEARBOOK 2012

说明

一、为了适应改革开放的需要，便于国内外各界了解中国林业建设与发展情况，我们编辑的《中国林业统计年鉴》从1987年开始公开出版，每年出版一册，供广大读者作为资料性的工具书使用。

二、本书系根据各省、自治区、直辖市林业管理部门和国家林业局直属单位上报的2012年林业统计年报和其他有关资料编辑而成。全书分为：森林和湿地资源、生态建设、产业发展、从业人员和劳动报酬、林业投资、林业教育6个部分及国有林区135个木材采运企业和20个重点营林局主要统计指标、林业工作站和乡村林场基本情况、森林主要灾害情况、全国分县造林情况、全国历年主要统计指标完成情况、2003~2012年主要林产品进出口情况、野生动植物进出口情况和世界主要国家林业情况8个附录。

三、本书数据除特别标注外不包括香港特别行政区、澳门特别行政区以及台湾省。

四、"—"表示数据不足本表最小单位数、不详或无该项数据。

五、为了不断提高图书质量，竭诚欢迎广大读者提出改进意见。

编者

2013年6月

Preface

To meet requirements of reform and opening-up, *China Forestry Statistical Yearbook* has been annually published since 1987. The yearbook, as a reference tool, is aimed to help people from all walks of life at home and abroad to understand forestry construction and development in China.

China Forestry Statistical Yearbook 2012 is edited on the basis of some relevant information and the statistics submitted by the competent forestry departments of provinces, autonomous regions, municipalities directly under the Central Government and some institutions affiliated to the State Forestry Administration. The yearbook is composed of six components including forest and wetland resources, ecological improvement, development of forestry industry, employment, forestry investment and education. It also contains 8 appendix of major statistical data of 135 forest industry enterprises and 20 key silviculture bureaus in state-owned forest areas, forestry working stations and rural forest farms, major forest disasters, afforestation in counties, main forestry statistical indicators over years, import and export of primary forest products (2003 ~ 2012), import and export of wild fauna and flora and forestry in major countries of the world.

The yearbook (in case there are no specific notes) does not include the data of Hong Kong Special Administrative Region, Macao Special Administrative Region and Taiwan Province.

"—" indicates that the figure is not large enough to be measured with the smallest unit in the table or the data are not available.

In order to improve the quality of the yearbook, the suggestions and comments are warmly welcomed.

Editor

June, 2013

目录

CONTENTS

一、森林和湿地资源

Forest and Wetlands Resources

二、生态建设

Ecological Development

三、产业发展

Forest Industrial Development

四、从业人员和劳动报酬

Employment and Wages

五、林业投资

Investment in Forestry

六、林业教育

Forestry Education

附录一：国有林区 135 个木材采运企业和 20 个重点营林局主要统计指标

Annex I　Main Statistical Indicators for 135 Timber Harvesting Enterprises and 20 Key Silviculture Bureaus in the State-owned Forest Areas

附录二：林业工作站和乡村林场基本情况

Annex II　Forestry Working Stations and Rural Forest Farms

附录三：森林主要灾害情况

Annex III　Major Forest Disasters

附录四：全国分县造林情况

Annex IV National Afforestation by County

附录五：全国历年主要统计指标完成情况

Annex V National Main Statistical Indicators in Calendar Years

附录六：2003～2012年主要林产品进出口情况

Annex VI Import and Export of Major Forest Products between 2003 and 2012

附录七：野生动植物进出口情况

Annex VII Import and Export of Wild Fauna and Flora

附录八：世界主要国家林业情况

Annex VIII Forestry in Major Countries in the World

1

森林和湿地资源

FOREST AND WETLAND RESOURCES

全国森林资源情况

单位：万公顷、万立方米

地区	森林覆盖率		林地面积	森林面积[①]	人工林面积	活立木总蓄积量	森林蓄积量	人工林蓄积量	乔木林单位面积蓄积量（立方米/公顷）
	森林覆盖率（%）	排序							
全国合计	**20.36**	**—**	**30590.41**	**19545.22**	**6168.84**	**1491268.19**	**1372080.36**	**196052.28**	**85.88**
北京	31.72	15	101.46	52.05	35.65	1291.29	1038.58	571.62	29.20
天津	8.24	29	14.22	9.32	8.88	277.01	198.89	186.83	36.43
河北	22.29	19	705.37	418.33	212.27	10183.91	8374.08	4238.60	29.06
山西	14.12	23	754.58	221.11	102.74	8846.96	7643.67	1838.95	44.33
内蒙古	20.00	21	4394.93	2366.40	303.91	136073.62	117720.51	7573.95	70.02
辽宁	35.13	12	666.28	511.98	283.03	21174.91	20226.85	7299.34	55.98
吉林	38.93	10	848.73	736.57	148.94	88244.21	84412.29	9594.90	116.15
黑龙江	42.39	9	2184.16	1926.97	235.68	165191.60	152104.96	13519.66	79.53
上海	9.41	28	7.46	5.97	5.97	275.20	100.95	100.95	29.69
江苏	10.48	25	128.64	107.51	104.15	5022.59	3501.75	3407.83	47.04
浙江	57.41	3	667.97	584.42	267.44	19382.93	17223.14	6008.28	43.76
安徽	26.06	18	439.40	360.07	209.87	16258.35	13755.41	7023.22	50.79
福建	63.10	1	914.81	766.65	359.18	53226.01	48436.28	19601.55	85.57
江西	58.32	2	1054.92	973.63	291.87	45045.51	39529.64	10734.82	51.46
山东	16.72	22	342.12	254.46	244.38	8627.99	6338.53	6202.10	40.60
河南	20.16	20	502.02	336.59	217.39	18051.16	12936.12	7480.12	45.65
湖北	31.14	17	822.01	578.82	167.01	23121.55	20942.49	4207.79	41.24
湖南	44.76	8	1234.21	948.17	464.04	38177.20	34906.67	16018.33	48.05
广东	49.44	6	1073.07	873.98	503.18	32160.74	30183.37	11520.43	44.47
广西	52.71	4	1496.45	1252.50	515.52	51056.78	46875.18	17127.98	58.11
海南	51.98	5	208.73	176.26	125.29	7940.93	7274.23	1230.39	86.42
重庆	34.85	13	400.18	286.92	76.20	13803.63	11331.85	2508.21	62.25
四川	34.31	14	2311.66	1659.52	415.65	168753.49	159572.37	13361.09	136.94
贵州	31.61	16	841.23	556.92	199.86	27911.53	24007.96	8718.38	60.31
云南	47.50	7	2476.11	1817.73	326.77	171216.68	155380.09	7259.87	105.51
西藏	11.91	24	1746.63	1462.65	3.36	227271.36	224550.91	110.74	266.96
陕西	37.26	11	1205.80	767.56	183.27	36144.16	33820.54	2031.13	59.65
甘肃	10.42	26	955.44	468.78	80.77	21708.26	19363.83	2022.38	90.73
青海	4.57	30	634.00	329.56	4.44	4413.80	3915.64	294.18	110.30
宁夏	9.84	27	179.03	51.10	10.38	625.93	492.14	186.12	44.38
新疆	4.02	31	1066.57	661.65	61.75	33914.50	30100.54	4072.54	177.86
台湾[②]	58.79	—	210.24	210.24	—	35874.40	35820.90	—	—
香港[③]	17.10	—	1.92	1.92	—	—	—	—	—
澳门[④]	21.70	—	0.06	0.06	—	—	—	—	—

①全国森林面积含国家特别规定的灌木林新增面积。各省森林面积含国家特别规定的灌木林全部面积。

②台湾省数据来源于《第三次台湾森林资源及土地利用调查(1993 年)》。

③香港特别行政区的森林面积来源于香港环境资源顾问有限公司 2003 年在香港特区政府持续发展组的委托下编写的《陆上栖息地保护价值评级及地图制》，土地面积来源于《香港 2003 年统计年鉴》。

④澳门数据来源于《澳门 2006 年统计年鉴》的数据，森林面积为总绿化面积，该森林覆盖率指绿化面积占土地面积的比例。全国经济林面积、天然林面积蓄积、人工林面积蓄积、乔木林单位面积蓄积量不含香港、澳门、台湾数据。

全国湿地资源情况

单位:公顷

指　　标	总　　计
湿地面积总计	**38485525**
一、近海及海岸湿地	**5941696**
浅海水域	3280091
潮下水生层	1936
珊瑚礁	64608
岩石性海岸	97187
潮间沙石海岸	146265
潮间淤泥海岸	958961
潮间盐水沼泽	90340
红树林	22025
海岸性咸水湖	87456
海岸性淡水湖	6516
河口水域	660452
三角洲湿地	525861
二、河流湿地	**8206982**
永久性河流	6823208
季节性河流	312044
泛洪平原湿地	1071730
三、湖泊湿地	**8351586**
永久性淡水湖	4115456
季节性淡水湖	466710
永久性咸水湖	3693160
季节性咸水湖	76260
四、沼泽和沼泽化草甸湿地	**13700289**
藓类沼泽	139787
草本沼泽	6478209
沼泽化草甸	5754374
灌丛沼泽	188126
森林沼泽	137593
内陆盐沼	987582
地热湿地	14617
淡水泉和绿洲	—
五、库塘	**2284972**

注：本表不包括台湾省、香港和澳门特别行政区。

各地区湿地

地　区	总　计	近海及						
		小计	浅海水域	潮下水生层	珊瑚礁	岩石性海岸	潮间沙石海岸	潮间淤泥海岸
全国合计	**38485525**	**5941696**	**3280091**	**1936**	**64608**	**97187**	**146265**	**958961**
北　京	34359	—	—	—	—	—	—	—
天　津	171780	58090	21070	—	—	—	—	37020
河　北	1081939	278792	115930	—	—	224	12202	104364
山　西	499900	—	—	—	—	—	—	—
内蒙古	4245048	—	—	—	—	—	—	—
辽　宁	1219615	738097	464200	—	—	5820	15780	222404
吉　林	1203356	5825	—	—	—	—	—	—
黑龙江	4314835	—	—	—	—	—	—	—
上　海	319714	305421	—	—	—	2502	—	13495
江　苏	1674670	843527	823526	—	—	—	—	20001
浙　江	802172	574275	286453	—	—	6009	628	145009
安　徽	653870	—	—	—	—	—	—	—
福　建	442997	370599	260219	—	3570	10917	15580	65432
江　西	998797	—	—	—	—	—	—	—
山　东	1784099	1210932	632716	—	—	66942	17483	210959
河　南	624129	—	—	—	—	—	—	—
湖　北	927329	—	—	—	—	—	—	—
湖　南	1226909	—	—	—	—	—	—	—
广　东	1398074	1017813	422191	1706	41222	270	45849	70027
广　西	656107	348362	172000	—	300	—	24370	69200
海　南	311469	189963	81786	230	19516	4503	14373	1050
重　庆	43206	—	—	—	—	—	—	—
四　川	961680	—	—	—	—	—	—	—
贵　州	79410	—	—	—	—	—	—	—
云　南	235304	—	—	—	—	—	—	—
西　藏	5232000	—	—	—	—	—	—	—
陕　西	292895	—	—	—	—	—	—	—
甘　肃	1258096	—	—	—	—	—	—	—
青　海	4125967	—	—	—	—	—	—	—
宁　夏	255643	—	—	—	—	—	—	—
新　疆	1410156	—	—	—	—	—	—	—

资源情况(一)

单位：公顷

海岸湿地						河流湿地			
潮间盐水沼泽	红树林	海岸性咸水湖	海岸性淡水湖	河口水域	三角洲湿地	小计	永久性河流	季节性河流	泛洪平原湿地
90340	**22025**	**87456**	**6516**	**660452**	**525861**	**8206982**	**6823208**	**312044**	**1071730**
—	—	—	—	—	—	4984	4984	—	—
—	—	—	—	—	—	55120	55120	—	—
20328	—	—	1202	6552	17990	319313	69614	49517	200182
—	—	—	—	—	—	454142	444152	6690	3300
—	—	—	—	—	—	607459	220463	1876	385120
680	—	—	—	15703	13510	252171	252171	—	—
—	—	—	—	—	5825	581393	514801	13842	52750
—	—	—	—	—	—	460684	337362	—	123322
—	—	—	—	289425	—	7191	7191	—	—
—	—	—	—	—	—	203337	188147	15190	—
21024	21	—	5159	78631	31341	118496	89594	—	28902
—	—	—	—	—	—	239508	233849	5659	—
—	615	—	—	14266	—	31064	31064	—	—
—	—	—	—	—	—	314883	314883	—	—
—	—	48515	—	5317	229000	301088	92320	208768	—
—	—	—	—	—	—	472721	462726	—	9995
—	—	—	—	—	—	377446	355674	—	21772
—	—	—	—	—	—	683130	683130	—	—
19500	9084	12501	—	245392	150071	231653	204283	—	27370
—	8375	118	—	—	74000	219134	219134	—	—
28808	3930	26322	155	5166	4124	38270	34067	—	4203
—	—	—	—	—	—	31624	31624	—	—
—	—	—	—	—	—	563868	563868	—	—
—	—	—	—	—	—	57960	57960	—	—
—	—	—	—	—	—	119781	119781	—	—
—	—	—	—	—	—	231115	231115	—	—
—	—	—	—	—	—	252056	113577	110	138369
—	—	—	—	—	—	565600	565600	—	—
—	—	—	—	—	—	107528	107372	156	—
—	—	—	—	—	—	104076	39700	10236	54140
—	—	—	—	—	—	200188	177883	—	22305

各地区湿地

地　区	湖泊湿地					
	小计	永久性淡水湖	季节性淡水湖	永久性咸水湖	季节性咸水湖	小计
全国合计	**8351586**	**4115456**	**466710**	**3693160**	**76260**	**13700289**
北　京	—	—	—	—	—	—
天　津	12330	12330	—	—	—	8180
河　北	307248	12897	282043	12308	—	136944
山　西	8063	2943	320	4800	—	—
内蒙古	495190	323346	29720	100524	41600	3098149
辽　宁	6250	6250	—	—	—	110237
吉　林	74486	19361	—	55125	—	354672
黑龙江	401860	289983	—	111877	—	3320274
上　海	6803	6803	—	—	—	—
江　苏	604193	604193	—	—	—	—
浙　江	3020	3020	—	—	—	114
安　徽	350465	341201	9264	—	—	—
福　建	19542	19542	—	—	—	—
江　西	443208	443208	—	—	—	114823
山　东	165476	164376	1100	—	—	3941
河　南	2587	2587	—	—	—	6914
湖　北	294676	294676	—	—	—	58350
湖　南	359266	359266	—	—	—	5061
广　东	1547	1547	—	—	—	1024
广　西	—	—	—	—	—	—
海　南	17312	17312	—	—	—	11025
重　庆	278	278	—	—	—	—
四　川	13376	12946	430	—	—	342298
贵　州	2297	2297	—	—	—	5690
云　南	96538	91245	5293	—	—	3950
西　藏	2538637	596200	—	1913667	28770	2461700
陕　西	7300	5895	—	1405	—	17829
甘　肃	44346	34406	300	9640	—	521500
青　海	1232039	254520	—	977519	—	2748100
宁　夏	148327	4247	138240	680	5160	—
新　疆	694927	188582	—	505615	730	369513

资源情况(二)

单位：公顷

沼泽和沼泽化草甸湿地								库塘
藓类沼泽	草本沼泽	沼泽化草甸	灌丛沼泽	森林沼泽	内陆盐沼	地热湿地	淡水泉和绿洲	
139787	**6478209**	**5754374**	**188126**	**137593**	**987582**	**14617**	**—**	**2284972**
—	—	—	—	—	—	—	—	29375
—	8180	—	—	—	—	—	—	38060
—	62072	15702	—	—	59171	—	—	39641
—	—	—	—	—	—	—	—	37695
2160	2309073	—	53410	92430	641076	—	—	44250
—	110237	—	—	—	—	—	—	112860
100	336905	—	600	2387	14680	—	—	186980
131500	1801943	1219500	132000	35331	—	—	—	132017
—	—	—	—	—	—	—	—	299
—	—	—	—	—	—	—	—	23613
—	114	—	—	—	—	—	—	106267
—	—	—	—	—	—	—	—	63897
—	—	—	—	—	—	—	—	21793
337	114486	—	—	—	—	—	—	125883
—	3941	—	—	—	—	—	—	102662
—	6914	—	—	—	—	—	—	141907
—	52350	—	—	6000	—	—	—	196857
—	5061	—	—	—	—	—	—	179452
—	1024	—	—	—	—	—	—	146037
—	—	—	—	—	—	—	—	88611
—	10561	347	—	—	—	117	—	54899
—	—	—	—	—	—	—	—	11304
—	342298	—	—	—	—	—	—	42138
5690	—	—	—	—	—	—	—	13463
—	3125	825	—	—	—	—	—	15036
—	540400	1681400	—	—	225400	14500	—	548
—	13959	—	—	—	3870	—	—	15710
—	409500	88500	—	—	23500	—	—	126650
—	—	2748100	—	—	—	—	—	38300
—	—	—	—	—	—	—	—	3240
—	346067	—	2116	1445	19885	—	—	145529

2

生态建设

ECOLOGICAL DEVELOPMENT

全国营林生产主要指标2012年与2011年比较

指标名称	单位	2012年	2011年	2012年比2011年增减（%）
一、荒山荒(沙)地造林面积	**公顷**	**5595791**	**5996613**	**-6.68**
(一)按造林方式分				
1. 人工造林	公顷	3820704	4065693	-6.03
其中：竹林面积	公顷	41424	74580	-44.46
2. 飞播造林	公顷	136409	196931	-30.73
3. 无林地和疏林地新封	公顷	1638678	1733989	-5.50
(二)按经济成分分				
1. 公有经济造林	公顷	3009993	2947928	2.11
①国有经济造林	公顷	1506978	1467113	2.72
②集体经济造林	公顷	1503015	1480815	1.50
2. 非公有经济造林	公顷	2585798	3048685	-15.18
(三)按林种用途分				
1. 用材林	公顷	774398	1019320	-24.03
2. 经济林	公顷	1101053	1218281	-9.62
3. 防护林	公顷	3650842	3688827	-1.03
4. 薪炭林	公顷	41145	36805	11.79
5. 特种用途林	公顷	28353	33380	-15.06
(四)按树种类型分				
其中：速生树种	公顷	755149	926657	-18.51
乡土树种	公顷	3593927	3790122	-5.18
珍贵树种	公顷	60563	52081	16.29
(五)按结构类型分				
1. 纯林	公顷	3143007	3523366	-10.80
2. 混交林	公顷	2452784	2473247	-0.83
二、有林地造林面积	**公顷**	**581520**	**416352**	**39.67**
1. 林冠下造林	公顷	150484	119864	25.55
2. 飞播营林	公顷	—	—	—
3. 有林地和灌木林地新封	公顷	431036	296488	45.38
三、更新造林	**公顷**	**305065**	**326641**	**-6.61**
四、四旁(零星)植树	**万株**	**239418**	**245776**	**-2.59**
五、年末实有封山(沙)育林面积	**公顷**	**24140908**	**23481113**	**2.81**
六、森林抚育				
1. 低产低效林改造面积	公顷	707499	788810	-10.31
2. 未成林抚育作业面积	公顷次	9396281	12800526	-26.59
3. 成林抚育面积	公顷	11875006	11322527	4.88
其中：中、幼龄林抚育面积	公顷	7661686	7334450	4.46
4. 抚育改造出材量	立方米	7714467	7400849	4.24
其中：中、幼龄林抚育出材量	立方米	5736525	5362034	6.98
七、林木种苗				
1. 林木种子采收量	吨	27831	—	—
2. 当年苗木产量	万株	5707761	5305505	7.58
3. 育苗面积	公顷	915643	769168	19.04
其中：本年新增育苗面积	公顷	272013	219512	23.92

注:2012年起林业统计制度对林木种子采收量指标含义进行重新界定,具体指用于育苗、直播或飞播等造林用途的林木种子,不包括食用、药用和提取食用油、工业用油的林木种子。

各地区按造林方式分造林面积 2012 年与 2011 年比较

单位：公顷

地　区	造林面积			人工造林			飞播造林			无林地和疏林地新封		
	2012 年	2011 年	增减（%）	2012 年	2011 年	增减（%）	2012 年	2011 年	增减（%）	2012 年	2011 年	增减（%）
全国合计	**5595791**	**5996613**	**-6.68**	**3820704**	**4065693**	**-6.03**	**136409**	**196931**	**-30.73**	**1638678**	**1733989**	**-5.50**
北　京	35752	20796	71.92	22171	6510	240.57	—	—	—	13581	14286	-4.93
天　津	5357	7401	-27.62	5357	7401	-27.62	—	—	—	—	—	—
河　北	312360	286423	9.06	209013	175906	18.82	20002	40665	-50.81	83345	69852	19.32
山　西	302851	299713	1.05	225253	215390	4.58	2333	2668	-12.56	75265	81655	-7.83
内蒙古	781617	731837	6.80	357339	335136	6.63	65071	113598	-42.72	359207	283103	26.88
内蒙古集团	345	1725	-80.00	345	1725	-80.00	—	—	—	—	—	—
辽　宁	246667	246767	-0.04	140000	140167	-0.12	—	—	—	106667	106600	0.06
吉　林	28166	36424	-22.67	27833	34090	-18.35	—	—	—	333	2334	-85.73
吉林集团	—	4	—	—	4	—	—	—	—	—	—	—
黑龙江	162299	123763	31.14	108960	71921	51.50	—	—	—	53339	51842	2.89
龙江集团	—	—	—	—	—	—	—	—	—	—	—	—
上　海	1168	710	64.51	1168	710	64.51	—	—	—	—	—	—
江　苏	57341	57294	0.08	57341	57294	0.08	—	—	—	—	—	—
浙　江	43923	40473	8.52	34473	36536	-5.65	—	—	—	9450	3937	140.03
安　徽	43786	45629	-4.04	32162	23373	37.60	—	—	—	11624	22256	-47.77
福　建	98042	212724	-53.91	98042	212724	-53.91	—	—	—	—	—	—
江　西	138645	164521	-15.73	127031	141693	-10.35	—	—	—	11614	22828	-49.12
山　东	197956	219028	-9.62	195875	217329	-9.87	—	—	—	2081	1699	22.48
河　南	228292	237740	-3.97	205968	193500	6.44	—	—	—	22324	44240	-49.54
湖　北	198578	194654	2.02	140174	145911	-3.93	—	—	—	58404	48743	19.82
湖　南	404239	402435	0.45	236487	235823	0.28	—	—	—	167752	166612	0.68
广　东	107512	125476	-14.32	94919	121640	-21.97	—	—	—	12593	3836	228.28
广　西	148878	147810	0.72	124443	132213	-5.88	—	—	—	24435	15597	56.66
海　南	17734	10914	62.49	17734	10914	62.49	—	—	—	—	—	—
重　庆	206215	244644	-15.71	135414	139288	-2.78	10000	—	—	60801	105356	-42.29
四　川	112159	251926	-55.48	58828	131636	-55.31	—	—	—	53331	120290	-55.66
贵　州	147704	202409	-27.03	70400	98724	-28.69	—	—	—	77304	103685	-25.44
云　南	544466	619961	-12.18	495424	551252	-10.13	—	—	—	49042	68709	-28.62
西　藏	72432	46705	55.08	38395	34306	11.92	—	—	—	34037	12399	174.51
陕　西	320287	325752	-1.68	215684	200151	7.76	39003	40000	-2.49	65600	85601	-23.37
甘　肃	177330	189807	-6.57	110789	106043	4.48	—	—	—	66541	83764	-20.56
青　海	135644	177492	-23.58	33387	49731	-32.86	—	—	—	102257	127761	-19.96
宁　夏	94814	90478	4.79	53430	59810	-10.67	—	—	—	41384	30668	34.94
新　疆	210244	216907	-3.07	133877	160571	-16.62	—	—	—	76367	56336	35.56
新疆兵团	22923	30710	-25.36	19590	20309	-3.54	—	—	—	3333	10401	-67.96
大兴安岭	—	—	—	—	—	—	—	—	—	—	—	—

注：全国合计造林面积中包括军事管理区 13333 公顷人工造林。

各地区全部营林

地区	荒山荒(沙)地								
	合计	按造林方式分				按经济成分分			
		人工造林		飞播造林	无林地和疏林地新封	公有经济造林			非公有经济造林
		小计	其中：竹林面积			小计	国有经济造林	集体经济造林	
全国合计	**5595791**	**3820704**	**41424**	**136409**	**1638678**	**3009993**	**1506978**	**1503015**	**2585798**
北京	35752	22171	—	—	13581	35524	14285	21239	228
天津	5357	5357	—	—	—	1071	—	1071	4286
河北	312360	209013	—	20002	83345	145827	33151	112676	166533
山西	302851	225253	—	2333	75265	236699	72129	164570	66152
内蒙古	781617	357339	—	65071	359207	557285	250471	306814	224332
内蒙古集团	345	345	—	—	—	345	345	—	—
辽宁	246667	140000	—	—	106667	68643	21970	46673	178024
吉林	28166	27833	—	—	333	13664	11621	2043	14502
吉林集团	—	—	—	—	—	—	—	—	—
黑龙江	162299	108960	—	—	53339	115254	91427	23827	47045
龙江集团	—	—	—	—	—	—	—	—	—
上海	1168	1168	—	—	—	1025	835	190	143
江苏	57341	57341	150	—	—	38727	10532	28195	18614
浙江	43923	34473	934	—	9450	29933	4449	25484	13990
安徽	43786	32162	2532	—	11624	13238	4449	8789	30548
福建	98042	98042	2596	—	—	32317	13684	18633	65725
江西	138645	127031	562	—	11614	40458	20843	19615	98187
山东	197956	195875	—	—	2081	90716	13226	77490	107240
河南	228292	205968	—	—	22324	44203	11706	32497	184089
湖北	198578	140174	1242	—	58404	49239	34567	14672	149339
湖南	404239	236487	5266	—	167752	47705	6692	41013	356534
广东	107512	94919	40	—	12593	78896	57716	21180	28616
广西	148878	124443	9038	—	24435	16489	5978	10511	132389
海南	17734	17734	360	—	—	1474	666	808	16260
重庆	206215	135414	4343	10000	60801	97964	52048	45916	108251
四川	112159	58828	3895	—	53331	79360	75062	4298	32799
贵州	147704	70400	—	—	77304	116103	81272	34831	31601
云南	544466	495424	10120	—	49042	215147	54974	160173	329319
西藏	72432	38395	—	—	34037	72432	61682	10750	—
陕西	320287	215684	346	39003	65600	259567	140168	119399	60720
甘肃	177330	110789	—	—	66541	152155	110449	41706	25175
青海	135644	33387	—	—	102257	134774	90002	44772	870
宁夏	94814	53430	—	—	41384	85040	54918	30122	9774
新疆	210244	133877	—	—	76367	125731	92673	33058	84513
新疆兵团	22923	19590	—	—	3333	17923	17583	340	5000
大兴安岭	—	—	—	—	—	—	—	—	—

注：全国合计造林面积中包括军事管理区 13333 公顷人工营造的防护林。

生产情况(一)

单位:公顷

造林面积									
按林种用途分					按树种类型分			按结构类型分	
用材林	经济林	防护林	薪炭林	特种用途林	其中:速生树种	其中:乡土树种	其中:珍贵树种	纯林	混交林
774398	**1101053**	**3650842**	**41145**	**28353**	**755149**	**3593927**	**60563**	**3143007**	**2452784**
—	574	34090	—	1088	—	26937	171	574	35178
984	976	3397	—	—	3003	2354	—	3517	1840
28806	31267	251258	402	627	47508	213611	892	172455	139905
1733	61739	226194	13185	—	8762	284212	375	140920	161931
9820	13300	756364	2133	—	11875	631505	5491	312422	469195
345	—	—	—	—	345	—	—	345	—
13362	17851	215423	—	31	23902	161448	—	126421	120246
4135	300	23731	—	—	5053	12659	3834	20065	8101
—	—	—	—	—	—	—	—	—	—
13891	4052	142708	46	1602	21181	127600	660	123042	39257
—	—	—	—	—	—	—	—	—	—
—	155	1013	—	—	—	270	—	576	592
10116	10015	36824	—	386	13378	21147	2293	33436	23905
5327	11209	25783	435	1169	2111	27984	3859	14329	29594
10022	5842	27449	154	319	14213	23453	1008	27879	15907
57402	11758	23249	—	5633	14906	60541	4639	59121	38921
66682	32379	37853	545	1186	58778	59062	2121	97570	41075
25178	49195	122277	—	1306	48248	122556	786	151036	46920
45506	34538	147818	—	430	62676	110307	1804	172163	56129
67624	45534	84343	217	860	77736	102465	1457	128469	70109
125068	48051	230908	—	212	112973	196615	3893	162479	241760
27786	6050	72617	—	1059	13653	75506	1696	26454	81058
99553	20785	26965	—	1575	66289	38852	3045	124423	24455
2520	11052	3113	—	1049	2714	885	1075	17622	112
43561	32934	124768	3338	1614	28287	124204	1371	87932	118283
26829	18940	66390	—	—	22475	69162	3095	62955	49204
22529	48989	70352	4911	923	27485	118988	1231	99266	48438
53697	404887	84407	1195	280	36496	368550	726	424969	119497
3042	2823	65092	1475	—	18077	—	—	45765	26667
4856	80827	234604	—	—	5074	181122	15021	197597	122690
—	28233	141076	1200	6821	6321	139972	—	73699	103631
—	1567	125477	8600	—	—	100116	—	54027	81617
—	9006	85808	—	—	—	67800	—	4926	89888
4369	56225	146158	3309	183	1975	124044	20	163565	46679
667	4790	17466	—	—	24	18934	20	16433	6490
—	—	—	—	—	—	—	—	—	—

各地区全部营林

地　区	有林地造林面积				更新造林	四旁（零星）植树（万株）	年末实有封山（沙）育林面积		
	合计	林冠下造林	飞播营林	有林地和灌木林地新封				低产低效林改造面积	未成林抚育作业面积（公顷次）
全国合计	**581520**	**150484**	**—**	**431036**	**305065**	**239418**	**24140908**	**707499**	**9396281**
北　京	10752	133	—	10619	760	200	144199	907	8115
天　津	—	—	—	—	—	401	26014	—	83852
河　北	25	25	—	—	3524	10261	867221	3633	393450
山　西	4368	—	—	4368	—	10415	890167	360	52631
内蒙古	—	—	—	—	14018	3423	3518739	8021	306326
内蒙古集团	—	—	—	—	214	23	—	—	14860
辽　宁	4299	1769	—	2530	8771	7330	1101398	7113	189812
吉　林	93189	61465	—	31724	13124	1605	690961	4599	621070
吉林集团	23229	23229	—	—	1019	11	215647	42	217841
黑龙江	58096	33630	—	24466	26402	1370	1032914	461	588869
龙江集团	33092	33092	—	—	26402	209	610981	—	184372
上　海	—	—	—	—	—	93	—	24	11334
江　苏	3335	—	—	3335	—	10964	28357	5679	107225
浙　江	6537	850	—	5687	13852	2946	999001	16761	86067
安　徽	15703	—	—	15703	—	12854	514248	12165	311655
福　建	83883	25018	—	58865	16052	3907	601693	16802	765038
江　西	28423	2864	—	25559	18139	18414	1045282	30755	318397
山　东	2210	10	—	2200	5707	19606	238906	13270	655219
河　南	—	—	—	—	—	21919	347384	10424	768510
湖　北	33782	1263	—	32519	4374	12424	1048160	25123	354975
湖　南	30161	—	—	30161	21489	13352	915758	162420	391320
广　东	63660	9131	—	54529	78088	6961	286047	45378	191668
广　西	11766	998	—	10768	50424	5744	1846116	7151	603593
海　南	—	—	—	—	13807	2138	125074	—	33110
重　庆	11801	—	—	11801	4514	9498	406891	24186	73686
四　川	—	—	—	—	4333	26126	924170	62076	80000
贵　州	—	—	—	—	—	4263	610149	18173	155569
云　南	102733	13328	—	89405	4935	10740	1370936	91459	18763
西　藏	—	—	—	—	520	251	123973	12667	—
陕　西	6066	—	—	6066	—	11541	891670	55154	233618
甘　肃	4131	—	—	4131	—	5673	842993	2225	84486
青　海	—	—	—	—	—	2049	989757	13107	30440
宁　夏	—	—	—	—	—	717	292970	2067	523401
新　疆	6600	—	—	6600	2232	2233	1419760	37740	1354082
新疆兵团	3333	—	—	3333	98	189	285490	437	328380
大兴安岭	—	—	—	—	—	—	—	17599	—

生产情况(二)

单位:公顷

森林抚育				林木种苗			
成林抚育面积		抚育改造出材量(立方米)		林木种子采收量(吨)	当年苗木产量(万株)	育苗面积	
合计	其中:中、幼龄林抚育面积	合计	其中:中、幼龄林抚育出材量			合计	其中:本年新增有苗面积
11875006	**7661686**	**7714467**	**5736525**	**27831**	**5707761**	**915643**	**272013**
85099	54648	8487	4607	28	27942	9920	649
96757	50681	21875	9045	—	5938	7803	2425
451021	324210	152533	137250	539	263400	55101	22184
204052	100282	46251	46251	782	509347	53551	23738
1166415	768563	877422	829724	2993	349725	22343	6792
356885	356885	566569	566569	—	11072	78	22
103197	72600	358540	197556	1853	443745	20418	7459
394285	223823	1442094	1103587	716	202318	9333	1684
87630	44945	183371	179118	61	17089	136	41
681299	640833	906710	515505	118	226551	10682	3242
507918	507869	83261	76003	16	57140	442	104
40838	8577	—	—	—	8809	11235	171
338715	209705	118619	83591	—	262075	120573	18851
238021	139873	154071	109558	34	414920	120833	14403
600527	317873	616890	381787	527	79210	69750	1200
243848	186724	207090	156858	44	49203	1636	599
228471	163137	161966	138827	109	310265	72653	31278
943966	706585	315252	220749	2135	456942	76467	33451
514660	382792	353799	228969	1054	151598	20027	14351
388716	284677	266461	163940	1346	119805	30640	15270
351095	279611	201994	174295	296	79898	1647	1557
275015	225418	21215	11126	39	79698	8185	4249
863917	387384	302493	128772	333	110662	13459	5357
252433	41052	2432	—	5	10101	1513	117
84608	78608	14673	13673	164	119931	24532	5479
145586	117534	26389	26320	1138	96555	17999	8610
120754	71756	312958	265722	1531	104102	2936	2100
140182	133186	245320	223378	5008	114738	4320	2285
11867	11867	—	—	—	—	—	—
268172	205999	14865	9795	3228	382877	22856	9069
301877	224240	21624	15007	1421	307848	25665	12512
25107	1474	1214	—	149	30601	2892	1082
372157	219349	—	—	1402	273737	30558	8583
1743615	829891	2750	2153	837	100939	45872	13242
394943	128208	2350	2153	34	10356	986	500
198734	198734	538480	538480	2	14281	244	24

林业重点生态

指　标	总计	天然林资源保护工程	退耕还林工程	京津风沙源治理工程
一、本年完成造林面积	**2753932**	**485203**	**655271**	**541690**
(一)按造林方式分				
1. 人工造林	1471213	137938	447185	227605
2. 飞播造林	120741	59739	—	54336
3. 无林地和疏林地新封	1161978	287526	208086	259749
(二)按林种用途分				
1. 用材林	183466	11833	115220	12553
2. 经济林	260157	20366	176324	12629
3. 防护林	2278743	447129	344335	512059
4. 薪炭林	20779	—	16156	3923
5. 特种用途林	10787	5875	3236	526
二、低产低效防护林改造面积	**10935**	**—**	**—**	**—**
三、年末实有封山育林面积	**14129944**	**6251058**	**1867154**	**2481372**
四、全部林业投资完成额	**5283825**	**2186318**	**1977649**	**356646**
其中：国家投资	4050116	1710230	1545329	321863

工程建设情况

公顷、万元

三北及长江流域等防护林体系工程							野生动物植物保护及自然保护区建设工程
合计	三北防护林工程	长江流域防护林体系工程	沿海防护林体系工程	珠江流域防护林体系工程	太行山绿化工程	平原绿化工程	
1071768	**678737**	**157942**	**145394**	**51578**	**38117**	**—**	**—**
658485	403431	89906	109974	30487	24687	—	—
6666	6666	—	—	—	—	—	—
406617	268640	68036	35420	21091	13430	—	—
43860	12941	13549	6535	10404	431	—	—
50838	38523	7720	1944	1678	973	—	—
975220	626299	136513	136347	39348	36713	—	—
700	648	52	—	—	—	—	—
1150	326	108	568	148	—	—	—
10935	**2116**	**3598**	**3321**	**1767**	**133**	**—**	**—**
3530360	**2303647**	**448368**	**376465**	**213274**	**188606**	**—**	**—**
630274	**325088**	**99667**	**165824**	**25796**	**13899**	**—**	**132938**
380467	210938	40869	96239	19977	12444	—	92227

各地区林业重点生态工程造林面积

单位:公顷

地　　区	全部造林面积	林业重点生态工程造林面积					其他造林面积
		合计	天然林资源保护工程	退耕还林工程	京津风沙源治理工程	三北及长江流域等防护林体系工程	
全国合计	**5595791**	**2753932**	**485203**	**655271**	**541690**	**1071768**	**2841859**
北　京	35752	19230	—	—	17177	2053	16522
天　津	5357	5357	—	—	—	5357	—
河　北	312360	165268	—	15038	79970	70260	147092
山　西	302851	178972	40180	49168	22985	66639	123879
内蒙古	781617	700942	116496	39972	421558	122916	80675
内蒙古集团	345	—	—	—	—	—	345
辽　宁	246667	117970	—	24663	—	93307	128697
吉　林	28166	21079	—	7266	—	13813	7087
吉林集团	—	—	—	—	—	—	—
黑龙江	162299	111785	—	37041	—	74744	50514
龙江集团	—	—	—	—	—	—	—
上　海	1168	—	—	—	—	—	1168
江　苏	57341	16582	—	—	—	16582	40759
浙　江	43923	12800	—	—	—	12800	31123
安　徽	43786	37322	—	21233	—	16089	6464
福　建	98042	17475	—	—	—	17475	80567
江　西	138645	32194	—	18772	—	13422	106451
山　东	197956	46110	—	—	—	46110	151846
河　南	228292	65172	4667	24845	—	35660	163120
湖　北	198578	86586	23300	32850	—	30436	111992
湖　南	404239	52485	—	23987	—	28498	351754
广　东	107512	38827	—	—	—	38827	68685
广　西	148878	40581	—	17532	—	23049	108297
海　南	17734	3517	—	1400	—	2117	14217
重　庆	206215	47671	24669	23002	—	—	158544
四　川	112159	68331	51997	16334	—	—	43828
贵　州	147704	41333	19333	15333	—	6667	106371
云　南	544466	174687	40491	125036	—	9160	369779
西　藏	72432	20276	3333	8057	—	8886	52156
陕　西	320287	193165	74930	47764	—	70471	127122
甘　肃	177330	122421	44474	20937	—	57010	54909
青　海	135644	81711	22664	16200	—	42847	53933
宁　夏	94814	45003	18669	8333	—	18001	49811
新　疆	210244	175747	—	47175	—	128572	34497
新疆兵团	22923	15443	—	84	—	15359	7480
大兴安岭	—	—	—	—	—	—	—

注:退耕还林工程中包括军事管理区 13333 公顷荒山荒地造林。

天然林资源保护工程建设情况

指　　标	单位	合计	东北、内蒙古等重点国有林区	长江上游、黄河上中游地区
一、工程区木材产量	**立方米**	**10444566**	**4872773**	**5571793**
其中：人工林木材产量	立方米	5483129	307858	5175271
二、荒山荒(沙)地造林面积	**公顷**	**485203**	**3133**	**482070**
按造林方式分				
1. 人工造林	公顷	137938	1133	136805
2. 飞播造林	公顷	59739	—	59739
3. 无林地和疏林地新封	公顷	287526	2000	285526
按林种用途分				
1. 用材林	公顷	11833	—	11833
2. 经济林	公顷	20366	—	20366
3. 防护林	公顷	447129	3133	443996
4. 薪炭林	公顷	—	—	—
5. 特种用途林	公顷	5875	—	5875
三、中、幼龄林抚育面积	**公顷**	**1681459**	**1270514**	**410945**
四、年末实有封山(沙)育林面积	**公顷**	**6251058**	**1012566**	**5238492**
五、年末实有森林管护面积	**公顷**	**114093967**	**38026541**	**76067426**
1. 国有林	公顷	70416435	38026541	32389894
2. 集体和个人所有的国家级公益林	公顷	19892913	—	19892913
3. 集体和个人所有的地方公益林	公顷	23784619	—	23784619
六、工程区项目实施单位人员情况				
1. 年末人数	人	827170	655768	171402
其中：混岗职工人数	人	79927	79326	601
(1)在岗职工	人	604726	442705	162021
(2)其他从业人员	人	12429	5961	6468
(3)离开本单位保留劳动关系人员	人	210015	207102	2913
2. 在岗职工年平均人数	人	577313	417843	159470
3. 在岗职工年工资总额	万元	1428060	965708	462352
4. 年末实有离退休人员	人	636477	493705	142772
5. 当年离退休人员生活费	万元	1227268	914369	312899
6. 年末参加基本养老保险人数	人	878425	691507	186918
其中：在岗职工	人	527340	397090	130250
7. 年末参加基本医疗保险人数	人	1097209	854838	242371
其中：在岗职工	人	554153	412696	141457
七、全部林业投资完成额	**万元**	**2186318**	**1178523**	**1007795**
其中：国家投资	万元	1710230	948891	761339
1. 公益林建设	万元	114405	—	114405
2. 后备资源培育	万元	14291	14291	—
3. 森林管护	万元	622558	276999	345559
4. 森林抚育	万元	291740	223004	68736
5. 生态效益补偿	万元	326835	12242	314593
6. 社会保险	万元	424849	323375	101474
7. 政社性支出	万元	338131	313303	24828
8. 其他	万元	53509	15309	38200

地区	工程区木材产量(立方米)		荒山荒(沙)地造林面积(公顷)								
				按造林方式分			按林种用途分				
	合计	其中：人工林木材产量	合计	人工造林	飞播造林	无林地和疏林地新封	用材林	经济林	防护林	薪炭林	特种用途林
全国合计	**10444566**	**5483129**	**485203**	**137938**	**59739**	**287526**	**11833**	**20366**	**447129**	**—**	**5875**
北京	—	—	—	—	—	—	—	—	—	—	—
天津	—	—	—	—	—	—	—	—	—	—	—
河北	—	—	—	—	—	—	—	—	—	—	—
山西	28238	28238	40180	13338	—	26842	—	—	40180	—	—
内蒙古	1346771	155340	116496	28627	26404	61465	—	—	116496	—	—
内蒙古集团	1149887	94231	—	—	—	—	—	—	—	—	—
辽宁	—	—	—	—	—	—	—	—	—	—	—
吉林	1477349	53838	—	—	—	—	—	—	—	—	—
吉林集团	616518	35767	—	—	—	—	—	—	—	—	—
黑龙江	1311277	134999	—	—	—	—	—	—	—	—	—
龙江集团	1311277	134999	—	—	—	—	—	—	—	—	—
上海	—	—	—	—	—	—	—	—	—	—	—
江苏	—	—	—	—	—	—	—	—	—	—	—
浙江	—	—	—	—	—	—	—	—	—	—	—
安徽	—	—	—	—	—	—	—	—	—	—	—
福建	—	—	—	—	—	—	—	—	—	—	—
江西	—	—	—	—	—	—	—	—	—	—	—
山东	—	—	—	—	—	—	—	—	—	—	—
河南	117360	113738	4667	4667	—	—	—	—	4667	—	—
湖北	301696	228324	23300	4195	—	19105	560	1671	21069	—	—
湖南	—	—	—	—	—	—	—	—	—	—	—
广东	—	—	—	—	—	—	—	—	—	—	—
广西	—	—	—	—	—	—	—	—	—	—	—
海南	—	—	—	—	—	—	—	—	—	—	—
重庆	165547	119343	24669	8001	—	16668	1333	—	23336	—	—
四川	2461712	2395754	51997	5333	—	46664	2579	112	49306	—	—
贵州	1919314	1843158	19333	12666	—	6667	2939	3114	13146	—	134
云南	469228	372914	40491	20637	—	19854	2289	11319	26883	—	—
西藏	—	—	3333	—	—	3333	—	—	3333	—	—
陕西	41433	25589	74930	19865	33335	21730	2133	3817	68980	—	—
甘肃	18511	11894	44474	14609	—	29865	—	—	38733	—	5741
青海	—	—	22664	1333	—	21331	—	—	22664	—	—
宁夏	—	—	18669	4667	—	14002	—	333	18336	—	—
新疆	926	—	—	—	—	—	—	—	—	—	—
新疆兵团	—	—	—	—	—	—	—	—	—	—	—
大兴安岭	785204	—	—	—	—	—	—	—	—	—	—

保护工程建设情况(一)

中、幼龄林抚育面积（公顷）	年末实有封山(沙)育林面积（公顷）	年末实有森林管护面积(公顷) 合计	其中 国有林	其中 集体和个人所有的国家级公益林	其中 集体和个人所有的地方公益林	工程区项目实施单位人员情况 年末人数(人) 合计 计	合计 其中：混岗职工人数	在岗职工	其他从业人员	离开本单位保留劳动关系人员
1681459	**6251058**	**114093967**	**70416435**	**19892913**	**23784619**	**827170**	**79927**	**604726**	**12429**	**210015**
—	—	—	—	—	—	—	—	—	—	—
—	—	—	—	—	—	—	—	—	—	—
—	—	—	—	—	—	—	—	—	—	—
43703	329853	5163348	1635808	766446	2761094	11620	—	11476	80	64
468243	842897	20362741	13654844	1774993	4932904	147178	35385	71761	207	75210
356885	—	9664920	9664920	—	—	131224	34986	56186	11	75027
—	—	—	—	—	—	—	—	—	—	—
129862	271374	3856259	3856259	—	—	85740	3326	59870	1485	24385
36921	215647	1315676	1315676	—	—	35973	1505	27309	266	8398
507869	610981	8667334	8667334	—	—	362995	38077	252507	4100	106388
507869	610981	8667334	8667334	—	—	362995	38077	252507	4100	106388
—	—	—	—	—	—	—	—	—	—	—
—	—	—	—	—	—	—	—	—	—	—
—	—	—	—	—	—	—	—	—	—	—
—	—	—	—	—	—	—	—	—	—	—
—	—	—	—	—	—	—	—	—	—	—
—	—	—	—	—	—	—	—	—	—	—
—	—	—	—	—	—	—	—	—	—	—
—	42840	1689959	195366	563986	930607	3811	—	3801	—	10
23737	398313	3320237	782998	1502577	1034662	10569	222	9644	858	67
—	—	—	—	—	—	—	—	—	—	—
—	—	—	—	—	—	—	—	—	—	—
—	—	—	—	—	—	—	—	—	—	—
9665	6780	459000	459000	—	—	2124	—	1990	115	19
21266	195877	3120056	407073	1077536	1635447	4359	—	4336	14	9
74200	734070	17710333	12168333	4840000	702000	37190	—	34144	1271	1775
13047	17160	4486740	320860	2293740	1872140	18618	—	17598	735	285
34963	1123293	10179032	4330366	3372666	2476000	14376	—	11441	2935	—
11200	85525	1276667	1276667	—	—	378	—	371	—	7
70616	613781	11857244	3660133	2556942	5640169	24905	219	23861	441	603
29735	427875	4795331	3395843	934293	465195	25850	—	25696	98	56
16867	287317	3678170	2816970	83867	777333	5455	—	5431	24	—
22519	169735	1138266	455331	125867	557068	7237	—	7189	12	36
14198	93387	4336280	4336280	—	—	3806	—	3739	54	13
—	—	100000	100000	—	—	155	—	155	—	—
189769	—	7996970	7996970	—	—	60959	2698	59871	—	1088

地　区	工程区项目实施单位人员情况							
	在岗职工年平均人数（人）	在岗职工年工资总额（万元）	年末实有离退休人员（人）	当年离退休人员生活费（万元）	年末参加基本养老保险人数(人)		年末参加基本医疗保险人数(人)	
					合计	其中：在岗职工	合计	其中：在岗职工
全国合计	**577313**	**1428060**	**636477**	**1227268**	**878425**	**527340**	**1097209**	**554153**
北　京	—	—	—	—	—	—	—	—
天　津	—	—	—	—	—	—	—	—
河　北	—	—	—	—	—	—	—	—
山　西	11277	33870	4629	11916	14214	10275	14952	10703
内蒙古	72056	217472	87857	207221	110071	69180	115017	70512
内蒙古集团	56538	163889	78474	184242	96238	56186	96238	56186
辽　宁	—	—	—	—	—	—	—	—
吉　林	60002	139317	75084	116592	86944	59789	89291	58363
吉林集团	24015	63144	35320	54226	35973	27309	35973	27307
黑龙江	229617	464249	270058	481458	413938	211730	551800	225685
龙江集团	229617	464249	270058	481458	413938	211730	551800	225685
上　海	—	—	—	—	—	—	—	—
江　苏	—	—	—	—	—	—	—	—
浙　江	—	—	—	—	—	—	—	—
安　徽	—	—	—	—	—	—	—	—
福　建	—	—	—	—	—	—	—	—
江　西	—	—	—	—	—	—	—	—
山　东	—	—	—	—	—	—	—	—
河　南	3801	7728	1588	1734	4748	3160	4748	3160
湖　北	9645	21194	4702	9113	10525	9644	10569	9644
湖　南	—	—	—	—	—	—	—	—
广　东	—	—	—	—	—	—	—	—
广　西	—	—	—	—	—	—	—	—
海　南	1969	6433	3483	6605	2237	1972	2168	1903
重　庆	4346	15923	3927	11403	6038	4235	6091	3639
四　川	34700	104896	73525	158251	72261	36229	106274	37956
贵　州	17530	47739	8567	21229	7850	4850	14607	8735
云　南	10073	24311	15270	21942	10208	10208	10208	10208
西　藏	371	—	—	—	—	—	6	6
陕　西	24381	76517	9845	23426	21180	18965	25038	18536
甘　肃	23634	63547	11965	30486	27838	21885	34008	25155
青　海	5455	16128	760	1608	645	594	1831	1565
宁　夏	7210	24386	4305	9661	6510	5651	7053	6294
新　疆	3771	15475	3020	7563	3594	3258	6652	3701
新疆兵团	155	321	136	162	291	155	291	155
大兴安岭	57475	148875	57892	107060	79624	55715	96896	58388

保护工程建设情况(二)

全部林业投资完成额(万元)									
合　计	其中：国家投资	公益林建设	后备资源培育	森林管护	森林抚育	生态效益补偿	社会保险	政社性支出	其他
2186318	**1710230**	**114405**	**14291**	**622558**	**291740**	**326835**	**424849**	**338131**	**53509**
—	—	—	—	—	—	—	—	—	—
—	—	—	—	—	—	—	—	—	—
—	—	—	—	—	—	—	—	—	—
50053	43944	10148	—	22511	3417	7447	4886	756	888
327526	284788	16007	3040	117509	76944	25703	76227	5277	6819
204163	204163	—	2800	72487	62628	—	66248	—	—
—	—	—	—	—	—	—	—	—	—
142531	113967	—	1235	30021	16616	5543	53609	30630	4877
42946	34347	—	650	10706	2171	450	21399	5484	2086
548871	548871	—	6000	67585	89760	—	157939	227587	—
548871	548871	—	6000	67585	89760	—	157939	227587	—
—	—	—	—	—	—	—	—	—	—
—	—	—	—	—	—	—	—	—	—
—	—	—	—	—	—	—	—	—	—
—	—	—	—	—	—	—	—	—	—
—	—	—	—	—	—	—	—	—	—
—	—	—	—	—	—	—	—	—	—
—	—	—	—	—	—	—	—	—	—
13386	13386	1623	—	4104	—	5542	1390	727	—
34841	31415	4508	—	5058	2735	16172	4083	1624	661
—	—	—	—	—	—	—	—	—	—
—	—	—	—	—	—	—	—	—	—
—	—	—	—	—	—	—	—	—	—
14374	8404	—	16	9711	1913	—	2293	351	90
53956	36784	5830	—	4034	3160	33368	6425	494	645
242879	213797	7210	—	86703	16133	87363	28771	3983	12716
63419	49045	6440	—	9533	4521	36960	3826	1140	999
132162	84111	12028	—	48119	14432	40616	10002	1952	5013
31105	—	9931	—	5695	1209	14249	9	12	—
141009	106651	17366	—	52515	12663	36622	10738	3481	7624
107840	88079	16294	—	39732	5021	12466	21259	7119	5949
44952	34094	3900	—	33123	3036	1258	541	3094	—
17230	17154	3120	—	7656	1308	—	5074	72	—
41157	35740	—	—	20404	5764	3526	4207	28	7228
1107	1107	—	—	774	108	—	147	—	78
179027	—	—	4000	58545	33108	—	33570	49804	—

东北、内蒙古等国有重点林区

地　区	工程区木材产量(立方米)		荒山荒(沙)地造林面积(公顷)								
				按造林方式分			按林种用途分				
	合　计	其中：人工林木材产量	合　计	人工造林	飞播造林	无林地和疏林地新封	用材林	经济林	防护林	薪炭林	特种用途林
全国合计	**4872773**	**307858**	**3133**	**1133**	**—**	**2000**	**—**	**—**	**3133**	**—**	**—**
北　京	—	—	—	—	—	—	—	—	—	—	—
天　津	—	—	—	—	—	—	—	—	—	—	—
河　北	—	—	—	—	—	—	—	—	—	—	—
山　西	—	—	—	—	—	—	—	—	—	—	—
内蒙古	1298017	119021	3133	1133	—	2000	—	—	3133	—	—
内蒙古集团	1149887	94231	—	—	—	—	—	—	—	—	—
辽　宁	—	—	—	—	—	—	—	—	—	—	—
吉　林	1477349	53838	—	—	—	—	—	—	—	—	—
吉林集团	616518	35767	—	—	—	—	—	—	—	—	—
黑龙江	1311277	134999	—	—	—	—	—	—	—	—	—
龙江集团	1311277	134999	—	—	—	—	—	—	—	—	—
上　海	—	—	—	—	—	—	—	—	—	—	—
江　苏	—	—	—	—	—	—	—	—	—	—	—
浙　江	—	—	—	—	—	—	—	—	—	—	—
安　徽	—	—	—	—	—	—	—	—	—	—	—
福　建	—	—	—	—	—	—	—	—	—	—	—
江　西	—	—	—	—	—	—	—	—	—	—	—
山　东	—	—	—	—	—	—	—	—	—	—	—
河　南	—	—	—	—	—	—	—	—	—	—	—
湖　北	—	—	—	—	—	—	—	—	—	—	—
湖　南	—	—	—	—	—	—	—	—	—	—	—
广　东	—	—	—	—	—	—	—	—	—	—	—
广　西	—	—	—	—	—	—	—	—	—	—	—
海　南	—	—	—	—	—	—	—	—	—	—	—
重　庆	—	—	—	—	—	—	—	—	—	—	—
四　川	—	—	—	—	—	—	—	—	—	—	—
贵　州	—	—	—	—	—	—	—	—	—	—	—
云　南	—	—	—	—	—	—	—	—	—	—	—
西　藏	—	—	—	—	—	—	—	—	—	—	—
陕　西	—	—	—	—	—	—	—	—	—	—	—
甘　肃	—	—	—	—	—	—	—	—	—	—	—
青　海	—	—	—	—	—	—	—	—	—	—	—
宁　夏	—	—	—	—	—	—	—	—	—	—	—
新　疆	926	—	—	—	—	—	—	—	—	—	—
新疆兵团	—	—	—	—	—	—	—	—	—	—	—
大兴安岭	785204	—	—	—	—	—	—	—	—	—	—

天然林资源保护工程建设情况(一)

中、幼龄林抚育面积（公顷）	年末实有封山(沙)育林面积（公顷）	年末实有森林管护面积(公顷)				工程区项目实施单位人员情况				
			其中			年末人数(人)				
		合　计	国有林	集体和个人所有的国家级公益林	集体和个人所有的地方公益林	合计		在岗职工	其他从业人员	离开本单位保留劳动关系人员
						计	其中：混岗职工人数			
1270514	**1012566**	**38026541**	**38026541**	—	—	**655768**	**79326**	**442705**	**5961**	**207102**
—	—	—	—	—	—	—	—	—	—	—
—	—	—	—	—	—	—	—	—	—	—
—	—	—	—	—	—	—	—	—	—	—
—	—	—	—	—	—	—	—	—	—	—
419151	30044	12710698	12710698	—	—	140144	35225	64728	207	75209
356885	—	9664920	9664920	—	—	131224	34986	56186	11	75027
—	—	—	—	—	—	—	—	—	—	—
129862	271374	3856259	3856259	—	—	85740	3326	59870	1485	24385
36921	215647	1315676	1315676	—	—	35973	1505	27309	266	8398
507869	610981	8667334	8667334	—	—	362995	38077	252507	4100	106388
507869	610981	8667334	8667334	—	—	362995	38077	252507	4100	106388
—	—	—	—	—	—	—	—	—	—	—
—	—	—	—	—	—	—	—	—	—	—
—	—	—	—	—	—	—	—	—	—	—
—	—	—	—	—	—	—	—	—	—	—
—	—	—	—	—	—	—	—	—	—	—
—	—	—	—	—	—	—	—	—	—	—
—	—	—	—	—	—	—	—	—	—	—
—	—	—	—	—	—	—	—	—	—	—
—	—	—	—	—	—	—	—	—	—	—
—	—	—	—	—	—	—	—	—	—	—
—	—	—	—	—	—	—	—	—	—	—
—	—	—	—	—	—	—	—	—	—	—
9665	6780	459000	459000	—	—	2124	—	1990	115	19
—	—	—	—	—	—	—	—	—	—	—
—	—	—	—	—	—	—	—	—	—	—
—	—	—	—	—	—	—	—	—	—	—
—	—	—	—	—	—	—	—	—	—	—
—	—	—	—	—	—	—	—	—	—	—
—	—	—	—	—	—	—	—	—	—	—
—	—	—	—	—	—	—	—	—	—	—
—	—	—	—	—	—	—	—	—	—	—
—	—	—	—	—	—	—	—	—	—	—
14198	93387	4336280	4336280	—	—	3806	—	3739	54	13
—	—	100000	100000	—	—	155	—	155	—	—
189769	—	7996970	7996970	—	—	60959	2698	59871	—	1088

东北、内蒙古等国有重点林区

地 区	工程区项目实施单位人员情况							
	在岗职工年平均人数（人）	在岗职工年工资总额（万元）	年末实有离退休人员（人）	当年离退休人员生活费（万元）	年末参加基本养老保险人数(人)		年末参加基本医疗保险人数(人)	
					合计	其中：在岗职工	合计	其中：在岗职工
全国合计	**417843**	**965708**	**493705**	**914369**	**691507**	**397090**	**854838**	**412696**
北 京	—	—	—	—	—	—	—	—
天 津	—	—	—	—	—	—	—	—
河 北	—	—	—	—	—	—	—	—
山 西	—	—	—	—	—	—	—	—
内蒙古	65009	191359	84168	195091	105170	64626	108031	64656
内蒙古集团	56538	163889	78474	184242	96238	56186	96238	56186
辽 宁	—	—	—	—	—	—	—	—
吉 林	60002	139317	75084	116592	86944	59789	89291	58363
吉林集团	24015	63144	35320	54226	35973	27309	35973	27307
黑龙江	229617	464249	270058	481458	413938	211730	551800	225685
龙江集团	229617	464249	270058	481458	413938	211730	551800	225685
上 海	—	—	—	—	—	—	—	—
江 苏	—	—	—	—	—	—	—	—
浙 江	—	—	—	—	—	—	—	—
安 徽	—	—	—	—	—	—	—	—
福 建	—	—	—	—	—	—	—	—
江 西	—	—	—	—	—	—	—	—
山 东	—	—	—	—	—	—	—	—
河 南	—	—	—	—	—	—	—	—
湖 北	—	—	—	—	—	—	—	—
湖 南	—	—	—	—	—	—	—	—
广 东	—	—	—	—	—	—	—	—
广 西	—	—	—	—	—	—	—	—
海 南	1969	6433	3483	6605	2237	1972	2168	1903
重 庆	—	—	—	—	—	—	—	—
四 川	—	—	—	—	—	—	—	—
贵 州	—	—	—	—	—	—	—	—
云 南	—	—	—	—	—	—	—	—
西 藏	—	—	—	—	—	—	—	—
陕 西	—	—	—	—	—	—	—	—
甘 肃	—	—	—	—	—	—	—	—
青 海	—	—	—	—	—	—	—	—
宁 夏	—	—	—	—	—	—	—	—
新 疆	3771	15475	3020	7563	3594	3258	6652	3701
新疆兵团	155	321	136	162	291	155	291	155
大兴安岭	57475	148875	57892	107060	79624	55715	96896	58388

天然林资源保护工程建设情况(二)

全部林业投资完成额(万元)									
合　计	其中：国家投资	公益林建设	后备资源培育	森林管护	森林抚育	生态效益补偿	社会保险	政社性支出	其他
1178523	**948891**	—	**14291**	**276999**	**223004**	**12242**	**323375**	**313303**	**15309**
—	—	—	—	—	—	—	—	—	—
—	—	—	—	—	—	—	—	—	—
—	—	—	—	—	—	—	—	—	—
—	—	—	—	—	—	—	—	—	—
252563	241909	—	3040	90733	75843	3173	71757	4903	3114
204163	204163	—	2800	72487	62628	—	66248	—	—
—	—	—	—	—	—	—	—	—	—
142531	113967	—	1235	30021	16616	5543	53609	30630	4877
42946	34347	—	650	10706	2171	450	21399	5484	2086
548871	548871	—	6000	67585	89760	—	157939	227587	—
548871	548871	—	6000	67585	89760	—	157939	227587	—
—	—	—	—	—	—	—	—	—	—
—	—	—	—	—	—	—	—	—	—
—	—	—	—	—	—	—	—	—	—
—	—	—	—	—	—	—	—	—	—
—	—	—	—	—	—	—	—	—	—
—	—	—	—	—	—	—	—	—	—
—	—	—	—	—	—	—	—	—	—
—	—	—	—	—	—	—	—	—	—
—	—	—	—	—	—	—	—	—	—
—	—	—	—	—	—	—	—	—	—
—	—	—	—	—	—	—	—	—	—
—	—	—	—	—	—	—	—	—	—
14374	8404	—	16	9711	1913	—	2293	351	90
—	—	—	—	—	—	—	—	—	—
—	—	—	—	—	—	—	—	—	—
—	—	—	—	—	—	—	—	—	—
—	—	—	—	—	—	—	—	—	—
—	—	—	—	—	—	—	—	—	—
—	—	—	—	—	—	—	—	—	—
—	—	—	—	—	—	—	—	—	—
—	—	—	—	—	—	—	—	—	—
—	—	—	—	—	—	—	—	—	—
41157	35740	—	—	20404	5764	3526	4207	28	7228
1107	1107	—	—	774	108	—	147	—	78
179027	—	—	4000	58545	33108	—	33570	49804	—

地　区	工程区木材产量(立方米)		荒山荒(沙)地造林面积(公顷)								
	合　计	其中：人工林木材产量	合　计	按造林方式分			按林种用途分				
				人工造林	飞播造林	无林地和疏林地新封	用材林	经济林	防护林	薪炭林	特种用途林
全国合计	**5571793**	**5175271**	**482070**	**136805**	**59739**	**285526**	**11833**	**20366**	**443996**	**—**	**5875**
北　京	—	—	—	—	—	—	—	—	—	—	—
天　津	—	—	—	—	—	—	—	—	—	—	—
河　北	—	—	—	—	—	—	—	—	—	—	—
山　西	28238	28238	40180	13338	—	26842	—	—	40180	—	—
内蒙古	48754	36319	113363	27494	26404	59465	—	—	113363	—	—
内蒙古集团	—	—	—	—	—	—	—	—	—	—	—
辽　宁	—	—	—	—	—	—	—	—	—	—	—
吉　林	—	—	—	—	—	—	—	—	—	—	—
吉林集团	—	—	—	—	—	—	—	—	—	—	—
黑龙江	—	—	—	—	—	—	—	—	—	—	—
龙江集团	—	—	—	—	—	—	—	—	—	—	—
上　海	—	—	—	—	—	—	—	—	—	—	—
江　苏	—	—	—	—	—	—	—	—	—	—	—
浙　江	—	—	—	—	—	—	—	—	—	—	—
安　徽	—	—	—	—	—	—	—	—	—	—	—
福　建	—	—	—	—	—	—	—	—	—	—	—
江　西	—	—	—	—	—	—	—	—	—	—	—
山　东	—	—	—	—	—	—	—	—	—	—	—
河　南	117360	113738	4667	4667	—	—	—	—	4667	—	—
湖　北	301696	228324	23300	4195	—	19105	560	1671	21069	—	—
湖　南	—	—	—	—	—	—	—	—	—	—	—
广　东	—	—	—	—	—	—	—	—	—	—	—
广　西	—	—	—	—	—	—	—	—	—	—	—
海　南	—	—	—	—	—	—	—	—	—	—	—
重　庆	165547	119343	24669	8001	—	16668	1333	—	23336	—	—
四　川	2461712	2395754	51997	5333	—	46664	2579	112	49306	—	—
贵　州	1919314	1843158	19333	12666	—	6667	2939	3114	13146	—	134
云　南	469228	372914	40491	20637	—	19854	2289	11319	26883	—	—
西　藏	—	—	3333	—	—	3333	—	—	3333	—	—
陕　西	41433	25589	74930	19865	33335	21730	2133	3817	68980	—	—
甘　肃	18511	11894	44474	14609	—	29865	—	—	38733	—	5741
青　海	—	—	22664	1333	—	21331	—	—	22664	—	—
宁　夏	—	—	18669	4667	—	14002	—	333	18336	—	—
新　疆	—	—	—	—	—	—	—	—	—	—	—
新疆兵团	—	—	—	—	—	—	—	—	—	—	—
大兴安岭	—	—	—	—	—	—	—	—	—	—	—

天然林资源保护工程建设情况(一)

中、幼龄林抚育面积(公顷)	年末实有封山(沙)育林面积(公顷)	年末实有森林管护面积(公顷) 合计	其中 国有林	其中 集体和个人所有的国家级公益林	其中 集体和个人所有的地方公益林	工程区项目实施单位人员情况 年末人数(人) 合计 计	合计 其中：混岗职工人数	在岗职工	其他从业人员	离开本单位保留劳动关系人员
410945	**5238492**	**76067426**	**32389894**	**19892913**	**23784619**	**171402**	**601**	**162021**	**6468**	**2913**
—	—	—	—	—	—	—	—	—	—	—
—	—	—	—	—	—	—	—	—	—	—
—	—	—	—	—	—	—	—	—	—	—
43703	329853	5163348	1635808	766446	2761094	11620	—	11476	80	64
49092	812853	7652043	944146	1774993	4932904	7034	160	7033	—	1
—	—	—	—	—	—	—	—	—	—	—
—	—	—	—	—	—	—	—	—	—	—
—	—	—	—	—	—	—	—	—	—	—
—	—	—	—	—	—	—	—	—	—	—
—	—	—	—	—	—	—	—	—	—	—
—	—	—	—	—	—	—	—	—	—	—
—	—	—	—	—	—	—	—	—	—	—
—	—	—	—	—	—	—	—	—	—	—
—	—	—	—	—	—	—	—	—	—	—
—	—	—	—	—	—	—	—	—	—	—
—	—	—	—	—	—	—	—	—	—	—
—	—	—	—	—	—	—	—	—	—	—
—	—	—	—	—	—	—	—	—	—	—
—	42840	1689959	195366	563986	930607	3811	—	3801	—	10
23737	398313	3320237	782998	1502577	1034662	10569	222	9644	858	67
—	—	—	—	—	—	—	—	—	—	—
—	—	—	—	—	—	—	—	—	—	—
—	—	—	—	—	—	—	—	—	—	—
—	—	—	—	—	—	—	—	—	—	—
21266	195877	3120056	407073	1077536	1635447	4359	—	4336	14	9
74200	734070	17710333	12168333	4840000	702000	37190	—	34144	1271	1775
13047	17160	4486740	320860	2293740	1872140	18618	—	17598	735	285
34963	1123293	10179032	4330366	3372666	2476000	14376	—	11441	2935	—
11200	85525	1276667	1276667	—	—	378	—	371	—	7
70616	613781	11857244	3660133	2556942	5640169	24905	219	23861	441	603
29735	427875	4795331	3395843	934293	465195	25850	—	25696	98	56
16867	287317	3678170	2816970	83867	777333	5455	—	5431	24	—
22519	169735	1138266	455331	125867	557068	7237	—	7189	12	36
—	—	—	—	—	—	—	—	—	—	—
—	—	—	—	—	—	—	—	—	—	—
—	—	—	—	—	—	—	—	—	—	—

长江上游、黄河上中游地区

地区	工程区项目实施单位人员情况							
	在岗职工年平均人数（人）	在岗职工年工资总额（万元）	年末实有离退休人员（人）	当年离退休人员生活费（万元）	年末参加基本养老保险人数(人)		年末参加基本医疗保险人数(人)	
					合计	其中：在岗职工	合计	其中：在岗职工
全国合计	**159470**	**462352**	**142772**	**312899**	**186918**	**130250**	**242371**	**141457**
北　京	—	—	—	—	—	—	—	—
天　津	—	—	—	—	—	—	—	—
河　北	—	—	—	—	—	—	—	—
山　西	11277	33870	4629	11916	14214	10275	14952	10703
内蒙古	7047	26113	3689	12130	4901	4554	6986	5856
内蒙古集团	—	—	—	—	—	—	—	—
辽　宁	—	—	—	—	—	—	—	—
吉　林	—	—	—	—	—	—	—	—
吉林集团	—	—	—	—	—	—	—	—
黑龙江	—	—	—	—	—	—	—	—
龙江集团	—	—	—	—	—	—	—	—
上　海	—	—	—	—	—	—	—	—
江　苏	—	—	—	—	—	—	—	—
浙　江	—	—	—	—	—	—	—	—
安　徽	—	—	—	—	—	—	—	—
福　建	—	—	—	—	—	—	—	—
江　西	—	—	—	—	—	—	—	—
山　东	—	—	—	—	—	—	—	—
河　南	3801	7728	1588	1734	4748	3160	4748	3160
湖　北	9645	21194	4702	9113	10525	9644	10569	9644
湖　南	—	—	—	—	—	—	—	—
广　东	—	—	—	—	—	—	—	—
广　西	—	—	—	—	—	—	—	—
海　南	—	—	—	—	—	—	—	—
重　庆	4346	15923	3927	11403	6038	4235	6091	3639
四　川	34700	104896	73525	158251	72261	36229	106274	37956
贵　州	17530	47739	8567	21229	7850	4850	14607	8735
云　南	10073	24311	15270	21942	10208	10208	10208	10208
西　藏	371	—	—	—	—	—	6	6
陕　西	24381	76517	9845	23426	21180	18965	25038	18536
甘　肃	23634	63547	11965	30486	27838	21885	34008	25155
青　海	5455	16128	760	1608	645	594	1831	1565
宁　夏	7210	24386	4305	9661	6510	5651	7053	6294
新　疆	—	—	—	—	—	—	—	—
新疆兵团	—	—	—	—	—	—	—	—
大兴安岭	—	—	—	—	—	—	—	—

天然林资源保护工程建设情况(二)

全部林业投资完成额(万元)									
合　计	其中：国家投资	公益林建设	后备资源培育	森林管护	森林抚育	生态效益补偿	社会保险	政社性支出	其他
1007795	**761339**	**114405**	—	**345559**	**68736**	**314593**	**101474**	**24828**	**38200**
—	—	—	—	—	—	—	—	—	—
—	—	—	—	—	—	—	—	—	—
—	—	—	—	—	—	—	—	—	—
50053	43944	10148	—	22511	3417	7447	4886	756	888
74963	42879	16007	—	26776	1101	22530	4470	374	3705
—	—	—	—	—	—	—	—	—	—
—	—	—	—	—	—	—	—	—	—
—	—	—	—	—	—	—	—	—	—
—	—	—	—	—	—	—	—	—	—
—	—	—	—	—	—	—	—	—	—
—	—	—	—	—	—	—	—	—	—
—	—	—	—	—	—	—	—	—	—
—	—	—	—	—	—	—	—	—	—
—	—	—	—	—	—	—	—	—	—
—	—	—	—	—	—	—	—	—	—
—	—	—	—	—	—	—	—	—	—
—	—	—	—	—	—	—	—	—	—
—	—	—	—	—	—	—	—	—	—
13386	13386	1623	—	4104	—	5542	1390	727	—
34841	31415	4508	—	5058	2735	16172	4083	1624	661
—	—	—	—	—	—	—	—	—	—
—	—	—	—	—	—	—	—	—	—
—	—	—	—	—	—	—	—	—	—
—	—	—	—	—	—	—	—	—	—
53956	36784	5830	—	4034	3160	33368	6425	494	645
242879	213797	7210	—	86703	16133	87363	28771	3983	12716
63419	49045	6440	—	9533	4521	36960	3826	1140	999
132162	84111	12028	—	48119	14432	40616	10002	1952	5013
31105	—	9931	—	5695	1209	14249	9	12	—
141009	106651	17366	—	52515	12663	36622	10738	3481	7624
107840	88079	16294	—	39732	5021	12466	21259	7119	5949
44952	34094	3900	—	33123	3036	1258	541	3094	—
17230	17154	3120	—	7656	1308	—	5074	72	—
—	—	—	—	—	—	—	—	—	—
—	—	—	—	—	—	—	—	—	—
—	—	—	—	—	—	—	—	—	—

退耕还林工程建设情况

指　　标	单位	合　计	退耕还林工程	京津风沙源治理工程区退耕还林
一、造林面积	**公顷**	**674511**	**655271**	**19240**
1. 退耕地造林	公顷	—	—	—
其中：生态林面积	公顷	—	—	—
25°以上坡耕地退耕面积	公顷	—	—	—
严重沙化耕地退耕面积	公顷	—	—	—
2. 荒山荒地造林	公顷	461090	447185	13905
3. 无林地和疏林地新封	公顷	213421	208086	5335
按林种用途分				
1. 用材林	公顷	115942	115220	722
2. 经济林	公顷	182218	176324	5894
3. 防护林	公顷	355169	344335	10834
4. 薪炭林	公顷	17946	16156	1790
5. 特种用途林	公顷	3236	3236	—
二、年末实有封山(沙)育林面积	**公顷**	**2043825**	**1867154**	**176671**
三、当年种草面积	**公顷**	**20**	**20**	**—**
其中：退耕地种草面积	公顷	—	—	—
四、补助粮、款兑现				
1. 当年粮款兑现退耕地总面积	公顷	7872464	7035733	836731
2. 自工程实施以来累计粮食补助资金总计	万元	19801610	17883687	1917923
其中：当年粮食补助资金合计	万元	815416	715876	99540
其中：当年新退耕地粮食补助资金	万元	—	—	—
3. 自工程实施以来累计生活费兑现金额总计	万元	2994644	2623331	371313
其中：当年生活费兑现金额合计	万元	356685	285506	71179
其中：当年新退耕地生活费兑现金额	万元	—	—	—
4. 当年粮款兑现涉及户数	户	24773755	22544550	2229205
五、全部林业投资完成额	**万元**	**2226984**	**1977649**	**249335**
其中：国家投资	万元	1772789	1545329	227460
1. 粮食补助资金	万元	815416	715876	99540
2. 种苗费	万元	84364	81378	2986
3. 生活费补助	万元	356685	285506	71179
4. 巩固退耕还林成果专项资金	万元	748637	681120	67517
5. 其他费用	万元	221882	213769	8113

各地区全部退耕还林工程建设情况(一)

地　　区	造林面积(公顷)						
	总　计	退耕地造林				荒山荒地造林	无林地和疏林地新封
		合 计	其　　中				
			生态林面积	25°以上坡耕地退耕面积	严重沙化耕地退耕面积		
全国合计	**674511**	—	—	—	—	**461090**	**213421**
北　京	—	—	—	—	—	—	—
天　津	—	—	—	—	—	—	—
河　北	28961	—	—	—	—	17959	11002
山　西	54485	—	—	—	—	47154	7331
内蒙古	39972	—	—	—	—	30305	9667
内蒙古集团	—	—	—	—	—	—	—
辽　宁	24663	—	—	—	—	9997	14666
吉　林	7266	—	—	—	—	6933	333
吉林集团	—	—	—	—	—	—	—
黑龙江	37041	—	—	—	—	6707	30334
龙江集团	—	—	—	—	—	—	—
上　海	—	—	—	—	—	—	—
江　苏	—	—	—	—	—	—	—
浙　江	—	—	—	—	—	—	—
安　徽	21233	—	—	—	—	14236	6997
福　建	—	—	—	—	—	—	—
江　西	18772	—	—	—	—	10107	8665
山　东	—	—	—	—	—	—	—
河　南	24845	—	—	—	—	24845	—
湖　北	32850	—	—	—	—	26252	6598
湖　南	23987	—	—	—	—	11995	11992
广　东	—	—	—	—	—	—	—
广　西	17532	—	—	—	—	14532	3000
海　南	1400	—	—	—	—	1400	—
重　庆	23002	—	—	—	—	10335	12667
四　川	16334	—	—	—	—	9667	6667
贵　州	15333	—	—	—	—	10000	5333
云　南	125036	—	—	—	—	117433	7603
西　藏	8057	—	—	—	—	3092	4965
陕　西	47764	—	—	—	—	32829	14935
甘　肃	20937	—	—	—	—	10071	10866
青　海	16200	—	—	—	—	5533	10667
宁　夏	8333	—	—	—	—	7667	666
新　疆	47175	—	—	—	—	18708	28467
新疆兵团	84	—	—	—	—	84	—
大兴安岭	—	—	—	—	—	—	—

注:全国合计中包括军事管理区 13333 公顷荒山荒地造林。

各地区全部退耕还林

地区	造林面积(公顷)					年末实有封山(沙)育林面积(公顷)	当年种草面积(公顷)	
	按林种用途分						合计	其中:退耕地种草面积
	用材林	经济林	防护林	薪炭林	特种用途林			
全国合计	**115942**	**182218**	**355169**	**17946**	**3236**	**2043825**	**20**	**—**
北京	—	—	—	—	—	—	—	—
天津	—	—	—	—	—	24667	—	—
河北	3968	3406	21587	—	—	152606	—	—
山西	—	24173	17254	13058	—	96520	—	—
内蒙古	—	3040	36932	—	—	158025	—	—
内蒙古集团	—	—	—	—	—	—	—	—
辽宁	1804	1864	20995	—	—	112359	—	—
吉林	1583	—	5683	—	—	78724	—	—
吉林集团	—	—	—	—	—	—	—	—
黑龙江	4867	707	30045	—	1422	220938	—	—
龙江集团	—	—	—	—	—	—	—	—
上海	—	—	—	—	—	—	—	—
江苏	—	—	—	—	—	—	—	—
浙江	—	—	—	—	—	—	—	—
安徽	6244	3771	10860	87	271	42191	—	—
福建	—	—	—	—	—	—	—	—
江西	14778	661	3333	—	—	46493	—	—
山东	—	—	—	—	—	—	—	—
河南	7143	4995	12707	—	—	58000	—	—
湖北	9586	9125	13806	—	333	16993	—	—
湖南	7676	1532	14779	—	—	103167	—	—
广东	—	—	—	—	—	—	—	—
广西	14222	310	3000	—	—	60259	—	—
海南	333	600	467	—	—	—	—	—
重庆	6993	3869	11807	333	—	61603	—	—
四川	5084	2306	8944	—	—	108390	—	—
贵州	2298	10892	1035	898	210	110510	20	—
云南	28278	79275	16976	507	—	44230	—	—
西藏	—	—	8057	—	—	15550	—	—
陕西	966	24545	22253	—	—	119011	—	—
甘肃	—	267	19670	—	1000	132588	—	—
青海	—	—	16200	—	—	105002	—	—
宁夏	—	200	8133	—	—	11133	—	—
新疆	119	6680	37313	3063	—	164866	—	—
新疆兵团	—	—	84	—	—	26181	—	—
大兴安岭	—	—	—	—	—	—	—	—

工程建设情况(二)

补助粮、款兑现：当年粮款兑现退耕地总面积(公顷)	自工程实施以来累计粮食补助资金总计(万元)：合计	其中：当年粮食补助资金合计：小计	其中：当年粮食补助资金合计：其中：当年新退耕地粮食补助资金	自工程实施以来累计生活费兑现金额总计(万元)：合计	其中：当年生活费兑现金额合计：小计	其中：当年生活费兑现金额合计：其中：当年新退耕地生活费兑现金额	当年粮款兑现涉及户数(户)
7872464	**19801610**	**815416**	—	**2994644**	**356685**	—	**24773755**
32167	52830	3200	—	8423	907	—	192197
3484	6810	371	—	1310	107	—	20500
555278	1111325	72732	—	186790	24437	—	1997321
443173	857217	51934	—	170091	13296	—	795430
499971	1861702	48349	—	331712	65963	—	1330762
—	—	—	—	—	—	—	—
374495	353834	22716	—	64412	5261	—	332152
282374	387032	29597	—	67294	7304	—	229226
—	—	—	—	—	—	—	—
237472	489260	18708	—	90640	7783	—	151182
—	—	—	—	—	—	—	—
—	—	—	—	—	—	—	—
—	—	—	—	—	—	—	—
—	—	—	—	—	—	—	—
194623	670090	33030	—	70217	8723	—	922684
—	—	—	—	—	—	—	—
137958	446945	10277	—	53505	3985	—	550500
—	—	—	—	—	—	—	—
244636	586362	19486	—	78980	7200	—	973780
273423	896114	52230	—	95262	9760	—	1356206
403404	1274224	73754	—	168529	23556	—	1909670
—	—	—	—	—	—	—	—
158607	544693	27249	—	80221	10517	—	656385
47459	96173	3262	—	6999	1160	—	68498
380257	1151688	51753	—	170206	35692	—	2129995
853125	2181183	25364	—	320731	47963	—	4905647
397676	1232789	16879	—	107774	1608	—	1593433
44265	919019	20950	—	96537	1995	—	812315
29050	33539	1151	—	6078	2487	—	33325
922622	2139559	124881	—	322743	28865	—	1698039
617728	1141175	34198	—	198619	3916	—	1317905
148811	322690	18024	—	76553	6623	—	225987
311916	521391	21641	—	128525	25025	—	288491
278490	523966	33680	—	92493	12552	—	282125
90907	177959	9487	—	34614	4894	—	13002
—	—	—	—	—	—	—	—

各地区全部退耕还林工程建设情况(三)

地　区	全部林业投资完成额(万元)						
	合　计	其中：国家投资	粮食补助资金	种苗费	生活费补助	巩固退耕还林成果专项资金	其他费用
全国合计	**2226984**	**1772789**	**815416**	**84364**	**356685**	**748637**	**221882**
北　京	4700	955	3200	—	907	593	—
天　津	843	—	371	—	107	365	—
河　北	146398	122376	72732	6316	24437	41277	1636
山　西	101377	76305	51934	3210	13296	31668	1269
内蒙古	207693	175059	48349	4170	65963	61990	27221
内蒙古集团	—	—	—	—	—	—	—
辽　宁	55449	55449	22716	8534	5261	15666	3272
吉　林	50154	49808	29597	4282	7304	7247	1724
吉林集团	—	—	—	—	—	—	—
黑龙江	51268	40824	18708	1287	7783	20421	3069
龙江集团	—	—	—	—	—	—	—
上　海	—	—	—	—	—	—	—
江　苏	—	—	—	—	—	—	—
浙　江	—	—	—	—	—	—	—
安　徽	62921	30559	33030	1596	8723	13215	6357
福　建	—	—	—	—	—	—	—
江　西	60164	44939	10277	2696	3985	22245	20961
山　东	—	—	—	—	—	—	—
河　南	62796	52168	19486	3008	7200	23727	9375
湖　北	99844	52524	52230	4686	9760	30141	3027
湖　南	137574	131685	73754	3597	23556	32622	4045
广　东	—	—	—	—	—	—	—
广　西	62168	50379	27249	4972	10517	13684	5746
海　南	5328	2136	3262	150	1160	366	390
重　庆	163832	115857	51753	3941	35692	62299	10147
四　川	243027	243027	25364	4990	47963	136364	28346
贵　州	95504	88577	16879	2354	1608	65853	8810
云　南	83134	70299	20950	6001	1995	38539	15649
西　藏	8358	888	1151	—	2487	4720	—
陕　西	181629	122596	124881	5452	28865	19244	3187
甘　肃	175044	112584	34198	5655	3916	72171	59104
青　海	40950	29855	18024	2075	6623	13919	309
宁　夏	56299	56092	21641	1810	25025	1272	6551
新　疆	70530	47848	33680	3582	12552	19029	1687
新疆兵团	22798	12642	9487	—	4894	8147	270
大兴安岭	—	—	—	—	—	—	—

各地区退耕还林工程建设情况(一)

地　区	造林面积(公顷)						
	总　计	退耕地造林				荒山荒地造林	无林地和疏林地新封
		合　计	其　中				
			生态林面积	25°以上坡耕地退耕面积	严重沙化耕地退耕面积		
全国合计	**655271**	**—**	**—**	**—**	**—**	**447185**	**208086**
北　京	—	—	—	—	—	—	—
天　津	—	—	—	—	—	—	—
河　北	15038	—	—	—	—	9371	5667
山　西	49168	—	—	—	—	41837	7331
内蒙古	39972	—	—	—	—	30305	9667
内蒙古集团	—	—	—	—	—	—	—
辽　宁	24663	—	—	—	—	9997	14666
吉　林	7266	—	—	—	—	6933	333
吉林集团	—	—	—	—	—	—	—
黑龙江	37041	—	—	—	—	6707	30334
龙江集团	—	—	—	—	—	—	—
上　海	—	—	—	—	—	—	—
江　苏	—	—	—	—	—	—	—
浙　江	—	—	—	—	—	—	—
安　徽	21233	—	—	—	—	14236	6997
福　建	—	—	—	—	—	—	—
江　西	18772	—	—	—	—	10107	8665
山　东	—	—	—	—	—	—	—
河　南	24845	—	—	—	—	24845	—
湖　北	32850	—	—	—	—	26252	6598
湖　南	23987	—	—	—	—	11995	11992
广　东	—	—	—	—	—	—	—
广　西	17532	—	—	—	—	14532	3000
海　南	1400	—	—	—	—	1400	—
重　庆	23002	—	—	—	—	10335	12667
四　川	16334	—	—	—	—	9667	6667
贵　州	15333	—	—	—	—	10000	5333
云　南	125036	—	—	—	—	117433	7603
西　藏	8057	—	—	—	—	3092	4965
陕　西	47764	—	—	—	—	32829	14935
甘　肃	20937	—	—	—	—	10071	10866
青　海	16200	—	—	—	—	5533	10667
宁　夏	8333	—	—	—	—	7667	666
新　疆	47175	—	—	—	—	18708	28467
新疆兵团	84	—	—	—	—	84	—
大兴安岭	—	—	—	—	—	—	—

注:本表数据不含京津风沙源治理工程区退耕还林。全国合计中包括军事管理区 13333 公顷荒山荒地造林。

各地区退耕还林

地　区	造林面积(公顷)					年末实有封山(沙)育林面积(公顷)	当年种草面积(公顷)	
	按林种用途分						合 计	其中：退耕地种草面积
	用材林	经济林	防护林	薪炭林	特种用途林			
全国合计	**115220**	**176324**	**344335**	**16156**	**3236**	**1867154**	**20**	**—**
北　京	—	—	—	—	—	—	—	—
天　津	—	—	—	—	—	—	—	—
河　北	3246	1039	10753	—	—	45698	—	—
山　西	—	20646	17254	11268	—	92823	—	—
内蒙古	—	3040	36932	—	—	116626	—	—
内蒙古集团	—	—	—	—	—	—	—	—
辽　宁	1804	1864	20995	—	—	112359	—	—
吉　林	1583	—	5683	—	—	78724	—	—
吉林集团	—	—	—	—	—	—	—	—
黑龙江	4867	707	30045	—	1422	220938	—	—
龙江集团	—	—	—	—	—	—	—	—
上　海	—	—	—	—	—	—	—	—
江　苏	—	—	—	—	—	—	—	—
浙　江	—	—	—	—	—	—	—	—
安　徽	6244	3771	10860	87	271	42191	—	—
福　建	—	—	—	—	—	—	—	—
江　西	14778	661	3333	—	—	46493	—	—
山　东	—	—	—	—	—	—	—	—
河　南	7143	4995	12707	—	—	58000	—	—
湖　北	9586	9125	13806	—	333	16993	—	—
湖　南	7676	1532	14779	—	—	103167	—	—
广　东	—	—	—	—	—	—	—	—
广　西	14222	310	3000	—	—	60259	—	—
海　南	333	600	467	—	—	—	—	—
重　庆	6993	3869	11807	333	—	61603	—	—
四　川	5084	2306	8944	—	—	108390	—	—
贵　州	2298	10892	1035	898	210	110510	20	—
云　南	28278	79275	16976	507	—	44230	—	—
西　藏	—	—	8057	—	—	15550	—	—
陕　西	966	24545	22253	—	—	119011	—	—
甘　肃	—	267	19670	—	1000	132588	—	—
青　海	—	—	16200	—	—	105002	—	—
宁　夏	—	200	8133	—	—	11133	—	—
新　疆	119	6680	37313	3063	—	164866	—	—
新疆兵团	—	—	84	—	—	26181	—	—
大兴安岭	—	—	—	—	—	—	—	—

工程建设情况(二)

补助粮、款兑现							
当年粮款兑现退耕地总面积(公顷)	自工程实施以来累计粮食补助资金总计(万元)			自工程实施以来累计生活费兑现金额总计(万元)			当年粮款兑现涉及户数(户)
	合计	其中：当年粮食补助资金合计		合计	其中：当年生活费兑现金额合计		
		小计	其中：当年新退耕地粮食补助资金		小计	其中：当年新退耕地生活费兑现金额	
7035733	**17883687**	**715876**	**—**	**2623331**	**285506**	**—**	**22544550**
—	—	—	—	—	—	—	—
—	—	—	—	—	—	—	—
172657	323859	21529	—	53506	6026	—	995513
333738	659032	37425	—	133457	10013	—	670736
190947	989070	18092	—	140050	17492	—	440756
—	—	—	—	—	—	—	—
374495	353834	22716	—	64412	5261	—	332152
282374	387032	29597	—	67294	7304	—	229226
—	—	—	—	—	—	—	—
237472	489260	18708	—	90640	7783	—	151182
—	—	—	—	—	—	—	—
—	—	—	—	—	—	—	—
—	—	—	—	—	—	—	—
—	—	—	—	—	—	—	—
194623	670090	33030	—	70217	8723	—	922684
—	—	—	—	—	—	—	—
137958	446945	10277	—	53505	3985	—	550500
—	—	—	—	—	—	—	—
244636	586362	19486	—	78980	7200	—	973780
273423	896114	52230	—	95262	9760	—	1356206
403404	1274224	73754	—	168529	23556	—	1909670
—	—	—	—	—	—	—	—
158607	544693	27249	—	80221	10517	—	656385
47459	96173	3262	—	6999	1160	—	68498
380257	1151688	51753	—	170206	35692	—	2129995
853125	2181183	25364	—	320731	47963	—	4905647
397676	1232789	16879	—	107774	1608	—	1593433
44265	919019	20950	—	96537	1995	—	812315
29050	33539	1151	—	6078	2487	—	33325
922622	2139559	124881	—	322743	28865	—	1698039
617728	1141175	34198	—	198619	3916	—	1317905
148811	322690	18024	—	76553	6623	—	225987
311916	521391	21641	—	128525	25025	—	288491
278490	523966	33680	—	92493	12552	—	282125
90907	177959	9487	—	34614	4894	—	13002
—	—	—	—	—	—	—	—

各地区退耕还林工程建设情况(三)

地　　区	全部林业投资完成额(万元)						
	合　计	其中:国家投资	粮食补助资金	种苗费	生活费补助	巩固退耕还林成果专项资金	其他费用
全国合计	**1977649**	**1545329**	**715876**	**81378**	**285506**	**681120**	**213769**
北　京	—	—	—	—	—	—	—
天　津	—	—	—	—	—	—	—
河　北	50676	34769	21529	3456	6026	18287	1378
山　西	79171	54099	37425	3084	10013	27380	1269
内蒙古	81829	58367	18092	4170	17492	22709	19366
内蒙古集团	—	—	—	—	—	—	—
辽　宁	55449	55449	22716	8534	5261	15666	3272
吉　林	50154	49808	29597	4282	7304	7247	1724
吉林集团	—	—	—	—	—	—	—
黑龙江	51268	40824	18708	1287	7783	20421	3069
龙江集团	—	—	—	—	—	—	—
上　海	—	—	—	—	—	—	—
江　苏	—	—	—	—	—	—	—
浙　江	—	—	—	—	—	—	—
安　徽	62921	30559	33030	1596	8723	13215	6357
福　建	—	—	—	—	—	—	—
江　西	60164	44939	10277	2696	3985	22245	20961
山　东	—	—	—	—	—	—	—
河　南	62796	52168	19486	3008	7200	23727	9375
湖　北	99844	52524	52230	4686	9760	30141	3027
湖　南	137574	131685	73754	3597	23556	32622	4045
广　东	—	—	—	—	—	—	—
广　西	62168	50379	27249	4972	10517	13684	5746
海　南	5328	2136	3262	150	1160	366	390
重　庆	163832	115857	51753	3941	35692	62299	10147
四　川	243027	243027	25364	4990	47963	136364	28346
贵　州	95504	88577	16879	2354	1608	65853	8810
云　南	83134	70299	20950	6001	1995	38539	15649
西　藏	8358	888	1151	—	2487	4720	—
陕　西	181629	122596	124881	5452	28865	19244	3187
甘　肃	175044	112584	34198	5655	3916	72171	59104
青　海	40950	29855	18024	2075	6623	13919	309
宁　夏	56299	56092	21641	1810	25025	1272	6551
新　疆	70530	47848	33680	3582	12552	19029	1687
新疆兵团	22798	12642	9487	—	4894	8147	270
大兴安岭	—	—	—	—	—	—	—

京津风沙源治理工程区退耕还林工程建设情况

指　标	单位	全国合计	北京	天津	河北	山西	内蒙古
一、造林面积	**公顷**	**19240**	**—**	**—**	**13923**	**5317**	**—**
1. 退耕地造林	公顷	—	—	—	—	—	—
其中：生态林面积	公顷	—	—	—	—	—	—
25°以上坡耕地退耕面积	公顷	—	—	—	—	—	—
严重沙化耕地退耕面积	公顷	—	—	—	—	—	—
2. 荒山荒地造林	公顷	13905	—	—	8588	5317	—
3. 无林地和疏林地新封	公顷	5335	—	—	5335	—	—
按林种用途分							
1. 用材林	公顷	722	—	—	722	—	—
2. 经济林	公顷	5894	—	—	2367	3527	—
3. 防护林	公顷	10834	—	—	10834	—	—
4. 薪炭林	公顷	1790	—	—	—	1790	—
5. 特种用途林	公顷	—	—	—	—	—	—
二、年末实有封山(沙)育林面积	**公顷**	**176671**	**—**	**24667**	**106908**	**3697**	**41399**
三、当年种草面积	**公顷**	**—**	**—**	**—**	**—**	**—**	**—**
其中：退耕地种草面积	公顷	—	—	—	—	—	—
四、补助粮、款兑现							
1. 当年粮款兑现退耕地总面积	公顷	836731	32167	3484	382621	109435	309024
2. 自工程实施以来累计粮食补助资金总计	万元	1917923	52830	6810	787466	198185	872632
其中：当年粮食补助资金合计	万元	99540	3200	371	51203	14509	30257
其中：当年新退耕地粮食补助资金	万元	—	—	—	—	—	—
3. 自工程实施以来累计生活费兑现金额总计	万元	371313	8423	1310	133284	36634	191662
其中：当年生活费兑现金额合计	万元	71179	907	107	18411	3283	48471
其中：当年新退耕地生活费兑现金额	万元	—	—	—	—	—	—
4. 当年粮款兑现涉及户数	户	2229205	192197	20500	1001808	124694	890006
五、全部林业投资完成额	**万元**	**249335**	**4700**	**843**	**95722**	**22206**	**125864**
其中：国家投资	万元	227460	955	—	87607	22206	116692
1. 粮食补助资金	万元	99540	3200	371	51203	14509	30257
2. 种苗费	万元	2986	—	—	2860	126	—
3. 生活费补助	万元	71179	907	107	18411	3283	48471
4. 巩固退耕还林成果专项资金	万元	67517	593	365	22990	4288	39281
5. 其他费用	万元	8113	—	—	258	—	7855

京津风沙源治理工程建设情况

指　标	单位	全国合计	北京	天津	河北	山西	内蒙古
一、治理情况							
（一）荒山荒（沙）地造林面积	公顷	541690	17177	—	79970	22985	421558
按造林方式分							
1. 人工造林	公顷	227605	4096	—	54633	9318	159558
2. 飞播造林	公顷	54336	—	—	20002	2333	32001
3. 无林地和疏林地新封	公顷	259749	13081	—	5335	11334	229999
按林种用途分							
1. 用材林	公顷	12553	—	—	6055	—	6498
2. 经济林	公顷	12629	—	—	3055	3527	6047
3. 防护林	公顷	512059	16984	—	70527	17668	406880
4. 薪炭林	公顷	3923	—	—	—	1790	2133
5. 特种用途林	公顷	526	193	—	333	—	—
（二）年末实有封山（沙）育林面积	公顷	2481372	140199	24667	607061	173582	1535863
（三）草地治理面积	公顷	17996	9000	—	1350	313	7333
（四）暖棚建设面积	平方米	597440	27000	—	410000	150000	10440
（五）饲料机械台数	台	6351	—	—	2401	3550	400
（六）小流域治理	公顷	41840	10650	—	17890	7100	6200
（七）水利设施	处	9188	—	—	1760	7422	6
（八）生态移民人数	人	1295	600	—	240	455	—
（九）生态移民户数	户	267	100	—	71	96	—
二、全部投资完成额	**万元**	**418731**	**31958**	**—**	**135172**	**45162**	**206439**
其中：林业投资完成额	万元	356646	23644	—	121283	26227	185492
其中：国家投资	万元	321863	4944	—	112791	26227	177901
1. 造林	万元	220291	19687	—	48373	5936	146295
2. 科技费用	万元	100	—	—	100	—	—
3. 其他	万元	136255	3957	—	72810	20291	39197

三北及长江流域等重点防护林体系工程建设情况

单位:公顷、万元

指标	三北及长江流域等防护林体系工程						
	合计	三北防护林工程	长江流域防护林体系工程	沿海防护林体系工程	珠江流域防护林体系工程	太行山绿化工程	平原绿化工程
一、荒山荒(沙)地造林面积	**1071768**	**678737**	**157942**	**145394**	**51578**	**38117**	**—**
按造林方式分							
1. 人工造林	658485	403431	89906	109974	30487	24687	—
2. 飞播造林	6666	6666	—	—	—	—	—
3. 无林地和疏林地新封	406617	268640	68036	35420	21091	13430	—
按林种用途分							
1. 用材林	43860	12941	13549	6535	10404	431	—
2. 经济林	50838	38523	7720	1944	1678	973	—
3. 防护林	975220	626299	136513	136347	39348	36713	—
其中:水源涵养林	114138	41313	34089	22490	8950	7296	—
水土保持林	316849	194557	48399	35956	18301	19636	—
防风固沙林	282421	263179	4094	11342	—	3806	—
农田、牧场防护林	50999	38665	4194	8140	—	—	—
护岸护堤林	8893	1585	4106	3202	—	—	—
护路林	9360	3823	2487	3050	—	—	—
4. 薪炭林	700	648	52	—	—	—	—
5. 特种用途林	1150	326	108	568	148	—	—
二、年末实有封山(沙)育林面积	**3530360**	**2303647**	**448368**	**376465**	**213274**	**188606**	**—**
三、低产低效林改造面积	**10935**	**2116**	**3598**	**3321**	**1767**	**133**	**—**
四、全部林业投资完成额	**630274**	**325088**	**99667**	**165824**	**25796**	**13899**	**—**
其中:国家投资	380467	210938	40869	96239	19977	12444	—
1. 造林	529789	282288	71191	142158	20442	13710	—
2. 低产低效防护林改造	3348	835	1372	536	605	—	—
3. 种苗	47666	25967	9911	10442	1346	—	—
4. 森林防火	3237	1500	1168	472	97	—	—
5. 病虫害防治	7514	2573	1932	2895	114	—	—
6. 科技费用	3500	1054	258	2067	121	—	—
7. 其他	35220	10871	13835	7254	3071	189	—
五、群众投工投劳(折合资金)	**109881**	**50131**	**29617**	**20760**	**5721**	**3652**	**—**

各地区三北及长江流域等重点

地区	荒山荒(沙)地					
	合计	按造林方式分				
		人工造林	飞播造林	无林地和疏林地新封	用材林	经济林
全国合计	**1071768**	**658485**	**6666**	**406617**	**43860**	**50838**
北京	2053	1553	—	500	—	—
天津	5357	5357	—	—	984	976
河北	70260	38793	—	31467	1803	5203
山西	66639	37548	—	29091	—	859
内蒙古	122916	64717	6666	51533	110	1625
内蒙古集团	—	—	—	—	—	—
辽宁	93307	48445	—	44862	2236	114
吉林	13813	13813	—	—	—	—
吉林集团	—	—	—	—	—	—
黑龙江	74744	52405	—	22339	4568	2061
龙江集团	—	—	—	—	—	—
上海	—	—	—	—	—	—
江苏	16582	16582	—	—	—	—
浙江	12800	11015	—	1785	669	567
安徽	16089	11462	—	4627	1833	865
福建	17475	17475	—	—	2849	1890
江西	13422	12889	—	533	2986	245
山东	46110	46110	—	—	589	1252
河南	35660	13336	—	22324	1446	354
湖北	30436	11368	—	19068	2300	1022
湖南	28498	9314	—	19184	2597	1566
广东	38827	27127	—	11700	483	—
广西	23049	13434	—	9615	11000	25
海南	2117	2117	—	—	—	—
重庆	—	—	—	—	—	—
四川	—	—	—	—	—	—
贵州	6667	6667	—	—	2857	1333
云南	9160	5686	—	3474	333	333
西藏	8886	3073	—	5813	—	—
陕西	70471	41604	—	28867	133	5309
甘肃	57010	31269	—	25741	—	652
青海	42847	21320	—	21527	—	—
宁夏	18001	12667	—	5334	—	1043
新疆	128572	81339	—	47233	4084	23544
新疆兵团	15359	12026	—	3333	667	1244
大兴安岭	—	—	—	—	—	—

防护林体系工程建设情况(一)

单位:公顷

造林面积								
按林种用途分								
防护林							薪炭林	特种用途林
小计	其中							
	水源涵养林	水土保持林	防风固沙林	农田、牧场防护林	护岸护堤林	护路林		
975220	**114138**	**316849**	**282421**	**50999**	**8893**	**9360**	**700**	**1150**
2053	—	1720	—	333	—	—	—	—
3397	—	—	3397	—	—	—	—	—
62852	12918	14893	3541	5212	356	679	402	—
65780	2593	43812	17121	568	—	—	—	—
121181	4667	11962	85756	3525	—	—	—	—
—	—	—	—	—	—	—	—	—
90957	11847	27194	37092	819	—	—	—	—
13813	197	1338	5724	1798	667	27	—	—
—	—	—	—	—	—	—	—	—
68000	11411	16849	16283	8682	338	1063	46	69
—	—	—	—	—	—	—	—	—
—	—	—	—	—	—	—	—	—
16582	1280	2453	1096	1327	1942	1876	—	—
11200	2795	1831	185	1944	338	1124	—	364
13376	2620	3849	966	2369	636	480	—	15
12723	2213	3894	653	17	407	135	—	13
10089	5900	2302	400	—	—	—	52	50
44187	1470	26504	5269	1908	1250	642	—	82
33860	14803	13120	200	401	—	200	—	—
27114	5454	12627	666	39	1990	140	—	—
24335	3296	9801	—	—	—	54	—	—
38196	19115	8953	2765	—	—	240	—	148
11872	354	7061	—	—	523	—	—	152
2117	7	25	358	254	9	10	—	—
—	—	—	—	—	—	—	—	—
—	—	—	—	—	—	—	—	—
2477	—	839	—	—	—	—	—	—
8494	—	5141	—	—	—	—	—	—
8886	—	—	—	—	—	—	—	—
65029	3009	42354	6996	156	360	426	—	—
56278	6322	22594	25844	1518	—	—	—	80
42847	1667	22014	19166	—	—	—	—	—
16958	200	1441	7025	839	7	928	—	—
100567	—	12278	41918	19290	70	1336	200	177
13448	—	3333	3475	4900	—	10	—	—
—	—	—	—	—	—	—	—	—

各地区三北及长江流域等重点

地　区	年末实有封山(沙)育林面积	低产低效林改造面积	全部林业		
			合　计	其中：国家投资	造林
全国合计	**3530360**	**10935**	**630274**	**380467**	**529789**
北　京	4000	133	15245	150	15245
天　津	—	—	44474	39787	37555
河　北	111417	20	40907	15471	38469
山　西	214095	—	18114	17216	17925
内蒙古	534658	—	35030	30706	32439
内蒙古集团	—	—	—	—	—
辽　宁	208030	259	23932	23932	19680
吉　林	43067	733	9237	8896	8781
吉林集团	—	—	—	—	—
黑龙江	182983	—	34222	23912	31444
龙江集团	—	—	—	—	—
上　海	—	—	—	—	—
江　苏	3335	195	57030	4907	34481
浙　江	184389	795	12274	9861	11791
安　徽	144541	67	8586	5760	7880
福　建	78716	—	13396	9012	11949
江　西	85960	533	6952	5537	5905
山　东	44689	—	75210	42930	59695
河　南	69825	267	8297	6109	7390
湖　北	60311	1596	8677	5880	5340
湖　南	39179	1000	6108	4305	5332
广　东	160424	3807	23550	19359	22304
广　西	35707	167	13157	8717	9675
海　南	—	—	3438	3350	3327
重　庆	—	—	—	—	—
四　川	—	—	—	—	—
贵　州	35862	—	3000	3000	3000
云　南	27321	—	5164	3377	3115
西　藏	6896	—	1043	1043	1043
陕　西	141973	—	29567	18948	29110
甘　肃	192388	133	18708	15663	18473
青　海	268507	—	8100	8100	8054
宁　夏	60330	67	7774	5000	6388
新　疆	591757	1163	99082	39539	73999
新疆兵团	28531	3	32967	6951	23717
大兴安岭	—	—	—	—	—

防护林体系工程建设情况(二)

单位:公顷、万元

投资完成额						群众投工投劳(折合资金)
低产低效防护林改造	种苗	森林防火	病虫害防治	科技费用	其他	
3348	**47666**	**3237**	**7514**	**3500**	**35220**	**109881**
—	—	—	—	—	—	—
—	902	150	936	244	4687	—
—	720	317	334	30	1037	10084
—	—	—	—	—	189	130
—	130	220	30	100	2111	840
—	—	—	—	—	—	—
300	3320	136	121	25	350	2642
—	9	31	75	—	341	—
—	—	—	—	—	—	—
—	2190	35	35	9	509	10680
—	—	—	—	—	—	—
—	—	—	—	—	—	—
—	9483	599	472	1499	10496	9599
176	230	5	5	15	52	255
166	120	57	18	11	334	2093
21	167	30	36	10	1183	5
—	167	64	20	24	772	2337
160	7232	278	3013	567	4265	25438
447	355	30	30	10	35	216
603	1443	240	138	46	867	1256
125	165	82	64	46	294	3114
815	42	3	67	102	217	1364
—	616	80	98	23	2665	6239
—	—	48	51	2	10	40
—	—	—	—	—	—	—
—	—	—	—	—	—	—
—	—	—	—	—	—	736
—	822	35	—	—	1192	896
—	—	—	—	—	—	—
—	150	—	—	3	304	923
—	166	—	—	—	69	1878
—	—	—	—	—	46	131
—	—	200	—	—	1186	2560
535	19237	597	1971	734	2009	26425
478	4879	334	1628	691	1240	1410
—	—	—	—	—	—	—

各地区三北防护林

地区	荒山荒(沙)地					
	合计	按造林方式分			用材林	经济林
		人工造林	飞播造林	无林地和疏林地新封		
全国合计	**678737**	**403431**	**6666**	**268640**	**12941**	**38523**
北京	333	333	—	—	—	—
天津	1864	1864	—	—	571	73
河北	30999	18531	—	12468	1372	4207
山西	52224	28668	—	23556	—	832
内蒙古	122916	64717	6666	51533	110	1625
内蒙古集团	—	—	—	—	—	—
辽宁	68881	36505	—	32376	2236	114
吉林	13813	13813	—	—	—	—
吉林集团	—	—	—	—	—	—
黑龙江	74744	52405	—	22339	4568	2061
龙江集团	—	—	—	—	—	—
上海	—	—	—	—	—	—
江苏	—	—	—	—	—	—
浙江	—	—	—	—	—	—
安徽	—	—	—	—	—	—
福建	—	—	—	—	—	—
江西	—	—	—	—	—	—
山东	—	—	—	—	—	—
河南	—	—	—	—	—	—
湖北	—	—	—	—	—	—
湖南	—	—	—	—	—	—
广东	—	—	—	—	—	—
广西	—	—	—	—	—	—
海南	—	—	—	—	—	—
重庆	—	—	—	—	—	—
四川	—	—	—	—	—	—
贵州	—	—	—	—	—	—
云南	—	—	—	—	—	—
西藏	—	—	—	—	—	—
陕西	66533	40000	—	26533	—	4372
甘肃	57010	31269	—	25741	—	652
青海	42847	21320	—	21527	—	—
宁夏	18001	12667	—	5334	—	1043
新疆	128572	81339	—	47233	4084	23544
新疆兵团	15359	12026	—	3333	667	1244
大兴安岭	—	—	—	—	—	—

工程建设情况(一)

单位:公顷

造林面积								
按林种用途分								
防护林							薪炭林	特种用途林
小计	其中							
	水源涵养林	水土保持林	防风固沙林	农田、牧场防护林	护岸护堤林	护路林		
626299	**41313**	**194557**	**263179**	**38665**	**1585**	**3823**	**648**	**326**
333	—	—	—	333	—	—	—	—
1220	—	—	1220	—	—	—	—	—
25018	8215	8570	2428	1137	143	243	402	—
51392	—	35631	13727	568	—	—	—	—
121181	4667	11962	85756	3525	—	—	—	—
—	—	—	—	—	—	—	—	—
66531	7027	20260	37092	819	—	—	—	—
13813	197	1338	5724	1798	667	27	—	—
—	—	—	—	—	—	—	—	—
68000	11411	16849	16283	8682	338	1063	46	69
—	—	—	—	—	—	—	—	—
—	—	—	—	—	—	—	—	—
—	—	—	—	—	—	—	—	—
—	—	—	—	—	—	—	—	—
—	—	—	—	—	—	—	—	—
—	—	—	—	—	—	—	—	—
—	—	—	—	—	—	—	—	—
—	—	—	—	—	—	—	—	—
—	—	—	—	—	—	—	—	—
—	—	—	—	—	—	—	—	—
—	—	—	—	—	—	—	—	—
—	—	—	—	—	—	—	—	—
—	—	—	—	—	—	—	—	—
—	—	—	—	—	—	—	—	—
—	—	—	—	—	—	—	—	—
—	—	—	—	—	—	—	—	—
—	—	—	—	—	—	—	—	—
—	—	—	—	—	—	—	—	—
—	—	—	—	—	—	—	—	—
62161	1607	41620	6996	156	360	226	—	—
56278	6322	22594	25844	1518	—	—	—	80
42847	1667	22014	19166	—	—	—	—	—
16958	200	1441	7025	839	7	928	—	—
100567	—	12278	41918	19290	70	1336	200	177
13448	—	3333	3475	4900	—	10	—	—
—	—	—	—	—	—	—	—	—

各地区三北防护林

地　　区	年末实有封山(沙)育林面积	低产低效林改造面积	全部林业		
			合　计	其中：国家投资	造林
全国合计	**2303647**	**2116**	**325088**	**210938**	**282288**
北　京	—	—	14792	150	14792
天　津	—	—	27080	24161	23306
河　北	46584	20	10773	5637	8706
山　西	94001	—	12514	11821	12514
内蒙古	534658	—	35030	30706	32439
内蒙古集团	—	—	—	—	—
辽　宁	161651	—	19362	19362	15422
吉　林	43067	733	9237	8896	8781
吉林集团	—	—	—	—	—
黑龙江	182983	—	34222	23912	31444
龙江集团	—	—	—	—	—
上　海	—	—	—	—	—
江　苏	—	—	—	—	—
浙　江	—	—	—	—	—
安　徽	—	—	—	—	—
福　建	—	—	—	—	—
江　西	—	—	—	—	—
山　东	—	—	—	—	—
河　南	—	—	—	—	—
湖　北	—	—	—	—	—
湖　南	—	—	—	—	—
广　东	—	—	—	—	—
广　西	—	—	—	—	—
海　南	—	—	—	—	—
重　庆	—	—	—	—	—
四　川	—	—	—	—	—
贵　州	—	—	—	—	—
云　南	—	—	—	—	—
西　藏	—	—	—	—	—
陕　西	127721	—	28414	17991	27970
甘　肃	192388	133	18708	15663	18473
青　海	268507	—	8100	8100	8054
宁　夏	60330	67	7774	5000	6388
新　疆	591757	1163	99082	39539	73999
新疆兵团	28531	3	32967	6951	23717
大兴安岭	—	—	—	—	—

工程建设情况(二)

单位:公顷、万元

投资完成额						
低产低效防护林改造	种苗	森林防火	病虫害防治	科技费用	其他	群众投工投劳(折合资金)
835	**25967**	**1500**	**2573**	**1054**	**10871**	**50131**
—	—	—	—	—	—	—
—	405	100	169	181	2919	—
—	390	317	293	30	1037	4721
—	—	—	—	—	—	20
—	130	220	30	100	2111	840
—	—	—	—	—	—	—
300	3290	—	—	—	350	2382
—	9	31	75	—	341	—
—	—	—	—	—	—	—
—	2190	35	35	9	509	10680
—	—	—	—	—	—	—
—	—	—	—	—	—	—
—	—	—	—	—	—	—
—	—	—	—	—	—	—
—	—	—	—	—	—	—
—	—	—	—	—	—	—
—	—	—	—	—	—	—
—	—	—	—	—	—	—
—	—	—	—	—	—	—
—	—	—	—	—	—	—
—	—	—	—	—	—	—
—	—	—	—	—	—	—
—	—	—	—	—	—	—
—	—	—	—	—	—	—
—	—	—	—	—	—	—
—	—	—	—	—	—	—
—	—	—	—	—	—	—
—	—	—	—	—	—	—
—	—	—	—	—	—	—
—	150	—	—	—	294	494
—	166	—	—	—	69	1878
—	—	—	—	—	46	131
—	—	200	—	—	1186	2560
535	19237	597	1971	734	2009	26425
478	4879	334	1628	691	1240	1410
—	—	—	—	—	—	—

各地区长江流域防护林

地区	合计	按造林方式分			荒山荒(沙)地	
		人工造林	飞播造林	无林地和疏林地新封	用材林	经济林
全国合计	**157942**	**89906**	**—**	**68036**	**13549**	**7720**
北京	—	—	—	—	—	—
天津	—	—	—	—	—	—
河北	—	—	—	—	—	—
山西	—	—	—	—	—	—
内蒙古	—	—	—	—	—	—
内蒙古集团	—	—	—	—	—	—
辽宁	—	—	—	—	—	—
吉林	—	—	—	—	—	—
吉林集团	—	—	—	—	—	—
黑龙江	—	—	—	—	—	—
龙江集团	—	—	—	—	—	—
上海	—	—	—	—	—	—
江苏	6617	6617	—	—	—	—
浙江	3775	3146	—	629	195	178
安徽	16089	11462	—	4627	1833	865
福建	4715	4715	—	—	2073	1782
江西	11421	10888	—	533	2586	245
山东	19050	19050	—	—	386	771
河南	29658	10003	—	19655	1446	354
湖北	30436	11368	—	19068	2300	1022
湖南	23357	7980	—	15377	2597	1566
广东	—	—	—	—	—	—
广西	—	—	—	—	—	—
海南	—	—	—	—	—	—
重庆	—	—	—	—	—	—
四川	—	—	—	—	—	—
贵州	—	—	—	—	—	—
云南	—	—	—	—	—	—
西藏	8886	3073	—	5813	—	—
陕西	3938	1604	—	2334	133	937
甘肃	—	—	—	—	—	—
青海	—	—	—	—	—	—
宁夏	—	—	—	—	—	—
新疆	—	—	—	—	—	—
新疆兵团	—	—	—	—	—	—
大兴安岭	—	—	—	—	—	—

体系工程建设情况(一)

单位:公顷

造林面积								
按林种用途分								
防护林							薪炭林	特种用途林
小计	其中							
	水源涵养林	水土保持林	防风固沙林	农田、牧场防护林	护岸护堤林	护路林		
136513	**34089**	**48399**	**4094**	**4194**	**4106**	**2487**	**52**	**108**
—	—	—	—	—	—	—	—	—
—	—	—	—	—	—	—	—	—
—	—	—	—	—	—	—	—	—
—	—	—	—	—	—	—	—	—
—	—	—	—	—	—	—	—	—
—	—	—	—	—	—	—	—	—
—	—	—	—	—	—	—	—	—
—	—	—	—	—	—	—	—	—
—	—	—	—	—	—	—	—	—
—	—	—	—	—	—	—	—	—
—	—	—	—	—	—	—	—	—
—	—	—	—	—	—	—	—	—
6617	211	1577	357	241	447	1061	—	—
3372	1851	565	—	—	—	6	—	30
13376	2620	3849	966	2369	636	480	—	15
847	169	665	—	—	—	13	—	13
8488	5033	1635	400	—	—	—	52	50
17893	354	10259	1505	1144	1033	333	—	—
27858	14803	9252	200	401	—	200	—	—
27114	5454	12627	666	39	1990	140	—	—
19194	2192	7236	—	—	—	54	—	—
—	—	—	—	—	—	—	—	—
—	—	—	—	—	—	—	—	—
—	—	—	—	—	—	—	—	—
—	—	—	—	—	—	—	—	—
—	—	—	—	—	—	—	—	—
—	—	—	—	—	—	—	—	—
—	—	—	—	—	—	—	—	—
8886	—	—	—	—	—	—	—	—
2868	1402	734	—	—	—	200	—	—
—	—	—	—	—	—	—	—	—
—	—	—	—	—	—	—	—	—
—	—	—	—	—	—	—	—	—
—	—	—	—	—	—	—	—	—
—	—	—	—	—	—	—	—	—
—	—	—	—	—	—	—	—	—

各地区长江流域防护林

地区	年末实有封山(沙)育林面积	低产低效林改造面积	全部林业		
			合计	其中：国家投资	造林
全国合计	**448368**	**3598**	**99667**	**40869**	**71191**
北京	—	—	—	—	—
天津	—	—	—	—	—
河北	—	—	—	—	—
山西	—	—	—	—	—
内蒙古	—	—	—	—	—
内蒙古集团	—	—	—	—	—
辽宁	—	—	—	—	—
吉林	—	—	—	—	—
吉林集团	—	—	—	—	—
黑龙江	—	—	—	—	—
龙江集团	—	—	—	—	—
上海	—	—	—	—	—
江苏	667	—	33491	2887	22387
浙江	42657	135	2546	1997	2507
安徽	144541	67	8586	5760	7880
福建	25239	—	2374	1396	2211
江西	77433	533	5805	4600	4968
山东	2801	—	24031	8024	13362
河南	42740	267	6928	4820	6021
湖北	60311	1596	8677	5880	5340
湖南	30831	1000	5033	3505	4332
广东	—	—	—	—	—
广西	—	—	—	—	—
海南	—	—	—	—	—
重庆	—	—	—	—	—
四川	—	—	—	—	—
贵州	—	—	—	—	—
云南	—	—	—	—	—
西藏	6896	—	1043	1043	1043
陕西	14252	—	1153	957	1140
甘肃	—	—	—	—	—
青海	—	—	—	—	—
宁夏	—	—	—	—	—
新疆	—	—	—	—	—
新疆兵团	—	—	—	—	—
大兴安岭	—	—	—	—	—

体系工程建设情况(二)

单位:公顷、万元

投资完成额						群众投工投劳（折合资金）
低产低效防护林改造	种苗	森林防火	病虫害防治	科技费用	其他	
1372	**9911**	**1168**	**1932**	**258**	**13835**	**29617**
—	—	—	—	—	—	—
—	—	—	—	—	—	—
—	—	—	—	—	—	—
—	—	—	—	—	—	—
—	—	—	—	—	—	—
—	—	—	—	—	—	—
—	—	—	—	—	—	—
—	—	—	—	—	—	—
—	—	—	—	—	—	—
—	—	—	—	—	—	—
—	—	—	—	—	—	—
—	—	—	—	—	—	—
—	1078	559	375	85	9007	6528
—	—	—	—	—	39	20
166	120	57	18	11	334	2093
21	71	25	12	10	24	—
—	167	64	20	24	562	2187
10	6512	111	1275	23	2738	14107
447	355	30	30	10	35	216
603	1443	240	138	46	867	1256
125	165	82	64	46	219	2781
—	—	—	—	—	—	—
—	—	—	—	—	—	—
—	—	—	—	—	—	—
—	—	—	—	—	—	—
—	—	—	—	—	—	—
—	—	—	—	—	—	—
—	—	—	—	—	—	—
—	—	—	—	—	—	—
—	—	—	—	3	10	429
—	—	—	—	—	—	—
—	—	—	—	—	—	—
—	—	—	—	—	—	—
—	—	—	—	—	—	—
—	—	—	—	—	—	—
—	—	—	—	—	—	—

各地区沿海防护林

地　　区	荒山荒(沙)地					
	合　计	按造林方式分				
		人工造林	飞播造林	无林地和疏林地新封	用材林	经济林
全国合计	**145394**	**109974**	**—**	**35420**	**6535**	**1944**
北　京	—	—	—	—	—	—
天　津	3493	3493	—	—	413	903
河　北	23281	9008	—	14273	—	50
山　西	—	—	—	—	—	—
内蒙古	—	—	—	—	—	—
内蒙古集团	—	—	—	—	—	—
辽　宁	24426	11940	—	12486	—	—
吉　林	—	—	—	—	—	—
吉林集团	—	—	—	—	—	—
黑龙江	—	—	—	—	—	—
龙江集团	—	—	—	—	—	—
上　海	—	—	—	—	—	—
江　苏	9965	9965	—	—	—	—
浙　江	9025	7869	—	1156	474	389
安　徽	—	—	—	—	—	—
福　建	12760	12760	—	—	776	108
江　西	—	—	—	—	—	—
山　东	27060	27060	—	—	203	481
河　南	—	—	—	—	—	—
湖　北	—	—	—	—	—	—
湖　南	—	—	—	—	—	—
广　东	26702	19197	—	7505	80	—
广　西	6565	6565	—	—	4589	13
海　南	2117	2117	—	—	—	—
重　庆	—	—	—	—	—	—
四　川	—	—	—	—	—	—
贵　州	—	—	—	—	—	—
云　南	—	—	—	—	—	—
西　藏	—	—	—	—	—	—
陕　西	—	—	—	—	—	—
甘　肃	—	—	—	—	—	—
青　海	—	—	—	—	—	—
宁　夏	—	—	—	—	—	—
新　疆	—	—	—	—	—	—
新疆兵团	—	—	—	—	—	—
大兴安岭	—	—	—	—	—	—

体系工程建设情况(一)

单位:公顷

造林面积								
按林种用途分								
防护林							薪炭林	特种用途林
小计	其中							
	水源涵养林	水土保持林	防风固沙林	农田、牧场防护林	护岸护堤林	护路林		
136347	**22490**	**35956**	**11342**	**8140**	**3202**	**3050**	—	**568**
—	—	—	—	—	—	—	—	—
2177	—	—	2177	—	—	—	—	—
23231	—	456	701	4075	213	436	—	—
—	—	—	—	—	—	—	—	—
—	—	—	—	—	—	—	—	—
—	—	—	—	—	—	—	—	—
24426	4820	6934	—	—	—	—	—	—
—	—	—	—	—	—	—	—	—
—	—	—	—	—	—	—	—	—
—	—	—	—	—	—	—	—	—
—	—	—	—	—	—	—	—	—
—	—	—	—	—	—	—	—	—
9965	1069	876	739	1086	1495	815	—	—
7828	944	1266	185	1944	338	1118	—	334
—	—	—	—	—	—	—	—	—
11876	2044	3229	653	17	407	122	—	—
—	—	—	—	—	—	—	—	—
26294	1116	16245	3764	764	217	309	—	82
—	—	—	—	—	—	—	—	—
—	—	—	—	—	—	—	—	—
—	—	—	—	—	—	—	—	—
26622	12469	6925	2765	—	—	240	—	—
1811	21	—	—	—	523	—	—	152
2117	7	25	358	254	9	10	—	—
—	—	—	—	—	—	—	—	—
—	—	—	—	—	—	—	—	—
—	—	—	—	—	—	—	—	—
—	—	—	—	—	—	—	—	—
—	—	—	—	—	—	—	—	—
—	—	—	—	—	—	—	—	—
—	—	—	—	—	—	—	—	—
—	—	—	—	—	—	—	—	—
—	—	—	—	—	—	—	—	—
—	—	—	—	—	—	—	—	—
—	—	—	—	—	—	—	—	—
—	—	—	—	—	—	—	—	—

各地区沿海防护林

地区	年末实有封山(沙)育林面积	低产低效林改造面积	全部林业		
			合计	其中：国家投资	造林
全国合计	**376465**	**3321**	**165824**	**96239**	**142158**
北京	—	—	—	—	—
天津	—	—	17394	15626	14249
河北	27406	—	23657	4074	23286
山西	—	—	—	—	—
内蒙古	—	—	—	—	—
内蒙古集团	—	—	—	—	—
辽宁	46379	259	4570	4570	4258
吉林	—	—	—	—	—
吉林集团	—	—	—	—	—
黑龙江	—	—	—	—	—
龙江集团	—	—	—	—	—
上海	—	—	—	—	—
江苏	2668	195	23539	2020	12094
浙江	141732	660	9728	7864	9284
安徽	—	—	—	—	—
福建	53477	—	11022	7616	9738
江西	—	—	—	—	—
山东	41888	—	51179	34906	46333
河南	—	—	—	—	—
湖北	—	—	—	—	—
湖南	—	—	—	—	—
广东	58621	2207	15228	11840	14931
广西	4294	—	6069	4373	4658
海南	—	—	3438	3350	3327
重庆	—	—	—	—	—
四川	—	—	—	—	—
贵州	—	—	—	—	—
云南	—	—	—	—	—
西藏	—	—	—	—	—
陕西	—	—	—	—	—
甘肃	—	—	—	—	—
青海	—	—	—	—	—
宁夏	—	—	—	—	—
新疆	—	—	—	—	—
新疆兵团	—	—	—	—	—
大兴安岭	—	—	—	—	—

体系工程建设情况(二)

单位:公顷、万元

投资完成额						群众投工投劳(折合资金)
低产低效防护林改造	种苗	森林防火	病虫害防治	科技费用	其他	
536	**10442**	**472**	**2895**	**2067**	**7254**	**20760**
—	—	—	—	—	—	—
—	497	50	767	63	1768	—
—	330	—	41	—	—	1821
—	—	—	—	—	—	—
—	—	—	—	—	—	—
—	—	—	—	—	—	—
—	30	136	121	25	—	260
—	—	—	—	—	—	—
—	—	—	—	—	—	—
—	—	—	—	—	—	—
—	—	—	—	—	—	—
—	—	—	—	—	—	—
—	8405	40	97	1414	1489	3071
176	230	5	5	15	13	235
—	—	—	—	—	—	—
—	96	5	24	—	1159	5
—	—	—	—	—	—	—
150	720	167	1738	544	1527	11331
—	—	—	—	—	—	—
—	—	—	—	—	—	—
—	—	—	—	—	—	—
210	—	3	33	—	51	1114
—	134	18	18	4	1237	2883
—	—	48	51	2	10	40
—	—	—	—	—	—	—
—	—	—	—	—	—	—
—	—	—	—	—	—	—
—	—	—	—	—	—	—
—	—	—	—	—	—	—
—	—	—	—	—	—	—
—	—	—	—	—	—	—
—	—	—	—	—	—	—
—	—	—	—	—	—	—
—	—	—	—	—	—	—
—	—	—	—	—	—	—
—	—	—	—	—	—	—

各地区珠江流域防护林

地区	荒山荒(沙)地					
	合计	按造林方式分				
		人工造林	飞播造林	无林地和疏林地新封	用材林	经济林
全国合计	**51578**	**30487**	**—**	**21091**	**10404**	**1678**
北京	—	—	—	—	—	—
天津	—	—	—	—	—	—
河北	—	—	—	—	—	—
山西	—	—	—	—	—	—
内蒙古	—	—	—	—	—	—
内蒙古集团	—	—	—	—	—	—
辽宁	—	—	—	—	—	—
吉林	—	—	—	—	—	—
吉林集团	—	—	—	—	—	—
黑龙江	—	—	—	—	—	—
龙江集团	—	—	—	—	—	—
上海	—	—	—	—	—	—
江苏	—	—	—	—	—	—
浙江	—	—	—	—	—	—
安徽	—	—	—	—	—	—
福建	—	—	—	—	—	—
江西	2001	2001	—	—	400	—
山东	—	—	—	—	—	—
河南	—	—	—	—	—	—
湖北	—	—	—	—	—	—
湖南	5141	1334	—	3807	—	—
广东	12125	7930	—	4195	403	—
广西	16484	6869	—	9615	6411	12
海南	—	—	—	—	—	—
重庆	—	—	—	—	—	—
四川	—	—	—	—	—	—
贵州	6667	6667	—	—	2857	1333
云南	9160	5686	—	3474	333	333
西藏	—	—	—	—	—	—
陕西	—	—	—	—	—	—
甘肃	—	—	—	—	—	—
青海	—	—	—	—	—	—
宁夏	—	—	—	—	—	—
新疆	—	—	—	—	—	—
新疆兵团	—	—	—	—	—	—
大兴安岭	—	—	—	—	—	—

体系工程建设情况(一)

单位:公顷

造林面积								
按林种用途分								
防护林							薪炭林	特种用途林
小计	其中							
	水源涵养林	水土保持林	防风固沙林	农田、牧场防护林	护岸护堤林	护路林		
39348	**8950**	**18301**	**—**	**—**	**—**	**—**	**—**	**148**
—	—	—	—	—	—	—	—	—
—	—	—	—	—	—	—	—	—
—	—	—	—	—	—	—	—	—
—	—	—	—	—	—	—	—	—
—	—	—	—	—	—	—	—	—
—	—	—	—	—	—	—	—	—
—	—	—	—	—	—	—	—	—
—	—	—	—	—	—	—	—	—
—	—	—	—	—	—	—	—	—
—	—	—	—	—	—	—	—	—
—	—	—	—	—	—	—	—	—
—	—	—	—	—	—	—	—	—
—	—	—	—	—	—	—	—	—
—	—	—	—	—	—	—	—	—
—	—	—	—	—	—	—	—	—
—	—	—	—	—	—	—	—	—
1601	867	667	—	—	—	—	—	—
—	—	—	—	—	—	—	—	—
—	—	—	—	—	—	—	—	—
—	—	—	—	—	—	—	—	—
5141	1104	2565	—	—	—	—	—	—
11574	6646	2028	—	—	—	—	—	148
10061	333	7061	—	—	—	—	—	—
—	—	—	—	—	—	—	—	—
—	—	—	—	—	—	—	—	—
—	—	—	—	—	—	—	—	—
2477	—	839	—	—	—	—	—	—
8494	—	5141	—	—	—	—	—	—
—	—	—	—	—	—	—	—	—
—	—	—	—	—	—	—	—	—
—	—	—	—	—	—	—	—	—
—	—	—	—	—	—	—	—	—
—	—	—	—	—	—	—	—	—
—	—	—	—	—	—	—	—	—
—	—	—	—	—	—	—	—	—
—	—	—	—	—	—	—	—	—

各地区珠江流域防护林

地　　区	年末实有封山(沙)育林面积	低产低效林改造面积	全部林业 合　计	其中：国家投资	造林
全国合计	**213274**	**1767**	**25796**	**19977**	**20442**
北　京	—	—	—	—	—
天　津	—	—	—	—	—
河　北	—	—	—	—	—
山　西	—	—	—	—	—
内蒙古	—	—	—	—	—
内蒙古集团	—	—	—	—	—
辽　宁	—	—	—	—	—
吉　林	—	—	—	—	—
吉林集团	—	—	—	—	—
黑龙江	—	—	—	—	—
龙江集团	—	—	—	—	—
上　海	—	—	—	—	—
江　苏	—	—	—	—	—
浙　江	—	—	—	—	—
安　徽	—	—	—	—	—
福　建	—	—	—	—	—
江　西	8527	—	1147	937	937
山　东	—	—	—	—	—
河　南	—	—	—	—	—
湖　北	—	—	—	—	—
湖　南	8348	—	1075	800	1000
广　东	101803	1600	8322	7519	7373
广　西	31413	167	7088	4344	5017
海　南	—	—	—	—	—
重　庆	—	—	—	—	—
四　川	—	—	—	—	—
贵　州	35862	—	3000	3000	3000
云　南	27321	—	5164	3377	3115
西　藏	—	—	—	—	—
陕　西	—	—	—	—	—
甘　肃	—	—	—	—	—
青　海	—	—	—	—	—
宁　夏	—	—	—	—	—
新　疆	—	—	—	—	—
新疆兵团	—	—	—	—	—
大兴安岭	—	—	—	—	—

体系工程建设情况(二)

单位:公顷、万元

投资完成额						群众投工投劳(折合资金)
低产低效防护林改造	种苗	森林防火	病虫害防治	科技费用	其他	
605	**1346**	**97**	**114**	**121**	**3071**	**5721**
—	—	—	—	—	—	—
—	—	—	—	—	—	—
—	—	—	—	—	—	—
—	—	—	—	—	—	—
—	—	—	—	—	—	—
—	—	—	—	—	—	—
—	—	—	—	—	—	—
—	—	—	—	—	—	—
—	—	—	—	—	—	—
—	—	—	—	—	—	—
—	—	—	—	—	—	—
—	—	—	—	—	—	—
—	—	—	—	—	—	—
—	—	—	—	—	—	—
—	—	—	—	—	—	—
—	—	—	—	—	—	—
—	—	—	—	—	210	150
—	—	—	—	—	—	—
—	—	—	—	—	—	—
—	—	—	—	—	—	—
—	—	—	—	—	75	333
605	42	—	34	102	166	250
—	482	62	80	19	1428	3356
—	—	—	—	—	—	—
—	—	—	—	—	—	—
—	—	—	—	—	—	—
—	—	—	—	—	—	736
—	822	35	—	—	1192	896
—	—	—	—	—	—	—
—	—	—	—	—	—	—
—	—	—	—	—	—	—
—	—	—	—	—	—	—
—	—	—	—	—	—	—
—	—	—	—	—	—	—
—	—	—	—	—	—	—
—	—	—	—	—	—	—

各地区太行山绿化

地　　区	荒山荒(沙)地					
	合　计	按造林方式分				
		人工造林	飞播造林	无林地和疏林地新封	用材林	经济林
全国合计	**38117**	**24687**	**—**	**13430**	**431**	**973**
北　京	1720	1220	—	500	—	—
天　津	—	—	—	—	—	—
河　北	15980	11254	—	4726	431	946
山　西	14415	8880	—	5535	—	27
内蒙古	—	—	—	—	—	—
内蒙古集团	—	—	—	—	—	—
辽　宁	—	—	—	—	—	—
吉　林	—	—	—	—	—	—
吉林集团	—	—	—	—	—	—
黑龙江	—	—	—	—	—	—
龙江集团	—	—	—	—	—	—
上　海	—	—	—	—	—	—
江　苏	—	—	—	—	—	—
浙　江	—	—	—	—	—	—
安　徽	—	—	—	—	—	—
福　建	—	—	—	—	—	—
江　西	—	—	—	—	—	—
山　东	—	—	—	—	—	—
河　南	6002	3333	—	2669	—	—
湖　北	—	—	—	—	—	—
湖　南	—	—	—	—	—	—
广　东	—	—	—	—	—	—
广　西	—	—	—	—	—	—
海　南	—	—	—	—	—	—
重　庆	—	—	—	—	—	—
四　川	—	—	—	—	—	—
贵　州	—	—	—	—	—	—
云　南	—	—	—	—	—	—
西　藏	—	—	—	—	—	—
陕　西	—	—	—	—	—	—
甘　肃	—	—	—	—	—	—
青　海	—	—	—	—	—	—
宁　夏	—	—	—	—	—	—
新　疆	—	—	—	—	—	—
新疆兵团	—	—	—	—	—	—
大兴安岭	—	—	—	—	—	—

工程建设情况(一)

单位:公顷

造林面积								
按林种用途分								
防护林							薪炭林	特种用途林
小计	其中							
	水源涵养林	水土保持林	防风固沙林	农田、牧场防护林	护岸护堤林	护路林		
36713	**7296**	**19636**	**3806**	**—**	**—**	**—**	**—**	**—**
1720	—	1720	—	—	—	—	—	—
—	—	—	—	—	—	—	—	—
14603	4703	5867	412	—	—	—	—	—
14388	2593	8181	3394	—	—	—	—	—
—	—	—	—	—	—	—	—	—
—	—	—	—	—	—	—	—	—
—	—	—	—	—	—	—	—	—
—	—	—	—	—	—	—	—	—
—	—	—	—	—	—	—	—	—
—	—	—	—	—	—	—	—	—
—	—	—	—	—	—	—	—	—
—	—	—	—	—	—	—	—	—
—	—	—	—	—	—	—	—	—
—	—	—	—	—	—	—	—	—
—	—	—	—	—	—	—	—	—
—	—	—	—	—	—	—	—	—
—	—	—	—	—	—	—	—	—
—	—	—	—	—	—	—	—	—
6002	—	3868	—	—	—	—	—	—
—	—	—	—	—	—	—	—	—
—	—	—	—	—	—	—	—	—
—	—	—	—	—	—	—	—	—
—	—	—	—	—	—	—	—	—
—	—	—	—	—	—	—	—	—
—	—	—	—	—	—	—	—	—
—	—	—	—	—	—	—	—	—
—	—	—	—	—	—	—	—	—
—	—	—	—	—	—	—	—	—
—	—	—	—	—	—	—	—	—
—	—	—	—	—	—	—	—	—
—	—	—	—	—	—	—	—	—
—	—	—	—	—	—	—	—	—
—	—	—	—	—	—	—	—	—
—	—	—	—	—	—	—	—	—
—	—	—	—	—	—	—	—	—
—	—	—	—	—	—	—	—	—

各地区太行山绿化

地　区	年末实有封山(沙)育林面积	低产低效林改造面积	全部林业 合计	其中：国家投资	造林
全国合计	**188606**	**133**	**13899**	**12444**	**13710**
北　京	4000	133	453	—	453
天　津	—	—	—	—	—
河　北	37427	—	6477	5760	6477
山　西	120094	—	5600	5395	5411
内蒙古	—	—	—	—	—
内蒙古集团	—	—	—	—	—
辽　宁	—	—	—	—	—
吉　林	—	—	—	—	—
吉林集团	—	—	—	—	—
黑龙江	—	—	—	—	—
龙江集团	—	—	—	—	—
上　海	—	—	—	—	—
江　苏	—	—	—	—	—
浙　江	—	—	—	—	—
安　徽	—	—	—	—	—
福　建	—	—	—	—	—
江　西	—	—	—	—	—
山　东	—	—	—	—	—
河　南	27085	—	1369	1289	1369
湖　北	—	—	—	—	—
湖　南	—	—	—	—	—
广　东	—	—	—	—	—
广　西	—	—	—	—	—
海　南	—	—	—	—	—
重　庆	—	—	—	—	—
四　川	—	—	—	—	—
贵　州	—	—	—	—	—
云　南	—	—	—	—	—
西　藏	—	—	—	—	—
陕　西	—	—	—	—	—
甘　肃	—	—	—	—	—
青　海	—	—	—	—	—
宁　夏	—	—	—	—	—
新　疆	—	—	—	—	—
新疆兵团	—	—	—	—	—
大兴安岭	—	—	—	—	—

工程建设情况(二)

单位:公顷、万元

投资完成额						群众投工投劳（折合资金）
低产低效防护林改造	种苗	森林防火	病虫害防治	科技费用	其他	
—	**—**	**—**	**—**	**—**	**189**	**3652**
—	—	—	—	—	—	—
—	—	—	—	—	—	—
—	—	—	—	—	—	3542
—	—	—	—	—	189	110
—	—	—	—	—	—	—
—	—	—	—	—	—	—
—	—	—	—	—	—	—
—	—	—	—	—	—	—
—	—	—	—	—	—	—
—	—	—	—	—	—	—
—	—	—	—	—	—	—
—	—	—	—	—	—	—
—	—	—	—	—	—	—
—	—	—	—	—	—	—
—	—	—	—	—	—	—
—	—	—	—	—	—	—
—	—	—	—	—	—	—
—	—	—	—	—	—	—
—	—	—	—	—	—	—
—	—	—	—	—	—	—
—	—	—	—	—	—	—
—	—	—	—	—	—	—
—	—	—	—	—	—	—
—	—	—	—	—	—	—
—	—	—	—	—	—	—
—	—	—	—	—	—	—
—	—	—	—	—	—	—
—	—	—	—	—	—	—
—	—	—	—	—	—	—
—	—	—	—	—	—	—
—	—	—	—	—	—	—
—	—	—	—	—	—	—
—	—	—	—	—	—	—
—	—	—	—	—	—	—
—	—	—	—	—	—	—
—	—	—	—	—	—	—

林业系统野生动植物保护及自然保护区工程建设情况

指　标	单位	本年实际
一、年末实有自然保护区个数	**个**	**2150**
其中：国家级	个	286
二、年末实有自然保护区面积	**百公顷**	**1248650**
其中：国家级	百公顷	771382
三、年末实有自然保护小区个数	**个**	**48633**
年末实有自然保护小区面积	百公顷	120543
四、野生植物就地保护点个数	**个**	**688**
野生植物就地保护点面积	百公顷	42381
五、禁猎（采）区个数	**个**	**1940**
禁猎（采）区面积	百公顷	535013
六、国际重要湿地个数	**个**	**41**
国际重要湿地面积	百公顷	37099
七、湿地示范区面积	**百公顷**	**37412**
八、野生动物种源繁育基地	**个**	**4137**
1. 公益性野生动物救护繁育基地	个	144
2. 商业性野生动物驯养繁殖单位	个	3993
九、野生植物种源培育基地	**个**	**976**
十、野生动植物保护管理站	**个**	**4383**
十一、鸟类环志中心（站）	**个**	**95**
十二、野生动物疫源疫病监测站	**个**	**1119**
十三、野生动植物科研及监测机构个数	**个**	**626**
其中：各类专业技术人员	人	3042
十四、野生动物观赏展演单位	**个**	**342**
1. 动物园	个	192
2. 野生动物园	个	38
3. 马戏团等展演单位	个	112
十五、植物园（树木园）个数	**个**	**117**
十六、狩猎场个数	**个**	**154**
其中：对外国人开放的狩猎场个数	个	26
十七、从事野生动植物及自然保护区建设的职工人数	**人**	**50204**
其中：各类专业技术人员	人	14828
十八、野生动植物及自然保护区建设投资完成额	**万元**	**132938**
其中：国家投资	万元	92227

各地区林业系统野生动植物保护及自然保护区工程建设情况（一）

单位：个、百公顷

地 区	年末实有自然保护区个数		年末实有自然保护区面积		年末实有自然保护小区		野生植物就地保护点		禁猎(采)区		国际重要湿地	
	合 计	其中：国家级	合 计	其中：国家级	个数	面积	个数	面积	个数	面积	个数	面积
全国合计	**2150**	**286**	**1248650**	**771382**	**48633**	**120543**	**688**	**42381**	**1940**	**535013**	**41**	**37099**
北 京	16	2	1273	264	2	5	4	4	15	468	—	—
天 津	5	1	579	54	1	—	—	—	—	—	—	—
河 北	33	9	6223	2133	—	—	2	112	3	313	—	—
山 西	45	6	10982	1067	—	—	45	10999	—	—	—	—
内蒙古	140	20	106347	29752	50	14145	14	7601	56	292994	2	7477
内蒙古集团	8	2	12365	2319	—	—	—	—	8	12302	—	—
辽 宁	73	9	11503	1652	3	6	29	488	26	4580	2	1397
吉 林	33	11	23445	8868	6	100	26	2635	—	—	1	1055
吉林集团	—	—	—	—	—	—	—	—	—	—	—	—
黑龙江	119	20	39557	16028	167	5249	20	517	43	2694	7	9126
龙江集团	23	8	11701	5760	—	—	—	—	—	—	—	—
上 海	1	1	242	242	—	—	—	—	—	—	2	364
江 苏	22	1	3710	780	—	—	12	18	—	—	2	5310
浙 江	17	6	948	741	356	738	9	170	38	488	1	3
安 徽	98	5	4373	954	38	254	26	189	20	567	—	—
福 建	89	11	5203	1841	3300	3169	6	10	—	—	1	24
江 西	218	11	11944	1840	1617	1459	233	309	46	6091	1	224
山 东	58	5	8893	1759	20	507	—	—	—	—	—	—
河 南	25	9	5062	3255	—	—	—	—	33	2037	—	—
湖 北	50	8	8993	2953	175	1247	16	2269	286	6739	1	435
湖 南	115	17	13019	5293	144	3088	81	687	114	6218	3	3930
广 东	270	6	12315	1314	38800	42000	5	201	668	28888	3	323
广 西	63	13	13149	2764	138	1927	9	704	9	1175	2	70
海 南	30	6	2399	866	190	170	25	2302	1	34000	1	54
重 庆	52	5	6906	2313	11	363	18	411	12	707	—	—
四 川	125	20	78562	25104	266	8923	44	7741	189	43666	1	1666
贵 州	105	7	9042	2309	3267	4108	8	719	292	34	—	—
云 南	126	17	26321	13771	4	5102	27	3417	27	4390	4	136
西 藏	61	8	410051	370131	—	—	—	—	7	32	2	1173
陕 西	47	15	10742	5152	10	699	1	30	19	359	—	—
甘 肃	50	15	87858	40242	53	12694	26	833	28	7456	1	2474
青 海	10	5	216874	202525	—	—	—	—	—	—	3	1844
宁 夏	6	5	4907	4667	—	—	—	—	2	2613	—	—
新 疆	28	7	91518	13549	10	13486	2	16	5	4991	—	—
新疆兵团	1	—	61	—	4	12000	—	—	—	—	—	—
大兴安岭	20	5	15710	7201	5	1106	—	—	1	83512	—	—

注：国际重要湿地个数中，全国合计包括香港特别行政区 1 处。

各地区林业系统野生动植物保护

地　区	湿地示范区面积	野生动物种源繁育基地			野生植物种源培育基地	野生动植物保护管理站	鸟类环志中心（站）	野生动物疫源疫病监测站	野生动植物科研及监测机构	
		合计	公益性野生动物救护繁育基地	商业性野生动物驯养繁殖单位					个数	其中：各类专业技术人员
全国合计	**37412**	**4137**	**144**	**3993**	**976**	**4383**	**95**	**1119**	**626**	**3042**
北　京	69	49	1	48	—	5	1	97	4	11
天　津	410	6	—	6	—	11	1	11	1	26
河　北	—	45	—	45	—	9	1	2	5	52
山　西	8	331	1	330	—	27	2	28	7	19
内蒙古	6867	150	4	146	3	52	1	10	18	171
内蒙古集团	—	146	2	144	1	—	1	8	6	86
辽　宁	39	7	4	3	2	53	2	176	40	50
吉　林	14	12	1	11	16	108	2	10	35	193
吉林集团	—	—	—	—	—	—	—	—	—	—
黑龙江	958	2	2	—	—	666	7	26	12	93
龙江集团	—	—	—	—	—	632	1	12	1	46
上　海	—	1	1	—	—	10	1	26	5	43
江　苏	—	362	12	350	1	12	—	—	12	47
浙　江	186	837	9	828	15	73	3	2	15	92
安　徽	287	123	12	111	9	76	—	28	21	73
福　建	99	94	10	84	208	45	—	27	3	35
江　西	716	229	3	226	326	76	6	45	59	200
山　东	1530	198	—	198	1	17	2	33	17	148
河　南	165	50	8	42	4	47	2	32	15	155
湖　北	355	51	8	43	13	119	8	29	69	182
湖　南	3805	358	15	343	255	260	30	71	44	258
广　东	237	14	4	10	8	55	—	126	4	97
广　西	261	68	12	56	7	19	2	24	8	34
海　南	33	109	1	108	55	5	—	33	4	60
重　庆	78	97	2	95	11	192	2	17	10	71
四　川	5019	200	7	193	2	513	—	36	19	134
贵　州	—	27	5	22	5	1434	6	1	4	51
云　南	143	586	9	577	15	113	7	78	52	364
西　藏	—	7	—	7	—	2	—	—	—	—
陕　西	92	74	2	72	13	95	1	54	12	45
甘　肃	—	15	1	14	4	37	—	47	—	—
青　海	—	—	—	—	—	—	—	—	—	—
宁　夏	322	8	1	7	—	13	1	2	2	51
新　疆	414	27	9	18	2	227	3	29	109	223
新疆兵团	—	—	—	—	—	—	—	1	1	4
大兴安岭	15308	—	—	—	1	12	4	19	20	64

及自然保护区工程建设情况(二)

单位:个、百公顷、人、万元

野生动物观赏展演单位				植物园(树木园)个数	狩猎场		从事野生动植物及自然保护区建设的职工人数		野生动植物及自然保护区投资完成额	
合计	动物园	野生动物园	马戏团等展演单位		个数	其中:对外国人开放的狩猎场个数	合计	其中:各类专业技术人员	合计	其中:国家投资
342	**192**	**38**	**112**	**117**	**154**	**26**	**50204**	**14828**	**132938**	**92227**
4	1	2	1	—	—	—	779	185	1862	1116
—	—	—	—	—	—	—	71	54	1382	1382
2	1	1	—	1	2	—	894	242	5027	4705
12	10	—	2	1	24	4	1004	291	1638	1451
3	—	3	—	3	1	—	2392	696	4173	4113
—	—	—	—	—	—	—	735	322	329	329
30	26	4	—	2	18	3	1539	542	3053	3053
7	6	1	—	2	2	1	1655	375	4303	4240
—	—	—	—	—	—	—	—	—	—	—
1	—	1	—	—	5	5	1874	1158	7233	5722
—	—	—	—	—	5	5	1180	950	1500	1500
1	1	—	—	2	—	—	405	214	1153	1153
16	15	1	—	2	—	—	350	110	5017	—
7	2	3	2	1	2	—	1102	447	1377	800
7	3	1	3	4	2	—	543	225	4115	1496
19	17	1	1	2	—	—	1629	480	4594	1781
9	8	1	—	12	3	—	4244	1132	11873	3899
39	36	2	1	4	—	—	2466	874	2066	2066
84	3	—	81	4	3	—	2829	671	3208	2375
18	16	2	—	2	4	—	1558	623	7025	4376
12	8	2	2	12	2	—	6125	1397	8155	4791
22	10	2	10	14	8	—	1217	395	3859	1934
8	4	1	3	5	—	—	2155	615	13276	7801
7	4	1	2	10	—	—	810	73	1434	1107
4	1	3	—	7	33	—	880	237	1683	1677
5	4	1	—	2	10	5	2331	609	7565	5950
2	1	1	—	4	10	—	931	532	1100	930
11	10	1	—	12	—	—	2980	410	4157	2590
1	1	—	—	2	—	—	35	2	1836	1632
7	1	2	4	2	8	1	1956	786	2858	2605
1	1	—	—	—	3	3	2626	614	3384	3174
—	—	—	—	—	—	—	265	56	10507	10507
1	1	—	—	—	—	—	934	381	770	750
2	1	1	—	5	14	4	942	318	2555	2351
—	—	—	—	1	—	—	14	5	80	50
—	—	—	—	—	—	—	683	84	700	700

各地区林业系统

地区	数量(个)							
	合计	森林生态	湿地生态	荒漠生态	野生植物	野生动物	草原与草甸	自然遗迹
全国合计	**2150**	**1336**	**369**	**33**	**116**	**287**	**2**	**7**
北　京	16	11	3	—	—	2	—	—
天　津	5	2	3	—	—	—	—	—
河　北	33	22	8	—	—	3	—	—
山　西	45	17	2	—	3	23	—	—
内蒙古	140	71	33	19	10	5	—	2
辽　宁	73	51	16	—	—	6	—	—
吉　林	33	17	8	—	4	4	—	—
黑龙江	139	36	64	—	7	29	2	1
上　海	1	—	—	—	—	1	—	—
江　苏	22	6	14	—	—	2	—	—
浙　江	17	11	2	—	1	3	—	—
安　徽	98	80	16	—	—	2	—	—
福　建	89	56	7	—	8	18	—	—
江　西	218	161	20	—	23	14	—	—
山　东	58	36	17	—	1	3	—	1
河　南	25	11	11	—	—	3	—	—
湖　北	50	19	16	—	10	5	—	—
湖　南	115	104	9	—	—	2	—	—
广　东	270	234	20	—	6	10	—	—
广　西	63	49	1	—	2	11	—	—
海　南	30	17	6	—	2	5	—	—
重　庆	52	15	13	—	12	12	—	—
四　川	125	47	27	—	6	45	—	—
贵　州	105	93	1	—	7	4	—	—
云　南	126	94	12	—	6	11	—	3
西　藏	61	18	14	2	2	25	—	—
陕　西	47	17	7	—	3	20	—	—
甘　肃	50	26	9	7	—	8	—	—
青　海	10	3	2	2	—	3	—	—
宁　夏	6	4	1	1	—	—	—	—
新　疆	28	8	7	2	3	8	—	—

自然保护区分类情况

面积(万公顷)							
合计	森林生态	湿地生态	荒漠生态	野生植物	野生动物	草原与草甸	自然遗迹
12486.50	**3345.30**	**3173.90**	**3727.91**	**134.58**	**2075.83**	**2.31**	**26.67**
12.73	9.03	1.16	—	—	2.54	—	—
5.79	0.58	5.21	—	—	—	—	—
62.23	41.69	12.28	—	—	8.26	—	—
109.82	28.02	9.81	—	5.74	66.25	—	—
1063.47	339.18	251.89	403.36	33.65	9.63	—	25.76
115.03	62.59	49.37	—	—	3.07	—	—
234.45	167.21	48.88	—	1.94	16.42	—	—
552.66	120.09	336.47	—	11.74	82.02	2.31	0.03
2.42	—	—	—	—	2.42	—	—
37.10	0.53	28.04	—	—	8.53	—	—
9.48	8.47	0.47	—	0.51	0.03	—	—
43.73	15.09	26.48	—	—	2.16	—	—
52.03	30.76	6.51	—	3.59	11.17	—	—
119.44	73.77	23.02	—	6.59	16.06	—	—
88.93	23.58	58.43	—	1.02	5.82	—	0.08
50.62	16.27	22.95	—	—	11.40	—	—
89.93	53.32	25.81	—	6.41	4.39	—	—
130.19	83.20	45.87	—	—	1.12	—	—
123.15	90.46	19.68	—	1.81	11.20	—	—
131.49	113.95	0.28	—	3.45	13.81	—	—
23.99	19.16	1.22	—	0.27	3.34	—	—
69.06	21.60	10.40	—	25.53	11.54	—	—
785.62	285.90	266.28	—	6.79	226.66	—	—
90.42	77.34	0.96	—	3.86	8.26	—	—
263.21	203.87	10.01	—	7.35	41.18	—	0.80
4100.51	689.84	72.02	2984.10	0.07	354.48	—	—
107.42	42.19	13.38	—	2.59	49.27	—	—
878.58	369.58	124.48	283.75	—	100.78	—	—
2168.74	95.96	1534.50	37.76	—	500.52	—	—
49.07	33.18	8.40	7.48	—	—	—	—
915.18	228.89	159.64	11.47	11.66	503.52	—	—

各地区林业系统自然保护区分级情况

地　区	数量(个)					面积(万公顷)					占土地面积比例(%)	占土地面积比例排名
	合计	国家级	省级	市级	县级	合计	国家级	省级	市级	县级		
全国合计	**2150**	**286**	**713**	**311**	**840**	**12486.50**	**7713.82**	**3512.31**	**564.11**	**696.26**	**13.01**	**—**
北　京	16	2	8	6	—	12.73	2.64	6.48	3.62	—	7.57	11
天　津	5	1	4	—	—	5.79	0.54	5.25	—	—	5.12	23
河　北	33	9	20	1	3	62.23	21.33	38.99	0.84	1.07	3.33	28
山　西	45	6	39	—	—	109.82	10.67	99.15	—	—	7.04	13
内蒙古	140	20	51	17	52	1063.47	297.52	649.49	32.70	83.77	8.99	8
辽　宁	73	9	23	21	20	115.03	16.52	32.35	49.35	16.82	7.77	10
吉　林	33	11	13	1	8	234.45	88.68	143.12	0.01	2.63	12.51	5
黑龙江	139	25	70	19	25	552.66	232.29	228.64	61.02	30.72	12.15	6
上　海	1	1	—	—	—	2.42	2.42	—	—	—	3.81	26
江　苏	22	1	5	4	12	37.10	7.80	5.44	12.61	11.26	3.62	27
浙　江	17	6	4	—	7	9.48	7.41	0.76	—	1.31	0.93	31
安　徽	98	5	29	2	62	43.73	9.54	28.55	1.21	4.43	3.13	29
福　建	89	11	22	9	47	52.03	18.41	9.92	15.75	7.95	4.29	25
江　西	218	11	30	2	175	119.44	18.40	32.85	2.83	65.36	7.16	12
山　东	58	5	26	17	10	88.93	17.59	35.63	33.04	2.67	5.66	18
河　南	25	9	16	—	—	50.62	32.55	18.07	—	—	3.03	30
湖　北	50	8	19	18	5	89.93	29.53	42.92	12.84	4.65	4.84	24
湖　南	115	17	24	2	72	130.19	52.93	38.75	1.87	36.64	6.15	17
广　东	270	6	52	85	127	123.15	13.14	39.07	40.43	30.51	6.86	14
广　西	63	13	41	2	7	131.49	27.64	87.71	6.76	9.38	5.57	19
海　南	30	6	18	4	2	23.99	8.66	14.25	0.25	0.83	6.85	15
重　庆	52	5	16	7	24	69.06	23.13	23.79	0.92	21.21	8.38	9
四　川	125	20	52	19	34	785.62	251.04	243.73	102.56	188.30	16.23	4
贵　州	105	7	3	14	81	90.42	23.09	5.22	20.55	41.56	5.14	22
云　南	126	17	35	43	31	263.21	137.71	69.18	39.96	16.37	6.68	16
西　藏	61	8	10	11	32	4100.51	3701.31	254.91	62.73	81.56	33.61	1
陕　西	47	15	27	3	2	107.42	51.52	50.52	3.27	2.10	5.22	21
甘　肃	50	15	34	—	1	878.58	402.42	475.50	—	0.67	19.33	3
青　海	10	5	5	—	—	2168.74	2025.25	143.49	—	—	30.03	2
宁　夏	6	5	1	—	—	49.07	46.67	2.4	—	—	9.47	7
新　疆	28	7	16	4	1	915.18	135.49	686.17	59.01	34.50	5.51	20

3

产业发展

INDUSTRIAL DEVELOPMENT

林业产业总产值(一)

(按现行价格计算)　　单位:万元

指　　标	总产值
总　　计	**394509075**
一、第一产业	**137485185**
(一)涉林产业合计	131336546
其中:湿地产业	500382
1. 林木的培育和种植	25399504
(1)育种和育苗	9872043
(2)造林	9247251
(3)林木的抚育和管理	6280210
其中:未成林抚育和管理	2360905
成林抚育和管理	3092030
2. 木材和竹材的采运	9634079
(1)木材采运	7595651
①商品材	6244585
②农民自用材	537111
③农民烧柴	813955
(2)竹材采运	2038428
其中:除毛竹、篙竹外的其他竹材	470276
3. 经济林产品的种植与采集	77518770
其中:水果及干果的种植与采集	50442366
茶及其他饮料作物的种植与采集	7185892
林产中药材的种植与采集	5078420
森林食品的种植与采集	8933802
4. 花卉的种植	12652130
5. 陆生野生动物繁育与利用	3924304
(1)陆生野生动物狩猎和捕捉	211198
(2)陆生野生动物饲养	3713106
6. 林业生产辅助服务	2207759
(二)林业系统非林产业	6148639

林业产业总产值(二)

(按现行价格计算)　　　　单位:万元

指　　标	总产值
二、第二产业	**208983022**
(一)涉林产业合计	202519627
其中:湿地产业	425998
1. 木材加工及木、竹、藤、棕、苇制品制造	82339457
(1)锯材、木片加工	13227800
(2)人造板制造	45322984
(3)木制品制造	18827474
(4)竹、藤、棕、苇制品制造	4961199
2. 木、竹、藤家具制造	27943914
3. 木、竹、苇浆造纸	47515221
4. 林产化学产品制造	6340858
5. 木制工艺品和木制文教体育用品制造	4774811
6. 非木制林产品加工制造业	22574149
7. 其他	11031217
(二)林业系统非林产业	6463395
三、第三产业	**48040868**
(一)涉林产业合计	43253926
其中:湿地产业	746781
1. 林业旅游与休闲服务	35225496
2. 林业生态服务	3657572
3. 林业专业技术服务	1056291
4. 林业公共管理及其他组织服务	3314567
(二)林业系统非林产业	4786942
补充资料:竹产业产值	12240013
油茶产业产值	3870771
林下经济产值	21335421
全部山区县茶、桑、果产值	15526008
全部丘陵县茶、桑、果产值	8691582

各地区林业

（按现行

地区	总计	第一						
		合计	涉林					
			合计	其中：湿地产业	林木的培育和			
					小计	育种和育苗	造林	林木
								计
全国合计	**394509075**	**137485185**	**131336546**	**500382**	**25399504**	**9872043**	**9247251**	**6280210**
北京	1727944	1348468	1346998	560	680286	92809	529425	58052
天津	205331	186430	186430	—	41299	3534	17443	20322
河北	10586591	5158111	5094329	669	547736	242500	207281	97955
山西	3115222	2528694	2522732	—	1099046	461242	597611	40193
内蒙古	2448955	1379044	1233127	4201	712894	150500	293988	268406
内蒙古集团	525641	285353	260788	—	148604	222	799	147583
辽宁	15475567	8531878	8402837	7569	1428555	502534	777349	148672
吉林	11509487	3117220	2905032	—	394473	210062	85384	99027
吉林集团	1268461	284483	260188	—	26406	10388	3031	12987
黑龙江	10938089	4131053	2543052	4373	421715	133940	139338	148437
龙江集团	4414494	1687435	652787	—	124372	4243	21448	98681
上海	3481118	360229	360229	—	79355	33805	13862	31688
江苏	30993642	8033707	7883180	107126	2446549	1035945	939823	470781
浙江	31568884	7324749	7300149	3719	2099609	1678978	286826	133805
安徽	15997836	5076563	4987976	63989	1234251	500941	302332	430978
福建	30780284	6011194	6008385	10532	334998	48401	157789	128808
江西	16281972	6891044	6575440	99305	1622916	334256	602187	686473
山东	45152189	15455038	14901974	25364	3012649	2086095	484087	442467
河南	10887422	5606296	5513902	—	832534	269412	309561	253561
湖北	11095861	5023745	4850323	7894	731053	336110	234091	160852
湖南	18834315	6715139	6244346	117716	1677161	291873	617444	767844
广东	46909215	5383870	5303127	5200	329652	40529	180132	108991
广西	21941856	7044353	5733243	700	663616	77526	258359	327731
海南	3979919	2433154	2432892	—	140377	15817	46691	77869
重庆	4046717	2244744	2129263	5747	560944	172427	300461	88056
四川	17456693	6410986	6180695	10145	682105	178995	274926	228184
贵州	4010168	1885799	1843674	2008	484108	123073	285374	75661
云南	8855547	6263267	6096395	17947	578027	128877	356472	92678
西藏	200912	191369	190303	400	134393	13425	73161	47807
陕西	5416600	4283247	4262653	4198	779491	397398	299308	82785
甘肃	2345241	2042246	2004002	970	344091	107851	87562	148678
青海	348196	345009	345009	—	233023	6455	208567	18001
宁夏	1085193	754649	754649	—	184699	62143	69376	53180
新疆	5800919	4877722	4861820	50	793544	132721	206527	454296
新疆兵团	1415770	1404388	1393931	—	201454	16049	33742	151663
大兴安岭	1031190	446168	338380	—	94355	1869	4514	87972

产业总产值(一)

价格计算)　　　　　　单位:万元

种植的抚育和管理		木材和竹材的采运						
			木材采运				竹材采运	
其中:未成林抚育和管理	其中:成林抚育和管理	合计	小计	商品材	农民自用材	农民烧柴	小计	其中:除毛竹、篙竹外的其他竹材
2360905	**3092030**	**9634079**	**7595651**	**6244585**	**537111**	**813955**	**2038428**	**470276**
7350	50702	9429	9429	6160	3247	22	—	—
8738	11584	6537	6537	6371	166	—	—	—
42494	44825	59704	59704	50241	6506	2957	—	—
12951	19210	4839	4839	3964	852	23	—	—
38390	119134	161112	161112	154261	2966	3885	—	—
61	75589	105761	105761	105756	5	—	—	—
90143	23384	200459	200459	133726	18312	48421	—	—
35069	48472	369052	369052	345587	10610	12855	—	—
5526	5526	97105	97105	96240	—	865	—	—
50743	87000	254195	254195	251456	2704	35	—	—
24925	65345	156138	156138	156138	—	—	—	—
3591	27893	1099	164	142	—	22	935	935
80983	225694	204824	193732	174766	16009	2957	11092	1886
21394	112411	445455	160207	145609	4827	9771	285248	42379
154336	221886	711879	530483	440704	44990	44789	181396	24831
95220	33588	1173147	735820	484516	68144	183160	437327	41213
312161	349042	554076	411444	326604	12647	72193	142632	6381
171349	271118	419815	419815	400402	16522	2891	—	—
104710	82550	265689	260682	203569	41404	15709	5007	55
67796	68612	248997	207492	157892	31168	18432	41505	14307
339091	366332	757398	640480	489921	68883	81676	116918	24303
53566	32477	686871	486102	452601	810	32691	200769	28899
179012	148719	1357057	1161237	1131702	5532	24003	195820	35691
12344	64221	98596	91461	77630	1551	12280	7135	261
40112	31814	61102	41312	23515	10857	6940	19790	11901
73430	110158	608310	310719	195497	48900	66322	297591	202161
29472	31741	268195	246103	156165	34637	55301	22092	14452
53593	6350	496556	425764	263857	66102	95805	70792	19560
2100	37007	23726	23653	9743	2014	11896	73	30
13461	46428	32821	30587	10439	11844	8304	2234	977
40927	69747	4053	3981	3285	491	205	72	54
5390	4136	997	997	—	997	—	—	—
33649	19366	—	—	—	—	—	—	—
187340	238458	23711	23711	19882	3419	410	—	—
69516	81269	3280	3280	3191	89	—	—	—
—	87971	124378	124378	124378	—	—	—	—

各地区林业

（按现行

地区	第一产业								
	涉林产业								
	经济林产品的种植与采集					花卉的种植	陆生野生动物繁育与利用		
	合计	其中					合计	陆生野生动物狩猎和捕捉	陆生野生动物饲养
		水果及干果的种植与采集	茶及其他饮料作物的种植与采集	林产中药材的种植与采集	森林食品的种植与采集				
全国合计	**77518770**	**50442366**	**7185892**	**5078420**	**8933802**	**12652130**	**3924304**	**211198**	**3713106**
北　京	480591	441953	—	1510	255	150173	12804	—	12804
天　津	112974	109974	—	—	—	25420	200	—	200
河　北	4033641	3875751	566	49231	66160	307515	134178	—	134178
山　西	1379881	1348665	—	7001	14144	26948	4162	—	4162
内蒙古	289382	176463	932	63834	18666	15523	11997	—	11997
内蒙古集团	1980	16	203	332	1150	6	80	—	80
辽　宁	4844872	2886618	68800	782347	1016459	1047906	741325	50248	691077
吉　林	1578641	314615	395	799558	423625	135274	397889	40698	357191
吉林集团	98221	10613	—	47856	39752	2171	24461	1170	23291
黑龙江	1530097	180182	6035	68691	1228900	44362	237196	10362	226834
龙江集团	356514	17828	—	25921	311533	16	13583	—	13583
上　海	223893	220989	—	—	2904	55429	453	—	453
江　苏	2858654	2053585	276929	112580	120395	1760279	59065	2351	56714
浙　江	4061822	2022320	952913	93675	887733	386832	263579	3321	260258
安　徽	2533238	1001900	818938	246162	328470	372358	100068	5514	94554
福　建	3665432	1634685	1031359	122222	652121	753842	58257	18263	39994
江　西	3127032	1468289	315825	166198	369694	1011724	153018	11836	141182
山　东	9176595	8595473	250685	35360	126160	1276170	966280	—	966280
河　南	3127019	1869359	413582	239666	531649	1023140	176139	11187	164952
湖　北	3226787	1385738	850862	241666	607999	385440	80867	12168	68699
湖　南	2757545	1587014	314131	309278	369570	701070	135673	21014	114659
广　东	3431487	2470856	120975	103683	171267	834998	16082	8799	7283
广　西	2973686	1947822	190838	92047	208828	570113	84593	710	83883
海　南	1868746	1010783	3120	2053	17875	239912	85054	—	85054
重　庆	1152116	842610	114591	68097	79109	293245	24737	851	23886
四　川	3908006	2438680	452111	180070	492853	661117	102595	7399	95196
贵　州	893201	432427	208039	138046	49592	93707	12328	128	12200
云　南	4592555	1885536	561309	445026	936455	334063	30316	1126	29190
西　藏	29263	15711	700	7616	5236	272	15	—	15
陕　西	3319840	2783253	222901	115973	110571	91589	12951	282	12669
甘　肃	1574224	1280685	1929	98026	15005	17326	2783	—	2783
青　海	108567	5910	—	102477	180	2227	—	—	—
宁　夏	552137	216571	827	309915	—	17305	148	—	148
新　疆	4010977	3935069	—	75886	—	16589	1566	—	1566
新疆兵团	1188134	1175650	—	12462	—	833	127	—	127
大兴安岭	95869	2880	6600	526	81927	262	17986	4941	13045

产业总产值(二)

价格计算)　　　　单位:万元

		第二产业							
			涉林产业						
					木材加工及木、竹、藤、棕、苇制品制造				
林业生产辅助服务	林业系统非林产业	合计	合计	其中:湿地产业	小计	锯材、木片加工	人造板制造	木制品制造	竹、藤、棕、苇制品制造
2207759	**6148639**	**208983022**	**202519627**	**425998**	**82339457**	**13227800**	**45322984**	**18827474**	**4961199**
13715	1470	71704	53776	—	53504	—	33096	20408	—
—	—	9100	9100	—	4500	—	4500	—	—
11555	63782	4964839	4942182	—	3132347	803564	2081247	240735	6801
7856	5962	442479	442479	320	42794	16560	24197	2037	—
42219	145917	666865	624515	—	520118	420022	81673	18192	231
4357	24565	53206	30169	—	30169	30169	—	—	—
139720	129041	4857042	4470008	—	2299743	591783	723037	975694	9229
29703	212188	7004909	6362056	—	2309234	392546	899189	1017499	—
11824	24295	523094	311380	—	269325	7135	125416	136774	—
55487	1588001	5176974	3841616	1888	2258865	853844	571300	821330	12391
2164	1034648	1675562	625016	—	481270	112127	114855	254288	—
—	—	2985362	2985362	—	660632	44282	162923	453427	—
553809	150527	19624212	18926297	258	11325182	732327	7772128	2671307	149420
42852	24600	21393154	21381275	18009	6513268	605764	1509574	3350661	1047269
36182	88587	8750941	8569065	27656	6533666	829107	3780314	1028547	895698
22709	2809	24037259	24025452	282000	7331879	1028130	2833394	2065630	1404725
106674	315604	5600945	5117594	1395	2233623	386752	880600	848953	117318
50465	553064	27163332	26388789	23030	15000487	2361351	11075114	1389920	174102
89381	92394	4363451	4333729	37782	2287634	487259	1649843	131976	18556
177179	173422	4265596	3967090	6401	1583940	118678	819682	542437	103143
215499	470793	7659070	6919266	26119	2783517	700704	1038301	653629	390883
4037	80743	32579372	32552861	—	4656139	576494	2744103	1112641	222901
84178	1311110	13717027	13498615	40	6590118	1153300	4503626	763916	169276
207	262	1390306	1359810	—	188537	125641	50847	10160	1889
37119	115481	1062693	1047363	—	347614	75648	111283	93550	67133
218562	230291	6260976	6117315	—	2069386	427617	1260224	244747	136798
92135	42125	758140	735603	—	362008	148961	128588	70078	14381
64878	166872	2135993	2083095	1100	686506	229778	342629	109392	4707
2634	1066	5753	5753	—	5753	5344	400	9	—
25961	20594	729137	681120	—	304077	47598	168716	75191	12572
61525	38244	114083	82345	—	4411	—	1200	1435	1776
195	—	160	160	—	160	160	—	—	—
360	—	229959	229959	—	—	—	—	—	—
15433	15902	533216	523070	—	30169	14279	14177	1713	—
103	10457	3742	242	—	242	—	242	—	—
5530	107788	428973	242907	—	219646	50307	57079	112260	—

各地区林业

（按现行

地　区	第　二　产　业								
	涉林产业								
	木、竹、藤家具制造	木、竹、苇浆造纸	林产化学产品制造	木制工艺品和木制文教体育用品制造	非木质林产品加工制造业	其他	林业系统非林产业	合　计	小　计
全国合计	**27943914**	**47515221**	**6340858**	**4774811**	**22574149**	**11031217**	**6463395**	**48040868**	**43253926**
北　京	—	—	—	—	—	272	17928	307772	288841
天　津	4600	—	—	—	—	—	—	9801	9801
河　北	453510	33796	22508	4980	1144732	150309	22657	463641	403459
山　西	2940	—	144	250	390391	5960	—	144049	137269
内蒙古	1706	—	152	87	17204	85248	42350	403046	220779
内蒙古集团	—	—	—	—	—	—	23037	187082	31587
辽　宁	1151502	57180	3759	29933	598190	329701	387034	2086647	1720620
吉　林	332006	420137	24227	56918	3074498	145036	642853	1387358	721534
吉林集团	1261	—	19133	—	18146	3515	211714	460884	34020
黑龙江	535759	467233	15687	45287	113527	405258	1335358	1630062	833501
龙江集团	83889	210	15687	13312	7529	23119	1050546	1051497	338214
上　海	738115	1202258	122761	10491	248468	2637	—	135527	101382
江　苏	883918	3462390	960488	147909	869538	1276872	697915	3335723	3208838
浙　江	2785398	8378639	165455	1565416	1940444	32655	11879	2850981	2847851
安　徽	592793	99930	109927	308288	710820	213641	181876	2170332	2056374
福　建	2655976	5135051	630498	1270787	3388345	3612916	11807	731831	731634
江　西	1106173	190817	370005	120230	968629	128117	483351	3789983	3542328
山　东	2341513	3698920	48733	520129	4124374	654633	774543	2533819	2317375
河　南	567307	553300	15580	35032	759359	115517	29722	917675	889803
湖　北	536691	868846	67004	90269	473495	346845	298506	1806520	1407689
湖　南	906083	1768248	245184	117305	560727	538202	739804	4460106	4028837
广　东	8699414	16384709	1327635	195074	524968	764922	26511	8945973	8931840
广　西	933348	2752257	1723138	56880	388437	1054437	218412	1180476	655529
海　南	39350	743279	1582	84637	301818	607	30496	156459	143086
重　庆	230040	146921	12231	52932	118457	139168	15330	739280	691389
四　川	2165075	838127	38201	24983	466700	514843	143661	4784731	4557449
贵　州	87946	85117	24560	20454	102616	52902	22537	1366229	1347463
云　南	148361	153530	373174	2519	545555	173450	52898	456287	365744
西　藏	—	—	—	—	—	—	—	3790	3505
陕　西	38511	3096	9554	13942	158279	153661	48017	404216	356291
甘　肃	5879	—	5410	79	9088	57478	31738	188912	154570
青　海	—	—	—	—	—	—	—	3027	2977
宁　夏	—	71440	—	—	158144	375	—	100585	93510
新　疆	—	—	—	—	417346	75555	10146	389981	380045
新疆兵团	—	—	—	—	—	—	3500	7640	4990
大兴安岭	—	—	23261	—	—	—	186066	156049	102613

产业总产值(三)

价格计算)

单位:万元

第三产业						补充资料				
涉林产业					林业系统非林产业	竹产业产值	油茶产业产值	林下经济产值	全部山区县茶、桑、果产值	全部丘陵县茶、桑、果产值
其中:湿地产业	林业旅游与休闲服务	林业生态服务	林业专业技术服务	林业公共管理及其他组织服务						
746781	**35225496**	**3657572**	**1056291**	**3314567**	**4786942**	**12240013**	**3870771**	**21335421**	**15526008**	**8691582**
290	236244	43635	1091	7871	18931	—	—	15084	105645	156566
—	9801	—	—	—	—	—	—	2460	20248	—
6300	244078	51914	13857	93610	60182	—	—	335036	1128469	411965
165	47698	43310	3314	42947	6780	—	—	—	107552	330062
100	131549	3703	7492	78035	182267	—	—	238616	2102	96840
—	28901	—	449	2237	155495	—	—	26631	—	—
10649	1540034	122964	21528	36094	366027	—	—	1249473	191254	135937
86372	621269	17248	11302	71715	665824	—	—	1039496	114617	12299
—	22280	464	2466	8810	426864	—	—	27809	—	—
25009	577652	122103	11822	121924	796561	—	—	403039	6262	13163
—	314830	9648	2818	10918	713283	—	—	—	—	—
—	8088	37937	15759	39598	34145	—	—	7108	—	—
52901	1797373	621961	175256	614248	126885	11439	1580	261921	—	122352
33203	2526537	190525	20455	110334	3130	3580404	162084	6844576	2224467	357361
25559	1557984	216572	72939	208879	113958	989162	225455	1079958	816160	182200
—	554631	76519	10055	90429	197	3230992	169823	619650	1913404	347462
41476	2471798	760163	59602	250765	247655	673542	1301753	569190	937133	401871
161192	1573718	456668	224188	62801	216444	30	—	1860048	678238	1253885
10785	609308	184707	21041	74747	27872	3713	12880	354513	289570	63507
15390	1104324	74507	69724	159134	398831	121237	88776	258334	1101122	820397
132879	3170759	317143	153453	387482	431269	1097516	1433812	440748	469322	387456
—	8894920	25607	3682	7631	14133	82358	66051	85381	1316808	476698
33436	441630	36512	30566	146821	524947	271487	291641	3341613	465345	1448934
1128	127407	902	731	14046	13373	1028	1130	127117	10829	—
430	586532	43642	18143	43072	47891	130362	8548	290297	339765	173551
4413	4101165	54507	36923	364854	227282	1834672	8967	1070598	1002067	1161139
84032	1267135	36306	11228	32794	18766	140818	64569	95602	188417	—
12266	259489	24727	24339	57189	90543	69666	21502	252964	1198130	76012
—	3125	60	—	320	285	—	—	—	—	—
2500	230217	71941	11685	42448	47925	1407	11820	260373	351441	34012
460	44469	9639	10212	90250	34342	180	380	49420	547641	227913
2458	2977	—	—	—	50	—	—	—	—	—
2310	93360	—	150	—	7075	—	—	7212	—	—
1078	302792	10782	11303	55168	9936	—	—	23594	—	—
500	4940	—	50	—	2650	—	—	17161	—	—
—	87433	1368	4451	9361	53436	—	—	152000	—	—

全国主要林产工业产品产量2012年与2011年比较

主要指标	单　位	2012年	2011年	2012年比 2011年增减(%)
木材产量	万立方米	8174.87	8145.92	0.36
原木	万立方米	7494.37	7449.64	0.60
薪材	万立方米	680.50	696.28	-2.27
竹材产量	万根	164412.03	153929.49	6.81
锯材产量	万立方米	5568.19	4460.25	24.84
人造板产量	万立方米	22335.79	20919.29	6.77
其中：胶合板	万立方米	10981.17	9869.63	11.26
纤维板	万立方米	5800.35	5562.12	4.28
刨花板	万立方米	2349.55	2559.39	-8.20
其他人造板	万立方米	3204.71	2928.15	9.44
木竹地板产量	万平方米	60430.54	62908.25	-3.94
松香类产品产量	吨	1409995	1413041	-0.22
栲胶类产品产量	吨	6926	9129	-24.13
紫胶类产品产量	吨	2494	2966	-15.91

全国主要木材、竹材产品产量

产品名称	单　位	全部产量
木材及竹材		
一、木材	万立方米	8174.87
其中：热带木材	万立方米	631.09
(一)原木	万立方米	7494.37
其中：针叶原木	万立方米	1321.55
1. 直接用原木	万立方米	3223.28
2. 特级原木	万立方米	64.17
3. 等内加工原木	万立方米	1108.75
其中：针叶原木	万立方米	454.43
4. 造纸用原木	万立方米	531.99
5. 胶合板材	万立方米	1000.23
6. 杉原条	万立方米	471.54
7. 其他原木	万立方米	1094.41
(二)薪材	万立方米	680.50
二、竹材		
(一)竹材	万根	164412.03
1. 毛竹	万根	111470.33
2. 篙竹	万根	52941.70
(二)小杂竹	万吨	1186.37
补充资料：		
1. 按生产单位分的全部木材产量和竹材产量		
(1)系统内国有企业单位生产的木材	万立方米	645.25
(2)系统内国有林场、事业单位生产的木材	万立方米	1228.36
(3)系统外企、事业单位采伐自营林地的木材	万立方米	402.07
(4)乡(镇)集体企业及单位生产的木材	万立方米	634.16
(5)村及村以下各级组织和农民个人生产的木材	万立方米	5265.03
(6)村及村以下各级组织和农民个人生产的竹材	万根	128675.08
2. 农民自用材采伐量	万立方米	700.09
3. 农民烧材采伐量	万立方米	2056.80

各地区主要木材、

地　　区	木材及竹材							
	木　　材							
	总计	其中：热带木材	原　　木					
			合 计	其中:针叶原木	直接用原木	特级原木	等内加工原木	
							小计	其中：针叶原木
全国合计	**8174.87**	**631.09**	**7494.37**	**1321.55**	**3223.28**	**64.17**	**1108.75**	**454.43**
北　京	14.33	—	14.22	—	12.74	—	—	—
天　津	10.68	—	10.68	—	—	—	—	—
河　北	74.68	—	58.79	13.66	37.48	0.32	3.20	—
山　西	12.21	—	9.22	0.31	8.20	—	—	—
内蒙古	208.83	—	199.64	71.36	93.27	6.57	35.16	22.43
内蒙古集团	114.99	—	112.51	59.85	17.60	6.57	29.47	21.51
辽　宁	191.43	—	182.78	54.73	162.12	4.00	9.23	0.37
吉　林	344.26	—	340.47	59.50	164.05	29.01	113.19	32.16
吉林集团	61.70	—	60.98	9.70	4.61	18.23	29.98	5.77
黑龙江	301.89	—	284.44	35.76	133.30	2.65	75.08	15.88
龙江集团	131.13	—	128.17	14.18	28.98	2.58	57.25	14.23
上　海	0.32	—	—	—	—	—	—	—
江　苏	173.41	—	164.37	3.69	79.56	0.47	7.05	1.78
浙　江	156.93	—	154.45	106.40	30.04	2.57	45.08	39.60
安　徽	495.63	—	420.81	84.31	152.92	1.05	30.57	19.15
福　建	570.74	—	521.67	64.33	250.49	—	111.64	64.33
江　西	286.63	—	269.48	109.31	99.46	—	57.35	32.34
山　东	551.64	—	504.31	2.23	249.25	—	38.88	—
河　南	278.45	—	254.44	0.08	150.47	—	6.90	—
湖　北	258.66	—	233.48	26.96	122.69	0.24	13.17	8.43
湖　南	467.12	—	412.85	76.14	88.65	0.53	26.37	17.52
广　东	759.86	116.00	685.07	81.42	336.34	0.04	105.75	16.61
广　西	1668.12	359.38	1613.72	238.41	456.99	11.76	208.04	57.07
海　南	111.57	111.57	101.67	7.68	51.59	1.47	2.83	0.11
重　庆	30.11	—	25.19	12.41	12.62	—	5.03	1.34
四　川	246.17	—	222.89	17.03	123.81	0.16	13.93	1.77
贵　州	215.43	—	207.94	66.75	135.41	0.05	43.14	39.94
云　南	530.13	44.14	452.78	147.85	194.14	—	117.91	61.87
西　藏	76.86	—	18.06	—	9.49	—	—	—
陕　西	16.37	—	11.42	1.10	5.79	—	0.50	—
甘　肃	4.73	—	4.32	—	2.05	—	—	—
青　海	1.92	—	1.91	0.16	1.78	—	—	—
宁　夏	1.55	—	1.55	—	—	—	—	—
新　疆	35.70	—	34.18	0.56	25.85	0.02	4.80	0.47
新疆兵团	8.28	—	8.26	—	4.07	0.02	3.98	—
大兴安岭	78.52	—	77.55	39.39	32.73	3.25	33.97	21.28

竹材产品产量(一)

单位:万立方米

木材及竹材								
木　　材					竹　　材			
原　　木				薪材	竹材(万根)			小杂竹(万吨)
造纸用原木	胶合板材	杉原条	其他原木		合 计	毛竹	篙竹	
531.99	**1000.23**	**471.54**	**1094.41**	**680.50**	**164412.03**	**111470.33**	**52941.70**	**1186.37**
—	—	—	1.48	0.11	—	—	—	—
—	—	—	10.68	—	—	—	—	—
0.15	3.63	—	14.02	15.89	—	—	—	—
—	—	—	1.02	2.99	—	—	—	—
3.67	1.74	—	59.23	9.18	—	—	—	—
3.67	0.38	—	54.82	2.48	—	—	—	—
—	0.39	—	7.03	8.65	—	—	—	—
2.12	9.98	—	22.12	3.79	—	—	—	—
—	3.15	—	5.01	0.72	—	—	—	—
3.65	11.74	—	58.01	17.45	—	—	—	—
2.65	10.60	—	26.12	2.95	—	—	—	—
—	—	—	—	0.32	—	—	—	0.40
3.94	57.23	2.29	13.85	9.03	626.97	426.23	200.74	0.98
—	3.00	64.91	8.85	2.48	19345.86	17736.78	1609.08	47.73
3.46	106.33	73.22	53.26	74.82	11496.28	10349.52	1146.76	30.21
14.64	48.90	1.21	94.80	49.07	51401.00	33458.00	17943.00	62.86
2.96	3.70	68.25	37.76	17.15	7813.43	7285.92	527.51	12.25
15.06	187.43	0.85	12.84	47.33	—	—	—	0.12
2.39	47.68	—	47.00	24.01	159.79	157.29	2.50	2.51
5.43	42.49	13.10	36.36	25.18	3009.45	2154.50	854.95	11.78
38.39	32.65	173.11	53.14	54.27	7099.05	6460.25	638.80	27.20
97.46	43.54	12.79	89.14	74.79	13409.07	4591.58	8817.49	190.72
268.02	343.54	27.05	298.33	54.39	28775.06	10403.01	18372.05	46.09
21.47	6.53	1.02	16.77	9.90	2125.34	2004.39	120.95	0.05
0.60	3.57	0.87	2.49	4.92	434.05	393.29	40.75	31.92
0.41	14.46	8.62	61.50	23.29	4683.29	4028.24	655.05	348.26
0.18	4.77	5.53	18.86	7.50	648.52	640.75	7.77	38.53
38.80	24.80	18.09	59.04	77.34	12288.09	10521.12	1766.98	332.11
—	—	—	8.57	58.80	—	—	—	0.05
0.05	0.50	0.63	3.95	4.95	1096.77	859.45	237.32	2.44
—	—	—	2.27	0.41	—	—	—	0.18
—	—	—	0.12	0.01	—	—	—	—
1.55	—	—	—	—	—	—	—	—
—	1.65	—	1.87	1.52	—	—	—	—
—	—	—	0.19	0.02	—	—	—	—
7.59	—	—	0.02	0.97	—	—	—	—

各地区主要木材、竹材产品产量(二)

单位:万立方米

地区	补充资料							
	按生产单位分的全部木材产量和竹材产量						农民自用材采伐量	农民烧材采伐量
	系统内国有企业单位生产的木材	系统内国有林场、事业单位生产的木材	系统外企、事业单位采伐自营林地的木材	乡(镇)集体企业及单位生产的木材	村及村以下各级组织和农民个人生产的木材	村及村以下各级组织和农民个人生产的竹材(万根)		
全国合计	**645.25**	**1228.36**	**402.07**	**634.16**	**5265.03**	**128675.08**	**700.09**	**2056.80**
北　京	0.04	0.21	1.75	0.21	12.13	—	10.44	0.23
天　津	—	—	—	—	10.68	—	—	—
河　北	—	26.34	0.25	3.43	44.66	—	7.96	12.64
山　西	—	6.90	0.43	—	4.89	—	1.05	0.20
内蒙古	116.55	33.11	2.08	2.60	54.49	—	6.28	7.49
内蒙古集团	114.99	—	—	—	—	—	—	—
辽　宁	2.12	50.30	23.09	27.23	88.69	—	13.83	39.50
吉　林	144.31	109.36	5.78	27.93	56.89	—	—	—
吉林集团	48.52	13.18	—	—	—	—	—	—
黑龙江	153.52	96.17	0.17	5.28	46.75	—	5.12	0.07
龙江集团	131.13	—	—	—	—	—	—	—
上　海	—	0.28	—	0.04	—	—	—	—
江　苏	4.05	13.19	10.08	46.04	100.04	387.08	19.28	3.70
浙　江	1.30	12.98	1.57	2.75	138.33	17786.85	10.11	25.43
安　徽	1.27	34.79	3.52	23.70	432.36	10092.24	30.73	69.21
福　建	62.30	81.38	14.13	56.52	356.41	48000.00	124.85	742.47
江　西	26.61	64.96	17.13	33.75	144.17	3085.83	13.41	61.15
山　东	4.71	3.28	28.70	111.00	403.95	—	23.60	6.85
河　南	—	4.83	0.81	9.23	263.57	159.79	56.98	46.20
湖　北	1.79	22.45	12.46	22.17	199.80	2556.35	63.24	75.40
湖　南	5.35	70.96	18.21	61.19	311.41	5982.99	52.98	58.56
广　东	2.22	135.64	104.34	28.52	489.15	9059.06	1.43	66.17
广　西	7.38	317.26	55.67	44.87	1242.94	18480.32	9.13	46.38
海　南	4.42	3.16	31.21	18.96	53.82	677.19	1.50	10.52
重　庆	0.03	3.09	3.11	2.29	21.60	284.05	10.87	7.72
四　川	0.57	22.06	10.13	24.05	189.37	3147.71	46.79	104.42
贵　州	6.58	26.19	0.23	31.74	150.69	531.67	40.57	160.94
云　南	13.56	66.57	55.35	49.44	345.21	7706.62	112.42	447.25
西　藏	—	17.57	—	0.36	58.93	—	8.62	35.28
陕　西	0.16	1.97	0.14	0.59	13.51	737.34	19.96	27.10
甘　肃	—	2.20	0.15	0.07	2.31	—	1.60	—
青　海	—	0.15	—	—	1.77	—	1.09	—
宁　夏	—	—	1.55	—	—	—	0.11	—
新　疆	7.90	1.01	0.04	0.23	26.52	—	6.13	1.91
新疆兵团	7.88	0.41	—	—	—	—	—	—
大兴安岭	78.52	—	—	—	—	—	—	—

全国主要经济林产品生产情况

单位:吨

指　　标	产　量
各类经济林产品总量	**142493140**
一、水果产量	**122267474**
1. 苹果	33867597
2. 柑橘	25546753
3. 梨	16743196
4. 葡萄	9566318
5. 桃	11122704
6. 杏	2956350
7. 荔枝	1830001
8. 龙眼	1553514
9. 猕猴桃	898121
10. 其他水果	18182920
二、干果产量	**9873247**
1. 核桃	2046904
2. 板栗	1979583
3. 枣(干重)	3668119
4. 柿子(干重)	1143513
5. 仁用杏	102347
6. 山杏仁	165251
7. 银杏(白果)	89611
8. 榛子	89453
9. 松子	80774
10. 其他干果	507692
三、林产饮料产品(干重)	**1836507**
1. 毛茶	1653363
2. 可可豆	389
3. 咖啡	87713
4. 其他林产饮料产品	95042
四、林产调料产品(干重)	**582712**
1. 花椒	345202
2. 八角	143778
3. 桂皮	81055
4. 其他林产调料产品	12677
五、森林食品(干重)	**3080316**
1. 竹笋干	501740
2. 食用菌	1995988
3. 山野菜	390018
4. 其他森林食品	192570
六、木本药材	**1298752**
1. 杜仲	164461
2. 黄柏	22119
3. 厚朴	165772
4. 枸杞	204868
5. 山茱萸	47040
6. 其他木本药材	694492
七、木本油料	**1766167**
1. 油茶籽	1727708
2. 油橄榄	10429
3. 文冠果	75
4. 其他木本油料	27955
八、林产工业原料	**1787965**
1. 生漆	26027
2. 油桐籽	427048
3. 乌桕籽	39467
4. 五倍子	23190
5. 棕片	55171
6. 松脂	1215065
7. 紫胶(原胶)	1997

各地区主要经济林

地区	各类经济林产品总量	水果产量									
		合计	其中								
			苹果	柑橘	梨	葡萄	桃	杏	荔枝	龙眼	猕猴桃
全国合计	**142493140**	**122267474**	**33867597**	**25546753**	**16743196**	**9566318**	**11122704**	**2956350**	**1830001**	**1553514**	**898121**
北京	903835	795930	102267	—	162440	57449	397261	23932	—	—	8
天津	219645	170691	49989	—	36544	26609	54542	3007	—	—	—
河北	12257950	11097539	3114632	—	4450544	1241764	1573161	247677	—	—	805
山西	4911728	4295204	3007576	—	611862	176563	372889	81486	—	—	372
内蒙古	406396	360611	96755	—	49396	68386	3211	26969	—	—	—
内蒙古集团	863	—	—	—	—	—	—	—	—	—	—
辽宁	5884671	4630025	2019046	—	1260052	670577	374041	45126	—	—	—
吉林	800066	512408	161104	—	122340	125617	380	7721	—	—	—
吉林集团	9781	—	—	—	—	—	—	—	—	—	—
黑龙江	506284	158109	55802	—	26966	32794	127	400	—	—	—
龙江集团	141591	2579	270	—	629	597	—	—	—	—	—
上海	516967	516763	6	245539	40257	117092	106522	—	—	—	1386
江苏	2807263	2584076	644011	41929	687247	474414	515443	16346	—	—	4679
浙江	4901984	4315234	—	2098924	483823	586022	416871	—	—	—	21489
安徽	2956759	2497765	404771	39214	1065586	238952	458566	13740	—	—	14010
福建	7067037	5622424	341990	1691421	474459	114685	246964	11662	151646	280795	10850
江西	4495246	3803655	—	3313731	133773	51307	61389	—	—	—	13949
山东	18711273	17298213	9345187	—	1616898	1242009	3246089	346944	—	—	19230
河南	5683927	4703211	2236445	113426	624121	258307	818946	161251	—	—	58450
湖北	6018637	4880851	20298	3156824	612318	123307	716816	4604	—	—	22594
湖南	5760636	4372919	—	3584681	154718	141840	104636	1454	—	—	53311
广东	7502825	6993296	167125	2630648	81459	385	47884	—	979706	678317	7470
广西	10371008	9103578	—	3164157	239317	312569	210842	60	533840	504259	2838
海南	1363443	1337192	—	24780	—	—	1855	—	134801	40928	—
重庆	2800999	2597696	62508	1802369	327170	84485	90885	6545	378	9155	22091
四川	6146382	5331056	473429	2329689	798931	249971	425675	7147	12533	24485	90125
贵州	1297154	927162	21133	258356	265330	89582	124659	1436	651	520	13302
云南	4722472	3399739	297463	632220	324744	398923	175229	242	16446	15055	3109
西藏	14690	9596	5551	598	1123	386	655	—	—	—	—
陕西	10738544	9396190	6972073	416877	693784	220272	255328	87885	—	—	534512
甘肃	4400552	4084018	3016660	1370	445391	265720	178738	109619	—	—	3541
青海	24415	3544	1508	—	1258	71	61	483	—	—	—
宁夏	897078	735021	464902	—	12025	186926	7769	39514	—	—	—
新疆	7394096	5733758	785366	—	939320	2009334	135270	1711100	—	—	—
新疆兵团	1432541	1039865	245470	—	327570	379041	53941	30181	—	—	—
大兴安岭	9178	—	—	—	—	—	—	—	—	—	—

产品生产情况(一)

单位:吨

	干果产量										
	合 计	其 中									
其他水果		核桃	板栗	枣（干重）	柿子（干重）	仁用杏	山杏仁	银杏（白果）	榛子	松子	其他干果
18182920	**9873247**	**2046904**	**1979583**	**3668119**	**1143513**	**102347**	**165251**	**89611**	**89453**	**80774**	**507692**
52573	99865	16828	32140	3448	39755	7384	—	—	—	—	310
—	48954	1012	926	47016	—	—	—	—	—	—	—
468956	1092879	126636	243925	503564	167975	24278	20634	—	—	3	5864
44456	596517	106772	2470	332664	69553	17410	5182	—	—	112	62354
115894	20048	—	—	48	—	775	11207	—	4051	—	3967
—	—	—	—	—	—	—	—	—	—	—	—
261183	630345	92349	117616	120243	—	32705	101705	10	78144	29398	58175
95246	69831	35074	1009	—	—	88	—	—	5453	28094	113
—	3625	1371	—	—	—	—	—	—	5	2249	—
42020	9398	2364	—	—	—	—	185	—	1804	4933	112
1083	4404	748	—	—	—	—	—	—	656	3000	—
5961	17	—	—	—	—	—	—	17	—	—	—
200007	137433	156	26065	4662	66052	—	8	39455	—	—	1035
708105	117106	16424	83712	1073	8216	—	—	1933	—	—	5748
262926	188785	17305	116228	9180	39694	—	—	2682	—	—	3696
2297952	225085	43996	86218	29951	62987	1643	—	11	—	—	279
229506	43049	72	27817	511	3778	—	—	67	—	—	10804
1481856	1153586	87911	287746	336912	231754	3150	2100	7172	—	—	196841
432265	590091	93021	136173	213078	137562	2082	3280	2649	—	—	2246
224090	557542	91351	399608	27644	19117	5	3	15337	—	—	4477
332279	153943	15213	96830	20682	12431	19	16	978	—	—	7774
2400302	58451	18	11828	—	24611	—	—	715	—	—	21279
4135696	127974	1150	81855	2375	33428	—	—	8433	—	—	733
1134828	20331	—	—	—	—	—	—	—	—	—	20331
192110	40579	8925	17403	4116	7023	—	—	2023	—	876	213
919071	283703	211944	40146	8496	4628	—	55	5784	—	7886	4764
152193	58293	20137	26774	703	7026	129	1	1675	—	—	1848
1536308	613246	508455	70829	1342	22627	—	—	105	—	4869	5019
1283	4531	4281	—	—	—	—	—	—	—	—	250
215459	1034813	161183	70639	612011	174019	2949	6675	429	—	2739	4169
62979	197767	68584	1626	98954	11277	9698	2354	136	—	1853	3285
163	1058	1058	—	—	—	—	—	—	—	—	—
23885	70728	250	—	59186	—	32	8680	—	—	—	2580
153368	1627299	314435	—	1230260	—	—	3166	—	1	11	79426
3662	391044	9613	—	381005	—	—	—	—	—	—	426
—	—	—	—	—	—	—	—	—	—	—	—

<table>
<tr><th rowspan="3">地　区</th><th colspan="5">林产饮料产品(干重)</th><th colspan="5">林产调料产品(干重)</th></tr>
<tr><th rowspan="2">合　计</th><th colspan="4">其中</th><th rowspan="2">合　计</th><th colspan="4">其中</th></tr>
<tr><th>毛茶</th><th>可可豆</th><th>咖啡</th><th>其他林产饮料产品</th><th>花椒</th><th>八角</th><th>桂皮</th><th>其他林产调料产品</th></tr>
<tr><td>全国合计</td><td>1836507</td><td>1653363</td><td>389</td><td>87713</td><td>95042</td><td>582712</td><td>345202</td><td>143778</td><td>81055</td><td>12677</td></tr>
<tr><td>北　京</td><td>—</td><td>—</td><td>—</td><td>—</td><td>—</td><td>76</td><td>76</td><td>—</td><td>—</td><td>—</td></tr>
<tr><td>天　津</td><td>—</td><td>—</td><td>—</td><td>—</td><td>—</td><td>—</td><td>—</td><td>—</td><td>—</td><td>—</td></tr>
<tr><td>河　北</td><td>—</td><td>—</td><td>—</td><td>—</td><td>—</td><td>11279</td><td>11279</td><td>—</td><td>—</td><td>—</td></tr>
<tr><td>山　西</td><td>—</td><td>—</td><td>—</td><td>—</td><td>—</td><td>9752</td><td>9752</td><td>—</td><td>—</td><td>—</td></tr>
<tr><td>内蒙古</td><td>—</td><td>—</td><td>—</td><td>—</td><td>—</td><td>—</td><td>—</td><td>—</td><td>—</td><td>—</td></tr>
<tr><td>内蒙古集团</td><td>—</td><td>—</td><td>—</td><td>—</td><td>—</td><td>—</td><td>—</td><td>—</td><td>—</td><td>—</td></tr>
<tr><td>辽　宁</td><td>—</td><td>—</td><td>—</td><td>—</td><td>—</td><td>—</td><td>—</td><td>—</td><td>—</td><td>—</td></tr>
<tr><td>吉　林</td><td>—</td><td>—</td><td>—</td><td>—</td><td>—</td><td>—</td><td>—</td><td>—</td><td>—</td><td>—</td></tr>
<tr><td>吉林集团</td><td>—</td><td>—</td><td>—</td><td>—</td><td>—</td><td>—</td><td>—</td><td>—</td><td>—</td><td>—</td></tr>
<tr><td>黑龙江</td><td>3450</td><td>—</td><td>—</td><td>—</td><td>3450</td><td>—</td><td>—</td><td>—</td><td>—</td><td>—</td></tr>
<tr><td>龙江集团</td><td>—</td><td>—</td><td>—</td><td>—</td><td>—</td><td>—</td><td>—</td><td>—</td><td>—</td><td>—</td></tr>
<tr><td>上　海</td><td>—</td><td>—</td><td>—</td><td>—</td><td>—</td><td>—</td><td>—</td><td>—</td><td>—</td><td>—</td></tr>
<tr><td>江　苏</td><td>13100</td><td>13100</td><td>—</td><td>—</td><td>—</td><td>5</td><td>5</td><td>—</td><td>—</td><td>—</td></tr>
<tr><td>浙　江</td><td>180508</td><td>178418</td><td>—</td><td>—</td><td>2090</td><td>—</td><td>—</td><td>—</td><td>—</td><td>—</td></tr>
<tr><td>安　徽</td><td>91623</td><td>91267</td><td>—</td><td>—</td><td>356</td><td>56</td><td>55</td><td>—</td><td>—</td><td>1</td></tr>
<tr><td>福　建</td><td>475262</td><td>472455</td><td>—</td><td>—</td><td>2807</td><td>—</td><td>—</td><td>—</td><td>—</td><td>—</td></tr>
<tr><td>江　西</td><td>31412</td><td>30512</td><td>—</td><td>—</td><td>900</td><td>51</td><td>—</td><td>12</td><td>22</td><td>17</td></tr>
<tr><td>山　东</td><td>68658</td><td>24747</td><td>—</td><td>—</td><td>43911</td><td>48583</td><td>43863</td><td>—</td><td>—</td><td>4720</td></tr>
<tr><td>河　南</td><td>21064</td><td>19135</td><td>—</td><td>—</td><td>1929</td><td>29139</td><td>27955</td><td>—</td><td>—</td><td>1184</td></tr>
<tr><td>湖　北</td><td>167267</td><td>164935</td><td>—</td><td>—</td><td>2332</td><td>4481</td><td>3254</td><td>19</td><td>50</td><td>1158</td></tr>
<tr><td>湖　南</td><td>78801</td><td>63494</td><td>—</td><td>—</td><td>15307</td><td>1347</td><td>931</td><td>159</td><td>222</td><td>35</td></tr>
<tr><td>广　东</td><td>46559</td><td>44434</td><td>—</td><td>—</td><td>2125</td><td>57077</td><td>4855</td><td>3614</td><td>48608</td><td>—</td></tr>
<tr><td>广　西</td><td>52232</td><td>46316</td><td>—</td><td>—</td><td>5916</td><td>153026</td><td>1</td><td>120927</td><td>31772</td><td>326</td></tr>
<tr><td>海　南</td><td>1091</td><td>855</td><td>—</td><td>236</td><td>—</td><td>74</td><td>66</td><td>—</td><td>—</td><td>8</td></tr>
<tr><td>重　庆</td><td>16689</td><td>16168</td><td>122</td><td>—</td><td>399</td><td>44309</td><td>43912</td><td>133</td><td>86</td><td>178</td></tr>
<tr><td>四　川</td><td>115420</td><td>109859</td><td>—</td><td>60</td><td>5501</td><td>50654</td><td>50269</td><td>154</td><td>28</td><td>203</td></tr>
<tr><td>贵　州</td><td>67102</td><td>63260</td><td>—</td><td>—</td><td>3842</td><td>5286</td><td>4286</td><td>74</td><td>—</td><td>926</td></tr>
<tr><td>云　南</td><td>366071</td><td>277710</td><td>267</td><td>87417</td><td>677</td><td>42928</td><td>20054</td><td>18686</td><td>267</td><td>3921</td></tr>
<tr><td>西　藏</td><td>—</td><td>—</td><td>—</td><td>—</td><td>—</td><td>83</td><td>83</td><td>—</td><td>—</td><td>—</td></tr>
<tr><td>陕　西</td><td>35881</td><td>35881</td><td>—</td><td>—</td><td>—</td><td>61696</td><td>61696</td><td>—</td><td>—</td><td>—</td></tr>
<tr><td>甘　肃</td><td>817</td><td>817</td><td>—</td><td>—</td><td>—</td><td>62612</td><td>62612</td><td>—</td><td>—</td><td>—</td></tr>
<tr><td>青　海</td><td>—</td><td>—</td><td>—</td><td>—</td><td>—</td><td>111</td><td>111</td><td>—</td><td>—</td><td>—</td></tr>
<tr><td>宁　夏</td><td>3500</td><td>—</td><td>—</td><td>—</td><td>3500</td><td>87</td><td>87</td><td>—</td><td>—</td><td>—</td></tr>
<tr><td>新　疆</td><td>—</td><td>—</td><td>—</td><td>—</td><td>—</td><td>—</td><td>—</td><td>—</td><td>—</td><td>—</td></tr>
<tr><td>新疆兵团</td><td>—</td><td>—</td><td>—</td><td>—</td><td>—</td><td>—</td><td>—</td><td>—</td><td>—</td><td>—</td></tr>
<tr><td>大兴安岭</td><td>—</td><td>—</td><td>—</td><td>—</td><td>—</td><td>—</td><td>—</td><td>—</td><td>—</td><td>—</td></tr>
</table>

产品生产情况(二)

单位:吨

森林食品(干重)					木本药材				
合　计	其中				合　计	其中			
	竹笋干	食用菌	山野菜	其他森林食品		杜仲	黄柏	厚朴	枸杞
3080316	**501740**	**1995988**	**390018**	**192570**	**1298752**	**164461**	**22119**	**165772**	**204868**
7895	—	7895	—	—	69	—	—	—	—
—	—	—	—	—	—	—	—	—	—
6829	—	3462	3318	49	48209	—	—	—	12201
981	—	783	10	188	9214	714	—	—	—
7570	—	2910	4314	346	18147	—	—	—	15283
863	—	457	406	—	—	—	—	—	—
604678	—	512729	81325	10624	19618	—	—	—	2
180884	—	77599	90843	12442	36943	—	—	—	6223
6047	—	3457	2340	250	109	—	—	—	5
324618	—	263398	45380	15840	10709	—	—	—	182
129544	—	77970	38081	13493	5064	—	—	—	—
187	187	—	—	—	—	—	—	—	—
24729	3140	21299	285	5	47847	410	—	—	14
212979	141110	69166	2481	222	11892	682	—	1722	—
92650	26759	49983	7141	8767	13649	1699	121	50	74
489264	101997	321917	58106	7244	26848	—	—	1147	—
40479	12196	16921	6750	4612	26273	2628	108	1725	525
116488	—	95851	1925	18712	25265	91	—	—	30
124822	166	93232	22104	9320	93253	14802	72	15	158
152741	7239	116958	14155	14389	81241	16061	3974	9327	144
153692	55133	25914	8577	64068	222745	65726	3032	105619	—
44536	34921	8760	584	271	26515	—	—	530	—
56643	26645	29389	2	607	59420	5544	40	8377	75
320	320	—	—	—	660	—	—	—	—
40606	25973	6621	6576	1436	25014	7392	6101	3451	140
236941	42292	166599	16848	11202	96783	30973	7860	24826	2356
32285	14248	11764	2413	3860	72909	3323	225	93	257
62777	7333	46392	4013	5039	27742	518	488	1	—
480	—	480	—	—	—	—	—	—	—
45389	2072	35288	7668	361	119518	13758	50	8800	766
10125	9	3767	3383	2966	37339	140	48	89	30208
—	—	—	—	—	19702	—	—	—	19702
—	—	—	—	—	87742	—	—	—	87742
—	—	—	—	—	33036	—	—	—	28786
—	—	—	—	—	1632	—	—	—	1602
8728	—	6911	1817	—	450	—	—	—	—

地区	木本药材		木本油料				
	其中		合计	其中			
	山茱萸	其他木本药材		油茶籽	油橄榄	文冠果	其他木本油料
全国合计	**47040**	**694492**	**1766167**	**1727708**	**10429**	**75**	**27955**
北京	—	69	—	—	—	—	—
天津	—	—	—	—	—	—	—
河北	—	36008	1215	—	—	—	1215
山西	1486	7014	60	—	—	4	56
内蒙古	—	2864	20	—	—	20	—
内蒙古集团	—	—	—	—	—	—	—
辽宁	—	19616	5	—	—	5	—
吉林	—	30720	—	—	—	—	—
吉林集团	—	104	—	—	—	—	—
黑龙江	—	10527	—	—	—	—	—
龙江集团	—	5064	—	—	—	—	—
上海	—	—	—	—	—	—	—
江苏	1	47422	61	61	—	—	—
浙江	4325	5163	61683	61683	—	—	—
安徽	373	11332	55406	55309	—	—	97
福建	—	25701	89851	89433	—	—	418
江西	424	20863	448259	448189	—	—	70
山东	—	25144	480	—	—	30	450
河南	31065	47141	6911	6551	—	—	360
湖北	1952	49783	85975	85140	—	—	835
湖南	189	48179	684732	681370	—	—	3362
广东	—	25985	68693	65239	—	—	3454
广西	—	45384	168529	164129	—	—	4400
海南	—	660	2	2	—	—	—
重庆	1137	6793	7435	4260	15	—	3160
四川	180	30588	8439	4180	2965	—	1294
贵州	226	68785	38033	37107	—	—	926
云南	—	26735	21985	14334	2	—	7649
西藏	—	—	—	—	—	—	—
陕西	5646	90498	10814	10601	1	3	209
甘肃	36	6818	7576	120	7446	10	—
青海	—	—	—	—	—	—	—
宁夏	—	—	—	—	—	—	—
新疆	—	4250	3	—	—	3	—
新疆兵团	—	30	—	—	—	—	—
大兴安岭	—	450	—	—	—	—	—

产品生产情况(三)

单位:吨

林产工业原料							
合　计	其中						
	生漆	油桐籽	乌桕籽	五倍子	棕片	松脂	紫胶(原胶)
1787965	**26027**	**427048**	**39467**	**23190**	**55171**	**1215065**	**1997**
—	—	—	—	—	—	—	—
—	—	—	—	—	—	—	—
—	—	—	—	—	—	—	—
—	—	—	—	—	—	—	—
—	—	—	—	—	—	—	—
—	—	—	—	—	—	—	—
—	—	—	—	—	—	—	—
—	—	—	—	—	—	—	—
—	—	—	—	—	—	—	—
—	—	—	—	—	—	—	—
—	—	—	—	—	—	—	—
—	—	—	—	—	—	—	—
12	—	—	12	—	—	—	—
2582	—	84	—	—	437	2061	—
16825	405	2730	120	75	2577	10918	—
138303	172	23136	1585	140	14886	98369	15
102068	81	8189	325	143	2723	90607	—
—	—	—	—	—	—	—	—
115436	2100	96241	10052	4131	—	2912	—
88539	7603	19008	19988	2767	3274	35899	—
92457	1295	42430	960	2932	7288	37552	—
207698	39	7563	697	—	2597	196344	458
649606	34	77528	40	97	3319	568588	—
3773	—	—	—	—	—	3773	—
28671	6607	13191	1168	7015	688	2	—
23386	546	17281	1275	461	1264	2537	22
96084	3086	77675	2467	1537	3755	7559	5
187984	583	19314	62	202	9177	157149	1497
—	—	—	—	—	—	—	—
34243	3443	22622	716	3503	3164	795	—
298	33	56	—	187	22	—	—
—	—	—	—	—	—	—	—
—	—	—	—	—	—	—	—
—	—	—	—	—	—	—	—
—	—	—	—	—	—	—	—
—	—	—	—	—	—	—	—

全国速生丰产用材林建设情况

指　标	单位	本年实际
一、各种地类造林面积	**公顷**	**380082**
1. 荒山荒（沙）地造林	公顷	268368
2. 更新造林	公顷	73972
3. 非林业用地造林	公顷	37742
二、改培面积	**公顷**	**32819**
三、当年造林和改培面积按投资主体分		
1. 林场（国有、集体）	公顷	85776
2. 内资企业	公顷	37507
3. 外资企业	公顷	5856
4. 合资企业	公顷	8367
5. 农户	公顷	239750
6. 其他	公顷	35645
四、当年造林和改培面积按培育目的分		
1. 浆纸原料林	公顷	84589
2. 人造板原料林	公顷	148862
3. 大径级和珍贵树种用材林	公顷	63499
4. 其他	公顷	115951
五、当年造林和改培面积按树种分		
1. 桉树	公顷	119628
2. 湿地松、火炬松、马尾松	公顷	40688
3. 杉木、柳杉	公顷	79335
4. 杨树	公顷	77117
5. 落叶松、红松、云杉、冷杉、樟子松	公顷	23052
6. 柚木、楠木、西南桦、桃花心木	公顷	655
7. 水曲柳、核桃楸、黄波罗、椴树	公顷	1078
8. 竹类	公顷	25418
9. 其他	公顷	45930
六、全部林业投资完成额	**万元**	**677191**
1. 国家投资	万元	286661
2. 国内贷款	万元	7862
3. 利用外资	万元	3740
4. 自筹资金	万元	293556
5. 其他	万元	85372

各地区速生丰产用材林建设情况（一）

地　　区	各种地类造林面积				改培面积	当年造林和改培面积按投资主体分					
	合　计	荒山荒（沙）地造林	更新造林	非林业用地造林		林场（国有、集体）	内资企业	外资企业	合资企业	农户	其他
全国合计	**380082**	**268368**	**73972**	**37742**	**32819**	**85776**	**37507**	**5856**	**8367**	**239750**	**35645**
北　京	—	—	—	—	—	—	—	—	—	—	—
天　津	—	—	—	—	—	—	—	—	—	—	—
河　北	13936	12299	192	1445	—	—	200	—	—	11229	2507
山　西	3000	2733	—	267	—	—	933	—	—	2067	—
内蒙古	267	267	—	—	—	—	—	—	267	—	—
内蒙古集团	—	—	—	—	—	—	—	—	—	—	—
辽　宁	—	—	—	—	—	—	—	—	—	—	—
吉　林	—	—	—	—	3880	3393	—	—	—	487	—
吉林集团	—	—	—	—	—	—	—	—	—	—	—
黑龙江	305	305	—	—	1432	1559	178	—	—	—	—
龙江集团	—	—	—	—	—	—	—	—	—	—	—
上　海	—	—	—	—	—	—	—	—	—	—	—
江　苏	33	33	—	—	—	—	—	—	—	33	—
浙　江	—	—	—	—	—	—	—	—	—	—	—
安　徽	2454	2454	—	—	—	228	557	—	—	1605	64
福　建	24082	16486	7596	—	7276	9146	1122	644	762	16567	3117
江　西	8337	5177	2860	300	—	3330	1155	100	—	3552	200
山　东	9849	8934	586	329	—	1016	496	—	—	8152	185
河　南	18520	18314	—	206	5	124	1114	—	—	17031	256
湖　北	17219	16864	355	—	700	1264	4175	—	—	11635	845
湖　南	49571	44260	5311	—	3563	2021	4327	—	4174	41187	1425
广　东	20013	259	19119	635	2961	10686	1308	1570	380	8740	290
广　西	112953	75628	37230	95	634	20725	7230	3542	51	59185	22854
海　南	2980	2590	390	—	—	—	—	—	—	2980	—
重　庆	11409	3884	—	7525	15	118	5964	—	2733	2309	300
四　川	35799	11291	333	24175	12353	1527	1682	—	—	41494	3449
贵　州	13728	11096	—	2632	—	1723	4866	—	—	7119	20
云　南	2997	2997	—	—	—	—	2200	—	—	797	—
西　藏	—	—	—	—	—	—	—	—	—	—	—
陕　西	2044	2044	—	—	—	584	—	—	—	1460	—
甘　肃	30586	30453	—	133	—	28332	—	—	—	2121	133
青　海	—	—	—	—	—	—	—	—	—	—	—
宁　夏	—	—	—	—	—	—	—	—	—	—	—
新　疆	—	—	—	—	—	—	—	—	—	—	—
新疆兵团	—	—	—	—	—	—	—	—	—	—	—
大兴安岭	—	—	—	—	—	—	—	—	—	—	—

各地区速生丰产

地　区	当年造林和改培面积按培育目的分				当年造林和改培面积				
	浆纸原料林	人造板原料林	大径级和珍贵树种用材林	其他	桉树	湿地松、火炬松、马尾松	杉木、柳杉	杨树	落叶松、红松、云杉、冷杉、樟子松
全国合计	**84589**	**148862**	**63499**	**115951**	**119628**	**40688**	**79335**	**77117**	**23052**
北　京	—	—	—	—	—	—	—	—	—
天　津	—	—	—	—	—	—	—	—	—
河　北	300	5206	379	8051	—	—	—	13143	—
山　西	—	2467	—	533	—	—	—	3000	—
内蒙古	267	—	—	—	—	—	—	267	—
内蒙古集团	—	—	—	—	—	—	—	—	—
辽　宁	—	—	—	—	—	—	—	—	—
吉　林	—	—	3880	—	—	—	—	—	3868
吉林集团	—	—	—	—	—	—	—	—	—
黑龙江	—	—	1626	111	—	—	—	—	881
龙江集团	—	—	—	—	—	—	—	—	—
上　海	—	—	—	—	—	—	—	—	—
江　苏	—	—	33	—	—	—	—	33	—
浙　江	—	—	—	—	—	—	—	—	—
安　徽	103	577	1592	182	—	364	1232	447	—
福　建	3536	9307	6583	11932	7681	6002	16628	—	119
江　西	588	1003	5587	1159	180	656	6269	351	—
山　东	1128	7845	700	176	—	—	—	8956	700
河　南	2714	10300	151	5360	—	284	126	17241	—
湖　北	3470	7924	1584	4941	—	5850	1197	6214	518
湖　南	17156	16671	11917	7390	5730	14171	20879	8212	—
广　东	9956	9555	190	3273	19584	1117	1957	10	—
广　西	19994	44015	5421	44157	71287	10074	19324	—	20
海　南	2793	—	—	187	2729	—	—	—	—
重　庆	867	3699	—	6858	815	392	876	500	—
四　川	14880	22457	6662	4153	3428	—	5103	15342	—
贵　州	4493	6646	734	1855	5197	1778	4077	267	—
云　南	2344	200	—	453	2997	—	—	—	—
西　藏	—	—	—	—	—	—	—	—	—
陕　西	—	990	—	1054	—	—	—	2044	—
甘　肃	—	—	16460	14126	—	—	1667	1090	16946
青　海	—	—	—	—	—	—	—	—	—
宁　夏	—	—	—	—	—	—	—	—	—
新　疆	—	—	—	—	—	—	—	—	—
新疆兵团	—	—	—	—	—	—	—	—	—
大兴安岭	—	—	—	—	—	—	—	—	—

用材林建设情况(二)

单位:公顷、万元

按树种分				全部林业投资完成额					
柚木、楠木、西南桦、桃花心木	水曲柳、核桃楸、黄波罗、椴树	竹类	其他	合计	国家投资	国内贷款	利用外资	自筹资金	其他
655	**1078**	**25418**	**45930**	**677191**	**286661**	**7862**	**3740**	**293556**	**85372**
—	—	—	—	—	—	—	—	—	—
—	—	—	—	—	—	—	—	—	—
—	—	—	793	5034	3811	—	—	1084	139
—	—	—	—	1748	—	—	—	1748	—
—	—	—	—	120	120	—	—	—	—
—	—	—	—	—	—	—	—	—	—
—	—	—	—	—	—	—	—	—	—
—	12	—	—	1642	100	19	—	1523	—
—	—	—	—	—	—	—	—	—	—
—	856	—	—	926	796	—	—	98	32
—	—	—	—	—	—	—	—	—	—
—	—	—	—	—	—	—	—	—	—
—	—	—	—	828	828	—	—	—	—
—	—	—	—	—	—	—	—	—	—
50	—	185	176	2453	606	—	194	1553	100
—	190	738	—	76000	16748	3000	—	49813	6439
—	—	17	864	8175	1454	40	1913	4601	167
—	—	—	193	169369	143557	—	31	12089	13692
—	—	106	768	2606	616	350	—	1407	233
—	—	1607	2533	12720	3689	—	—	9025	6
39	—	1407	2696	46431	6482	1902	—	33288	4759
—	—	—	306	30008	1156	300	1050	20448	7054
66	—	6797	6019	142203	15723	1041	545	93325	31569
—	—	—	251	5865	—	—	—	5760	105
—	—	1333	7508	16368	5536	—	—	6973	3859
500	—	12498	11281	73104	18842	1000	7	45326	7929
—	—	730	1679	12210	7210	—	—	4521	479
—	—	—	—	1367	578	—	—	276	513
—	—	—	—	—	—	—	—	—	—
—	—	—	—	1973	979	—	—	102	892
—	20	—	10863	66041	57830	210	—	596	7405
—	—	—	—	—	—	—	—	—	—
—	—	—	—	—	—	—	—	—	—
—	—	—	—	—	—	—	—	—	—
—	—	—	—	—	—	—	—	—	—
—	—	—	—	—	—	—	—	—	—

全国油茶与花卉产业发展情况

指　　标	单位	产量
一、油茶产业发展情况		
1. 年末实有油茶林面积	公顷	3498865
当年新造面积	公顷	235916
当年低改面积	公顷	114238
2. 繁殖圃个数	个	517
繁殖圃面积	公顷	4942
3. 苗木产量	万株	124362
其中：一年生苗木产量	万株	66510
二年留床苗木产量	万株	35576
4. 油茶籽产量	万吨	173
5. 油茶企业	个	1643
二、花卉产业发展情况		
1. 年末实有花卉种植面积	公顷	969063
2. 切花切叶产量	万支	1852986
3. 盆栽植物产量	万盆	343636
4. 观赏苗木产量	万株	1240789
5. 草坪产量	万平方米	52433
6. 花卉市场	个	4233
7. 花卉企业	个	43020
其中:大中型企业	个	9007
8. 花农	万户	129.49
9. 花卉从业人员	万人	462.81
其中:专业技术人员	万人	26.86
10. 控温温室面积	万平方米	4006
11. 日光温室面积	万平方米	16658

各地区油茶与花卉产业发展情况(一)

地　区	油茶产业发展情况										花卉产业发展情况
	年末实有油茶林面积(公顷)			繁殖圃		苗木产量(万株)			油茶籽产量(万吨)	油茶企业(个)	年末实有花卉种植面积(公顷)
	合计	当年新造面积	当年低改面积	个数(个)	面积(公顷)	合计	其中：一年生苗木产量	其中：二年留床苗木产量			
全国合计	**3498865**	**235916**	**114238**	**517**	**4942**	**124362**	**66510**	**35576**	**173**	**1643**	**969063**
北　京	—	—	—	—	—	—	—	—	—	—	4933
天　津	—	—	—	—	—	—	—	—	—	—	231
河　北	—	—	—	—	—	—	—	—	—	—	33434
山　西	—	—	—	—	—	—	—	—	—	—	1079
内蒙古	—	—	—	—	—	—	—	—	—	—	555
内蒙古集团	—	—	—	—	—	—	—	—	—	—	—
辽　宁	—	—	—	—	—	—	—	—	—	—	30577
吉　林	—	—	—	—	—	—	—	—	—	—	2058
吉林集团	—	—	—	—	—	—	—	—	—	—	—
黑龙江	—	—	—	—	—	—	—	—	—	—	6720
龙江集团	—	—	—	—	—	—	—	—	—	—	3
上　海	—	—	—	—	—	—	—	—	—	—	2230
江　苏	182	29	—	—	—	—	—	—	—	—	122875
浙　江	137276	7804	6132	29	126	3173	1638	1052	6	204	57328
安　徽	91248	21309	4391	22	232	8019	6208	1741	6	124	27904
福　建	133860	20329	5761	37	153	10076	6067	2316	9	322	33431
江　西	855258	31424	19224	107	799	23047	10179	5120	45	195	34272
山　东	—	—	—	—	—	—	—	—	—	—	149900
河　南	30611	5481	57	10	64	978	802	176	1	12	100576
湖　北	155646	15171	6324	54	1823	8422	3694	2213	9	158	35833
湖　南	1290214	34109	40238	100	568	19061	13774	5197	68	297	36479
广　东	147818	13764	10442	35	261	5315	2122	1087	7	131	72444
广　西	305488	16737	8103	27	157	10136	8149	1022	16	32	22234
海　南	297	150	—	3	11	130	120	10	—	4	7648
重　庆	23370	6299	—	3	247	5828	3165	920	1	12	19828
四　川	13597	626	67	12	61	1551	350	13	—	1	44389
贵　州	111432	7020	—	18	48	2794	1002	1763	4	28	100159
云　南	185611	52561	12868	14	174	22041	6647	11749	1	115	13948
西　藏	—	—	—	—	—	—	—	—	—	—	—
陕　西	16024	3103	631	46	218	3791	2592	1198	1	8	3972
甘　肃	933	—	—	—	—	—	—	—	—	—	1946
青　海	—	—	—	—	—	—	—	—	—	—	56
宁　夏	—	—	—	—	—	—	—	—	—	—	1034
新　疆	—	—	—	—	—	—	—	—	—	—	984
新疆兵团	—	—	—	—	—	—	—	—	—	—	4
大兴安岭	—	—	—	—	—	—	—	—	—	—	6

各地区油茶与花卉产业发展情况(二)

地　区	花卉产业发展情况											
	切花切叶产量(万支)	盆栽植物产量(万盆)	观赏苗木产量(万株)	草坪产量(万平方米)	花卉市场(个)	花卉企业(个)		花农(万户)	花卉从业人员(万人)		控温温室面积(万平方米)	日光温室面积(万平方米)
						合计	其中：大中型企业		合计	其中：专业技术人员		
全国合计	**1852986**	**343636**	**1240789**	**52433**	**4233**	**43020**	**9007**	**129.49**	**462.81**	**26.86**	**4006**	**16658**
北　京	8089	20046	1594	817	40	269	100	0.16	1.19	0.12	152	423
天　津	562	1747	420	110	12	76	5	0.21	0.54	0.06	27	84
河　北	85329	7622	74270	6252	256	708	72	3.98	11.16	0.98	196	812
山　西	351	1339	1870	41	198	247	16	0.13	0.88	0.18	15	1530
内蒙古	1891	1662	1673	55	76	40	—	0.12	0.43	0.05	4	73
内蒙古集团	—	—	—	—	—	—	—	—	—	—	—	—
辽　宁	158220	40657	15935	3045	65	427	173	9.78	15.64	0.62	399	3875
吉　林	3219	400	537	128	65	145	12	0.27	1.14	0.10	7	19
吉林集团	—	—	13	—	—	—	—	—	—	—	—	—
黑龙江	872	716	4220	138	33	71	16	0.08	4.54	0.24	20	15
龙江集团	2	16	11	—	—	—	—	—	0.01	—	—	2
上　海	45874	6832	521	1154	17	253	56	0.15	0.60	0.08	67	163
江　苏	170114	39443	434289	20499	334	5125	1683	21.07	69.12	1.30	666	1168
浙　江	139160	21825	245804	3889	121	7372	2284	14.24	51.29	2.75	401	1398
安　徽	5561	6253	22126	2916	293	1318	173	5.25	14.78	1.40	47	129
福　建	109547	43709	34071	661	97	3054	553	5.74	27.13	1.31	544	2255
江　西	30347	10233	36652	520	470	1437	95	2.31	7.54	0.91	18	50
山　东	136364	48482	164040	831	382	2516	479	9.74	36.28	4.36	694	1326
河　南	72436	6791	70692	618	192	2078	565	10.68	51.67	1.56	186	334
湖　北	8680	12437	27546	1029	266	1293	117	3.38	11.50	1.09	25	70
湖　南	1910	9629	19650	2393	258	1675	265	8.20	40.73	1.93	52	86
广　东	200653	22330	29417	2650	106	8538	1484	3.00	15.37	1.12	111	937
广　西	9480	10608	7851	1230	85	754	53	9.21	42.83	0.97	16	59
海　南	146871	11883	13016	640	34	707	150	1.15	3.09	0.24	85	33
重　庆	9027	5664	6076	1294	129	1454	86	3.80	13.35	0.63	19	49
四　川	37147	7405	10185	1349	408	2435	414	10.72	24.00	3.25	37	778
贵　州	22022	1144	4627	30	56	227	30	0.19	0.77	0.06	17	11
云　南	423062	962	1308	61	51	408	59	3.89	11.85	1.15	30	398
西　藏	—	—	—	—	—	—	—	—	—	—	—	—
陕　西	649	710	8510	53	46	180	17	0.59	3.07	0.24	57	55
甘　肃	7939	1090	676	15	85	154	38	1.22	1.50	0.12	104	124
青　海	7278	209	13	—	4	1	—	0.01	0.02	0.01	2	10
宁　夏	9376	1077	299	2	12	43	10	0.18	0.52	0.01	—	341
新　疆	934	485	2901	18	42	15	2	0.04	0.29	0.04	8	56
新疆兵团	—	20	—	—	—	1	—	—	—	—	2	—
大兴安岭	20	242	1	—	—	—	—	—	0.01	—	—	—

全国主要林产工业产品产量

产品名称	单位	产量
木竹加工制品		
一、锯材	万立方米	5568.19
1. 普通锯材	万立方米	5389.03
2. 特种锯材	万立方米	44.07
3. 枕木及其他锯材	万立方米	135.09
二、木片、木粒加工产品	万实积立方米	2906.93
三、人造板	万立方米	22335.79
(一)胶合板	万立方米	10981.17
1. 木胶合板	万立方米	9849.70
2. 竹胶合板	万立方米	405.44
3. 其他胶合板	万立方米	726.03
(二)纤维板	万立方米	5800.35
1. 木质纤维板	万立方米	5689.80
(1)硬质纤维板	万立方米	654.05
(2)中密度纤维板	万立方米	5022.45
(3)软质纤维板	万立方米	13.30
2. 非木质纤维板	万立方米	110.55
(三)刨花板	万立方米	2349.55
1. 木质刨花板	万立方米	2326.29
2. 非木质刨花板	万立方米	23.26
(四)其他人造板	万立方米	3204.71
其中：细木工板	万立方米	1867.66
四、二次加工材及相关板材		
1. 单板	万立方米	3491.99
2. 强化木	万立方米	33.12
3. 指接材	万立方米	395.42
4. 人造板表面装饰板	万平方米	19207.00
五、木竹地板	万平方米	60430.54
1. 实木木地板	万平方米	12541.06
2. 复合木地板	万平方米	37063.04
3. 其他木地板	万平方米	5918.04
4. 竹地板	万平方米	4908.40
林产化学产品		
一、松香类产品	吨	1409995
1. 松香	吨	1091832
2. 松香深加工产品	吨	318163
二、松节油类产品	吨	187393
1. 松节油	吨	159923
2. 松节油深加工产品	吨	27470
三、樟脑	吨	11444
其中：合成樟脑	吨	10642
四、冰片	吨	925
其中：合成冰片	吨	—
五、栲胶类产品	吨	6926
1. 栲胶	吨	6926
2. 栲胶深加工产品	吨	—
六、紫胶类产品	吨	2494
1. 紫胶	吨	1971
2. 紫胶深加工产品	吨	523
七、木材热解产品	吨	794023
其中：木炭	吨	360206

各地区主要林产工业

地区	锯材				木片、木粒加工产品（万实积立方米）	木竹			
	合计	普通锯材	特种锯材	枕木及其他锯材		总计	胶合板		
							合计	木胶合板	竹胶合板
全国合计	**5568.19**	**5389.03**	**44.07**	**135.09**	**2906.93**	**22335.79**	**10981.17**	**9849.70**	**405.44**
北　京	—	—	—	—	—	19.48	—	—	—
天　津	—	—	—	—	—	15.80	—	—	—
河　北	211.70	211.70	—	—	30.21	1111.62	369.77	368.87	—
山　西	1.26	1.26	—	—	6.11	39.03	0.99	0.39	—
内蒙古	604.21	603.21	1.01	—	13.74	83.89	25.41	25.41	—
内蒙古集团	—	—	—	—	—	—	—	—	—
辽　宁	280.57	274.67	1.20	4.70	116.12	344.25	104.33	84.65	—
吉　林	149.83	143.42	5.21	1.21	8.83	348.75	131.40	68.40	—
吉林集团	1.07	1.07	—	—	0.81	57.31	0.37	0.37	—
黑龙江	528.40	522.98	5.42	—	41.40	300.76	177.41	173.01	—
龙江集团	49.02	48.28	0.74	—	15.52	57.17	3.61	2.90	—
上　海	1.65	1.65	—	—	1.53	22.62	8.64	8.64	—
江　苏	208.34	204.88	3.46	—	126.43	4018.94	2558.73	2523.63	4.42
浙　江	314.13	308.07	3.00	3.07	60.16	601.66	189.07	76.92	109.65
安　徽	345.77	336.32	0.78	8.67	155.16	1306.41	588.57	510.84	49.35
福　建	174.66	174.66	—	—	116.44	787.12	327.23	244.50	79.19
江　西	190.93	169.62	17.00	4.31	41.00	318.83	120.55	80.49	34.96
山　东	920.11	832.26	2.17	85.68	1165.64	6253.67	3575.34	3486.97	—
河　南	153.99	153.99	—	—	184.86	1404.47	644.59	428.85	—
湖　北	73.99	73.19	—	0.81	33.89	398.95	73.72	60.81	0.51
湖　南	277.18	263.11	1.35	12.73	25.78	456.28	207.44	114.65	54.78
广　东	148.58	148.08	0.22	0.28	250.60	990.33	210.56	170.60	0.09
广　西	368.53	367.98	—	0.55	349.17	2297.45	1318.36	1156.78	—
海　南	64.98	57.93	2.37	4.68	18.85	34.17	18.35	16.85	—
重　庆	19.15	15.92	0.80	2.44	8.18	71.06	27.86	21.82	4.94
四　川	241.02	237.13	—	3.89	58.04	690.94	198.86	134.62	63.58
贵　州	78.73	77.89	0.05	0.79	9.73	69.19	45.49	34.99	3.79
云　南	155.76	155.72	0.04	—	28.95	228.48	49.39	49.27	0.08
西　藏	9.02	9.02	—	—	—	0.19	0.19	0.09	0.10
陕　西	14.59	13.31	—	1.29	24.04	88.41	5.22	3.96	—
甘　肃	—	—	—	—	—	0.60	0.60	0.60	—
青　海	0.06	0.06	—	—	—	—	—	—	—
宁　夏	—	—	—	—	—	—	—	—	—
新　疆	12.20	12.20	—	—	—	11.34	2.97	2.97	—
新疆兵团	—	—	—	—	—	0.12	0.12	0.12	—
大兴安岭	18.84	18.84	—	—	32.08	21.11	0.13	0.13	—

产品产量(一)

单位:万立方米

加工制品									
人造板									
	纤维板						刨花板		
其他胶合板	合计	木质纤维板				非木质纤维板	合计	木质刨花板	非木质刨花板
		小计	硬质纤维板	中密度纤维板	软质纤维板				
726.03	**5800.35**	**5689.80**	**654.05**	**5022.45**	**13.30**	**110.55**	**2349.55**	**2326.29**	**23.26**
—	19.48	19.48	—	19.48	—	—	—	—	—
—	12.50	12.50	—	12.50	—	—	3.30	3.30	—
0.90	340.18	340.18	21.62	318.56	—	—	165.31	156.31	9.00
0.60	19.43	19.43	—	19.43	—	—	15.60	15.60	—
—	13.58	13.58	0.03	13.55	—	—	26.69	26.69	—
—	—	—	—	—	—	—	—	—	—
19.67	117.51	117.51	0.78	116.73	—	—	39.93	39.93	—
63.00	87.34	87.34	—	87.34	—	—	82.60	82.16	0.44
—	12.51	12.51	—	12.51	—	—	43.96	43.52	0.44
4.40	56.37	56.37	23.67	32.70	—	—	35.36	31.33	4.02
0.71	16.53	16.53	0.47	16.06	—	—	26.74	22.72	4.02
—	13.98	13.98	10.64	3.34	—	—	—	—	—
30.69	748.96	748.96	17.96	729.05	1.95	—	227.30	227.17	0.13
2.50	119.47	119.37	1.80	117.27	0.30	0.10	19.02	17.14	1.88
28.38	331.36	331.36	47.18	284.18	—	—	62.83	60.63	2.20
3.54	150.14	150.14	12.13	138.01	—	—	141.69	141.69	—
5.10	100.30	97.30	4.00	93.30	—	3.00	18.72	18.72	—
88.36	1150.44	1050.02	415.01	630.08	4.93	100.42	1166.70	1162.38	4.32
215.74	365.35	365.35	13.57	347.67	4.12	—	81.29	81.03	0.26
12.40	258.44	256.41	6.34	250.07	—	2.03	9.19	9.19	—
38.00	56.81	55.81	19.61	36.20	—	1.00	37.14	37.14	—
39.88	462.30	462.30	—	462.30	—	—	133.91	133.41	0.50
161.58	681.47	681.47	54.69	626.78	—	—	38.87	38.87	—
1.50	6.40	6.40	—	6.40	—	—	9.00	9.00	—
1.09	42.04	38.04	0.80	37.24	—	4.00	0.05	0.05	—
0.66	384.31	384.31	4.23	378.09	2.00	—	27.95	27.45	0.50
6.71	7.02	7.02	—	7.02	—	—	0.09	0.09	—
0.05	152.09	152.09	—	152.09	—	—	6.76	6.76	—
—	—	—	—	—	—	—	—	—	—
1.26	82.23	82.23	—	82.23	—	—	0.07	0.07	—
—	—	—	—	—	—	—	—	—	—
—	—	—	—	—	—	—	—	—	—
—	—	—	—	—	—	—	—	—	—
—	8.36	8.36	—	8.36	—	—	—	—	—
—	—	—	—	—	—	—	—	—	—
—	12.47	12.47	—	12.47	—	—	0.19	0.19	—

各地区主要林产工业

地　　区	人造板		二次加工材及相关板材				木竹	
	其他人造板						木竹地板	
	合计	其中:细木工板	单板	强化木	指接材	人造板表面装饰板(万平方米)	合计	实木木地板
全国合计	**3204.71**	**1867.66**	**3491.99**	**33.12**	**395.42**	**19207.00**	**60430.54**	**12541.06**
北　京	—	—	—	—	—	—	154.60	—
天　津	—	—	—	—	—	240.40	38.30	10.10
河　北	236.36	177.50	20.48	—	—	169.34	140.00	100.00
山　西	3.00	—	—	—	—	250.43	—	—
内蒙古	18.22	12.11	5.70	—	—	—	16.74	16.74
内蒙古集团	—	—	—	—	—	—	—	—
辽　宁	82.49	46.70	1.28	—	2.14	—	3422.80	1669.33
吉　林	47.41	32.87	23.93	—	4.51	5.34	3400.46	483.87
吉林集团	0.47	0.15	—	—	0.05	—	351.49	—
黑龙江	31.62	29.83	17.24	—	1.94	87.67	661.24	469.86
龙江集团	10.29	9.98	7.33	—	1.94	87.46	92.79	64.86
上　海	—	—	—	—	—	1.02	3290.13	580.66
江　苏	483.95	236.86	1049.84	0.68	—	121.50	14388.82	121.57
浙　江	274.11	253.94	0.84	15.21	108.56	13312.63	11904.93	5719.11
安　徽	323.65	195.07	42.67	—	9.10	580.20	5942.40	209.58
福　建	168.05	139.87	2.39	—	113.41	103.40	1745.14	17.37
江　西	79.26	68.52	2.07	—	25.75	135.10	1620.11	236.59
山　东	361.19	132.31	1334.58	8.40	80.62	763.96	6193.77	814.74
河　南	313.23	133.94	93.55	—	—	5.19	276.10	57.20
湖　北	57.61	55.66	46.74	6.00	1.29	2101.55	2927.69	47.89
湖　南	154.89	125.01	3.82	—	14.88	4.04	1290.26	249.48
广　东	183.56	5.65	81.69	—	0.20	1317.71	1087.36	579.11
广　西	258.75	131.71	749.17	—	16.68	6.62	89.11	65.92
海　南	0.42	0.38	3.50	—	—	—	16.30	2.30
重　庆	1.12	1.12	—	—	1.62	—	4.90	3.20
四　川	79.82	60.97	0.15	0.83	11.77	0.91	1474.18	791.39
贵　州	16.58	8.93	0.83	—	2.85	—	55.39	7.54
云　南	20.24	11.45	8.69	0.50	0.05	—	269.60	267.40
西　藏	—	—	—	—	—	—	0.08	—
陕　西	0.88	0.87	0.44	1.50	0.05	—	—	—
甘　肃	—	—	—	—	—	—	—	—
青　海	—	—	—	—	—	—	—	—
宁　夏	—	—	—	—	—	—	—	—
新　疆	—	—	—	—	—	—	—	—
新疆兵团	—	—	—	—	—	—	—	—
大兴安岭	8.33	6.37	2.39	—	—	—	20.11	20.11

产品产量(二)

单位:万立方米

加工制品(万平方米)			林产化学产品(吨)					
			松香类产品			松节油类产品		
复合木地板	其他木地板	竹地板	合 计	松香	松香深加工产品	合 计	松节油	松节油深加工产品
37063.04	**5918.04**	**4908.40**	**1409995**	**1091832**	**318163**	**187393**	**159923**	**27470**
154.60	—	—	—	—	—	—	—	—
28.20	—	—	—	—	—	—	—	—
40.00	—	—	—	—	—	—	—	—
—	—	—	—	—	—	—	—	—
—	—	—	—	—	—	—	—	—
—	—	—	—	—	—	—	—	—
1753.26	0.22	—	—	—	—	—	—	—
2798.37	118.22	—	—	—	—	—	—	—
351.49	—	—	—	—	—	—	—	—
190.18	1.00	0.20	—	—	—	—	—	—
27.93	—	—	—	—	—	—	—	—
2709.47	—	—	—	—	—	—	—	—
13671.59	9.26	586.40	—	—	—	—	—	—
5161.23	226.30	798.29	17800	—	17800	11000	—	11000
1208.55	3858.74	665.53	6059	6059	—	1725	1725	—
281.00	—	1446.77	112355	92197	20158	17206	7761	9445
120.27	210.67	1052.58	93857	57176	36681	34289	32313	1976
4552.12	748.91	78.00	—	—	—	—	—	—
56.40	162.50	—	2591	2591	—	—	—	—
2625.71	242.02	12.07	13252	13037	215	3277	2791	486
613.93	263.50	163.35	31221	23968	7253	4984	4950	34
504.51	0.30	3.44	97598	67531	30067	4776	4776	—
8.18	0.01	15.00	790803	629256	161547	67011	62482	4529
2.00	9.00	3.00	357	357	—	135	135	—
1.20	—	0.50	810	810	—	—	—	—
578.03	67.19	37.58	2428	815	1613	27	27	—
2.04	0.13	45.69	5432	5432	—	698	698	—
2.20	—	—	235432	192603	42829	42265	42265	—
—	0.08	—	—	—	—	—	—	—
—	—	—	—	—	—	—	—	—
—	—	—	—	—	—	—	—	—
—	—	—	—	—	—	—	—	—
—	—	—	—	—	—	—	—	—
—	—	—	—	—	—	—	—	—
—	—	—	—	—	—	—	—	—
—	—	—	—	—	—	—	—	—

各地区主要林产工业产品产量(三)

单位:吨

地区	林产化学产品											
	樟脑		冰片		栲胶类产品			紫胶类产品			木材热解产品	
	合计	其中:合成樟脑	合计	其中:合成冰片	合计	栲胶	栲胶深加工产品	合计	紫胶	紫胶深加工产品	合计	其中:木炭
全国合计	**11444**	**10642**	**925**	**—**	**6926**	**6926**	**—**	**2494**	**1971**	**523**	**794023**	**360206**
北京	—	—	—	—	—	—	—	—	—	—	—	—
天津	—	—	—	—	—	—	—	—	—	—	—	—
河北	—	—	—	—	2000	2000	—	—	—	—	1020	1020
山西	—	—	—	—	—	—	—	—	—	—	480	—
内蒙古	—	—	—	—	203	203	—	—	—	—	—	—
内蒙古集团	—	—	—	—	—	—	—	—	—	—	—	—
辽宁	—	—	—	—	—	—	—	—	—	—	10826	10826
吉林	—	—	—	—	—	—	—	—	—	—	7300	7300
吉林集团	—	—	—	—	—	—	—	—	—	—	—	—
黑龙江	—	—	—	—	—	—	—	—	—	—	2100	1115
龙江集团	—	—	—	—	—	—	—	—	—	—	—	—
上海	—	—	—	—	—	—	—	—	—	—	—	—
江苏	—	—	—	—	—	—	—	—	—	—	30	30
浙江	—	—	—	—	—	—	—	—	—	—	141779	16532
安徽	—	—	—	—	—	—	—	—	—	—	58135	49577
福建	10261	10261	—	—	—	—	—	152	152	—	159009	339
江西	1095	295	5	—	—	—	—	—	—	—	67874	2478
山东	—	—	—	—	—	—	—	—	—	—	—	—
河南	—	—	—	—	—	—	—	—	—	—	5400	5400
湖北	—	—	—	—	—	—	—	—	—	—	—	—
湖南	22	20	920	—	—	—	—	3	3	—	44690	38980
广东	—	—	—	—	—	—	—	455	455	—	2080	2080
广西	—	—	—	—	4517	4517	—	—	—	—	57480	55743
海南	—	—	—	—	—	—	—	—	—	—	326	326
重庆	—	—	—	—	—	—	—	—	—	—	20	20
四川	66	66	—	—	—	—	—	13	13	—	—	—
贵州	—	—	—	—	—	—	—	—	—	—	44263	44263
云南	—	—	—	—	206	206	—	1871	1348	523	106608	106608
西藏	—	—	—	—	—	—	—	—	—	—	—	—
陕西	—	—	—	—	—	—	—	—	—	—	8000	8000
甘肃	—	—	—	—	—	—	—	—	—	—	—	—
青海	—	—	—	—	—	—	—	—	—	—	—	—
宁夏	—	—	—	—	—	—	—	—	—	—	—	—
新疆	—	—	—	—	—	—	—	—	—	—	—	—
新疆兵团	—	—	—	—	—	—	—	—	—	—	—	—
大兴安岭	—	—	—	—	—	—	—	—	—	—	76603	9569

全国主要林产品销售实际平均价格

指　　标	单　位	本年实际		
		产品销售实际平均价格	产品销售收入	产品销售量
一、木材	元/立方米	757	54660806762	72169297
二、竹材	元/根	8	14975493451	1772047247
三、锯材	元/立方米	1213	53190804879	43860669
四、木片	元/实积立方米	716	21751932460	30374981
五、木地板	元/平方米	158	81876660655	519248174
六、胶合板	元/立方米	1868	179094024056	95894071
七、硬质纤维板	元/立方米	1336	7771179576	5817950
八、中密度纤维板	元/立方米	1505	62554224134	41571546
九、刨花板	元/立方米	1103	21562273324	19555445
十、松香	元/吨	11184	9661686562	863892
十一、栲胶	元/吨	13296	47133960	3545
十二、紫胶	元/吨	42607	87856260	2062

各地区主要林产品

地　区	木　材			竹　材			锯　材		
	产品销售实际平均价格	产品销售收入	产品销售量	产品销售实际平均价格	产品销售收入	产品销售量	产品销售实际平均价格	产品销售收入	产品销售量
全国合计	**757**	**54660806762**	**72169297**	**8**	**14975493451**	**1772047247**	**1213**	**53190804879**	**43860669**
北　京	571	59394316	103986	—	—	—	—	—	—
天　津	537	39977920	74411	—	—	—	—	—	—
河　北	617	6152890584	9972030	—	—	—	643	1063297320	1653515
山　西	570	48579391	85221	—	—	—	1079	23810000	22060
内蒙古	751	1345528049	1791110	—	—	—	629	3772691600	6000916
内蒙古集团	868	925767776	1066055	—	—	—	—	—	—
辽　宁	731	1060349789	1450590	—	—	—	839	2658788249	3167894
吉　林	1058	3374432554	3188086	—	—	—	1897	2412367281	1271562
吉林集团	1520	1015732232	668302	—	—	—	2368	26418282	11157
黑龙江	901	2596455279	2880446	—	—	—	1447	6862255482	4741929
龙江集团	1159	1646643978	1420685	—	—	—	2048	659698920	322062
上　海	—	—	—	—	—	—	—	—	—
江　苏	665	1362358525	2049453	8	48896335	6215919	2007	2989656340	1489974
浙　江	841	1354464981	1610541	13	2194429705	168802285	1657	4640350621	2800453
安　徽	862	2899726905	3363331	14	1604028518	113297280	1384	3832626820	2769622
福　建	855	2092998446	2447509	13	2870546990	226322139	1607	1067302855	664004
江　西	997	2476871388	2483121	18	2088017568	116002976	1690	2230512232	1319862
山　东	1389	5431152507	3909557	3	900000	320000	1137	6410673108	5638360
河　南	775	1943570533	2507468	16	13702000	884000	1068	1115037700	1043771
湖　北	611	810624700	1326981	13	177313702	13249146	1008	644993780	640136
湖　南	868	2277673790	2624289	14	526103791	36710048	1418	1439111370	1015184
广　东	626	3901683312	6228479	8	764495574	98957013	1069	1520275080	1422678
广　西	638	7688284832	12050100	6	1617537640	258551372	1218	3934065179	3231166
海　南	884	649793630	735410	4	41032002	10129850	2118	531353263	250896
重　庆	780	233730679	299804	9	44163354	4850782	1106	175712213	158852
四　川	747	1722320436	2305032	4	1938766654	519200962	1356	2442395171	1801815
贵　州	717	1543801099	2154310	8	49285672	6485229	1075	785486958	730355
云　南	504	2634976925	5226207	5	992296546	190157446	1346	2107118841	1565100
西　藏	792	11850000	14956	10	195000	19500	590	51414685	87168
陕　西	745	78896250	105952	2	3782400	1891300	1167	114670831	98255
甘　肃	542	22024269	40663	—	—	—	2000	900000	450
青　海	1049	870000	829	—	—	—	—	—	—
宁　夏	—	—	—	—	—	—	—	—	—
新　疆	593	213895673	360772	—	—	—	922	110147900	119408
新疆兵团	444	25906956	58355	—	—	—	—	—	—
大兴安岭	811	631630000	778653	—	—	—	1634	253790000	155284

销售实际平均价格(一)

单位:元/(立方米、平方米、实积立方米、根),元,立方米,平方米,实积立方米,根

木片			木地板			胶合板		
产品销售实际平均价格	产品销售收入	产品销售量	产品销售实际平均价格	产品销售收入	产品销售量	产品销售实际平均价格	产品销售收入	产品销售量
716	**21751932460**	**30374981**	**158**	**81876660655**	**519248174**	**1868**	**179094024056**	**95894071**
—	—	—	132	204076884	1546037	—	—	—
—	—	—	—	—	—	—	—	—
554	114509796	206552	250	318660000	1272900	1688	5576448192	3302731
734	41187000	56100	—	—	—	1236	12270000	9930
465	55137000	118459	220	36600000	166608	1068	374099750	350307
—	—	—	—	—	—	—	—	—
440	3702172700	8407766	97	3102589640	32115705	2108	2316257000	1098917
377	40898320	108495	154	5012998737	32566929	3004	3678946731	1224581
—	—	—	157	538809881	3438261	—	—	—
802	573904867	715769	160	279425320	1744596	1975	3165623531	1602638
255	36388517	142622	101	93774810	926635	2677	84174777	31447
—	—	—	—	—	—	—	—	—
907	1953478800	2153517	163	40652108818	249608418	1939	51336871780	26476064
1416	879236880	620930	184	17710083168	96250452	3323	6191892112	1863344
1109	1359462275	1225836	96	4738679860	49529093	2604	17114529755	6572395
565	28356944	50179	192	5243000	27300	2166	2840689246	1311662
561	175037167	312045	170	1211881440	7133678	2291	2158262943	941963
787	7053750742	8967444	198	5957530345	30019613	1644	53225206116	32370314
694	842734070	1213820	205	264180000	1289000	1351	4289227190	3175563
1012	97876038	96750	89	358839000	4026500	1730	817511368	472598
1280	194569286	151980	478	198551886	415534	2366	1661434468	702230
911	1926258458	2114988	167	511750000	3067189	2010	2863412680	1424538
707	1762506905	2491424	355	176371850	496151	1663	16817641172	10114245
642	40799729	63546	—	—	—	1590	132043037	83020
994	39875740	40125	—	—	—	1418	304428958	214764
364	152704302	419424	105	511105597	4851624	1677	2710301347	1615681
796	74570060	93704	195	107853900	552459	1610	681052856	422902
887	248044901	279767	203	494335970	2434221	1493	713381924	477962
—	—	—	110	75240	684	—	—	—
1636	197410480	120655	—	—	—	2239	66601900	29749
—	—	—	—	—	—	2000	12000000	6000
—	—	—	—	—	—	—	—	—
—	—	—	—	—	—	—	—	—
—	—	—	—	—	—	1074	30870000	28744
—	—	—	—	—	—	2500	420000	168
571	197450000	345706	178	23720000	133483	2457	3020000	1229

地区	硬质纤维板			中密度纤维板			刨花板		
	产品销售实际平均价格	产品销售收入	产品销售量	产品销售实际平均价格	产品销售收入	产品销售量	产品销售实际平均价格	产品销售收入	产品销售量
全国合计	**1336**	**7771179576**	**5817950**	**1505**	**62554224134**	**41571546**	**1103**	**21562273324**	**19555445**
北京	—	—	—	1699	330960103	194797	—	—	—
天津	—	—	—	—	—	—	—	—	—
河北	1082	59615000	55100	1434	4543426000	3167533	1527	2086411520	1366117
山西	—	—	—	1290	129000000	100000	948	2180000	2300
内蒙古	1214	340000	280	979	134890000	137729	1029	264298900	256863
内蒙古集团	—	—	—	—	—	—	—	—	—
辽宁	1339	80604800	60196	1264	627683600	496781	1401	548755108	391739
吉林	—	—	—	1585	1281466277	808598	1169	1232316588	1054355
吉林集团	—	—	—	1461	218515590	149531	1185	827298418	698137
黑龙江	2056	519470242	252627	1729	880120780	509013	1214	259422242	213698
龙江集团	1744	5689522	3263	1633	275751400	168831	1214	259422242	213698
上海	—	—	—	—	—	—	—	—	—
江苏	1624	259900000	160000	1593	11547617536	7249744	1309	2708995960	2069520
浙江	2500	44100000	17640	1411	1522535317	1079047	1502	285705934	190217
安徽	1120	997528000	890518	2031	4454836550	2193463	1590	958881900	602967
福建	1040	18519212	17804	1679	395727320	235736	1240	1198964046	966743
江西	659	16480000	25000	1763	1175246300	666785	994	71031700	71481
山东	1270	4322247900	3402858	1440	6704853111	4655087	908	9580255631	10550684
河南	844	27000000	32000	1466	4585913500	3127527	1378	504741382	366187
湖北	—	—	—	1560	2638794960	1691502	1459	67819200	46492
湖南	988	159712360	161600	1325	349714920	263991	673	36883480	54840
广东	1656	1062345500	641697	1355	4189492185	3092017	1260	952475055	755750
广西	1578	39261562	24880	1418	8135864598	5738291	1376	408796968	297105
海南	—	—	—	2000	84000000	42000	800	24000000	30000
重庆	2200	9900000	4500	860	156796913	182377	—	—	—
四川	2164	154155000	71250	1664	6011297153	3612421	1390	350645550	252314
贵州	—	—	—	884	59590000	67381	1033	982160	951
云南	—	—	—	1275	1578892280	1238556	1199	14640000	12213
西藏	—	—	—	—	—	—	—	—	—
陕西	—	—	—	885	731214731	826397	1397	950000	680
甘肃	—	—	—	—	—	—	—	—	—
青海	—	—	—	—	—	—	—	—	—
宁夏	—	—	—	—	—	—	—	—	—
新疆	—	—	—	1297	108500000	83636	—	—	—
新疆兵团	—	—	—	—	—	—	—	—	—
大兴安岭	—	—	—	1762	195790000	111137	1400	3120000	2229

销售实际平均价格(二)

单位:元/(立方米、吨),元,立方米,吨

松香			栲胶			紫胶		
产品销售实际平均价格	产品销售收入	产品销售量	产品销售实际平均价格	产品销售收入	产品销售量	产品销售实际平均价格	产品销售收入	产品销售量
11184	**9661686562**	**863892**	**13296**	**47133960**	**3545**	**42607**	**87856260**	**2062**
—	—	—	—	—	—	—	—	—
—	—	—	—	—	—	—	—	—
—	—	—	18000	36000000	2000	—	—	—
—	—	—	—	—	—	—	—	—
—	—	—	7500	1522500	203	—	—	—
—	—	—	—	—	—	—	—	—
—	—	—	—	—	—	—	—	—
—	—	—	—	—	—	—	—	—
—	—	—	—	—	—	—	—	—
—	—	—	—	—	—	—	—	—
—	—	—	—	—	—	—	—	—
—	—	—	—	—	—	—	—	—
—	—	—	—	—	—	—	—	—
—	—	—	—	—	—	—	—	—
13121	56012100	4269	—	—	—	—	—	—
10633	767481096	72177	—	—	—	—	—	—
9687	726219957	74966	—	—	—	—	—	—
—	—	—	—	—	—	—	—	—
6000	15546000	2591	—	—	—	—	—	—
9584	22695000	2368	—	—	—	—	—	—
—	—	—	—	—	—	—	—	—
8716	573515682	65797	—	—	—	20000	7400000	370
12747	5346868966	419472	6700	7611200	1136	—	—	—
10179	3634000	357	—	—	—	—	—	—
—	—	—	—	—	—	—	—	—
10371	26310000	2537	—	—	—	20208	262700	13
6102	32855200	5384	—	—	—	—	—	—
9770	2090548561	213974	9710	2000260	206	47763	80193560	1679
—	—	—	—	—	—	—	—	—
—	—	—	—	—	—	—	—	—
—	—	—	—	—	—	—	—	—
—	—	—	—	—	—	—	—	—
—	—	—	—	—	—	—	—	—
—	—	—	—	—	—	—	—	—
—	—	—	—	—	—	—	—	—
—	—	—	—	—	—	—	—	—

各地区林业旅游与休闲产业发展情况

地　　区	旅游人次(人次)	旅游收入(万元)	人均花费(元)	直接带动的其他产业产值(万元)
全国合计	**1481687372**	**35225496**	**238**	**55786407**
北　京	224636167	236244	11	218547
天　津	1669323	9801	59	5881
河　北	22792487	244078	107	240524
山　西	4499550	47698	106	49235
内蒙古	5539658	131549	237	79642
内蒙古集团	526000	28901	549	11243
辽　宁	39657859	1540034	388	1696586
吉　林	13726347	621269	453	209724
吉林集团	498026	22280	447	5380
黑龙江	11286419	577652	512	240396
龙江集团	5970557	314830	527	144464
上　海	3731367	8088	22	681
江　苏	85284044	1797373	211	1496458
浙　江	142616282	2526537	177	1237785
安　徽	55376326	1557984	281	5379155
福　建	32531110	554631	170	2137076
江　西	43402710	2471798	570	10800615
山　东	79198479	1573718	199	3247228
河　南	61822956	609308	99	1809048
湖　北	39056143	1104324	283	2192345
湖　南	65868373	3170759	481	11686741
广　东	160434941	8894920	554	1511300
广　西	28734737	441630	154	564194
海　南	8137863	127407	157	234353
重　庆	34104517	586532	172	229228
四　川	195739839	4101165	210	8037847
贵　州	56568526	1267135	224	1343254
云　南	25208542	259489	103	199001
西　藏	132000	3125	237	20187
陕　西	14827219	230217	155	330388
甘　肃	7125799	44469	62	37041
青　海	277460	2977	107	3232
宁　夏	7064721	93360	132	182007
新　疆	9680338	302792	313	189666
新疆兵团	247000	4940	200	28300
大兴安岭	955270	87433	915	177042

各地区森林公园建设与经营情况主要指标(一)

地　　区	森林公园总数（处）	森林公园总面积（公顷）	国家森林公园数量（处）	国家森林公园面积（公顷）	省级森林公园数量（处）	省级森林公园面积（公顷）	县级森林公园数量（处）	县级森林公园面积（公顷）
全国合计	**2855**	**17382116**	**765**	**12051117**	**1315**	**4112427**	**775**	**1218572**
北　京	28	89540	15	68441	13	21099	—	—
天　津	1	2126	1	2126	—	—	—	—
河　北	93	507702	27	298852	66	208850	—	—
山　西	111	537906	18	381790	37	111143	56	44973
内蒙古	53	1151685	29	912506	23	233809	1	5370
内蒙古集团	8	400927	8	400927	—	—	—	—
辽　宁	69	227148	29	141446	40	85702	—	—
吉　林	52	2461972	32	2011237	20	450735	—	—
吉林集团	8	89773	8	89773	—	—	—	—
黑龙江	102	1844114	56	1628704	46	215410	—	—
龙江集团	42	1329403	24	1209159	18	120244	—	—
上　海	5	2252	4	1952	1	300	—	—
江　苏	61	98010	16	36730	45	61281	—	—
浙　江	177	430300	38	220825	78	127613	61	81862
安　徽	64	147411	29	103611	35	43800	—	—
福　建	178	234490	28	121506	129	89728	21	23256
江　西	162	509340	44	363692	104	117792	14	27857
山　东	239	396926	39	179124	73	97516	127	120287
河　南	150	349968	28	118872	74	137438	48	93657
湖　北	87	396065	31	270351	56	125714	—	—
湖　南	113	433632	48	255143	53	154827	12	23662
广　东	457	1067664	25	206684	72	112155	360	748824
广　西	51	260278	20	212647	26	46600	5	1031
海　南	13	141790	8	116287	4	23997	1	1506
重　庆	81	185589	25	133937	55	50817	1	835
四　川	119	748411	32	639753	53	89205	34	19454
贵　州	74	261513	22	151809	31	91409	21	18295
云　南	40	147107	27	112612	13	34495	—	—
西　藏	9	1329608	9	1329608	—	—	—	—
陕　西	83	314532	32	162987	46	145698	5	5848
甘　肃	93	959098	21	434401	72	524696	—	—
青　海	17	462278	7	293297	10	168982	—	—
宁　夏	11	37629	4	28587	7	9042	—	—
新　疆	60	1516058	19	981629	33	532573	8	1856
大兴安岭	2	129972	2	129972	—	—	—	—

注：国家森林公园统计数据含白山市国家级森林旅游区。

各地区森林公园建设与

地　区	本年度旅游收入(万元)					旅游接待人数(万人次)	
	合　计	门票收入	食宿收入	娱乐收入	其他收入	旅游总人数	海外旅游者
全国合计	**4533050**	**823832**	**1885143**	**554929**	**1269146**	**54797**	**1542**
北　京	25793	2778	18789	2163	2063	600	3
天　津	1180	910	—	—	270	23	1
河　北	44405	25244	11548	3276	4337	894	21
山　西	71713	15162	28183	5131	23237	1772	6
内蒙古	31852	6432	11155	3408	10857	338	4
内蒙古集团	24310	3680	9568	2105	8957	48	—
辽　宁	98478	18680	52810	15153	11836	1972	87
吉　林	187957	10489	111315	32100	34053	1139	31
吉林集团	3854	39	3357	320	139	30	1
黑龙江	128782	14687	64091	18068	31936	966	23
龙江集团	83952	9851	39558	14506	20037	371	6
上　海	7240	4941	87	1474	737	474	4
江　苏	167811	34854	33934	9654	89369	4372	187
浙　江	1220454	129705	530844	190340	369565	3479	180
安　徽	65365	16935	37140	3796	7494	1234	11
福　建	68146	9863	30188	9072	19023	1849	167
江　西	492324	60421	238001	94778	99125	4509	44
山　东	159770	80333	41824	7567	30046	2980	96
河　南	94373	48585	33424	2381	9983	2319	38
湖　北	91793	10812	39839	25147	15994	1499	26
湖　南	217474	118837	42491	11828	44317	3042	149
广　东	198042	39598	94546	16726	47173	8004	267
广　西	66749	18090	21461	5818	21379	593	14
海　南	35722	17000	16118	266	2338	318	10
重　庆	386560	37398	185242	40793	123128	4753	45
四　川	391671	40594	201787	46133	103158	1992	85
贵　州	160288	6165	10024	3545	140555	2438	10
云　南	18053	10876	1665	114	5398	858	11
西　藏	9071	4279	2099	1641	1052	89	1
陕　西	39664	20364	12376	1902	5021	721	11
甘　肃	8871	2511	3723	1570	1067	492	3
青　海	12494	4121	590	54	7729	253	—
宁　夏	3976	1706	1210	680	380	185	—
新　疆	24826	11461	6854	163	6349	630	8
大兴安岭	2153	1	1785	189	179	10	—

经营情况主要指标(二)

本年度投入资金(万元)				其中环境建设投入(万元)	本年度环境建设情况(公顷)	
合计	国投	自筹	引资		植树造林	改造林相
4320741	**898962**	**1205433**	**2216346**	**479851**	**112491**	**171431**
23204	15778	7076	350	3769	109	4647
980	—	320	660	160	—	330
13520	2540	8550	2430	3250	1683	2693
146114	12350	13064	120700	9542	1456	4352
114949	15583	30946	68420	7172	7760	6500
26563	6162	20401	—	1116	855	3148
93092	22179	64918	5995	31453	4352	2204
1034397	8260	20647	1005490	2483	4646	816
3477	—	2877	600	564	207	383
124715	34824	75691	14200	11352	9505	28044
63081	14208	42694	6178	7786	7021	26084
11300	6519	4781	—	5873	15	246
227281	52990	103408	70883	53291	5088	4839
397568	145627	135963	115978	72217	1996	7056
93753	17286	34125	42342	9965	885	2298
54115	8995	41138	3982	14006	3912	3231
114465	30903	33704	49858	30835	5267	12844
181386	39156	97013	45217	27371	9956	18589
94993	10097	40941	43955	15429	13645	14396
150077	48929	20374	80774	14927	4217	7996
130214	51535	26069	52610	25554	5167	10987
181550	54660	57815	69076	36081	5662	8362
30073	8847	15524	5702	8118	696	529
34906	1348	25558	8000	1329	266	2
271809	62392	94607	114810	14202	4672	4427
109455	46428	40466	22562	19313	5567	2949
373302	80125	110849	182328	25722	2595	1213
25896	6204	16000	3692	2080	2326	4866
5368	845	4523	—	25	—	80
105627	27824	33928	43876	22960	2686	6659
38834	19068	14905	4861	3254	2141	2761
41182	18413	6379	16390	2153	4870	3742
34093	19972	7278	6843	3180	1121	357
59439	29146	17978	12315	2375	222	3287
3086	140	896	2050	410	10	130

各地区森林公园建设与经营情况主要指标(三)

地　　区	从业人员建设(人)		基础设施现状				社会旅游从业人员(人)
	职工总数	导游人数	车船总数(台/艘)	游步道总数(千米)	床位总数(张)	餐位总数(个)	
全国合计	**160393**	**18395**	**33591**	**64233**	**783149**	**1414934**	**665085**
北　京	1121	66	147	611	1584	5934	4421
天　津	109	12	28	19	340	600	1200
河　北	4950	674	721	2307	87240	95600	18581
山　西	3274	575	826	1521	56500	64134	13636
内蒙古	2915	202	559	2382	10568	18696	17504
内蒙古集团	788	66	175	729	4537	4516	12370
辽　宁	3450	303	1575	1979	31260	53639	23064
吉　林	7184	560	2774	3368	34540	88580	19528
吉林集团	545	34	635	573	2275	6890	998
黑龙江	5966	1062	3468	4344	46066	84406	22067
龙江集团	3675	634	2220	2424	29494	59310	17125
上　海	463	45	485	112	70	1480	902
江　苏	10756	853	1094	1838	19984	48887	19479
浙　江	16844	1822	8774	2550	79324	139373	52426
安　徽	4472	246	328	1425	8890	21465	22805
福　建	7328	820	876	3147	7500	23837	18896
江　西	7122	936	1719	4269	40775	87864	34127
山　东	14701	1804	1825	5525	45326	117834	145567
河　南	7016	2009	1138	2096	41836	82940	31748
湖　北	9458	958	720	3129	38440	40450	26275
湖　南	12693	716	788	3744	31814	77011	30076
广　东	11809	766	1547	3568	30286	73657	36518
广　西	2624	210	1066	740	15101	26530	9274
海　南	2378	169	174	308	2086	9240	834
重　庆	4226	1344	742	2942	38120	68535	19198
四　川	4680	977	503	2291	52942	55694	28583
贵　州	3710	148	295	1879	10196	30861	12698
云　南	1398	157	247	1051	3787	8917	6881
西　藏	233	57	59	117	649	583	434
陕　西	3466	408	337	1638	12428	24140	31418
甘　肃	3457	207	172	1560	11107	16055	4326
青　海	466	112	120	557	7568	20799	3657
宁　夏	602	50	89	365	699	1655	1786
新　疆	1268	118	383	2413	15523	23738	6476
大兴安岭	254	9	12	440	600	1800	700

4

从业人员和劳动报酬

EMPLOYMENT AND WAGES

林业系统从业人员和劳动报酬主要指标2012年与2011年比较

主要指标	单位	2012 年	2011 年	2012 年比 2011 年增减%
一、单位个数	个	45060	46283	-2.64
二、年末人数	人	1615527	1657022	-2.50
1. 从业人员	人	1329057	1353961	-1.84
①在岗职工	人	1262385	1312749	-3.84
②其他从业人员	人	66672	—	—
2. 离开本单位仍保留劳动关系人员	人	286470	—	—
三、年末实有离退休人员	人	999800	983943	1.61
四、在岗职工年平均工资	元	28105	23611	19.03

注:2012 年起林业系统单位从业人员主要指标口径进行调整,其他从业人员和离开本单位仍保留劳动关系人员两个指标与往年数据不进行对比。

林业系统按行业分全部单位个数、从业人员和劳动报酬情况(一)

指标	单位个数(个)	年末人数(人)			
		总计	单位从业人员		
			合计	其中:女性	其中:非全日制
总　计	**45060**	**1615527**	**1329057**	**360410**	**37978**
按性质分:					
(一)企业	2271	790981	550100	153413	10700
(二)事业	38525	725077	680607	188256	25365
(三)机关	4264	99469	98350	18741	1913
按行业分:					
(一)农林牧渔业	37682	1358847	1103273	298860	30615
1. 木材及竹材采运企业	802	627264	432943	117567	2150
2. 国有林场	4796	440584	387930	106444	17725
3. 国有苗圃	1660	31268	28597	9693	1959
4. 林业工作站	19249	118932	117707	29236	4761
5. 木材检查站	2323	21935	21712	2852	465
6. 种苗站	948	7795	7717	2952	295
7. 病虫害防治站	1686	12483	12424	4660	367
8. 治沙站	106	1750	1750	538	152
9. 其他	6112	96836	92493	24918	2741
(二)制造业	486	40129	27151	8547	2371
1. 木材加工及木、竹、藤、棕、苇制品业	350	28655	17274	5046	1840
2. 木、竹、藤家具制造业	30	2937	2631	720	8
3. 木、竹、苇浆造纸业	3	62	62	11	4
4. 林产化学产品制造	23	1575	1236	331	39
5. 其他	80	6900	5948	2439	480
(三)服务业	6511	175765	171934	42606	4497
1. 野生动植物保护和自然保护区管理	747	22539	22435	5589	1196
2. 林业工程技术与规划管理	341	10634	10430	3006	356
3. 林业科技交流和推广服务	676	17469	16937	5762	883
4. 其他	4747	125123	122132	28249	2062
(四)其他行业	381	40786	26699	10397	495

林业系统按行业分全部单位个数、

指标	年末人数(人)			
	单位从业人员			离开本单位仍保留劳动关系人员
	其中:专业技术人员	在岗职工	其他从业人员	
总　计	**339780**	**1262385**	**66672**	**286470**
按性质分:				
(一)企业	135685	530936	19164	240881
(二)事业	191022	637561	43046	44470
(三)机关	13073	93888	4462	1119
按行业分:				
(一)农林牧渔业	286364	1047517	55756	255574
1. 木材及竹材采运企业	119662	422590	10353	194321
2. 国有林场	59397	359522	28408	52654
3. 国有苗圃	5771	26941	1656	2671
4. 林业工作站	56207	110134	7573	1225
5. 木材检查站	5474	21303	409	223
6. 种苗站	4029	7647	70	78
7. 病虫害防治站	6347	12327	97	59
8. 治沙站	781	1682	68	—
9. 其他	28696	85371	7122	4343
(二)制造业	3670	25600	1551	12978
1. 木材加工及木、竹、藤、棕、苇制品业	2376	16268	1006	11381
2. 木、竹、藤家具制造业	35	2535	96	306
3. 木、竹、苇浆造纸业	9	59	3	—
4. 林产化学产品制造	256	1075	161	339
5. 其他	994	5663	285	952
(三)服务业	41239	163734	8200	3831
1. 野生动植物保护和自然保护区管理	5743	20557	1878	104
2. 林业工程技术与规划管理	6180	10182	248	204
3. 林业科技交流和推广服务	8603	16746	191	532
4. 其他	20713	116249	5883	2991
(四)其他行业	8507	25534	1165	14087

从业人员和劳动报酬情况(二)

年末实有离退休人员(人)	在岗职工年平均人数(人)	在岗职工年工资总额(千元)	离退休人员年生活费(千元)	在岗职工年平均工资(元)
999800	**1243855**	**34958643**	**21249465**	**28105**
615825	505495	11402171	11023694	22556
334006	644240	19394952	8314364	30105
49969	94120	4161520	1911407	44215
859662	1030167	26264518	17234425	25495
509156	398819	8899446	9515879	22314
248323	363547	8733380	4927339	24023
17059	27018	707558	420927	26188
24100	111681	3628005	674428	32485
2740	21187	643043	73806	30351
2270	7796	278330	69507	35702
2442	12301	460546	115212	37440
812	1697	70326	28933	41441
52760	86121	2843884	1408395	33022
23892	23982	505199	277965	21066
14595	15316	332450	149040	21706
149	1740	21540	3642	12379
859	54	1143	13531	21167
420	1078	24812	6785	23017
7869	5794	125254	104968	21618
84514	164023	7200149	3019812	43897
5437	20466	771152	243774	37680
5438	10149	542847	174189	53488
9713	16702	695449	355477	41639
63926	116706	5190702	2246372	44477
31732	25683	988776	717263	38499

各地区林业系统

地　区	总　计	按性质分				
		企　业	事　业	机　关	合　计	木材及竹材采运企业
全国合计	**45060**	**2271**	**38525**	**4264**	**37682**	**802**
北　京	247	2	225	20	172	—
天　津	94	—	86	8	86	—
河　北	1540	34	1309	197	1268	—
山　西	2152	17	2006	129	1922	—
内蒙古	1563	50	1332	181	1308	19
内蒙古集团	53	28	25	—	24	19
辽　宁	1531	31	1390	110	1336	3
吉　林	1507	230	1182	95	1339	22
吉林集团	43	43	—	—	10	9
黑龙江	1928	178	1611	139	1605	69
龙江集团	193	123	57	13	77	66
上　海	39	—	38	1	11	—
江　苏	341	41	208	92	238	—
浙　江	1019	23	900	96	842	—
安　徽	1466	76	1217	173	1192	8
福　建	1959	239	1502	218	1602	172
江　西	2322	338	1787	197	1976	184
山　东	2372	108	2129	135	2073	19
河　南	1064	18	879	167	801	6
湖　北	1955	63	1741	151	1623	15
湖　南	3007	87	2730	190	2578	44
广　东	2333	48	2050	235	1866	13
广　西	2118	125	1758	235	1702	16
海　南	267	54	183	30	175	3
重　庆	1137	11	1067	59	1031	1
四　川	3519	194	3069	256	3052	89
贵　州	2233	79	2012	142	2072	54
云　南	1999	89	1661	249	1635	48
西　藏	126	5	47	74	47	—
陕　西	1587	34	1383	170	1305	8
甘　肃	1532	8	1345	179	1284	—
青　海	351	13	243	95	242	—
宁　夏	282	3	252	27	248	—
新　疆	1311	51	1070	190	1039	—
新疆兵团	—	—	—	—	—	—
局直属单位	159	22	113	24	12	9
大兴安岭	73	21	29	23	12	9

单位个数(一)

单位:个

按行业分							
农林牧渔业							
国有林场	国有苗圃	林业工作站	木材检查站	种苗站	病虫害防治站	治沙站	其他
4796	**1660**	**19249**	**2323**	**948**	**1686**	**106**	**6112**
24	15	43	4	5	8	1	72
1	11	52	—	2	5	1	14
144	143	537	25	48	74	7	290
267	133	934	53	75	90	4	366
304	80	474	32	58	79	24	238
—	—	—	—	—	—	—	5
188	33	674	45	53	64	5	271
324	39	674	56	12	42	—	170
—	—	—	—	—	—	—	1
387	66	631	58	47	82	—	265
2	—	—	—	2	2	—	5
1	—	10	—	—	—	—	—
70	36	53	20	3	12	—	44
100	10	438	64	35	62	—	133
137	65	608	107	19	78	—	170
115	56	815	49	20	44	—	331
326	81	802	257	26	69	1	230
150	141	1439	54	62	98	1	109
90	82	157	88	45	99	1	233
237	44	838	148	46	73	8	214
206	77	1476	303	57	63	21	331
253	48	1089	157	16	61	—	229
154	56	688	156	37	77	—	518
33	5	59	43	1	11	—	20
75	9	779	54	21	33	—	59
182	93	2094	144	36	94	—	320
91	30	1290	119	58	89	1	340
169	20	917	73	50	61	3	294
5	20	2	11	1	3	—	5
233	89	400	137	35	44	5	354
266	99	457	49	53	66	9	285
89	24	66	5	3	13	1	41
68	10	110	3	4	18	1	34
107	45	643	9	20	74	12	129
—	—	—	—	—	—	—	—
—	—	—	—	—	—	—	3
—	—	—	—	—	—	—	3

各地区林业系统

地区	按行					
	制造业					
	合计	木材加工及木、竹、藤、棕、苇制品业	木、竹、藤家具制造业	木、竹、苇浆造纸业	林产化学产品制造	其他
全国合计	**486**	**350**	**30**	**3**	**23**	**80**
北京	—	—	—	—	—	—
天津	—	—	—	—	—	—
河北	13	4	—	—	4	5
山西	5	—	—	—	—	5
内蒙古	2	1	1	—	—	—
内蒙古集团	1	1	—	—	—	—
辽宁	14	10	2	—	—	2
吉林	26	21	—	—	1	4
吉林集团	16	12	—	—	1	3
黑龙江	34	22	2	1	1	8
龙江集团	26	18	2	1	—	5
上海	—	—	—	—	—	—
江苏	—	—	—	—	—	—
浙江	—	—	—	—	—	—
安徽	47	40	1	—	1	5
福建	17	3	—	—	4	10
江西	16	6	2	—	3	5
山东	78	78	—	—	—	—
河南	1	—	—	—	—	1
湖北	28	6	15	—	1	6
湖南	24	11	4	2	3	4
广东	19	12	—	—	—	7
广西	18	14	—	—	1	3
海南	24	24	—	—	—	—
重庆	3	2	—	—	—	1
四川	80	67	3	—	3	7
贵州	7	5	—	—	1	1
云南	2	2	—	—	—	—
西藏	1	1	—	—	—	—
陕西	8	4	—	—	—	4
甘肃	2	2	—	—	—	—
青海	—	—	—	—	—	—
宁夏	—	—	—	—	—	—
新疆	15	15	—	—	—	—
新疆兵团	—	—	—	—	—	—
局直属单位	2	—	—	—	—	2
大兴安岭	2	—	—	—	—	2

单位个数(二)

单位:个

业分					
服务业					
合计	野生动植物保护和自然保护区管理	林业工程技术规划管理	林业科技交流和推广服务	其他	其他行业
6511	**747**	**341**	**676**	**4747**	**381**
72	3	6	—	63	3
8	—	—	—	8	—
251	15	4	33	199	8
225	21	13	16	175	—
226	16	8	11	191	27
4	3	1	—	—	24
170	27	13	20	110	11
120	7	7	11	95	22
3	—	—	3	—	14
223	20	7	18	178	66
44	—	4	4	36	46
8	2	3	2	1	20
100	—	—	6	94	3
158	16	4	41	97	19
222	17	10	17	178	5
325	26	31	28	240	15
316	31	26	43	216	14
192	13	8	36	135	29
250	22	11	28	189	12
303	36	27	55	185	1
385	44	59	59	223	20
445	110	7	52	276	3
338	35	13	30	260	60
67	29	1	3	34	1
98	10	11	14	63	5
373	59	15	35	264	14
149	6	1	—	142	5
357	68	9	27	253	5
78	3	1	—	74	—
266	18	23	41	184	8
245	43	8	15	179	1
109	2	3	1	103	—
34	6	1	—	27	—
254	35	1	14	204	3
—	—	—	—	—	—
144	7	10	20	107	1
58	4	4	—	50	1

各地区林业系统

地　区	总　计	按性质分				
		企　业	事　业	机　关	合　计	木材及竹材采运企业
全国合计	**1615527**	**790981**	**725077**	**99469**	**1358847**	**627264**
北　京	13165	370	11613	1182	7037	—
天　津	735	—	617	118	617	—
河　北	30101	3540	22718	3843	19127	—
山　西	25383	273	23102	2008	20569	—
内蒙古	181650	130107	46391	5152	163792	119545
内蒙古集团	131224	128813	2411	—	120058	119545
辽　宁	25380	928	23032	1420	22234	20
吉　林	151497	107186	40421	3890	130757	74674
吉林集团	41169	38869	2300	—	27866	27849
黑龙江	428281	355209	66738	6334	390573	330649
龙江集团	362995	351897	8522	2576	332275	330333
上　海	2081	—	1908	173	333	—
江　苏	21523	11723	9667	133	21062	—
浙　江	12677	583	10030	2064	9359	—
安　徽	25656	2660	21003	1993	21514	607
福　建	28741	8753	15841	4147	21113	6061
江　西	87980	28445	52976	6559	77519	11247
山　东	26871	2696	21809	2366	20987	207
河　南	30527	528	26258	3741	24824	139
湖　北	32988	2832	26539	3617	24031	409
湖　南	68417	10276	50933	7208	53575	5396
广　东	33286	3324	23476	6486	22891	329
广　西	49984	4261	41686	4037	40673	451
海　南	8759	3615	4101	1043	6463	626
重　庆	8087	275	6616	1196	6146	15
四　川	50306	20801	23631	5874	40109	13396
贵　州	26289	3583	20498	2208	23202	2238
云　南	44031	11075	23028	9928	30259	8218
西　藏	7878	6059	915	904	6492	—
陕　西	39867	6024	31074	2769	33380	4382
甘　肃	40357	4379	32227	3751	33028	—
青　海	10261	—	9287	974	9145	—
宁　夏	9454	362	8600	492	7528	—
新　疆	23776	5167	16066	2543	19164	—
新疆兵团	—	—	—	—	—	—
局直属单位	69539	55947	12276	1316	51344	48655
大兴安岭	60959	55831	4061	1067	51344	48655

单位年末人数(一)

单位:人

按行业分							
农林牧渔业							
国有林场	国有苗圃	林业工作站	木材检查站	种苗站	病虫害防治站	治沙站	其他
440584	**31268**	**118932**	**21935**	**7795**	**12483**	**1750**	**96836**
836	1505	562	66	59	147	25	3837
60	108	223	—	28	72	4	122
8444	1851	2698	283	492	674	121	4564
8863	1960	3929	383	429	638	32	4335
32744	1916	3693	254	564	811	387	3878
—	—	—	—	—	—	—	513
14009	628	3505	335	345	541	75	2776
45191	1888	4695	384	117	364	—	3444
—	—	—	—	—	—	—	17
50694	992	2323	341	241	396	—	4937
1186	—	—	—	27	19	—	710
41	—	292	—	—	—	—	—
15289	2200	2481	308	27	75	—	682
4565	150	2126	870	234	394	—	1020
12032	2472	3206	1228	58	485	10	1416
6891	304	3871	1080	57	131	—	2718
50294	2421	5355	2707	198	425	3	4869
8154	1950	8135	512	434	694	3	898
10680	2181	3998	2116	665	1125	24	3896
12449	661	5561	1371	466	568	134	2412
27635	1686	11081	2869	432	469	142	3865
13421	713	3914	1381	114	362	—	2657
27813	765	2883	1269	242	379	—	6871
3431	92	703	245	12	68	—	1286
2815	16	2330	202	183	264	—	321
8001	795	7656	827	264	559	—	8611
4783	256	8883	758	227	326	2	5729
6553	98	8044	460	477	418	163	5828
5932	304	60	128	—	12	—	56
14686	1347	5514	1095	739	749	268	4600
22146	921	2848	372	512	652	210	5367
6706	223	1149	20	14	121	75	837
4548	337	1493	38	33	189	5	885
10878	528	5721	33	132	375	67	1430
—	—	—	—	—	—	—	—
—	—	—	—	—	—	—	2689
—	—	—	—	—	—	—	2689

各地区林业系统

地区	按行					
	制造业					
	合计	木材加工及木、竹、藤、棕、苇制品业	木、竹、藤家具制造业	木、竹、苇浆造纸业	林产化学产品制造	其他
全国合计	**40129**	**28655**	**2937**	**62**	**1575**	**6900**
北京	—	—	—	—	—	—
天津	—	—	—	—	—	—
河北	2847	445	—	—	53	2349
山西	—	—	—	—	—	—
内蒙古	60	5	55	—	—	—
内蒙古集团	5	5	—	—	—	—
辽宁	547	33	165	—	—	349
吉林	8176	6039	—	—	316	1821
吉林集团	6561	4454	—	—	316	1791
黑龙江	14593	11795	2291	21	88	398
龙江集团	13991	11346	2291	21	—	333
上海	—	—	—	—	—	—
江苏	—	—	—	—	—	—
浙江	—	—	—	—	—	—
安徽	872	714	78	—	—	80
福建	305	40	—	—	199	66
江西	635	279	66	—	200	90
山东	2329	2329	—	—	—	—
河南	5	—	—	—	—	5
湖北	1748	955	178	—	190	425
湖南	1186	828	82	41	85	150
广东	428	302	—	—	—	126
广西	1166	672	—	—	320	174
海南	298	298	—	—	—	—
重庆	34	33	—	—	—	1
四川	1504	1027	22	—	117	338
贵州	214	204	—	—	7	3
云南	566	566	—	—	—	—
西藏	12	12	—	—	—	—
陕西	990	865	—	—	—	125
甘肃	1154	1154	—	—	—	—
青海	—	—	—	—	—	—
宁夏	—	—	—	—	—	—
新疆	60	60	—	—	—	—
新疆兵团	—	—	—	—	—	—
局直属单位	400	—	—	—	—	400
大兴安岭	400	—	—	—	—	400

单位年末人数(二)

单位:人

业 分					
服务业					其他行业
合计	野生动植物保护和自然保护区管理	林业工程技术规划管理	林业科技交流和推广服务	其他	
175765	**22539**	**10634**	**17469**	**125123**	**40786**
6042	89	380	—	5573	86
118	—	—	—	118	—
8009	3024	160	389	4436	118
4814	474	261	283	3796	—
6972	693	230	751	5298	10826
376	312	64	—	—	10785
2457	500	121	416	1420	142
5620	429	880	421	3890	6944
110	—	—	110	—	6632
11141	337	1369	1265	8170	11974
5497	—	895	997	3605	11232
511	66	59	213	173	1237
265	—	—	130	135	196
3013	345	105	386	2177	305
2568	159	115	261	2033	702
5635	461	568	266	4340	1688
9643	662	445	840	7696	183
3104	252	63	423	2366	451
5480	371	130	627	4352	218
7171	871	469	1181	4650	38
12450	2140	1060	1357	7893	1206
9823	1120	214	1071	7418	144
7046	1028	278	871	4869	1099
1996	654	140	101	1101	2
1703	172	102	196	1233	204
7789	747	300	504	6238	904
2526	113	2	—	2411	347
12669	2160	128	400	9981	537
1374	402	68	—	904	—
4562	571	489	553	2949	935
6167	1738	177	481	3771	8
1116	18	40	12	1046	—
1926	1389	45	—	492	—
4302	693	234	278	3097	250
—	—	—	—	—	—
17753	861	2002	3793	11097	42
9173	436	563	—	8174	42

各地区林业系统单位

地　区	总　计	按性质分				
		企　业	事　业	机　关	合　计	木材及竹材采运企业
全国合计	**1329057**	**550100**	**680607**	**98350**	**1103273**	**432943**
北　京	13096	370	11544	1182	7021	—
天　津	735	—	617	118	617	—
河　北	29012	3103	22192	3717	18522	—
山　西	25189	159	23026	2004	20489	—
内蒙古	106273	55066	46068	5139	96738	52824
内蒙古集团	56197	53786	2411	—	53337	52824
辽　宁	23567	766	21392	1409	20571	20
吉　林	114928	76243	35136	3549	96366	52382
吉林集团	32771	30949	1822	—	21116	21099
黑龙江	316284	248109	61897	6278	292020	237379
龙江集团	256607	245688	8368	2551	238392	237063
上　海	2054	—	1881	173	333	—
江　苏	20861	11341	9387	133	20420	—
浙　江	12041	526	9452	2063	8789	—
安　徽	24031	2076	19962	1993	20378	443
福　建	26161	7398	14623	4140	18647	4733
江　西	65897	16605	42971	6321	56087	6386
山　东	26412	2685	21400	2327	20629	207
河　南	30136	434	25965	3737	24541	120
湖　北	30024	2057	24367	3600	21889	379
湖　南	52681	4305	41253	7123	38551	1275
广　东	31294	2808	22117	6369	21259	323
广　西	45556	3085	38442	4029	36960	209
海　南	8563	3543	3977	1043	6274	626
重　庆	8073	266	6611	1196	6141	15
四　川	48379	19248	23262	5869	38375	12721
贵　州	26004	3420	20378	2206	22919	2102
云　南	43325	10500	22929	9896	29970	8052
西　藏	7705	5886	915	904	6319	—
陕　西	38882	5445	30674	2763	32757	4092
甘　肃	40271	4362	32158	3751	32942	—
青　海	10261	—	9287	974	9145	—
宁　夏	9417	362	8564	491	7492	—
新　疆	23508	5078	15892	2538	18921	—
新疆兵团	—	—	—	—	—	—
局直属单位	68437	54854	12268	1315	51191	48655
大兴安岭	59871	54743	4061	1067	51191	48655

从业人员年末人数(一)

单位:人

按行业分							
农林牧渔业							
国有林场	国有苗圃	林业工作站	木材检查站	种苗站	病虫害防治站	治沙站	其他
387930	**28597**	**117707**	**21712**	**7717**	**12424**	**1750**	**92493**
836	1490	562	66	59	147	25	3836
60	108	223	—	28	72	4	122
8223	1706	2668	281	490	658	121	4375
8834	1944	3924	383	419	636	32	4317
32538	1915	3637	247	561	801	387	3828
—	—	—	—	—	—	—	513
12497	490	3503	334	345	541	75	2766
33820	1546	4655	381	113	361	—	3108
—	—	—	—	—	—	—	17
46614	954	2295	341	241	396	—	3800
1186	—	—	—	27	19	—	97
41	—	292	—	—	—	—	—
14673	2199	2464	301	27	75	—	681
4034	130	2120	862	234	393	—	1016
11224	2392	3179	1226	58	485	10	1361
6133	268	3820	1069	54	130	—	2440
35551	1316	5161	2663	198	420	3	4389
8038	1903	7962	511	422	690	3	893
10598	2128	3991	2035	665	1122	24	3858
10765	578	5402	1368	437	559	134	2267
17814	1320	10748	2827	431	467	142	3527
11910	648	3903	1379	114	362	—	2620
24578	713	2882	1269	242	379	—	6688
3244	92	703	245	12	68	—	1284
2815	16	2325	202	183	264	—	321
7852	747	7630	820	261	558	—	7786
4669	255	8874	758	227	325	2	5707
6450	98	8027	460	476	417	163	5827
5759	304	60	128	—	12	—	56
14400	1346	5501	1093	729	749	268	4579
22089	908	2846	372	512	652	210	5353
6706	223	1149	20	14	121	75	837
4512	337	1493	38	33	189	5	885
10653	523	5708	33	132	375	67	1430
—	—	—	—	—	—	—	—
—	—	—	—	—	—	—	2536
—	—	—	—	—	—	—	2536

各地区林业系统单位

地区	按行					
	制造业					
	合计	木材加工及木、竹、藤、棕、苇制品业	木、竹、藤家具制造业	木、竹、苇浆造纸业	林产化学产品制造	其他
全国合计	**27151**	**17274**	**2631**	**62**	**1236**	**5948**
北京	—	—	—	—	—	—
天津	—	—	—	—	—	—
河北	2591	219	—	—	23	2349
山西	—	—	—	—	—	—
内蒙古	60	5	55	—	—	—
内蒙古集团	5	5	—	—	—	—
辽宁	409	32	120	—	—	257
吉林	7745	5729	—	—	291	1725
吉林集团	6264	4277	—	—	291	1696
黑龙江	4744	2320	2093	21	88	222
龙江集团	4508	2176	2093	21	—	218
上海	—	—	—	—	—	—
江苏	—	—	—	—	—	—
浙江	—	—	—	—	—	—
安徽	838	714	78	—	—	46
福建	281	38	—	—	194	49
江西	441	234	3	—	162	42
山东	2280	2280	—	—	—	—
河南	5	—	—	—	—	5
湖北	1320	895	178	—	2	245
湖南	722	481	82	41	32	86
广东	228	197	—	—	—	31
广西	965	547	—	—	320	98
海南	298	298	—	—	—	—
重庆	34	33	—	—	—	1
四川	1504	1027	22	—	117	338
贵州	214	204	—	—	7	3
云南	184	184	—	—	—	—
西藏	12	12	—	—	—	—
陕西	736	611	—	—	—	125
甘肃	1154	1154	—	—	—	—
青海	—	—	—	—	—	—
宁夏	—	—	—	—	—	—
新疆	60	60	—	—	—	—
新疆兵团	—	—	—	—	—	—
局直属单位	326	—	—	—	—	326
大兴安岭	326	—	—	—	—	326

从业人员年末人数(二)

单位:人

业分					
服务业					其他行业
合计	野生动植物保护和自然保护区管理	林业工程技术规划管理	林业科技交流和推广服务	其他	
171934	**22435**	**10430**	**16937**	**122132**	**26699**
5989	89	377	—	5523	86
118	—	—	—	118	—
7821	3024	160	389	4248	78
4700	474	261	283	3682	—
6955	693	226	751	5285	2520
376	312	64	—	—	2479
2445	500	121	415	1409	142
5253	429	867	408	3549	5564
110	—	—	110	—	5281
10858	332	1276	1260	7990	8662
5262	—	802	992	3468	8445
506	66	59	208	173	1215
265	—	—	130	135	176
3000	334	105	385	2176	252
2529	155	115	226	2033	286
5575	439	549	266	4321	1658
9255	662	429	709	7455	114
3056	252	63	414	2327	447
5447	345	130	624	4348	143
6811	867	469	1015	4460	4
12214	2130	1047	1272	7765	1194
9663	1112	214	1055	7282	144
6720	1026	278	863	4553	911
1989	647	140	101	1101	2
1703	172	102	196	1233	195
7713	744	287	502	6180	787
2524	113	2	—	2409	347
12634	2158	128	399	9949	537
1374	402	68	—	904	—
4454	571	467	502	2914	935
6167	1738	177	481	3771	8
1116	18	40	12	1046	—
1925	1389	45	—	491	—
4277	693	234	278	3072	250
—	—	—	—	—	—
16878	861	1994	3793	10230	42
8312	436	563	—	7313	42

各地区林业系统单位

地　区	总　计	按性质分				
		企　业	事　业	机　关	合　计	木材及竹材采运企业
全国合计	**1262385**	**530936**	**637561**	**93888**	**1047517**	**422590**
北　京	12030	283	10572	1175	6529	—
天　津	735	—	617	118	617	—
河　北	27935	3103	21115	3717	17466	—
山　西	25027	156	22875	1996	20339	—
内蒙古	104195	55051	44016	5128	94800	52824
内蒙古集团	56186	53786	2400	—	53337	52824
辽　宁	23076	762	20910	1404	20085	20
吉　林	112499	74504	34487	3508	94538	51228
吉林集团	32382	30560	1822	—	20850	20833
黑龙江	310256	244335	60307	5614	287101	233543
龙江集团	252507	241916	8057	2534	234753	233424
上　海	1814	—	1641	173	324	—
江　苏	16166	6960	9073	133	15725	—
浙　江	11876	503	9347	2026	8687	—
安　徽	23523	1974	19590	1959	20010	413
福　建	23658	6099	13745	3814	16998	3919
江　西	52101	13113	32895	6093	43044	4250
山　东	26051	2685	21061	2305	20290	207
河　南	29786	400	25676	3710	24219	86
湖　北	28036	1909	22587	3540	20193	259
湖　南	50133	4077	38981	7075	36193	1127
广　东	30371	2804	21356	6211	20577	304
广　西	41744	2720	35184	3840	33834	135
海　南	7098	3298	2808	992	5087	626
重　庆	8053	266	6592	1195	6122	15
四　川	45811	17508	22463	5840	36466	11808
贵　州	18888	3222	13466	2200	15896	2014
云　南	36883	9793	19568	7522	26572	7303
西　藏	7379	5679	821	879	6030	—
陕　西	37685	5121	29879	2685	31716	3854
甘　肃	39856	4362	31748	3746	32612	—
青　海	10237	—	9263	974	9121	—
宁　夏	8990	362	8139	489	7067	—
新　疆	22385	5033	14830	2522	18068	—
新疆兵团	—	—	—	—	—	—
局直属单位	68108	54854	11949	1305	51191	48655
大兴安岭	59871	54743	4061	1067	51191	48655

在岗职工年末人数(一)

单位:人

按行业分							
农林牧渔业							
国有林场	国有苗圃	林业工作站	木材检查站	种苗站	病虫害防治站	治沙站	其他
359522	**26941**	**110134**	**21303**	**7647**	**12327**	**1682**	**85371**
827	1094	550	66	59	147	25	3761
60	108	223	—	28	72	4	122
7418	1501	2638	281	479	657	121	4371
8709	1925	3921	381	419	636	32	4316
30725	1915	3630	247	559	799	384	3717
—	—	—	—	—	—	—	513
12391	482	3141	332	345	540	75	2759
33303	1546	4603	381	112	360	—	3005
—	—	—	—	—	—	—	17
45598	898	2292	341	241	396	—	3792
1186	—	—	—	27	19	—	97
41	—	283	—	—	—	—	—
10055	2157	2429	301	27	75	—	681
3954	130	2115	856	231	386	—	1015
10995	2325	3161	1218	58	481	10	1349
5759	252	3616	954	54	128	—	2316
25517	1121	5019	2532	198	413	3	3991
7822	1877	7888	511	422	690	3	870
10373	2124	3968	2032	665	1121	24	3826
9549	578	5286	1346	428	546	69	2132
15956	1227	10575	2804	417	461	142	3484
11517	637	3747	1357	109	354	—	2552
22532	703	2819	1233	241	369	—	5802
2927	92	624	225	12	68	—	513
2803	16	2323	202	181	261	—	321
7669	741	7385	804	259	545	—	7255
4480	226	4942	758	227	325	2	2922
5680	86	6769	460	476	417	163	5218
5566	227	41	128	—	12	—	56
14193	1065	5344	1090	710	733	268	4459
21978	897	2806	372	512	652	210	5185
6682	223	1149	20	14	121	75	837
4394	247	1350	38	32	187	5	814
10049	521	5497	33	132	375	67	1394
—	—	—	—	—	—	—	—
—	—	—	—	—	—	—	2536
—	—	—	—	—	—	—	2536

各地区林业系统单位

地　区	按　行					
	制　造　业					
	合　计	木材加工及木、竹、藤、棕、苇制品业	木、竹、藤家具制造业	木、竹、苇浆造纸业	林产化学产品制造	其　他
全国合计	**25600**	**16268**	**2535**	**59**	**1075**	**5663**
北　京	—	—	—	—	—	—
天　津	—	—	—	—	—	—
河　北	2591	219	—	—	23	2349
山　西	—	—	—	—	—	—
内蒙古	45	5	40	—	—	—
内蒙古集团	5	5	—	—	—	—
辽　宁	409	32	120	—	—	257
吉　林	7340	5340	—	—	291	1709
吉林集团	6190	4219	—	—	291	1680
黑龙江	4732	2309	2093	21	88	221
龙江集团	4497	2165	2093	21	—	218
上　海	—	—	—	—	—	—
江　苏	—	—	—	—	—	—
浙　江	—	—	—	—	—	—
安　徽	762	714	2	—	—	46
福　建	250	30	—	—	194	26
江　西	57	11	3	—	1	42
山　东	2280	2280	—	—	—	—
河　南	5	—	—	—	—	5
湖　北	1320	895	178	—	2	245
湖　南	688	455	77	38	32	86
广　东	228	197	—	—	—	31
广　西	915	497	—	—	320	98
海　南	298	298	—	—	—	—
重　庆	34	33	—	—	—	1
四　川	987	728	22	—	117	120
贵　州	214	204	—	—	7	3
云　南	184	184	—	—	—	—
西　藏	12	12	—	—	—	—
陕　西	709	611	—	—	—	98
甘　肃	1154	1154	—	—	—	—
青　海	—	—	—	—	—	—
宁　夏	—	—	—	—	—	—
新　疆	60	60	—	—	—	—
新疆兵团	—	—	—	—	—	—
局直属单位	326	—	—	—	—	326
大兴安岭	326	—	—	—	—	326

在岗职工年末人数(二)

单位:人

业　分					
服　务　业					其他行业
合　计	野生动植物保护和自然保护区管理	林业工程技术规划管理	林业科技交流和推广服务	其　他	
163734	**20557**	**10182**	**16746**	**116249**	**25534**
5415	74	364	—	4977	86
118	—	—	—	118	—
7800	3024	160	389	4227	78
4688	474	261	283	3670	—
6841	590	226	751	5274	2509
376	312	64	—	—	2468
2440	500	121	415	1404	142
5123	368	839	408	3508	5498
110	—	—	110	—	5232
10168	332	1269	1260	7307	8255
5219	—	795	992	3432	8038
423	36	54	160	173	1067
265	—	—	130	135	176
2948	321	105	383	2139	241
2469	129	115	226	1999	282
5091	408	451	238	3994	1319
8904	654	417	695	7138	96
3034	252	63	414	2305	447
5419	345	130	624	4320	143
6519	758	437	998	4326	4
12084	2118	1013	1238	7715	1168
9423	1072	214	1022	7115	143
6105	815	276	862	4152	890
1711	424	140	101	1046	2
1702	172	102	196	1232	195
7571	679	281	488	6123	787
2518	113	2	—	2403	260
9590	1492	128	399	7571	537
1337	390	68	—	879	—
4351	571	467	502	2811	909
6082	1658	177	481	3766	8
1116	18	40	12	1046	—
1923	1389	45	—	489	—
4007	534	234	278	2961	250
—	—	—	—	—	—
16549	847	1983	3793	9926	42
8312	436	563	—	7313	42

各地区林业系统单位其他

地　区	总　计	按性质分				
		企　业	事　业	机　关	合　计	木材及竹材采运企业
全国合计	**66672**	**19164**	**43046**	**4462**	**55756**	**10353**
北　京	1066	87	972	7	492	—
天　津	—	—	—	—	—	—
河　北	1077	—	1077	—	1056	—
山　西	162	3	151	8	150	—
内蒙古	2078	15	2052	11	1938	—
内蒙古集团	11	—	11	—	—	—
辽　宁	491	4	482	5	486	—
吉　林	2429	1739	649	41	1828	1154
吉林集团	389	389	—	—	266	266
黑龙江	6028	3774	1590	664	4919	3836
龙江集团	4100	3772	311	17	3639	3639
上　海	240	—	240	—	9	—
江　苏	4695	4381	314	—	4695	—
浙　江	165	23	105	37	102	—
安　徽	508	102	372	34	368	30
福　建	2503	1299	878	326	1649	814
江　西	13796	3492	10076	228	13043	2136
山　东	361	—	339	22	339	—
河　南	350	34	289	27	322	34
湖　北	1988	148	1780	60	1696	120
湖　南	2548	228	2272	48	2358	148
广　东	923	4	761	158	682	19
广　西	3812	365	3258	189	3126	74
海　南	1465	245	1169	51	1187	—
重　庆	20	—	19	1	19	—
四　川	2568	1740	799	29	1909	913
贵　州	7116	198	6912	6	7023	88
云　南	6442	707	3361	2374	3398	749
西　藏	326	207	94	25	289	—
陕　西	1197	324	795	78	1041	238
甘　肃	415	—	410	5	330	—
青　海	24	—	24	—	24	—
宁　夏	427	—	425	2	425	—
新　疆	1123	45	1062	16	853	—
新疆兵团	—	—	—	—	—	—
局直属单位	329	—	319	10	—	—
大兴安岭	—	—	—	—	—	—

从业人员年末人数(一)

单位:人

按行业分							
农林牧渔业							
国有林场	国有苗圃	林业工作站	木材检查站	种苗站	病虫害防治站	治沙站	其他
28408	**1656**	**7573**	**409**	**70**	**97**	**68**	**7122**
9	396	12	—	—	—	—	75
—	—	—	—	—	—	—	—
805	205	30	—	11	1	—	4
125	19	3	2	—	—	—	1
1813	—	7	—	2	2	3	111
—	—	—	—	—	—	—	—
106	8	362	2	—	1	—	7
517	—	52	—	1	1	—	103
—	—	—	—	—	—	—	—
1016	56	3	—	—	—	—	8
—	—	—	—	—	—	—	—
—	—	9	—	—	—	—	—
4618	42	35	—	—	—	—	—
80	—	5	6	3	7	—	1
229	67	18	8	—	4	—	12
374	16	204	115	—	2	—	124
10034	195	142	131	—	7	—	398
216	26	74	—	—	—	—	23
225	4	23	3	—	1	—	32
1216	—	116	22	9	13	65	135
1858	93	173	23	14	6	—	43
393	11	156	22	5	8	—	68
2046	10	63	36	1	10	—	886
317	—	79	20	—	—	—	771
12	—	2	—	2	3	—	—
183	6	245	16	2	13	—	531
189	29	3932	—	—	—	—	2785
770	12	1258	—	—	—	—	609
193	77	19	—	—	—	—	—
207	281	157	3	19	16	—	120
111	11	40	—	—	—	—	168
24	—	—	—	—	—	—	—
118	90	143	—	1	2	—	71
604	2	211	—	—	—	—	36
—	—	—	—	—	—	—	—
—	—	—	—	—	—	—	—
—	—	—	—	—	—	—	—

各地区林业系统单位其他

地区	按行					
	制造业					
	合计	木材加工及木、竹、藤、棕、苇制品业	木、竹、藤家具制造业	木、竹、苇浆造纸业	林产化学产品制造	其他
全国合计	**1551**	**1006**	**96**	**3**	**161**	**285**
北京	—	—	—	—	—	—
天津	—	—	—	—	—	—
河北	—	—	—	—	—	—
山西	—	—	—	—	—	—
内蒙古	15	—	15	—	—	—
内蒙古集团	—	—	—	—	—	—
辽宁	—	—	—	—	—	—
吉林	405	389	—	—	—	16
吉林集团	74	58	—	—	—	16
黑龙江	12	11	—	—	—	1
龙江集团	11	11	—	—	—	—
上海	—	—	—	—	—	—
江苏	—	—	—	—	—	—
浙江	—	—	—	—	—	—
安徽	76	—	76	—	—	—
福建	31	8	—	—	—	23
江西	384	223	—	—	161	—
山东	—	—	—	—	—	—
河南	—	—	—	—	—	—
湖北	—	—	—	—	—	—
湖南	34	26	5	3	—	—
广东	—	—	—	—	—	—
广西	50	50	—	—	—	—
海南	—	—	—	—	—	—
重庆	—	—	—	—	—	—
四川	517	299	—	—	—	218
贵州	—	—	—	—	—	—
云南	—	—	—	—	—	—
西藏	—	—	—	—	—	—
陕西	27	—	—	—	—	27
甘肃	—	—	—	—	—	—
青海	—	—	—	—	—	—
宁夏	—	—	—	—	—	—
新疆	—	—	—	—	—	—
新疆兵团	—	—	—	—	—	—
局直属单位	—	—	—	—	—	—
大兴安岭	—	—	—	—	—	—

从业人员年末人数(二)

单位:人

业分					
服务业					其他行业
合计	野生动植物保护和自然保护区管理	林业工程技术规划管理	林业科技交流和推广服务	其他	
8200	**1878**	**248**	**191**	**5883**	**1165**
574	15	13	—	546	—
—	—	—	—	—	—
21	—	—	—	21	—
12	—	—	—	12	—
114	103	—	—	11	11
—	—	—	—	—	11
5	—	—	—	5	—
130	61	28	—	41	66
—	—	—	—	—	49
690	—	7	—	683	407
43	—	7	—	36	407
83	30	5	48	—	148
—	—	—	—	—	—
52	13	—	2	37	11
60	26	—	—	34	4
484	31	98	28	327	339
351	8	12	14	317	18
22	—	—	—	22	—
28	—	—	—	28	—
292	109	32	17	134	—
130	12	34	34	50	26
240	40	—	33	167	1
615	211	2	1	401	21
278	223	—	—	55	—
1	—	—	—	1	—
142	65	6	14	57	—
6	—	—	—	6	87
3044	666	—	—	2378	—
37	12	—	—	25	—
103	—	—	—	103	26
85	80	—	—	5	—
—	—	—	—	—	—
2	—	—	—	2	—
270	159	—	—	111	—
—	—	—	—	—	—
329	14	11	—	304	—
—	—	—	—	—	—

各地区林业系统单位离开本单位

地 区	总 计	按性质分				
		企 业	事 业	机 关	合 计	木材及竹材采运企业
全国合计	**286470**	**240881**	**44470**	**1119**	**255574**	**194321**
北 京	69	—	69	—	16	—
天 津	—	—	—	—	—	—
河 北	1089	437	526	126	605	—
山 西	194	114	76	4	80	—
内蒙古	75377	75041	323	13	67054	66721
内蒙古集团	75027	75027	—	—	66721	66721
辽 宁	1813	162	1640	11	1663	—
吉 林	36569	30943	5285	341	34391	22292
吉林集团	8398	7920	478	—	6750	6750
黑龙江	111997	107100	4841	56	98553	93270
龙江集团	106388	106209	154	25	93883	93270
上 海	27	—	27	—	—	—
江 苏	662	382	280	—	642	—
浙 江	636	57	578	1	570	—
安 徽	1625	584	1041	—	1136	164
福 建	2580	1355	1218	7	2466	1328
江 西	22083	11840	10005	238	21432	4861
山 东	459	11	409	39	358	—
河 南	391	94	293	4	283	19
湖 北	2964	775	2172	17	2142	30
湖 南	15736	5971	9680	85	15024	4121
广 东	1992	516	1359	117	1632	6
广 西	4428	1176	3244	8	3713	242
海 南	196	72	124	—	189	—
重 庆	14	9	5	—	5	—
四 川	1927	1553	369	5	1734	675
贵 州	285	163	120	2	283	136
云 南	706	575	99	32	289	166
西 藏	173	173	—	—	173	—
陕 西	985	579	400	6	623	290
甘 肃	86	17	69	—	86	—
青 海	—	—	—	—	—	—
宁 夏	37	—	36	1	36	—
新 疆	268	89	174	5	243	—
新疆兵团	—	—	—	—	—	—
局直属单位	1102	1093	8	1	153	—
大兴安岭	1088	1088	—	—	153	—

仍保留劳动关系人员年末人数(一)

单位:人

按行业分							
农林牧渔业							
国有林场	国有苗圃	林业工作站	木材检查站	种苗站	病虫害防治站	治沙站	其他
52654	**2671**	**1225**	**223**	**78**	**59**	—	**4343**
—	15	—	—	—	—	—	1
—	—	—	—	—	—	—	—
221	145	30	2	2	16	—	189
29	16	5	—	10	2	—	18
206	1	56	7	3	10	—	50
—	—	—	—	—	—	—	—
1512	138	2	1	—	—	—	10
11371	342	40	3	4	3	—	336
—	—	—	—	—	—	—	—
4080	38	28	—	—	—	—	1137
—	—	—	—	—	—	—	613
—	—	—	—	—	—	—	—
616	1	17	7	—	—	—	1
531	20	6	8	—	1	—	4
808	80	27	2	—	—	—	55
758	36	51	11	3	1	—	278
14743	1105	194	44	—	5	—	480
116	47	173	1	12	4	—	5
82	53	7	81	—	3	—	38
1684	83	159	3	29	9	—	145
9821	366	333	42	1	2	—	338
1511	65	11	2	—	—	—	37
3235	52	1	—	—	—	—	183
187	—	—	—	—	—	—	2
—	—	5	—	—	—	—	—
149	48	26	7	3	1	—	825
114	1	9	—	—	1	—	22
103	—	17	—	1	1	—	1
173	—	—	—	—	—	—	—
286	1	13	2	10	—	—	21
57	13	2	—	—	—	—	14
—	—	—	—	—	—	—	—
36	—	—	—	—	—	—	—
225	5	13	—	—	—	—	—
—	—	—	—	—	—	—	—
—	—	—	—	—	—	—	153
—	—	—	—	—	—	—	153

各地区林业系统单位离开本单位

地区	按行					
	制造业					
	合计	木材加工及木、竹、藤、棕、苇制品业	木、竹、藤家具制造业	木、竹、苇浆造纸业	林产化学产品制造	其他
全国合计	**12978**	**11381**	**306**	—	**339**	**952**
北京	—	—	—	—	—	—
天津	—	—	—	—	—	—
河北	256	226	—	—	30	—
山西	—	—	—	—	—	—
内蒙古	—	—	—	—	—	—
内蒙古集团	—	—	—	—	—	—
辽宁	138	1	45	—	—	92
吉林	431	310	—	—	25	96
吉林集团	297	177	—	—	25	95
黑龙江	9849	9475	198	—	—	176
龙江集团	9483	9170	198	—	—	115
上海	—	—	—	—	—	—
江苏	—	—	—	—	—	—
浙江	—	—	—	—	—	—
安徽	34	—	—	—	—	34
福建	24	2	—	—	5	17
江西	194	45	63	—	38	48
山东	49	49	—	—	—	—
河南	—	—	—	—	—	—
湖北	428	60	—	—	188	180
湖南	464	347	—	—	53	64
广东	200	105	—	—	—	95
广西	201	125	—	—	—	76
海南	—	—	—	—	—	—
重庆	—	—	—	—	—	—
四川	—	—	—	—	—	—
贵州	—	—	—	—	—	—
云南	382	382	—	—	—	—
西藏	—	—	—	—	—	—
陕西	254	254	—	—	—	—
甘肃	—	—	—	—	—	—
青海	—	—	—	—	—	—
宁夏	—	—	—	—	—	—
新疆	—	—	—	—	—	—
新疆兵团	—	—	—	—	—	—
局直属单位	74	—	—	—	—	74
大兴安岭	74	—	—	—	—	74

仍保留劳动关系人员年末人数(二)

单位:人

业分					
服务业					其他行业
合计	野生动植物保护和自然保护区管理	林业工程技术规划管理	林业科技交流和推广服务	其他	
3831	**104**	**204**	**532**	**2991**	**14087**
53	—	3	—	50	—
—	—	—	—	—	—
188	—	—	—	188	40
114	—	—	—	114	—
17	—	4	—	13	8306
—	—	—	—	—	8306
12	—	—	1	11	—
367	—	13	13	341	1380
—	—	—	—	—	1351
283	5	93	5	180	3312
235	—	93	5	137	2787
5	—	—	5	—	22
—	—	—	—	—	20
13	11	—	1	1	53
39	4	—	35	—	416
60	22	19	—	19	30
388	—	16	131	241	69
48	—	—	9	39	4
33	26	—	3	4	75
360	4	—	166	190	34
236	10	13	85	128	12
160	8	—	16	136	—
326	2	—	8	316	188
7	7	—	—	—	—
—	—	—	—	—	9
76	3	13	2	58	117
2	—	—	—	2	—
35	2	—	1	32	—
—	—	—	—	—	—
108	—	22	51	35	—
—	—	—	—	—	—
—	—	—	—	—	—
1	—	—	—	1	—
25	—	—	—	25	—
—	—	—	—	—	—
875	—	8	—	867	—
861	—	—	—	861	—

各地区林业系统单位年末实有

地区	总计	按性质分				
		企业	事业	机关	合计	木材及竹材采运企业
全国合计	**999800**	**615825**	**334006**	**49969**	**859662**	**509156**
北京	7035	12	6232	791	3191	—
天津	327	—	267	60	267	—
河北	11265	382	9185	1698	7525	—
山西	9399	193	8059	1147	7379	—
内蒙古	99596	69459	28326	1811	87867	69036
内蒙古集团	78474	69145	9329	—	69251	69036
辽宁	11510	469	10069	972	9836	—
吉林	96881	81489	13277	2115	92310	74135
吉林集团	36807	34638	2169	—	35320	35320
黑龙江	297835	263538	28807	5490	256264	226678
龙江集团	270058	262761	4845	2452	232304	226527
上海	3815	—	3509	306	245	—
江苏	11044	5398	5566	80	10909	—
浙江	8553	675	6836	1042	6912	—
安徽	11709	1031	9612	1066	9838	568
福建	25593	14721	8651	2221	21647	11359
江西	46626	19367	23941	3318	41590	8482
山东	9158	243	7809	1106	7578	10
河南	8875	653	6892	1330	7060	30
湖北	15022	1320	11745	1957	11082	398
湖南	30685	6824	19815	4046	24367	4631
广东	29076	4515	20547	4014	23440	715
广西	33224	2637	28861	1726	29005	416
海南	5625	4470	836	319	5194	549
重庆	5264	137	4143	984	3981	39
四川	77938	59864	14473	3601	73236	50212
贵州	10573	2800	6172	1601	8592	1835
云南	20751	9913	8168	2670	16469	7306
西藏	1408	1168	149	91	1248	—
陕西	14952	5871	7890	1191	12094	4694
甘肃	16248	340	14757	1151	14245	—
青海	1119	—	964	155	937	—
宁夏	4908	—	4497	411	3842	—
新疆	10580	3930	5713	937	8594	—
新疆兵团	—	—	—	—	—	—
局直属单位	63206	54406	8238	562	52918	48063
大兴安岭	57892	54340	2990	562	52918	48063

离退休人员年末人数(一)

单位:人

按行业分							
农林牧渔业							
国有林场	国有苗圃	林业工作站	木材检查站	种苗站	病虫害防治站	治沙站	其他
248323	**17059**	**24100**	**2740**	**2270**	**2442**	**812**	**52760**
623	1360	109	3	13	28	—	1055
14	101	93	—	11	7	—	41
4659	473	358	25	89	106	21	1794
4612	875	616	42	85	105	—	1044
14363	979	1149	53	194	398	442	1253
—	—	—	—	—	—	—	215
8067	302	428	33	150	159	21	676
15493	753	536	68	47	77	—	1201
—	—	—	—	—	—	—	—
21104	387	633	30	78	61	—	7293
412	—	—	—	12	6	—	5347
76	—	169	—	—	—	—	—
8462	1554	568	39	33	26	—	227
5761	147	377	123	80	93	—	331
6510	1282	690	165	41	160	—	422
6149	287	866	162	30	15	—	2779
27682	1499	993	508	78	113	—	2235
4106	1200	1752	31	127	118	2	232
4371	614	690	132	138	137	2	946
7842	352	1428	188	97	73	33	671
15377	979	1627	269	62	31	54	1337
18848	844	1737	117	144	39	—	996
24241	723	535	131	108	64	—	2787
4487	35	28	19	4	10	—	62
3189	7	514	43	37	72	—	80
6795	581	1518	129	73	46	—	13882
4217	217	1249	77	35	24	—	938
4404	86	1882	105	197	106	47	2336
1196	29	—	23	—	—	—	—
4196	374	1477	155	176	103	80	839
11062	276	586	54	111	142	77	1937
597	75	171	—	—	48	26	20
3230	157	295	13	—	18	—	129
6590	511	1026	3	32	63	7	362
—	—	—	—	—	—	—	—
—	—	—	—	—	—	—	4855
—	—	—	—	—	—	—	4855

各地区林业系统单位年末实有

地区	按行					
	制造业					
	合计	木材加工及木、竹、藤、棕、苇制品业	木、竹、藤家具制造业	木、竹、苇浆造纸业	林产化学产品制造	其他
全国合计	**23892**	**14595**	**149**	**859**	**420**	**7869**
北京	—	—	—	—	—	—
天津	—	—	—	—	—	—
河北	42	39	—	—	—	3
山西	97	—	—	—	—	97
内蒙古	22	—	22	—	—	—
内蒙古集团	—	—	—	—	—	—
辽宁	267	8	5	—	—	254
吉林	1624	237	—	—	61	1326
吉林集团	1426	40	—	—	61	1325
黑龙江	16248	11520	—	847	—	3881
龙江集团	16150	11507	—	847	—	3796
上海	—	—	—	—	—	—
江苏	—	—	—	—	—	—
浙江	—	—	—	—	—	—
安徽	160	—	27	—	—	133
福建	1347	106	—	—	39	1202
江西	503	205	26	—	28	244
山东	10	10	—	—	—	—
河南	—	—	—	—	—	—
湖北	690	300	—	—	152	238
湖南	485	261	31	12	20	161
广东	259	200	—	—	—	59
广西	417	236	—	—	66	115
海南	12	12	—	—	—	—
重庆	38	38	—	—	—	—
四川	266	147	38	—	54	27
贵州	179	177	—	—	—	2
云南	92	92	—	—	—	—
西藏	—	—	—	—	—	—
陕西	845	836	—	—	—	9
甘肃	171	171	—	—	—	—
青海	—	—	—	—	—	—
宁夏	—	—	—	—	—	—
新疆	—	—	—	—	—	—
新疆兵团	—	—	—	—	—	—
局直属单位	118	—	—	—	—	118
大兴安岭	118	—	—	—	—	118

离退休人员年末人数(二)

单位:人

业分					
服务业					其他行业
合计	野生动植物保护和自然保护区管理	林业工程技术规划管理	林业科技交流和推广服务	其他	
84514	**5437**	**5438**	**9713**	**63926**	**31732**
3799	21	242	—	3536	45
60	—	—	—	60	—
3629	1436	37	150	2006	69
1923	68	75	142	1638	—
2460	129	76	427	1828	9247
—	—	—	—	—	9223
1318	124	30	192	972	89
2754	74	439	126	2115	193
—	—	—	—	—	61
9783	13	1246	875	7649	15540
6084	—	1101	740	4243	15520
427	8	10	103	306	3143
135	—	—	39	96	—
1496	99	46	216	1135	145
1289	27	55	138	1069	422
2542	25	104	100	2313	57
4411	175	238	447	3551	122
1377	52	14	205	1106	193
1773	50	17	156	1550	42
3238	137	454	515	2132	12
5623	331	420	583	4289	210
5365	174	152	711	4328	12
3207	282	189	532	2204	595
419	59	—	19	341	—
1224	61	33	138	992	21
4292	34	132	199	3927	144
1666	65	—	—	1601	136
3215	309	42	189	2675	975
160	62	7	—	91	—
1844	177	171	209	1287	169
1832	437	43	194	1158	—
182	—	8	6	168	—
1066	638	17	—	411	—
1866	100	148	90	1528	120
—	—	—	—	—	—
10139	270	993	3012	5864	31
4825	12	313	—	4500	31

各地区林业系统单位

地区	总计	按性质分				
		企业	事业	机关	合计	木材及竹材采运企业
全国合计	**28105**	**22556**	**30105**	**44215**	**25495**	**22314**
北京	71577	32164	69942	98207	64120	—
天津	46306	—	42421	64769	42421	—
河北	28718	22859	29076	31489	26194	—
山西	30059	16037	29265	40245	27827	—
内蒙古	32436	28396	34706	56554	30748	28453
内蒙古集团	28988	28441	41486	—	28581	28453
辽宁	27425	12581	27089	40950	26358	34824
吉林	24914	25351	22038	44041	22699	25083
吉林集团	30497	30812	24938	—	28208	28192
黑龙江	19893	19117	21026	38499	18857	19252
龙江集团	20218	19203	40509	43876	19224	19250
上海	96763	—	93816	125804	93737	—
江苏	21791	19442	22918	54028	21485	—
浙江	60240	41294	55433	87271	54223	—
安徽	25950	17772	24401	49582	23763	12995
福建	38160	26811	40227	48574	36976	24121
江西	23018	18299	22607	36155	20620	20793
山东	31595	22873	31344	39523	30835	23261
河南	21240	15124	20282	27962	20061	11715
湖北	22570	23139	21083	31916	20336	18458
湖南	24558	20026	23680	32138	22110	23725
广东	39218	20147	36736	56962	31888	29542
广西	26834	19314	26226	37700	25722	15820
海南	34728	26652	36795	53563	32092	31799
重庆	40350	27788	38597	52756	38300	26400
四川	33523	28037	34737	46272	31934	30863
贵州	23590	18122	24366	27959	23164	14231
云南	31741	23554	33114	38780	29675	22607
西藏	40964	36622	45750	65967	37333	—
陕西	35004	21061	36424	46216	33740	19819
甘肃	32615	14993	32643	46968	31277	—
青海	31660	—	29827	49212	29580	—
宁夏	38047	34641	37310	53028	35126	—
新疆	36456	30397	35820	52375	32804	—
新疆兵团	—	—	—	—	—	—
局直属单位	31370	24626	58018	53564	24510	24401
大兴安岭	25903	24475	39689	43654	24510	24401

在岗职工年平均工资(一)

单位:元

按行业分							
农林牧渔业							
国有林场	国有苗圃	林业工作站	木材检查站	种苗站	病虫害防治站	治沙站	其他
24023	**26188**	**32485**	**30351**	**35702**	**37440**	**41441**	**33022**
77169	58757	71795	74281	81530	74860	82434	60496
50004	33043	44981	—	47823	52492	50004	40171
28558	20620	23469	19304	23562	27837	42384	25425
29831	20232	26094	19473	31077	32330	15444	28619
29056	31475	49582	48564	51766	56541	49336	47145
—	—	—	—	—	—	—	42595
24500	18998	26593	32691	32891	33818	33019	32665
16734	18548	29569	37728	37048	34626	—	35057
—	—	—	—	—	—	—	47809
15926	18270	28204	27408	33527	31828	—	23316
13283	—	—	—	38805	41504	—	25989
111444	—	91216	—	—	—	—	—
13853	39176	36027	32561	30383	39332	—	20388
44360	49919	60169	56444	86472	77329	—	62311
20362	18699	32346	29582	41959	39637	—	31676
38055	32461	52297	36266	39182	43103	—	32712
17726	17425	28897	30832	40082	33343	29054	23316
30671	25231	31174	36913	36114	35619	28993	32999
18651	16327	21014	17689	19939	21634	29406	25779
18025	18424	22510	22288	25770	22864	24174	23052
17984	17860	25062	27284	30341	28280	20502	27561
31352	23208	30548	30810	56720	44382	—	36818
24851	15469	25747	25038	28846	32590	—	30047
20540	11066	29178	28504	48739	44657	—	95195
40683	35862	38136	39580	18216	43462	—	41078
31294	31397	34583	35014	39601	39926	—	30565
23227	28547	26248	24987	29035	26240	23814	21348
33278	30221	31552	33792	34570	35311	33719	31838
36442	47127	17344	55814	—	65321	—	55923
31581	32189	40330	37092	46234	38780	48814	40594
28774	31520	36244	39665	35077	38482	48895	35756
26793	42185	37535	36574	44464	47948	39710	33588
32211	35937	37613	43181	40856	54360	34628	41210
28730	32460	38521	43815	44682	43565	43621	36718
—	—	—	—	—	—	—	—
—	—	—	—	—	—	—	26551
—	—	—	—	—	—	—	26551

各地区林业系统单位

地区	按行					
	制造业					
	合计	木材加工及木、竹、藤、棕、苇制品业	木、竹、藤家具制造业	木、竹、苇浆造纸业	林产化学产品制造	其他
全国合计	**21066**	**21706**	**12379**	**21167**	**23017**	**21618**
北京	—	—	—	—	—	—
天津	—	—	—	—	—	—
河北	24115	25940	—	—	27030	23932
山西	—	—	—	—	—	—
内蒙古	25142	45400	22609	—	—	—
内蒙古集团	45400	45400	—	—	—	—
辽宁	12599	40125	9943	—	—	10421
吉林	26163	27607	—	—	23387	21684
吉林集团	26612	28511	—	—	23387	21787
黑龙江	14356	16025	9367	21692	23101	18134
龙江集团	13775	15550	9367	21692	—	18048
上海	—	—	—	—	—	—
江苏	—	—	—	—	—	—
浙江	—	—	—	—	—	—
安徽	18882	18950	4800	—	—	18444
福建	29320	13933	—	—	33366	20086
江西	19903	14823	7200	—	31803	22099
山东	21281	21281	—	—	—	—
河南	4749	—	4812	—	—	3600
湖北	20447	19712	31200	—	16200	14146
湖南	20471	22152	22000	21000	22399	7084
广东	15616	16103	—	—	—	12258
广西	21239	24185	—	—	18623	14494
海南	23855	23855	—	—	—	—
重庆	16631	16844	—	—	—	9600
四川	20255	20133	16182	—	16877	22149
贵州	16132	16082	—	—	17714	15867
云南	8269	8269	—	—	—	—
西藏	52667	52667	—	—	—	—
陕西	24162	22647	—	—	—	33652
甘肃	10298	10298	—	—	—	—
青海	—	—	—	—	—	—
宁夏	—	—	—	—	—	—
新疆	16000	16000	—	—	—	—
新疆兵团	—	—	—	—	—	—
局直属单位	25056	—	—	—	—	25056
大兴安岭	25056	—	—	—	—	25056

在岗职工年平均工资(二)

单位:元

业　分					
服　务　业					其他行业
合　计	野生动植物保护和自然保护区管理	林业工程技术规划管理	林业科技交流和推广服务	其　他	
43897	**37680**	**53488**	**41639**	**44477**	**38499**
79483	67231	112315	—	77282	103489
64769	—	—	—	64769	—
35923	42969	41607	29421	31243	39537
39741	32135	48221	50694	39286	—
53992	42648	43682	49841	56297	38025
30423	33087	17438	—	—	37543
39108	38331	32335	35199	40950	25537
43190	41563	47116	28961	44041	44208
29450	—	—	29450	—	44009
35361	24119	34118	36690	35846	36718
39072	—	37589	35675	40379	37206
107452	98625	94443	94671	125804	93512
33791	—	—	11925	53228	31564
80153	58216	85673	64510	85985	37950
45879	31062	37860	28784	49366	23506
43932	33481	29203	39162	46798	32614
35426	40474	32039	26245	36065	31409
38971	35734	42165	37383	39523	39474
26472	21605	24426	18985	27993	23018
29801	25806	29075	23740	32003	22500
32300	26010	37499	35515	32821	24441
56421	54093	88037	47136	57165	18226
34602	27964	33815	38508	35166	22617
45697	36363	34884	20914	53257	34896
49378	40151	45751	40151	52432	29824
45161	42565	40810	41556	45954	21784
27875	26266	21384	—	27959	17813
38385	32113	37709	36656	39726	21899
59246	42275	43837	—	65967	—
45814	44301	50235	43017	45885	36095
43816	37677	34821	42703	47091	3440
48763	12667	54224	61667	49029	—
48862	46464	72630	—	53547	—
52072	41380	81028	44151	52380	54081
—	—	—	—	—	—
51757	31449	88620	55017	44950	18524
34375	22875	52191	—	33644	18524

林业系统按行业分职工伤亡事故情况

国民经济行业	轻 伤 （人次）	重 伤 （人次）	死 亡 （人）
总　　计	**477**	**46**	**61**
一、农、林、牧、渔业	**427**	**37**	**51**
其中：国有林场	115	19	25
木材及竹材采运业	245	9	3
二、采矿业	**3**	**1**	**1**
三、制造业	**27**	**3**	**—**
1. 木材加工及木、竹、藤、棕、苇制品业	22	—	—
2. 木、竹、藤家具制造业	—	—	—
3. 木、竹、苇浆造纸业	—	—	—
4. 林产化学产品制造	1	—	—
5. 其他	4	3	—
四、建筑业	**2**	**—**	**—**
五、其他	**18**	**5**	**9**

各地区林业系统按行业分职工轻伤事故情况

单位：人次

地区	总计	农、林、牧、渔业			采矿业	制造业						建筑业	其他
		合计	其中			合计	木材加工及木、竹、藤、棕、苇制品业	木、竹、藤家具制造业	木、竹、苇浆造纸业	林产化学产品制造	其他		
			国有林场	木材及竹材采运业									
全国合计	**477**	**427**	**115**	**245**	**3**	**27**	**22**	**—**	**—**	**1**	**4**	**2**	**18**
北京	—	—	—	—	—	—	—	—	—	—	—	—	—
天津	—	—	—	—	—	—	—	—	—	—	—	—	—
河北	4	4	4	—	—	—	—	—	—	—	—	—	—
山西	—	—	—	—	—	—	—	—	—	—	—	—	—
内蒙古	158	156	7	149	—	—	—	—	—	—	—	—	2
内蒙古集团	151	149	—	149	—	—	—	—	—	—	—	—	2
辽宁	—	—	—	—	—	—	—	—	—	—	—	—	—
吉林	45	32	16	15	—	13	13	—	—	—	—	—	—
吉林集团	8	8	—	8	—	—	—	—	—	—	—	—	—
黑龙江	24	15	—	15	—	—	—	—	—	—	—	2	7
龙江集团	22	13	—	13	—	—	—	—	—	—	—	2	7
上海	—	—	—	—	—	—	—	—	—	—	—	—	—
江苏	1	1	—	—	—	—	—	—	—	—	—	—	—
浙江	—	—	—	—	—	—	—	—	—	—	—	—	—
安徽	8	4	2	2	3	1	—	—	—	1	—	—	—
福建	—	—	—	—	—	—	—	—	—	—	—	—	—
江西	26	23	19	2	—	3	—	—	—	—	3	—	—
山东	—	—	—	—	—	—	—	—	—	—	—	—	—
河南	1	1	—	—	—	—	—	—	—	—	—	—	—
湖北	11	11	9	—	—	—	—	—	—	—	—	—	—
湖南	47	44	17	7	—	3	3	—	—	—	—	—	—
广东	2	2	2	—	—	—	—	—	—	—	—	—	—
广西	—	—	—	—	—	—	—	—	—	—	—	—	—
海南	5	5	4	—	—	—	—	—	—	—	—	—	—
重庆	1	1	1	—	—	—	—	—	—	—	—	—	—
四川	11	10	—	7	—	—	—	—	—	—	—	—	1
贵州	5	5	5	—	—	—	—	—	—	—	—	—	—
云南	33	31	18	11	—	2	2	—	—	—	—	—	—
西藏	15	15	3	—	—	—	—	—	—	—	—	—	—
陕西	1	1	—	1	—	—	—	—	—	—	—	—	—
甘肃	1	1	1	—	—	—	—	—	—	—	—	—	—
青海	7	7	7	—	—	—	—	—	—	—	—	—	—
宁夏	—	—	—	—	—	—	—	—	—	—	—	—	—
新疆	—	—	—	—	—	—	—	—	—	—	—	—	—
新疆兵团	—	—	—	—	—	—	—	—	—	—	—	—	—
大兴安岭	71	58	—	36	—	5	4	—	—	—	1	—	8

各地区林业系统按行业分职工重伤事故情况

单位：人次

地区	总计	农、林、牧、渔业			采矿业	制造业						建筑业	其他
		合计	其中			合计	木材加工及木、竹、藤、棕、苇制品业	木、竹、藤家具制造业	木、竹、苇浆造纸业	林产化学产品制造	其他		
			国有林场	木材及竹材采运业									
全国合计	**46**	**37**	**19**	**9**	**1**	**3**	**—**	**—**	**—**	**—**	**3**	**—**	**5**
北京	—	—	—	—	—	—	—	—	—	—	—	—	—
天津	—	—	—	—	—	—	—	—	—	—	—	—	—
河北	1	1	1	—	—	—	—	—	—	—	—	—	—
山西	—	—	—	—	—	—	—	—	—	—	—	—	—
内蒙古	—	—	—	—	—	—	—	—	—	—	—	—	—
内蒙古集团	—	—	—	—	—	—	—	—	—	—	—	—	—
辽宁	—	—	—	—	—	—	—	—	—	—	—	—	—
吉林	—	—	—	—	—	—	—	—	—	—	—	—	—
吉林集团	—	—	—	—	—	—	—	—	—	—	—	—	—
黑龙江	7	5	3	2	—	—	—	—	—	—	—	—	2
龙江集团	4	2	1	1	—	—	—	—	—	—	—	—	2
上海	—	—	—	—	—	—	—	—	—	—	—	—	—
江苏	—	—	—	—	—	—	—	—	—	—	—	—	—
浙江	—	—	—	—	—	—	—	—	—	—	—	—	—
安徽	—	—	—	—	—	—	—	—	—	—	—	—	—
福建	—	—	—	—	—	—	—	—	—	—	—	—	—
江西	4	2	2	—	—	2	—	—	—	—	2	—	—
山东	—	—	—	—	—	—	—	—	—	—	—	—	—
河南	—	—	—	—	—	—	—	—	—	—	—	—	—
湖北	—	—	—	—	—	—	—	—	—	—	—	—	—
湖南	6	6	4	—	—	—	—	—	—	—	—	—	—
广东	5	5	5	—	—	—	—	—	—	—	—	—	—
广西	—	—	—	—	—	—	—	—	—	—	—	—	—
海南	—	—	—	—	—	—	—	—	—	—	—	—	—
重庆	—	—	—	—	—	—	—	—	—	—	—	—	—
四川	2	1	—	—	—	—	—	—	—	—	—	—	1
贵州	1	1	1	—	—	—	—	—	—	—	—	—	—
云南	3	3	—	—	—	—	—	—	—	—	—	—	—
西藏	—	—	—	—	—	—	—	—	—	—	—	—	—
陕西	1	1	1	—	—	—	—	—	—	—	—	—	—
甘肃	2	2	2	—	—	—	—	—	—	—	—	—	—
青海	—	—	—	—	—	—	—	—	—	—	—	—	—
宁夏	—	—	—	—	—	—	—	—	—	—	—	—	—
新疆	—	—	—	—	—	—	—	—	—	—	—	—	—
新疆兵团	—	—	—	—	—	—	—	—	—	—	—	—	—
大兴安岭	14	10	—	7	1	1	—	—	—	—	1	—	2

各地区林业系统按行业分职工死亡事故情况

单位:人

地区	总计	农、林、牧、渔业			采矿业	制造业						建筑业	其他
		合计	其中			合计	木材加工及木、竹、藤、棕、苇制品业	木、竹、藤家具制造业	木、竹、苇浆造纸业	林产化学产品制造	其他		
			国有林场	木材及竹材采运业									
全国合计	**61**	**51**	**25**	**3**	**1**	**—**	**—**	**—**	**—**	**—**	**—**	**—**	**9**
北京	1	1	—	—	—	—	—	—	—	—	—	—	—
天津	—	—	—	—	—	—	—	—	—	—	—	—	—
河北	1	—	—	—	—	—	—	—	—	—	—	—	1
山西	—	—	—	—	—	—	—	—	—	—	—	—	—
内蒙古	1	1	1	—	—	—	—	—	—	—	—	—	—
内蒙古集团	—	—	—	—	—	—	—	—	—	—	—	—	—
辽宁	2	2	—	—	—	—	—	—	—	—	—	—	—
吉林	5	5	5	—	—	—	—	—	—	—	—	—	—
吉林集团	—	—	—	—	—	—	—	—	—	—	—	—	—
黑龙江	6	5	5	—	—	—	—	—	—	—	—	—	1
龙江集团	1	—	—	—	—	—	—	—	—	—	—	—	1
上海	—	—	—	—	—	—	—	—	—	—	—	—	—
江苏	—	—	—	—	—	—	—	—	—	—	—	—	—
浙江	—	—	—	—	—	—	—	—	—	—	—	—	—
安徽	6	6	3	—	—	—	—	—	—	—	—	—	—
福建	—	—	—	—	—	—	—	—	—	—	—	—	—
江西	1	1	1	—	—	—	—	—	—	—	—	—	—
山东	—	—	—	—	—	—	—	—	—	—	—	—	—
河南	2	2	—	—	—	—	—	—	—	—	—	—	—
湖北	1	1	1	—	—	—	—	—	—	—	—	—	—
湖南	2	2	1	—	—	—	—	—	—	—	—	—	—
广东	2	2	1	—	—	—	—	—	—	—	—	—	—
广西	—	—	—	—	—	—	—	—	—	—	—	—	—
海南	—	—	—	—	—	—	—	—	—	—	—	—	—
重庆	—	—	—	—	—	—	—	—	—	—	—	—	—
四川	10	7	2	3	—	—	—	—	—	—	—	—	3
贵州	1	1	1	—	—	—	—	—	—	—	—	—	—
云南	12	10	2	—	—	—	—	—	—	—	—	—	2
西藏	2	2	1	—	—	—	—	—	—	—	—	—	—
陕西	2	2	1	—	—	—	—	—	—	—	—	—	—
甘肃	2	1	—	—	—	—	—	—	—	—	—	—	1
青海	—	—	—	—	—	—	—	—	—	—	—	—	—
宁夏	—	—	—	—	—	—	—	—	—	—	—	—	—
新疆	—	—	—	—	—	—	—	—	—	—	—	—	—
新疆兵团	—	—	—	—	—	—	—	—	—	—	—	—	—
大兴安岭	2	—	—	—	1	—	—	—	—	—	—	—	1

国家林业局机关及直属单位

指标	单位个数（个）	年末人数（人）				
		总计	单位从业人员			
			合计	其中：女性	其中：非全日制	其中：专业技术人员
总计	**159**	**69539**	**68437**	**24061**	**1257**	**25551**
国家林业局机关	1	249	248	71	—	—
国家林业局信息中心	1	27	27	15	—	25
国家林业局国有林场和林木种苗工作总站	1	37	37	11	—	—
国家林业局林业工作站管理总站	1	21	21	5	—	—
国家林业局林业基金管理总站	1	35	35	15	—	4
国家林业局宣传中心	1	27	27	7	—	4
国家林业局濒危物种进出口管理中心	1	31	31	14	—	—
国家林业局天然林保护工程管理中心	1	30	30	8	—	—
国家林业局西北华北东北防护林建设局	1	90	90	19	—	—
国家林业局退耕还林（草）工程管理办公室	1	28	28	9	—	—
国家林业局防治荒漠化管理中心	1	20	20	7	—	—
国家林业局世界银行贷款项目管理中心	1	29	29	12	—	18
国家林业局科技发展中心	1	23	23	9	—	—
国家林业局森林资源监督管理办公室	1	20	20	2	—	—
国家林业局亚太森林网络管理中心	1	15	15	10	—	—
国家林业局湿地保护管理中心	1	15	15	7	—	—
国家林业局经济发展研究中心	1	68	68	32	—	43
国家林业局人才开发交流中心	1	26	26	11	—	—
国家林业局对外合作项目中心	1	25	25	13	—	—
中国林业科学研究院	20	3793	3793	1181	595	1886
国家林业局调查规划设计院	1	329	321	111	2	279
国家林业局林产工业规划设计院	1	350	350	195	—	296
国家林业局管理干部学院	1	239	239	140	—	58
中国绿色时报社	1	109	109	64	—	66
中国林业出版社	1	116	111	63	—	92
国家林业局国际竹藤中心	1	89	89	33	—	61
中国林学会	1	36	36	18	—	20
中国野生动物保护协会	1	29	29	9	—	—
中国花卉协会	1	10	10	4	—	2
中国绿化基金会	1	17	17	5	—	1
国家林业局机关服务中心	1	162	162	63	—	—
国家林业局离退休干部局	1	70	70	30	—	—
国家林业局招待所	1	42	42	18	—	—
国家林业局幼儿园	1	48	48	44	—	34
驻内蒙古自治区森林资源监督专员办事处	1	20	20	3	—	—
驻长春森林资源监督专员办事处	1	22	22	4	—	—
驻黑龙江省森林资源监督专员办事处	1	28	28	6	—	24
驻大兴安岭森林资源监督专员办事处	1	20	20	2	—	—
驻福州森林资源监督专员办事处	1	10	10	3	—	—
驻云南省森林资源监督专员办事处	1	13	13	4	—	—
驻成都森林资源监督专员办事处	1	12	12	3	1	—
驻西安森林资源监督专员办事处	1	9	9	2	—	—
驻武汉森林资源监督专员办事处	1	9	9	—	—	—
驻贵阳森林资源监督专员办事处	1	9	9	1	—	—
驻广州森林资源监督专员办事处	1	25	25	7	1	—
驻合肥森林资源监督专员办事处	1	9	9	5	1	5
驻乌鲁木齐森林资源监督专员办事处	1	15	15	4	—	—
驻上海森林资源监督专员办事处	1	14	14	6	—	—
驻北京森林资源监督专员办事处	1	15	15	6	—	—
国家林业局森林病虫害防治总站	1	112	112	40	—	79
国家林业局北方航空护林总站	1	123	123	34	—	23
国家林业局南方航空护林总站	7	122	122	35	—	40
南京森林警察学院	1	527	527	221	—	253
国家林业局华东林业调查规划设计院	1	159	159	25	—	129
国家林业局中南林业调查规划设计院	1	171	171	38	—	149
国家林业局西北林业调查规划设计院	1	197	197	52	—	135
国家林业局昆明勘察设计院	1	233	233	61	—	212
陕西佛坪国家级自然保护区管理局	1	83	83	26	—	41
甘肃白水江国家级自然保护区管理局	1	125	125	30	—	63
国家林业局卧龙自然保护区管理局	1	217	217	88	—	103
国家林业局北戴河培训中心	1	26	26	7	—	—
大兴安岭林业集团公司	73	60959	59871	21093	657	21406

从业人员和劳动报酬情况

在岗职工	其他从业人员	离开本单位仍保留劳动关系人员	年末实有离退休人员（人）	在岗职工年平均人数（人）	在岗职工年工资总额（千元）	离退休人员年生活费（千元）	在岗职工年平均工资（元）
68108	**329**	**1102**	**63206**	**65967**	**2069417**	**1315148**	**31370**
238	10	1	—	229	22831	—	99699
27	—	—	—	27	1759	—	65149
37	—	—	19	37	2400	1100	64865
21	—	—	11	21	3236	654	154095
33	2	—	2	35	2450	87	70000
22	5	—	8	22	1411	472	64117
31	—	—	3	31	2638	175	85093
30	—	—	—	30	2016	—	67214
74	16	—	60	90	5684	3378	63156
28	—	—	1	29	1934	20	66690
20	—	—	2	20	1601	124	80064
28	1	—	4	28	1794	258	64061
20	3	—	2	23	2246	55	97639
20	—	—	—	21	1827	—	86997
15	—	—	—	15	1534	—	102285
12	3	—	—	12	1048	—	87299
68	—	—	29	71	4521	1452	63676
26	—	—	1	25	1594	63	63760
25	—	—	—	25	1435	—	57400
3793	—	—	3012	3835	210992	131000	55017
310	11	8	138	303	57130	7349	188549
350	—	—	296	350	29650	4090	84716
239	—	—	85	240	15848	3787	66033
102	7	—	25	109	12772	1643	117174
111	—	5	66	111	10633	3297	95789
79	10	—	4	88	7860	337	89315
32	4	—	25	32	2190	1548	68438
22	7	—	10	22	1798	536	81708
10	—	—	1	10	867	39	86700
8	9	—	2	8	807	124	100871
162	—	—	19	163	12892	2578	79090
49	21	—	545	51	4525	34026	88728
42	—	—	7	39	3217	277	82495
48	—	—	2	48	2730	71	56885
20	—	—	10	20	1817	733	90866
20	2	—	6	20	1470	336	73497
28	—	—	15	29	1804	969	62195
20	—	—	7	20	1521	432	76067
8	2	—	2	8	721	178	90077
13	—	—	2	13	930	134	71538
12	—	—	—	12	811	—	67601
9	—	—	—	9	610	—	67792
9	—	—	—	9	1077	—	119622
9	—	—	—	9	604	—	67099
25	—	—	1	25	1675	75	66995
6	3	—	6	6	440	—	73409
12	3	—	—	15	893	—	59540
14	—	—	2	13	1326	149	102000
15	—	—	—	15	1130	—	75337
112	—	—	59	107	4696	2964	43888
122	1	—	71	123	5662	—	46033
122	—	—	60	122	7147	2877	58583
342	185	—	177	514	32690	13199	63599
159	—	—	67	158	16060	6413	101646
171	—	—	84	171	18847	4270	110214
197	—	—	95	197	17392	4391	88284
233	—	—	—	217	5253	—	24208
69	14	—	29	69	3552	1239	51478
125	—	—	66	128	3747	2180	29271
217	—	—	163	210	9128	5231	43467
16	10	—	13	53	1791	233	33791
59871	—	1088	57892	57475	1488754	1070605	25903

5

林业投资

INVESTMENT IN FORESTRY

林业投资完成情况

单位：万元

指　　标	本年实际
一、本年计划投资	**31954789**
二、自年初累计完成投资	**33420880**
其中：国家投资	12454012
1. 生态建设与保护	16041174
（1）造林	9404191
（2）更新	212783
（3）森林抚育	1247726
（4）野生动植物保护及自然保护区	140320
（5）湿地恢复与保护	337736
（6）森林生态效益补偿	1466896
（7）其他（含生态工程补助资金）	3231522
2. 林业支撑与保障	2228758
（1）林木种苗	720601
（2）森林防火与森林公安	372256
（3）林业有害生物防治	343479
（4）科技教育	87495
（5）林业信息化	24339
（6）其他	680588
3. 林业产业发展	8207093
（1）工业原料林	382792
（2）特色经济林（不含木本油料）	488450
（3）木本油料	445312
其中：油茶示范基地建设	181502
核桃示范基地建设	124481
（4）花卉	634612
（5）林下经济	1036241
（6）其他	5219686
4. 林业民生工程	2454630
（1）棚户区（危旧房）改造	1823747
（2）社会性基础设施	531581
（3）其他	99302
5. 其他投资	4489225
其中：财政事业费	1459855
三、本年实际到位资金合计	**33664456**
1. 上年末结余资金	655239
2. 本年实际到位资金小计	33009217
（1）国家预算资金	15563528
①中央资金	8470217
②地方资金	7093311
（2）国内贷款	3283945
（3）债券	32549
（4）利用外资	316427
（5）自筹资金	10648742
（6）其他资金	3164026

各地区林业投资完成情况(一)

单位:万元

地区	本年计划投资	自年初累计完成投资						
		总计	其中:国家投资	生态建设与保护				
				合计	造林	更新	森林抚育	野生动植物保护及自然保护区
全国合计	**31954789**	**33420880**	**12454012**	**16041174**	**9404191**	**212783**	**1247726**	**140320**
北京	1472631	1470847	860020	1119355	943085	571	42278	9495
天津	53355	53355	49288	42385	38841	—	1710	1382
河北	663991	663921	446878	398888	231957	631	16844	5635
山西	1025047	1025047	417841	721516	581326	4183	12289	1579
内蒙古	1483369	1333975	1159659	871280	344903	450	88841	3289
内蒙古集团	432116	353518	311625	204163	—	—	62628	—
辽宁	1422544	1456896	759411	1219579	1131031	2007	12598	1357
吉林	717170	714638	414206	262790	37666	1707	42567	1699
吉林集团	211765	199357	110395	60724	3389	1256	18849	—
黑龙江	1701028	1742134	1229763	712293	69468	—	107704	3859
龙江集团	1468257	1447370	1000880	550244	—	—	89760	1375
上海	85198	96870	42635	87941	25660	49	17129	1316
江苏	788506	928670	87742	748529	617204	9477	18978	3706
浙江	758716	807782	401387	480940	313678	2985	29587	8493
安徽	316522	452501	138449	309546	181596	1291	57762	8405
福建	2215019	2215019	263150	665809	596148	—	16000	970
江西	607049	760416	269660	335116	167737	8920	14383	6468
山东	2313612	2513677	343542	1270794	993233	7849	87349	2146
河南	976351	976351	74038	624222	498354	—	7260	2903
湖北	444663	533859	292634	294476	143634	14314	42294	2936
湖南	1041860	1279005	392645	635021	426212	23643	60271	4282
广东	636673	636673	300712	380195	152149	22685	50753	4474
广西	6778558	6903848	499059	1089122	443446	78610	207338	20262
海南	149108	142492	107637	74891	27298	5647	7418	2094
重庆	380633	516676	392342	386252	256555	570	8298	1024
四川	1773551	1773551	945631	676745	109961	1972	27057	14095
贵州	380000	380000	315000	337116	304339	—	12091	1030
云南	704465	850074	358996	456436	151273	12474	41915	8986
西藏	146856	165894	135486	137169	26377	—	4016	2117
陕西	659623	749288	400645	518325	287404	3510	22143	2262
甘肃	775457	756920	423219	375675	93647	—	25196	4013
青海	207576	227158	193614	152390	47772	—	4036	2794
宁夏	136979	138955	114771	115963	31812	—	3535	1400
新疆	705876	663078	323014	366027	130400	5118	124978	3420
新疆兵团	247525	278868	42796	136828	25152	1112	99658	205
局直属单位	432803	491310	300938	174388	25	4120	33108	2429
大兴安岭	343133	395075	229927	144351	—	4120	33108	1430

各地区林业投资

自年初累计

地区	生态建设与保护			林业支撑				
	湿地恢复与保护	森林生态效益补偿	其他(含生态工程补助资金)	合计	林木种苗	森林防火与森林公安	林业有害生物防治	科技教育
全国合计	**337736**	**1466896**	**3231522**	**2228758**	**720601**	**372256**	**343479**	**87495**
北　京	2541	43731	77654	49784	4556	14458	7753	3123
天　津	300	152	—	2423	1245	426	652	100
河　北	200	23913	119708	46342	21539	13848	4808	1778
山　西	6877	29449	85813	29928	5579	14036	2402	1182
内蒙古	5013	123060	305724	150936	3532	21450	2983	970
内蒙古集团	—	—	141535	30394	277	4012	714	—
辽　宁	896	38607	33083	68256	43515	7348	2673	784
吉　林	1130	30585	147436	79066	2594	8743	2734	779
吉林集团	—	100	37130	15780	622	586	113	—
黑龙江	3130	26292	501840	45921	2206	18731	2497	7070
龙江集团	—	—	459109	27372	—	15768	736	5290
上　海	244	41218	2325	5437	757	435	3823	268
江　苏	67071	8632	23461	75847	34017	22170	10398	1137
浙　江	11183	85442	29572	59974	24544	11147	8446	10361
安　徽	674	22533	37285	28474	15303	6911	3317	689
福　建	400	52291	—	4290	2130	1410	750	—
江　西	1840	87776	47992	67889	27617	18653	3523	785
山　东	139838	22166	18213	509902	224799	37341	236772	5218
河　南	4458	9296	101951	19771	4350	8162	3271	2476
湖　北	4897	39267	47134	37834	20535	8246	2093	2490
湖　南	20522	69771	30320	48980	23830	11766	4794	1701
广　东	1232	117497	31405	85521	15718	19735	8938	1464
广　西	22077	68230	249159	390249	125961	10390	1716	8460
海　南	89	16101	16244	12034	3355	4132	888	121
重　庆	2329	37710	79766	28966	7682	9207	7728	825
四　川	4979	92519	426162	48765	10550	16003	3046	2023
贵　州	—	18001	1655	9353	1830	2970	1265	330
云　南	10233	115254	116301	66697	11042	34855	2774	1185
西　藏	5618	76364	22677	8707	576	7131	1000	—
陕　西	800	39979	162227	56733	43771	4008	1834	3780
甘　肃	5904	42481	204434	46857	2511	8171	1933	1697
青　海	6249	36828	54711	10686	2010	3766	1737	1943
宁　夏	4115	7856	67245	8744	2106	3510	1522	1606
新　疆	2337	43895	55879	46409	29879	6335	5347	1197
新疆兵团	120	5051	5530	15711	11105	1469	2149	601
局直属单位	560	—	134146	77983	962	16762	62	21953
大兴安岭	290	—	105403	58448	930	14061	17	13070

完成情况(二)

单位:万元

完成投资与保障		林业产业发展								
					木本油料					
林业信息化	其他	合计	工业原料林	特色经济林(不含木本油料)	小计	其中:油茶示范基地建设	其中:核桃示范基地建设	花卉	林下经济	其他
24339	**680588**	**8207093**	**382792**	**488450**	**445312**	**181502**	**124481**	**634612**	**1036241**	**5219686**
794	19100	79473	—	3108	—	—	—	4886	60651	10828
—	—	—	—	—	—	—	—	—	—	—
170	4199	124393	33608	50083	9007	—	8767	5685	8188	17822
303	6426	9487	—	1409	5621	—	5604	870	120	1467
355	121646	390	—	—	—	—	—	65	20	305
—	25391	—	—	—	—	—	—	—	—	—
936	13000	107788	—	20645	—	—	—	51640	2213	33290
30	64186	30367	—	319	—	—	—	—	853	29195
—	14459	13376	—	—	—	—	—	—	95	13281
101	15316	5247	—	882	79	—	—	35	400	3851
—	5578	1344	—	—	—	—	—	—	—	1344
109	45	496	—	496	—	—	—	—	—	—
433	7692	78950	500	37003	812	—	572	23644	14381	2610
2123	3353	144507	104	12533	25416	12276	293	9638	11987	84829
230	2024	52014	1076	5818	18978	17192	705	8236	13244	4662
—	—	1232902	—	—	3600	3600	—	2200	—	1227102
309	17002	131026	9917	3266	62487	18309	—	21928	24210	9218
678	5094	620178	3615	89726	32255	—	22848	159222	326673	8687
—	1512	203383	12928	18367	11396	1200	196	91501	28872	40319
838	3632	89877	19700	4223	28719	17504	5061	25377	8251	3607
1010	5879	370813	69797	3323	113366	78326	600	105943	54246	24138
1100	38566	25825	3508	30	7341	6930	—	1977	1424	11545
666	243056	3761113	132097	14630	26722	17196	6438	65571	349206	3172887
133	3405	14730	352	288	35	—	—	5852	4703	3500
1392	2132	22085	712	9338	3186	1998	100	42	870	7937
5429	11714	676222	84306	37467	40390	797	37141	47685	90854	375520
—	2958	800	—	—	800	800	—	—	—	—
1767	15074	74562	8795	6251	25213	4754	10721	398	11620	22285
—	—	9466	—	7500	1966	—	—	—	—	—
73	3267	60306	352	10554	18666	620	17621	411	13525	16798
30	32515	101114	225	3582	1231	—	1231	105	—	95971
—	1230	39213	—	32991	2953	—	2953	316	—	2953
—	—	4313	—	2459	—	—	—	—	—	1854
45	3606	132125	1200	112159	5073	—	3630	1385	9730	2578
43	344	123600	1200	107210	4651	—	3208	1370	9049	120
5285	32959	3928	—	—	—	—	—	—	—	3928
924	29446	3039	—	—	—	—	—	—	—	3039

各地区林业投资

地区	自年初累计完成投资							
	林业民生工程				其他投资		总计	上年末结余资金
	合计	棚户区（危旧房）改造	社会性基础设施	其他	合计	其中：财政事业费		
全国合计	**2454630**	**1823747**	**531581**	**99302**	**4489225**	**1459855**	**33664456**	**655239**
北京	4475	—	3644	831	217760	139597	1369070	157168
天津	—	—	—	—	8547	4480	53355	—
河北	41307	35198	6052	57	52991	42795	663921	7223
山西	14095	13211	517	367	250021	73816	1025047	—
内蒙古	119803	106796	12658	349	191566	121564	1355222	5119
内蒙古集团	77068	77068	—	—	41893	—	346599	—
辽宁	23248	16804	5882	562	38025	23766	1442337	1145
吉林	265713	230309	30234	5170	76702	29233	783681	69602
吉林集团	80073	70282	9497	294	29404	826	202483	13468
黑龙江	916943	684799	226710	5434	61730	13895	1746785	6128
龙江集团	868410	646056	222354	—	—	—	1451312	3147
上海	—	—	—	—	2996	2996	80214	—
江苏	16201	14263	1845	93	9143	3646	854958	1939
浙江	47304	5504	40239	1561	75057	60410	791731	4246
安徽	25978	21440	3938	600	36489	27997	410617	3053
福建	—	—	—	—	312018	21344	2434145	794
江西	50814	28625	8457	13732	175571	96342	763176	—
山东	22900	7865	14769	266	89903	49708	2468838	5838
河南	32665	32665	—	—	96310	27802	976351	—
湖北	45657	38057	6548	1052	66015	23267	538442	7997
湖南	93760	76320	15779	1661	130431	95906	1227186	8839
广东	37707	12422	20336	4949	107425	88846	733679	21872
广西	189131	115174	38767	35190	1474233	50385	6615642	30434
海南	25013	13689	8909	2415	15824	9578	184249	37176
重庆	23326	11074	11760	492	56047	30430	502771	1499
四川	50500	41348	5102	4050	321319	49792	1845707	32597
贵州	5019	5019	—	—	27712	26812	380000	—
云南	70428	23295	43432	3701	181951	81055	1132476	77927
西藏	2686	896	1390	400	7866	—	165894	—
陕西	51098	41386	4907	4805	62826	48715	680481	6230
甘肃	63823	54440	6966	2417	169451	121004	756920	2240
青海	2263	2263	—	—	22606	16592	221647	—
宁夏	9727	7751	25	1951	208	—	143679	260
新疆	28430	26734	842	854	90087	53232	797767	75657
新疆兵团	80	—	80	—	2649	1301	265671	1912
局直属单位	174616	156400	11873	6343	60395	24850	518468	90256
大兴安岭	174384	156400	11641	6343	14853	—	372334	15489

完成情况(三)

单位:万元

本年实际到位资金合计								
本年实际到位资金小计								
合计	国家预算资金			国内贷款	债券	利用外资	自筹资金	其他资金
	小计	中央资金	地方资金					
33009217	**15563528**	**8470217**	**7093311**	**3283945**	**32549**	**316427**	**10648742**	**3164026**
1211902	1175681	24590	1151091	—	670	531	19905	15115
53355	49288	4475	44813	—	—	—	—	4067
656698	446878	297310	149568	89171	—	3924	88951	27774
1025047	417841	238232	179609	—	—	192	607014	—
1350103	1230701	1037190	193511	—	—	400	102528	16474
346599	304706	290618	14088	—	—	—	41893	—
1441192	902002	143285	758717	4500	—	2185	479289	53216
714079	500952	415173	85779	1342	1101	3639	122322	84723
189015	124033	92948	31085	—	380	—	33044	31558
1740657	1287388	1228841	58547	305	—	—	444070	8894
1448165	1034274	998839	35435	305	—	—	413586	—
80214	74944	203	74741	—	—	—	25	5245
853019	222871	15781	207090	1420	—	—	600666	28062
787485	491026	49020	442006	151538	—	4284	131096	9541
407564	186821	112942	73879	35214	—	3843	139018	42668
2433351	262356	121301	141055	1951870	—	124512	89404	5209
763176	499087	244574	254513	32856	—	12119	141008	78106
2463000	918060	122205	795855	39009	—	7800	1321404	176727
976351	159521	68027	91494	230000	—	1100	337260	248470
530445	292634	223360	69274	15468	—	4370	162501	55472
1218347	482910	316952	165958	134894	—	2216	533072	65255
711807	630765	122493	508272	4047	—	6182	33015	37798
6585208	348398	237522	110876	293860	29050	116235	4249680	1547985
147073	123429	48141	75288	—	620	—	13191	9833
501272	465261	287472	177789	13608	9	—	18677	3717
1813110	874793	689636	185157	106365	—	5251	435424	391277
380000	380000	315000	65000	—	—	—	—	—
1054549	826543	356942	469601	48857	1099	—	73211	104839
165894	165894	135486	30408	—	—	—	—	—
674251	514598	357724	156874	1300	—	—	82524	75829
754680	596809	431548	165261	93695	—	16572	31349	16255
221647	193614	177346	16268	15198	—	984	316	11535
143419	131674	114771	16903	—	—	—	320	11425
722110	437421	259307	178114	19428	—	88	256972	8201
263759	41389	40331	1058	8550	—	—	213660	160
428212	273368	273368	—	—	—	—	134530	20314
356845	224510	224510	—	—	—	—	132335	—

林业固定资产投资完成情况

单位:万元

指　　标	总计
一、本年计划投资	**12348556**
二、自年初累计完成投资	**12740068**
其中:国家投资	2380433
按构成分	
1. 建筑工程	4415770
2. 安装工程	521973
3. 设备工器具购置	1518217
4. 其他	6284108
按性质分	
1. 新建	8336170
2. 扩建	2452557
3. 改建和技术改造	1335486
4. 单纯建造生活设施	103208
5. 迁建	48014
6. 恢复	54491
7. 单纯购置	410142
三、本年新增固定资产	**5849057**
四、房屋建筑面积及竣工价值	
本年房屋施工面积(平方米)	20241296
其中:住宅	17670559
本年房屋竣工面积(平方米)	13688924
其中:住宅	11520921
本年房屋竣工价值	1612655
其中:住宅	1258985
五、本年实际到位资金合计	**12333463**
1. 上年末结余资金	168979
2. 本年实际到位资金小计	12164484
(1)国家预算资金	3498769
①中央资金	2021047
②地方资金	1477722
(2)国内贷款	445758
(3)债券	30655
(4)利用外资	133422
(5)自筹资金	6442747
(6)其他资金	1613133
六、本年各项应付款	**1674912**
其中:工程款	878817

注:本表统计范围为按照项目管理的,且计划总投资在500万元以上的城镇林业固定资产投资项目和农村非农户林业固定资产投资项目。

各地区林业固定资产投资完成情况(一)

单位:万元

地　　区	本年计划投资	自年初累计完成投资					
		总计	其中:国家投资	按构成分			
				建筑工程	安装工程	设备工器具购置	其他
全国合计	**12348556**	**12740068**	**2380433**	**4415770**	**521973**	**1518217**	**6284108**
北　京	745953	767460	194953	554980	7	3195	209278
天　津	—	—	—	—	—	—	—
河　北	38278	38278	8392	24066	—	806	13406
山　西	230866	230866	62446	8140	980	1256	220490
内蒙古	349482	200328	135615	146234	13831	16204	24059
内蒙古集团	227953	149355	107462	126977	3380	11463	7535
辽　宁	112887	132927	48252	8689	45	—	124193
吉　林	297337	255187	109191	203141	8994	6972	36080
吉林集团	98940	60778	35185	55694	4564	520	—
黑龙江	973971	1018643	554269	722370	102631	21026	172616
龙江集团	926130	946041	518946	694681	101356	21026	128978
上　海	57694	66261	32844	—	—	383	65878
江　苏	536570	677604	9198	16089	272	7281	653962
浙　江	21814	23201	10792	2450	—	2748	18003
安　徽	115811	166215	57769	38950	185	2439	124641
福　建	80936	90906	30588	41619	96	1051	48140
江　西	9923	29917	16558	14536	—	—	15381
山　东	236749	336697	73197	31329	9697	9087	286584
河　南	17382	17382	16931	1719	—	—	15663
湖　北	79700	83112	43373	51445	11101	14177	6389
湖　南	326777	431832	85406	150814	15977	8678	256363
广　东	—	—	—	—	—	—	—
广　西	6729098	6701705	222979	1828500	327130	1353852	3192223
海　南	23381	19980	5720	16417	15	84	3464
重　庆	69653	93632	63961	40630	138	131	52733
四　川	214455	170521	97066	41162	9027	17723	102609
贵　州	937	937	937	937	—	—	—
云　南	271964	342595	83890	76093	8969	30092	227441
西　藏	—	1376	1376	1376	—	—	—
陕　西	177961	192139	86243	78052	1929	833	111325
甘　肃	283551	266218	163820	50972	340	20	214886
青　海	—	8938	8101	1613	190	290	6845
宁　夏	7751	7751	4855	7751	—	—	—
新　疆	97994	97849	39318	25329	940	561	71019
新疆兵团	—	—	—	—	—	—	—
局直属单位	239681	269611	112393	230367	9479	19328	10437
大兴安岭	193340	222136	67845	195317	8186	13942	4691

各地区林业固定资产

地区	自年初累计完成投资						
	按性质分						
	新建	扩建	改建和技术改造	单纯建造生活设施	迁建	恢复	单纯购置
全国合计	**8336170**	**2452557**	**1335486**	**103208**	**48014**	**54491**	**410142**
北京	692684	24144	48674	—	—	—	1958
天津	—	—	—	—	—	—	—
河北	37958	40	90	144	—	—	46
山西	224065	5922	—	25	—	—	854
内蒙古	185570	911	140	9729	—	—	3978
内蒙古集团	149355	—	—	—	—	—	—
辽宁	121469	6506	433	244	4110	165	—
吉林	217272	5869	24091	3859	1442	685	1969
吉林集团	46341	—	10478	3859	—	—	100
黑龙江	763890	178528	52898	15	—	—	23312
龙江集团	703488	168905	50321	15	—	—	23312
上海	60073	—	4727	—	—	—	1461
江苏	665087	600	7061	—	—	—	4856
浙江	22225	976	—	—	—	—	—
安徽	143193	3565	13133	1962	—	79	4283
福建	58170	4239	22902	472	—	3059	2064
江西	25035	4832	50	—	—	—	—
山东	279933	41263	5344	813	2350	47	6947
河南	17382	—	—	—	—	—	—
湖北	50484	2645	26622	2588	—	717	56
湖南	313341	60241	28765	10654	1960	16109	762
广东	—	—	—	—	—	—	—
广西	3355553	1875854	1059766	22650	35157	20685	332040
海南	19402	97	302	179	—	—	—
重庆	91897	1616	—	48	—	—	71
四川	110722	24196	15459	16663	—	3366	115
贵州	937	—	—	—	—	—	—
云南	145871	164073	17220	396	2470	5251	7314
西藏	1376	—	—	—	—	—	—
陕西	189072	—	1753	—	—	1225	89
甘肃	263218	800	83	1752	—	—	365
青海	7249	—	—	—	—	30	1659
宁夏	7751	—	—	—	—	—	—
新疆	74180	19591	1510	115	525	1897	31
新疆兵团	—	—	—	—	—	—	—
局直属单位	191111	26049	4463	30900	—	1176	15912
大兴安岭	150569	22483	2361	30900	—	216	15607

投资完成情况(二)

单位:万元

本年新增固定资产	房屋建筑面积及竣工价值					
	本年房屋施工面积(平方米)		本年房屋竣工面积(平方米)		本年房屋竣工价值	
	合计	其中:住宅	合计	其中:住宅	合计	其中:住宅
5849057	**20241296**	**17670559**	**13688924**	**11520921**	**1612655**	**1258985**
538248	2030	—	—	—	—	—
—	—	—	—	—	—	—
27535	401192	389252	127785	120676	28938	24243
60828	26338	26338	—	—	—	—
152023	1615365	1610322	1225920	923182	130357	121708
117580	1313537	1313537	712245	684550	68867	62085
89162	114974	114974	114974	114974	10410	10410
77349	2037484	2001616	1149710	1139586	190651	187521
17296	724533	724533	495226	495226	103290	103290
641307	7219001	7152025	6025021	5670112	656122	542286
611189	6808869	6781401	5828411	5473502	632328	518584
25233	—	—	—	—	—	—
46240	31888	30388	4388	2888	1690	490
22542	7645	—	2153	—	1320	—
97816	128128	121029	139458	133739	18153	12246
75350	393518	359975	21869	9947	4518	595
12578	550771	248775	72109	72109	5640	5640
219095	34538	16314	37810	20436	8714	2895
1719	—	—	—	—	—	—
71360	469770	457306	293943	266924	29741	27873
224906	550554	514114	327676	310551	30953	16450
—	—	—	—	—	—	—
2861505	2764573	946353	1836302	642965	203729	56363
3281	80725	76476	39035	31787	7502	6502
40573	124466	110966	13500	—	2850	—
47689	462097	406708	141006	83710	19584	6133
937	9570	8750	5532	5120	605	587
93578	318229	275726	182463	125970	20975	10715
—	3202	734	—	—	—	—
131578	364199	325303	107961	74405	19977	17472
39113	498142	485988	228292	197094	38082	31550
4652	15720	15720	—	—	—	—
—	70000	70000	—	—	—	—
35863	198365	196865	156393	154893	19113	18873
—	—	—	—	—	—	—
206997	1748812	1708542	1435624	1419853	163031	158433
200611	1719479	1708542	1427990	1419853	160431	158433

各地区林业固定资产

地　区	本年实际到位					
	总计	上年末结余资金	本年实际			
			合计	国家预算资金		
				小计	中央资金	地方资金
全国合计	**12333463**	**168979**	**12164484**	**3498769**	**2021047**	**1477722**
北　京	662550	42035	620515	618639	5901	612738
天　津	—	—	—	—	—	—
河　北	40183	—	40183	8392	5990	2402
山　西	230866	—	230866	62446	38598	23848
内蒙古	223190	2930	220260	156297	130468	25829
内蒙古集团	149355	—	149355	107462	93454	14008
辽　宁	162035	407	161628	134465	28623	105842
吉　林	277039	11484	265555	145442	105829	39613
吉林集团	76414	4294	72120	49756	34019	15737
黑龙江	1022570	2960	1019610	589731	552452	37279
龙江集团	955403	2960	952443	543484	509530	33954
上　海	40345	—	40345	38880	10	38870
江　苏	566966	1390	565576	10186	5282	4904
浙　江	23201	—	23201	11788	485	11303
安　徽	150809	2100	148709	67468	45202	22266
福　建	97722	90	97632	41869	21444	20425
江　西	21556	—	21556	18583	14213	4370
山　东	428762	—	428762	223022	69127	153895
河　南	17382	—	17382	17382	16931	451
湖　北	82011	3100	78911	27353	9936	17417
湖　南	409108	2045	407063	138335	97510	40825
广　东	—	—	—	—	—	—
广　西	6424221	14976	6409245	294394	205693	88701
海　南	23381	566	22815	13389	10610	2779
重　庆	97050	—	97050	86371	58198	28173
四　川	189177	14467	174710	102425	79882	22543
贵　州	937	—	937	937	621	316
云　南	332069	36612	295457	196232	113858	82374
西　藏	—	—	—	—	—	—
陕　西	173713	4098	169615	88850	82120	6730
甘　肃	271211	2240	268971	234353	187675	46678
青　海	25113	—	25113	25113	23593	1520
宁　夏	7751	—	7751	7751	4855	2896
新　疆	98769	775	97994	60736	28001	32735
新疆兵团	—	—	—	—	—	—
局直属单位	233776	26704	207072	77940	77940	—
大兴安岭	202772	15489	187283	59401	59401	—

投资完成情况(三)

单位:万元

资金合计					本年各项应付款	
到位资金小计						
国内贷款	债券	利用外资	自筹资金	其他资金	合计	其中:工程款
445758	**30655**	**133422**	**6442747**	**1613133**	**1674912**	**878817**
—	—	462	214	1200	497906	375769
—	—	—	—	—	—	—
—	—	—	28791	3000	878	878
—	—	—	168420	—	—	—
—	—	—	63963	—	—	—
—	—	—	41893	—	—	—
—	—	—	27163	—	—	—
1292	976	2389	77527	37929	16216	11231
—	255	—	13395	8714	6516	2688
—	—	—	429700	179	750	150
—	—	—	408959	—	—	—
—	—	—	—	1465	—	—
120	—	—	547657	7613	4231	981
—	—	—	11413	—	21821	15437
15918	—	2028	55613	7682	51301	8628
4295	—	1495	49654	319	17584	15007
—	—	—	2445	528	1332	1332
12100	—	534	183360	9746	61589	41891
—	—	—	—	—	—	—
3400	—	400	39496	8262	38185	27409
70552	—	—	181165	17011	9652	1677
—	—	—	—	—	—	—
293041	29050	111074	4238484	1443202	834099	328631
—	620	—	6130	2676	1462	—
—	9	—	9518	1152	—	—
9500	—	—	41495	21290	18590	7129
—	—	—	—	—	—	—
34240	—	—	43471	21514	35454	6699
—	—	—	—	—	—	—
1300	—	—	52314	27151	13505	13505
—	—	15040	19578	—	25631	1811
—	—	—	—	—	520	400
—	—	—	—	—	—	—
—	—	—	36044	1214	21042	17916
—	—	—	—	—	—	—
—	—	—	129132	—	3164	2336
—	—	—	127882	—	—	—

林业利用外资基本情况

单位：万美元

指标	项目个数（个）	实际利用外资金额				协议利用外资金额			
		合计	国外借款	外商投资	无偿援助	合计	国外借款	外商投资	无偿援助
总　计	**262**	**51773**	**8946**	**40824**	**2003**	**32514**	**6883**	**24391**	**1240**
一、营造林	155	12553	8383	2978	1192	15587	6500	8174	913
1. 公益林	87	7076	6120	148	808	5536	4976	12	548
2. 工业原料林	34	1823	929	851	43	1191	995	162	34
3. 特色经济林	34	3654	1334	1979	341	8860	529	8000	331
二、木竹材加工	22	6518	175	6343	—	6942	—	6942	—
其中：木家具制造	7	1220	—	1220	—	2623	—	2623	—
人造板制造	3	1125	175	950	—	—	—	—	—
木制品制造	11	4173	—	4173	—	3803	—	3803	—
三、林纸一体化	1	17069	—	17069	—	—	—	—	—
四、林产化工	15	2545	5	2540	—	—	—	—	—
五、非木质林产品加工	7	6047	—	6047	—	900	—	900	—
六、花卉、种苗	12	1002	81	849	72	4314	81	4152	81
七、科学研究	6	27	—	4	23	83	—	83	—
八、其他	44	6012	302	4994	716	4688	302	4140	246

各地区林业利用外资项目个数

单位:个

地区	总计	营造林				木竹材加工				林纸一体化	林产化工	非木质林产品加工	花卉、种苗	科学研究	其他
		合计	公益林	工业原料林	特色经济林	合计	其中								
							木家具制造	人造板制造	木制品制造						
全国合计	**262**	**155**	**87**	**34**	**34**	**22**	**7**	**3**	**11**	**1**	**15**	**7**	**12**	**6**	**44**
北京	—	—	—	—	—	—	—	—	—	—	—	—	—	—	—
天津	—	—	—	—	—	—	—	—	—	—	—	—	—	—	—
河北	18	14	14	—	—	—	—	—	—	—	—	—	—	—	4
山西	1	1	1	—	—	—	—	—	—	—	—	—	—	—	—
内蒙古	2	2	2	—	—	—	—	—	—	—	—	—	—	—	—
内蒙古集团	—	—	—	—	—	—	—	—	—	—	—	—	—	—	—
辽宁	13	13	13	—	—	—	—	—	—	—	—	—	—	—	—
吉林	11	11	11	—	—	—	—	—	—	—	—	—	—	—	—
吉林集团	—	—	—	—	—	—	—	—	—	—	—	—	—	—	—
黑龙江	—	—	—	—	—	—	—	—	—	—	—	—	—	—	—
龙江集团	—	—	—	—	—	—	—	—	—	—	—	—	—	—	—
上海	—	—	—	—	—	—	—	—	—	—	—	—	—	—	—
江苏	—	—	—	—	—	—	—	—	—	—	—	—	—	—	—
浙江	4	4	3	—	1	—	—	—	—	—	—	—	—	—	—
安徽	25	22	8	11	3	—	—	—	—	—	—	—	—	—	3
福建	57	8	1	1	6	19	7	1	10	—	2	7	9	1	11
江西	33	33	8	8	17	—	—	—	—	—	—	—	—	—	—
山东	1	1	1	—	—	—	—	—	—	—	—	—	—	—	—
河南	5	5	4	—	1	—	—	—	—	—	—	—	—	—	—
湖北	12	8	3	2	3	1	—	1	—	—	—	—	3	—	—
湖南	4	4	—	1	3	—	—	—	—	—	—	—	—	—	—
广东	4	1	—	1	—	1	—	—	1	—	—	—	—	1	1
广西	14	12	2	10	—	1	—	1	—	1	—	—	—	—	—
海南	—	—	—	—	—	—	—	—	—	—	—	—	—	—	—
重庆	—	—	—	—	—	—	—	—	—	—	—	—	—	—	—
四川	42	3	3	—	—	—	—	—	—	—	13	—	—	4	22
贵州	—	—	—	—	—	—	—	—	—	—	—	—	—	—	—
云南	—	—	—	—	—	—	—	—	—	—	—	—	—	—	—
西藏	—	—	—	—	—	—	—	—	—	—	—	—	—	—	—
陕西	—	—	—	—	—	—	—	—	—	—	—	—	—	—	—
甘肃	13	10	10	—	—	—	—	—	—	—	—	—	—	—	3
青海	1	1	1	—	—	—	—	—	—	—	—	—	—	—	—
宁夏	—	—	—	—	—	—	—	—	—	—	—	—	—	—	—
新疆	2	2	2	—	—	—	—	—	—	—	—	—	—	—	—
新疆兵团	—	—	—	—	—	—	—	—	—	—	—	—	—	—	—
大兴安岭	—	—	—	—	—	—	—	—	—	—	—	—	—	—	—

各地区林业实际利用外资情况

单位:万美元

地区	总计	营造林				木竹材加工				林纸一体化	林产化工	非木质林产品加工	花卉、种苗	科学研究	其他
		合计	公益林	工业原料林	特色经济林	合计	其中 木家具制造	人造板制造	木制品制造						
全国合计	**51773**	**12553**	**7076**	**1823**	**3654**	**6518**	**1220**	**1125**	**4173**	**17069**	**2545**	**6047**	**1002**	**27**	**6012**
北京	—	—	—	—	—	—	—	—	—	—	—	—	—	—	—
天津	—	—	—	—	—	—	—	—	—	—	—	—	—	—	—
河北	629	512	512	—	—	—	—	—	—	—	—	—	—	—	117
山西	31	31	31	—	—	—	—	—	—	—	—	—	—	—	—
内蒙古	66	66	66	—	—	—	—	—	—	—	—	—	—	—	—
内蒙古集团	—	—	—	—	—	—	—	—	—	—	—	—	—	—	—
辽宁	371	371	371	—	—	—	—	—	—	—	—	—	—	—	—
吉林	584	584	584	—	—	—	—	—	—	—	—	—	—	—	—
吉林集团	—	—	—	—	—	—	—	—	—	—	—	—	—	—	—
黑龙江	—	—	—	—	—	—	—	—	—	—	—	—	—	—	—
龙江集团	—	—	—	—	—	—	—	—	—	—	—	—	—	—	—
上海	—	—	—	—	—	—	—	—	—	—	—	—	—	—	—
江苏	—	—	—	—	—	—	—	—	—	—	—	—	—	—	—
浙江	685	685	331	—	354	—	—	—	—	—	—	—	—	—	—
安徽	704	673	249	313	111	—	—	—	—	—	—	—	—	—	31
福建	20752	1361	—	100	1261	5727	1220	500	4007	—	2540	6047	849	—	4228
江西	1925	1925	155	377	1393	—	—	—	—	—	—	—	—	—	—
山东	1604	1604	1604	—	—	—	—	—	—	—	—	—	—	—	—
河南	170	170	170	—	—	—	—	—	—	—	—	—	—	—	—
湖北	703	375	134	37	204	175	—	175	—	—	—	—	153	—	—
湖南	355	355	—	24	331	—	—	—	—	—	—	—	—	—	—
广东	999	64	—	64	—	166	—	—	166	—	—	—	—	4	765
广西	18468	949	41	908	—	450	—	450	—	17069	—	—	—	—	—
海南	—	—	—	—	—	—	—	—	—	—	—	—	—	—	—
重庆	—	—	—	—	—	—	—	—	—	—	—	—	—	—	—
四川	881	21	21	—	—	—	—	—	—	—	5	—	—	23	832
贵州	—	—	—	—	—	—	—	—	—	—	—	—	—	—	—
云南	—	—	—	—	—	—	—	—	—	—	—	—	—	—	—
西藏	—	—	—	—	—	—	—	—	—	—	—	—	—	—	—
陕西	—	—	—	—	—	—	—	—	—	—	—	—	—	—	—
甘肃	2668	2629	2629	—	—	—	—	—	—	—	—	—	—	—	39
青海	164	164	164	—	—	—	—	—	—	—	—	—	—	—	—
宁夏	—	—	—	—	—	—	—	—	—	—	—	—	—	—	—
新疆	14	14	14	—	—	—	—	—	—	—	—	—	—	—	—
新疆兵团	—	—	—	—	—	—	—	—	—	—	—	—	—	—	—
大兴安岭	—	—	—	—	—	—	—	—	—	—	—	—	—	—	—

各地区林业协议利用外资情况

单位:万美元

地区	总计	营造林				木竹材加工				林纸一体化	林产化工	非木质林产品加工	花卉、种苗	科学研究	其他
		合计	公益林	工业原料林	特色经济林	合计	其中								
							木家具制造	人造板制造	木制品制造						
全国合计	**32514**	**15587**	**5536**	**1191**	**8860**	**6942**	**2623**	**—**	**3803**	**—**	**—**	**900**	**4314**	**83**	**4688**
北京	—	—	—	—	—	—	—	—	—	—	—	—	—	—	—
天津	—	—	—	—	—	—	—	—	—	—	—	—	—	—	—
河北	502	385	385	—	—	—	—	—	—	—	—	—	—	—	117
山西	—	—	—	—	—	—	—	—	—	—	—	—	—	—	—
内蒙古	—	—	—	—	—	—	—	—	—	—	—	—	—	—	—
内蒙古集团	—	—	—	—	—	—	—	—	—	—	—	—	—	—	—
辽宁	70	70	70	—	—	—	—	—	—	—	—	—	—	—	—
吉林	525	525	525	—	—	—	—	—	—	—	—	—	—	—	—
吉林集团	—	—	—	—	—	—	—	—	—	—	—	—	—	—	—
黑龙江	—	—	—	—	—	—	—	—	—	—	—	—	—	—	—
龙江集团	—	—	—	—	—	—	—	—	—	—	—	—	—	—	—
上海	—	—	—	—	—	—	—	—	—	—	—	—	—	—	—
江苏	—	—	—	—	—	—	—	—	—	—	—	—	—	—	—
浙江	—	—	—	—	—	—	—	—	—	—	—	—	—	—	—
安徽	122	119	67	19	33	—	—	—	—	—	—	—	—	—	3
福建	24225	8012	12	—	8000	6942	2623	—	3803	—	—	900	4152	79	4140
江西	1097	1097	24	808	265	—	—	—	—	—	—	—	—	—	—
山东	1631	1631	1631	—	—	—	—	—	—	—	—	—	—	—	—
河南	27	27	—	—	27	—	—	—	—	—	—	—	—	—	—
湖北	528	366	152	10	204	—	—	—	—	—	—	—	162	—	—
湖南	355	355	—	24	331	—	—	—	—	—	—	—	—	—	—
广东	4	—	—	—	—	—	—	—	—	—	—	—	—	4	—
广西	371	371	41	330	—	—	—	—	—	—	—	—	—	—	—
海南	—	—	—	—	—	—	—	—	—	—	—	—	—	—	—
重庆	—	—	—	—	—	—	—	—	—	—	—	—	—	—	—
四川	389	—	—	—	—	—	—	—	—	—	—	—	—	—	389
贵州	—	—	—	—	—	—	—	—	—	—	—	—	—	—	—
云南	—	—	—	—	—	—	—	—	—	—	—	—	—	—	—
西藏	—	—	—	—	—	—	—	—	—	—	—	—	—	—	—
陕西	—	—	—	—	—	—	—	—	—	—	—	—	—	—	—
甘肃	2668	2629	2629	—	—	—	—	—	—	—	—	—	—	—	39
青海	—	—	—	—	—	—	—	—	—	—	—	—	—	—	—
宁夏	—	—	—	—	—	—	—	—	—	—	—	—	—	—	—
新疆	—	—	—	—	—	—	—	—	—	—	—	—	—	—	—
新疆兵团	—	—	—	—	—	—	—	—	—	—	—	—	—	—	—
大兴安岭	—	—	—	—	—	—	—	—	—	—	—	—	—	—	—

国家林业局机关及直属单位

单位	本年计划投资	自年初				
		总计	其中：国家投资	生态建设与保护		
				合计	造林	野生动植物保护及自然保护区
总计	**432803**	**491310**	**300938**	**174388**	**25**	**2429**
国家林业局信息中心	4629	4519	4519	—	—	—
国家林业局国有林场和林木种苗工作总站	—	—	—	—	—	—
国家林业局林业工作站管理总站	15	15	15	—	—	—
国家林业局林业基金管理总站	370	370	370	—	—	—
国家林业局宣传中心	—	—	—	—	—	—
国家林业局濒危物种进出口管理中心	—	—	—	—	—	—
国家林业局天然林保护工程管理中心	—	—	—	—	—	—
国家林业局西北华北东北防护林建设局	2758	2642	2421	219	—	—
国家林业局退耕还林(草)工程管理办公室	—	—	—	—	—	—
国家林业局防治荒漠化管理中心	30	30	—	—	—	—
国家林业局世界银行贷款项目管理中心	784	798	791	—	—	—
国家林业局科技发展中心	1273	1276	1276	—	—	—
国家林业局森林资源监督管理办公室	—	—	—	—	—	—
国家林业局亚太森林网络管理中心	3225	3453	—	—	—	—
国家林业局湿地保护管理中心	—	—	—	—	—	—
国家林业局经济发展研究中心	450	518	—	—	—	—
国家林业局人才开发交流中心	1015	1077	405	—	—	—
国家林业局对外合作项目中心	—	—	—	—	—	—
中国林业科学研究院	11512	12012	12012	25	25	—
国家林业局调查规划设计院	1861	1122	1122	—	—	—
国家林业局林产工业规划设计院	545	559	559	—	—	—
国家林业局管理干部学院	1004	5056	5056	—	—	—
中国绿色时报社	1200	1198	1198	—	—	—
中国林业出版社	87	87	87	—	—	—
国家林业局国际竹藤中心	8460	8460	5635	—	—	—
中国林学会	—	—	—	—	—	—
中国野生动物保护协会	69	69	—	—	—	—
中国花卉协会	—	—	—	—	—	—
中国绿化基金会	11704	14697	659	—	—	—
国家林业局机关服务中心	239	239	—	239	—	—

林业投资完成情况(一)

单位:万元

累计完成投资									
		林业支撑与保障							林业产业发展
湿地恢复与保护	其他	合计	林木种苗	森林防火与森林公安	林业有害生物防治	科技教育	林业信息化	其他	
560	**171374**	**77983**	**962**	**16762**	**62**	**21953**	**5285**	**32959**	**3928**
—	—	4262	—	—	—	—	4262	—	—
—	—	—	—	—	—	—	—	—	—
—	—	—	—	—	—	—	—	—	15
—	—	—	—	—	—	—	—	—	—
—	—	—	—	—	—	—	—	—	—
—	—	—	—	—	—	—	—	—	—
—	—	—	—	—	—	—	—	—	—
—	219	—	—	—	—	—	—	—	—
—	—	—	—	—	—	—	—	—	—
—	—	—	—	—	—	—	—	—	—
—	—	—	—	—	—	—	—	—	—
—	—	—	—	—	—	—	—	—	—
—	—	—	—	—	—	—	—	—	—
—	—	—	—	—	—	—	—	—	—
—	—	—	—	—	—	—	—	—	—
—	—	—	—	—	—	—	—	—	—
—	—	1077	—	—	—	—	—	1077	—
—	—	—	—	—	—	—	—	—	—
—	—	1814	32	602	—	—	99	1081	849
—	—	1122	—	—	—	—	—	1122	—
—	—	—	—	—	—	—	—	—	—
—	—	5056	—	—	—	5056	—	—	—
—	—	—	—	—	—	—	—	—	—
—	—	—	—	—	—	—	—	—	—
—	—	3827	—	—	—	3827	—	—	—
—	—	—	—	—	—	—	—	—	—
—	—	—	—	—	—	—	—	—	—
—	—	—	—	—	—	—	—	—	—
—	—	—	—	—	—	—	—	—	—
—	239	—	—	—	—	—	—	—	—

单位	本年计划投资	自年初				
		总计	其中：国家投资	生态建设与保护		
				合计	造林	野生动植物保护及自然保护区
国家林业局离退休干部局	—	—	—	—	—	—
国家林业局招待所	—	—	—	—	—	—
国家林业局幼儿园	—	—	—	—	—	—
驻内蒙古自治区森林资源监督专员办事处	—	—	—	—	—	—
驻长春森林资源监督专员办事处	—	—	—	—	—	—
驻黑龙江省森林资源监督专员办事处	—	—	—	—	—	—
驻大兴安岭森林资源监督专员办事处	470	470	470	—	—	—
驻福州森林资源监督专员办事处	—	—	—	—	—	—
驻云南省森林资源监督专员办事处	—	—	—	—	—	—
驻成都森林资源监督专员办事处	—	—	—	—	—	—
驻西安森林资源监督专员办事处	98	97	97	—	—	—
驻武汉森林资源监督专员办事处	—	—	—	—	—	—
驻贵阳森林资源监督专员办事处	280	284	284	—	—	—
驻广州森林资源监督专员办事处	28	28	28	—	—	—
驻合肥森林资源监督专员办事处	—	—	—	—	—	—
驻乌鲁木齐森林资源监督专员办事处	285	302	261	—	—	—
驻上海森林资源监督专员办事处	—	—	—	—	—	—
驻北京森林资源监督专员办事处	—	—	—	—	—	—
国家林业局森林病虫害防治总站	20	45	45	—	—	—
国家林业局北方航空护林总站	—	41	—	—	—	—
国家林业局南方航空护林总站	2369	1820	—	—	—	—
南京森林警察学院	2100	2100	850	—	—	—
国家林业局华东林业调查规划设计院	571	996	996	—	—	—
国家林业局中南林业调查规划设计院	3155	3279	3279	1899	—	—
国家林业局西北林业调查规划设计院	1540	193	193	—	—	—
国家林业局昆明勘察设计院	45	45	45	—	—	—
陕西佛坪国家级自然保护区管理局	999	999	999	999	—	999
甘肃白水江国家级自然保护区管理局	274	232	232	—	—	—
国家林业局卧龙自然保护区管理局	26000	26901	26901	26656	—	—
国家林业局北戴河培训中心	206	206	206	—	—	—
大兴安岭林业集团公司	343133	395075	229927	144351	—	1430

林业投资完成情况(二)

单位:万元

累计完成投资									
		林业支撑与保障							林业产业发展
湿地恢复与保护	其他	合计	林木种苗	森林防火与森林公安	林业有害生物防治	科技教育	林业信息化	其他	
—	—	—	—	—	—	—	—	—	—
—	—	—	—	—	—	—	—	—	—
—	—	—	—	—	—	—	—	—	—
—	—	—	—	—	—	—	—	—	—
—	—	—	—	—	—	—	—	—	—
—	—	—	—	—	—	—	—	—	—
—	—	—	—	—	—	—	—	—	—
—	—	—	—	—	—	—	—	—	—
—	—	—	—	—	—	—	—	—	—
—	—	—	—	—	—	—	—	—	—
—	—	—	—	—	—	—	—	—	—
—	—	—	—	—	—	—	—	—	—
—	—	—	—	—	—	—	—	—	—
—	—	—	—	—	—	—	—	—	—
—	—	—	—	—	—	—	—	—	—
—	—	—	—	—	—	—	—	—	—
—	—	—	—	—	—	—	—	—	—
—	—	—	—	—	—	—	—	—	—
—	—	45	—	—	45	—	—	—	—
—	—	41	—	34	—	—	—	7	—
—	—	1820	—	1820	—	—	—	—	—
—	—	—	—	—	—	—	—	—	—
—	—	—	—	—	—	—	—	—	—
270	1629	—	—	—	—	—	—	—	—
—	—	—	—	—	—	—	—	—	—
—	—	20	—	—	—	—	—	20	25
—	—	—	—	—	—	—	—	—	—
—	—	—	—	—	—	—	—	—	—
—	26656	245	—	245	—	—	—	—	—
—	—	206	—	—	—	—	—	206	—
290	142631	58448	930	14061	17	13070	924	29446	3039

国家林业局机关及直属单位

单　　位	自年初累计完成投资					
	林业民生工程				其他投资	
	合计	棚户区（危旧房）改造	社会性基础设施	其他	合计	其中：财政事业费
总计	**174616**	**156400**	**11873**	**6343**	**60395**	**24850**
国家林业局信息中心	—	—	—	—	257	257
国家林业局国有林场和林木种苗工作总站	—	—	—	—	—	—
国家林业局林业工作站管理总站	—	—	—	—	—	—
国家林业局林业基金管理总站	—	—	—	—	370	370
国家林业局宣传中心	—	—	—	—	—	—
国家林业局濒危物种进出口管理中心	—	—	—	—	—	—
国家林业局天然林保护工程管理中心	—	—	—	—	—	—
国家林业局西北华北东北防护林建设局	—	—	—	—	2423	1816
国家林业局退耕还林（草）工程管理办公室	—	—	—	—	—	—
国家林业局防治荒漠化管理中心	—	—	—	—	30	—
国家林业局世界银行贷款项目管理中心	—	—	—	—	798	733
国家林业局科技发展中心	—	—	—	—	1276	1273
国家林业局森林资源监督管理办公室	—	—	—	—	—	—
国家林业局亚太森林网络管理中心	—	—	—	—	3453	3453
国家林业局湿地保护管理中心	—	—	—	—	—	—
国家林业局经济发展研究中心	—	—	—	—	518	518
国家林业局人才开发交流中心	—	—	—	—	—	—
国家林业局对外合作项目中心	—	—	—	—	—	—
中国林业科学研究院	—	—	—	—	9324	9000
国家林业局调查规划设计院	—	—	—	—	—	—
国家林业局林产工业规划设计院	—	—	—	—	559	559
国家林业局管理干部学院	—	—	—	—	—	—
中国绿色时报社	—	—	—	—	1198	1198
中国林业出版社	—	—	—	—	87	—
国家林业局国际竹藤中心	—	—	—	—	4633	416
中国林学会	—	—	—	—	—	—
中国野生动物保护协会	—	—	—	—	69	31
中国花卉协会	—	—	—	—	—	—
中国绿化基金会	—	—	—	—	14697	44
国家林业局机关服务中心	—	—	—	—	—	—

林业投资完成情况(三)

单位:万元

本年实际到位资金合计										
总计	上年末结余资金	本年实际到位资金小计								
		合计	国家预算资金			国内贷款	债券	利用外资	自筹资金	其他资金
			小计	中央资金	地方资金					
518468	**90256**	**428212**	**273368**	**273368**	**—**	**—**	**—**	**—**	**134530**	**20314**
4629	110	4519	4505	4505	—	—	—	—	—	14
—	—	—	—	—	—	—	—	—	—	—
15	—	15	15	15	—	—	—	—	—	—
370	—	370	—	—	—	—	—	—	—	370
—	—	—	—	—	—	—	—	—	—	—
—	—	—	—	—	—	—	—	—	—	—
—	—	—	—	—	—	—	—	—	—	—
2998	714	2284	2057	2057	—	—	—	—	—	227
—	—	—	—	—	—	—	—	—	—	—
30	—	30	30	30	—	—	—	—	—	—
830	46	784	783	783	—	—	—	—	—	1
1479	205	1274	1273	1273	—	—	—	—	—	1
—	—	—	—	—	—	—	—	—	—	—
3225	—	3225	3225	3225	—	—	—	—	—	—
—	—	—	—	—	—	—	—	—	—	—
540	90	450	450	450	—	—	—	—	—	—
1365	—	1365	405	405	—	—	—	—	945	15
—	—	—	—	—	—	—	—	—	—	—
18038	6526	11512	11512	11512	—	—	—	—	—	—
1861	—	1861	1861	1861	—	—	—	—	—	—
584	39	545	545	545	—	—	—	—	—	—
1604	600	1004	1004	1004	—	—	—	—	—	—
1198	—	1198	1198	1198	—	—	—	—	—	—
87	—	87	87	87	—	—	—	—	—	—
16295	5357	10938	7507	7507	—	—	—	—	—	3431
—	—	—	—	—	—	—	—	—	—	—
36452	30469	5983	433	433	—	—	—	—	—	5550
—	—	—	—	—	—	—	—	—	—	—
35882	24642	11240	659	659	—	—	—	—	—	10581
239	—	239	239	239	—	—	—	—	—	—

国家林业局机关及直属单位

单　位	自年初累计完成投资					
	林业民生工程				其他投资	
	合计	棚户区（危旧房）改造	社会性基础设施	其他	合计	其中：财政事业费
国家林业局离退休干部局	—	—	—	—	—	—
国家林业局招待所	—	—	—	—	—	—
国家林业局幼儿园	—	—	—	—	—	—
驻内蒙古自治区森林资源监督专员办事处	—	—	—	—	—	—
驻长春森林资源监督专员办事处	—	—	—	—	—	—
驻黑龙江省森林资源监督专员办事处	—	—	—	—	—	—
驻大兴安岭森林资源监督专员办事处	—	—	—	—	470	470
驻福州森林资源监督专员办事处	—	—	—	—	—	—
驻云南省森林资源监督专员办事处	—	—	—	—	—	—
驻成都森林资源监督专员办事处	—	—	—	—	—	—
驻西安森林资源监督专员办事处	—	—	—	—	97	—
驻武汉森林资源监督专员办事处	—	—	—	—	—	—
驻贵阳森林资源监督专员办事处	—	—	—	—	284	257
驻广州森林资源监督专员办事处	—	—	—	—	28	28
驻合肥森林资源监督专员办事处	—	—	—	—	—	—
驻乌鲁木齐森林资源监督专员办事处	—	—	—	—	302	302
驻上海森林资源监督专员办事处	—	—	—	—	—	—
驻北京森林资源监督专员办事处	—	—	—	—	—	—
国家林业局森林病虫害防治总站	—	—	—	—	—	—
国家林业局北方航空护林总站	—	—	—	—	—	—
国家林业局南方航空护林总站	—	—	—	—	—	—
南京森林警察学院	—	—	—	—	2100	2100
国家林业局华东林业调查规划设计院	—	—	—	—	996	996
国家林业局中南林业调查规划设计院	—	—	—	—	1380	836
国家林业局西北林业调查规划设计院	—	—	—	—	193	193
国家林业局昆明勘察设计院	—	—	—	—	—	—
陕西佛坪国家级自然保护区管理局	—	—	—	—	—	—
甘肃白水江国家级自然保护区管理局	232	—	232	—	—	—
国家林业局卧龙自然保护区管理局	—	—	—	—	—	—
国家林业局北戴河培训中心	—	—	—	—	—	—
大兴安岭林业集团公司	174384	156400	11641	6343	14853	—

林业投资完成情况(四)

单位:万元

本年实际到位资金合计										
总计	上年末结余资金	本年实际到位资金小计								
		合计	国家预算资金			国内贷款	债券	利用外资	自筹资金	其他资金
			小计	中央资金	地方资金					
—	—	—	—	—	—	—	—	—	—	—
—	—	—	—	—	—	—	—	—	—	—
—	—	—	—	—	—	—	—	—	—	—
—	—	—	—	—	—	—	—	—	—	—
—	—	—	—	—	—	—	—	—	—	—
—	—	—	—	—	—	—	—	—	—	—
484	—	484	392	392	—	—	—	—	—	92
—	—	—	—	—	—	—	—	—	—	—
—	—	—	—	—	—	—	—	—	—	—
—	—	—	—	—	—	—	—	—	—	—
115	1	114	98	98	—	—	—	—	—	16
—	—	—	—	—	—	—	—	—	—	—
262	—	262	262	262	—	—	—	—	—	—
28	—	28	28	28	—	—	—	—	—	—
—	—	—	—	—	—	—	—	—	—	—
285	8	277	261	261	—	—	—	—	—	16
—	—	—	—	—	—	—	—	—	—	—
—	—	—	—	—	—	—	—	—	—	—
67	47	20	20	20	—	—	—	—	—	—
1925	1925	—	—	—	—	—	—	—	—	—
4457	2088	2369	2369	2369	—	—	—	—	—	—
2100	—	2100	850	850	—	—	—	—	1250	—
1519	948	571	571	571	—	—	—	—	—	—
3279	124	3155	3155	3155	—	—	—	—	—	—
2244	704	1540	1540	1540	—	—	—	—	—	—
45	—	45	45	45	—	—	—	—	—	—
1024	25	999	999	999	—	—	—	—	—	—
274	—	274	274	274	—	—	—	—	—	—
99	99	—	—	—	—	—	—	—	—	—
206	—	206	206	206	—	—	—	—	—	—
372334	15489	356845	224510	224510	—	—	—	—	132335	—

6

林业教育

FORESTRY EDUCATION

2012～2013学年初林业院校和其他普通高等院校、职业院校林科教育基本情况

单位：人

名　　称	学校单位数（所、个）	毕业生数	招生数	在校学生数	毕业班学生数	教职工数	
						计	其中：专任教师
总　计	**—**	**148436**	**163727**	**523362**	**165499**	**—**	**—**
一、研究生	**157**	**8454**	**9218**	**31460**	**12711**	**—**	**—**
1. 高等林业院校	6	4614	5598	18969	7837	11671	7425
2. 其他高等院校（林科）	136	3453	3138	11119	4398	—	—
3. 科研单位	15	387	482	1372	476	—	—
二、普通本专科生	**242**	**39425**	**44050**	**170343**	**40788**	**—**	**—**
1. 普通高等林业院校	7	24774	27098	105105	24617	—	—
2. 其他普通高等院校（林科）	235	14651	16952	65238	16171	—	—
三、高等职业院校学生	**119**	**30904**	**33682**	**98656**	**31633**	**—**	**—**
1. 高等林业（园林）职业学校	13	22872	24808	72372	23034	5674	3882
2. 其他高等职业学校（林科）	106	8032	8874	26284	8599	—	—
四、中等职业院校学生	**427**	**69653**	**76777**	**222903**	**80367**	**—**	**—**
1. 中等林业（园林）职业学校	24	17917	17145	52426	18227	2979	1809
2. 其他中等职业学校（林科）	403	51736	59632	170477	62140	—	—

2012～2013学年初普通高等林业院校教职工情况(一)

单位:人

学校名称	教职工数								
	合计	校本部教职工							
		计	专任教师						行政人员
			计	正高级	副高级	中级	初级	无职称者	
总　计	**11671**	**11081**	**7425**	**1211**	**2462**	**3133**	**446**	**173**	**1888**
北京林业大学	1750	1656	1147	229	499	350	10	59	248
东北林业大学	2765	2429	1494	300	506	566	78	44	389
南京林业大学	1870	1769	1199	185	322	606	86	—	339
浙江农林大学	1525	1501	1010	154	330	464	52	10	275
中南林业科技大学	2248	2235	1493	209	483	667	100	34	416
西南林业大学	1140	1129	845	109	248	376	86	26	127
南京森林警察学院	373	362	237	25	74	104	34	—	94

2012～2013学年初普通高等林业院校教职工情况(二)

单位:人

学校名称	教职工数					另有其他人员			
	校本部教职工		科研机构人员	校办企业职工	其他附设机构人员	聘请校外教师	离退休人员	附属中小学幼儿园教职工	集体所有制人员
	教辅人员	工勤人员							
总　计	**1035**	**733**	**83**	**147**	**360**	**1077**	**4587**	**33**	**144**
北京林业大学	184	77	—	57	37	289	760	33	—
东北林业大学	388	158	10	68	258	13	1131	—	144
南京林业大学	109	122	37	22	42	270	1027	—	—
浙江农林大学	145	71	8	—	16	88	2	—	—
中南林业科技大学	84	242	13	—	—	209	1081	—	—
西南林业大学	113	44	11	—	—	160	408	—	—
南京森林警察学院	12	19	4	—	7	48	178	—	—

2012～2013 学年初普通

学校名称	总　计	教学及辅助用房					
		计	教室	图书馆	实验室、实习场所	专用科研用房	体育馆
一、学校产权建筑面积	**3831576**	**1731390**	**536630**	**189623**	**766107**	**57264**	**149660**
北京林业大学	332295	131454	37779	22521	50379	11555	9220
东北林业大学	890798	362821	80126	41765	179948	10761	40845
南京林业大学	699884	310648	73360	31146	169503	—	26700
浙江农林大学	425026	203613	121982	18813	24470	24493	4933
中南林业科技大学	824405	404351	118185	34933	200845	9395	37124
西南林业大学	483936	245917	83761	29814	119203	1060	12079
南京森林警察学院	175232	72586	21437	10631	21759	—	18759
二、正在施工面积	**76228**	**61753**	**15789**	**—**	**45964**	**—**	**—**
北京林业大学	65328	50853	15789	—	35064	—	—
东北林业大学	—	—	—	—	—	—	—
南京林业大学	—	—	—	—	—	—	—
浙江农林大学	—	—	—	—	—	—	—
中南林业科技大学	10900	10900	—	—	10900	—	—
西南林业大学	—	—	—	—	—	—	—
南京森林警察学院	—	—	—	—	—	—	—
三、非学校产权建筑面积	**120362**	**104944**	**79717**	**601**	**23826**	**—**	**—**
北京林业大学	—	—	—	—	—	—	—
东北林业大学	—	—	—	—	—	—	—
南京林业大学	—	—	—	—	—	—	—
浙江农林大学	—	—	—	—	—	—	—
中南林业科技大学	120362	104944	79717	601	23826	—	—
西南林业大学	—	—	—	—	—	—	—
南京森林警察学院	—	—	—	—	—	—	—

高等林业院校校舍情况

单位:平方米

会堂	行政办公用房	生活用房						教工住宅	其他用房
		计	学生宿舍	学生食堂	教工单身宿舍	教工食堂	生活福利及其他用房		
32106	**239751**	**1450500**	**1134273**	**132181**	**66375**	**13858**	**103813**	**391251**	**18684**
—	21171	179670	147602	6368	7153	—	18547	—	—
9376	69875	207515	161719	24482	4806	—	16508	250587	—
9939	63425	263478	205587	22638	21622	9501	4130	48900	13433
8922	33179	188234	154093	22358	10724	—	1059	—	—
3869	33063	340101	284910	23573	3600	3857	24161	46890	—
—	8179	184966	130034	19774	8744	500	25914	44874	—
—	10859	86536	50328	12988	9726	—	13494	—	5251
—	**14475**	**—**	**—**	**—**	**—**	**—**	**—**	**—**	**—**
—	14475	—	—	—	—	—	—	—	—
—	—	—	—	—	—	—	—	—	—
—	—	—	—	—	—	—	—	—	—
—	—	—	—	—	—	—	—	—	—
—	—	—	—	—	—	—	—	—	—
—	—	—	—	—	—	—	—	—	—
—	—	—	—	—	—	—	—	—	—
800	**4800**	**12218**	**6600**	**1258**	**400**	**1258**	**1102**	**—**	**—**
—	—	1600	—	—	—	—	—	—	—
—	—	—	—	—	—	—	—	—	—
—	—	—	—	—	—	—	—	—	—
—	—	—	—	—	—	—	—	—	—
800	4800	10618	6600	1258	400	1258	1102	—	—
—	—	—	—	—	—	—	—	—	—
—	—	—	—	—	—	—	—	—	—

2012～2013学年初普通高等林业院校资产情况

学校名称	占地面积(平方米)			图书资料		拥有教学用计算机(台)	多媒体教室座位数(个)	语音实验室座位数(个)	固定资产总值(万元)	
	总面积	其中：绿化用地	其中：运动场地	合计(万册)	其中:当年新增(万册)				计	其中:教学、科研仪器设备资产
一、学校产权	**9872296**	**4015728**	**495461**	**1055.4**	**35.8**	**51781**	**92225**	**7902**	**905378**	**199384**
北京林业大学	468796	124750	56505	162.7	7.1	9243	13972	658	176743	50348
东北林业大学	1287559	400000	100291	200.6	11.7	9141	17313	1400	164226	52907
南京林业大学	3730262	1492104	66475	155.1	5.5	7484	14048	1546	119672	33088
浙江农林大学	1547074	748044	64681	165.2	5.4	5892	15111	700	136713	20075
中南林业科技大学	1307246	586000	52175	180.0	0.3	11403	18337	2392	101160	21954
西南林业大学	802737	258628	70118	135.3	3.7	5559	7307	898	156801	15032
南京森林警察学院	728622	406202	85216	56.5	2.1	3059	6137	308	50063	5980
二、非学校产权	**20000**	**10000**	**—**	**—**	**—**	**—**	**1585**	**420**	**—**	**—**
北京林业大学	—	—	—	—	—	—	—	—	—	—
东北林业大学	—	—	—	—	—	—	—	—	—	—
南京林业大学	—	—	—	—	—	—	—	—	—	—
浙江农林大学	—	—	—	—	—	—	—	—	—	—
中南林业科技大学	—	—	—	—	—	—	1585	420	—	—
西南林业大学	—	—	—	—	—	—	—	—	—	—
南京森林警察学院	20000	10000	—	—	—	—	—	—	—	—

2012～2013学年初普通高等林业院校和其他高等院校、科研院所林科研究生分单位情况(一)

单位:人

学校名称	毕业生数	招生数	在校学生数	毕业班学生数
总　计	**8454**	**9218**	**28469**	**11269**
一、博士生	**972**	**1380**	**5893**	**3083**
1. 高等林业院校	394	640	2902	1641
北京林业大学	146	265	1048	528
东北林业大学	103	197	963	571
南京林业大学	104	126	658	411
中南林业科技大学	41	52	233	131
2. 林业科研单位	94	113	379	156
中国林业科学研究院	94	113	379	156
3. 其他高等院校(林业学科)	484	627	2612	1286
二、硕士生	**7482**	**7838**	**22576**	**8186**
1. 高等林业院校	4220	4958	13076	4754
北京林业大学	1121	1267	3363	1207
东北林业大学	934	1193	3110	1029
南京林业大学	917	958	2520	1002
浙江农林大学	373	475	1194	449
中南林业科技大学	511	633	1705	628
西南林业大学	364	432	1184	439
2. 其他高等院校(林业学科)	2969	2511	8507	3112
北京大学	3	5	14	2
中国人民大学	1	5	9	4
中国农业大学	48	59	122	22
北京农学院	23	13	45	18
北京师范大学	8	8	23	7
首都师范大学	10	3	23	14
中央民族大学	8	6	26	8
中国科学院大学	18	22	68	27
南开大学	13	9	30	11
天津科技大学	5	3	11	4
天津师范大学	16	15	44	15
河北大学	10	9	35	15
河北科技大学	7	8	23	7
河北农业大学	89	61	222	82
河北师范大学	17	17	55	19
河北科技师范学院	—	2	2	—
山西大学	21	14	38	12
山西农业大学	36	60	159	44
山西师范大学	21	—	22	14
内蒙古大学	6	17	44	13
内蒙古科技大学	—	4	4	—
内蒙古农业大学	103	75	233	79
内蒙古师范大学	19	15	49	19
辽宁大学	—	5	5	—

2012～2013学年初普通高等林业院校和其他高等院校、科研院所林科研究生分单位情况(二)

单位:人

学校名称	毕业生数	招生数	在校学生数	毕业班学生数
辽宁工程技术大学	5	4	17	6
沈阳农业大学	95	54	242	110
辽宁师范大学	9	10	28	9
沈阳师范大学	—	2	2	—
吉林大学	6	5	17	6
吉林农业大学	36	35	110	34
东北师范大学	12	12	46	11
北华大学	12	9	26	8
佳木斯大学	—	2	2	—
黑龙江八一农垦大学	1	3	5	1
东北农业大学	80	39	169	69
哈尔滨师范大学	16	16	52	15
齐齐哈尔大学	11	—	15	3
牡丹江师范学院	—	5	5	—
复旦大学	1	8	21	9
同济大学	4	—	—	—
上海交通大学	16	—	15	9
华东师范大学	12	18	57	19
上海师范大学	22	14	63	26
上海财经大学	2	2	4	2
南京大学	19	20	53	11
苏州大学	17	18	49	20
河海大学	3	3	7	1
南通大学	—	3	3	—
南京农业大学	80	102	331	122
南京师范大学	22	22	67	24
江苏师范大学	7	—	13	9
扬州大学	11	5	24	12
浙江大学	26	33	105	33
浙江师范大学	64	68	147	67
杭州师范大学	11	13	33	10
合肥工业大学	13	1	19	10
安徽农业大学	60	84	242	66
安徽师范大学	22	10	35	14
淮北师范大学	17	2	36	18
厦门大学	12	9	26	8
福建农林大学	133	86	380	156
福建师范大学	11	10	32	12
南昌大学	14	11	31	11
江西农业大学	50	42	150	56
江西师范大学	10	2	8	3
江西财经大学	1	3	8	2
山东大学	2	3	9	3

2012～2013学年初普通高等林业院校和其他高等院校、科研院所林科研究生分单位情况(三)

单位：人

学校名称	毕业生数	招生数	在校学生数	毕业班学生数
山东建筑大学	7	2	12	6
山东轻工业学院	—	2	2	—
山东农业大学	83	61	251	91
青岛农业大学	29	17	60	20
山东师范大学	18	20	61	20
曲阜师范大学	7	6	21	7
聊城大学	9	2	19	10
烟台大学	—	3	3	—
华北水利水电学院	6	4	11	4
郑州大学	3	10	16	3
河南科技大学	5	5	16	5
河南农业大学	43	35	132	48
河南大学	12	11	40	15
河南师范大学	17	12	47	18
信阳师范学院	4	4	10	2
武汉大学	10	13	25	12
长江大学	4	3	17	6
华中农业大学	122	75	323	125
华中师范大学	8	13	60	34
湖北大学	1	3	8	2
湖北民族学院	2	5	11	4
中南财经政法大学	—	1	3	—
三峡大学	—	2	2	—
吉首大学	6	10	24	4
中南大学	1	—	11	10
湖南农业大学	17	17	66	28
湖南师范大学	16	14	41	10
中山大学	14	20	53	13
华南农业大学	91	66	239	86
华南师范大学	29	20	63	23
深圳大学	4	—	7	6
广州大学	—	2	2	—
仲恺农业工程学院	5	7	41	17
广西大学	60	43	167	66
广西师范大学	16	12	38	13
海南大学	48	32	136	56
重庆大学	—	—	1	1
西南大学	98	58	267	113
重庆师范大学	—	3	3	—
四川大学	25	22	90	37
西南科技大学	24	10	79	32
四川农业大学	137	101	361	134
四川师范大学	—	3	3	—

2012～2013学年初普通高等林业院校和其他高等院校、科研院所林科研究生分单位情况(四)

单位:人

学校名称	毕业生数	招生数	在校学生数	毕业班学生数
西华师范大学	10	5	14	4
贵州大学	53	46	147	55
贵州师范大学	14	14	43	17
云南大学	25	18	56	20
昆明理工大学	6	7	34	14
云南农业大学	53	53	163	65
云南师范大学	5	2	12	4
西藏大学	2	11	16	—
西北大学	10	10	21	8
西安理工大学	3	3	8	3
长安大学	1	—	—	—
西北农林科技大学	207	189	604	211
陕西师范大学	29	19	52	20
陕西理工学院	10	4	4	—
兰州大学	24	40	108	32
兰州交通大学	—	—	1	—
甘肃农业大学	28	39	118	37
西北师范大学	17	15	49	19
青海大学	2	3	15	5
青海师范大学	7	7	23	11
宁夏大学	5	6	13	4
塔里木大学	—	4	4	—
新疆农业大学	29	23	86	35
石河子大学	18	17	48	19
新疆师范大学	3	4	16	7
3. 科研单位	293	369	993	320
中国林业科学研究院	152	206	504	164
中国农业科学院研究生院	6	7	22	7
中国科学院沈阳应用生态所	10	7	23	6
中国科学院上海生命科学研究院	1	20	38	3
中国科学院南京土壤研究所	12	15	41	11
江苏省植物研究所	13	15	47	17
武汉植物研究所	14	11	46	18
中国科学院华南植物研究院	25	17	54	20
中科院成都山地灾害与环境研究所	1	4	10	2
中科院成都生物研究所	7	6	17	5
中国科学院昆明植物研究所	14	12	45	18
中国科学院西双版纳热带植物园	9	15	48	18
水土保持与生态环境研究中心	18	17	49	16
中国科学院西北高原生物研究所	1	5	12	3
中国科学院新疆生态与地理研究所	10	12	37	12

2012～2013 学年初普通高等林业院校和其他高等院校、科研院所林科研究生分学科情况(一)

单位:人

学科名称	毕业生数	招生数	在校学生数	毕业班学生数
总　计	**8454**	**9218**	**28469**	**11269**
一、博士生	**972**	**1380**	**5893**	**3083**
1. 林业学科小计	851	1182	5081	2636
林木遗传育种	33	63	216	103
森林培育	88	84	404	224
森林保护学	41	44	203	112
森林经理学	34	47	196	104
野生动植物保护与利用	11	30	124	67
园林植物与观赏园艺	44	42	225	128
水土保持与荒漠化防治	32	69	233	109
森林工程	14	23	146	97
木材科学与技术	35	57	250	130
林产化学加工工程	22	28	117	55
林业经济管理	41	68	390	254
其他	456	627	2577	1253
2. 林业院校和科研单位其他学科	121	198	812	447
草学新专业	5	4	19	11
城市规划学新专业	17	19	70	35
动物学	—	1	2	1
发育生物学	2	4	21	11
风景园林学	—	11	11	—
机械电子工程	—	2	2	—
机械工程	—	7	7	—
机械设计及理论	21	5	96	74
机械制造及其自动化	—	2	2	—
农业经济管理	4	19	69	33
生态学	46	77	331	186
生物化学与分子生物学	6	13	39	18
生物学	—	4	5	1
微生物学	4	7	27	12
细胞生物学	4	4	22	12
水生生物学	—	3	3	—
食品科学与工程	1	2	5	—
遗传学	2	5	20	11
载运工具运用工程	4	2	15	12
制浆造纸工程	4	3	31	24
思想政治教育	1	4	14	5
作物遗传育种	—	—	1	1
二、硕士	**7482**	**7838**	**22576**	**8186**
1. 林业学科小计	4410	3991	13135	4717
森林工程	59	65	185	59
木材科学与技术	172	189	521	164

2012～2013学年初普通高等林业院校和其他高等院校、科研院所林科研究生分学科情况(二)

单位:人

学科名称	毕业生数	招生数	在校学生数	毕业班学生数
林产化学加工工程	84	95	282	94
林木遗传育种	122	166	447	135
森林培育	244	256	785	266
森林保护学	157	166	480	151
森林经理学	185	180	565	198
野生动植物保护与利用	109	108	302	98
园林植物与观赏园艺	959	350	2225	995
水土保持与荒漠化防治	255	279	900	319
林业经济管理	91	69	210	73
其他林业学科	1973	2068	6233	2165
2. 林业院校和科研单位其他学科	3072	3847	9441	3469
材料加工工程	9	8	22	6
材料物理与化学	—	7	7	—
材料学	18	11	35	12
草学	14	13	40	14
测试计量技术及仪器	13	—	22	12
茶学	—	1	1	—
车辆工程	8	17	41	12
城乡规划学	169	42	368	168
道路与铁道工程	33	22	76	30
地图学与地理信息系统	53	45	143	49
动物学	31	26	95	34
动物遗传育种与繁殖	2	5	14	4
俄语语言文学	—	6	6	—
发酵工程	7	4	13	3
发育生物学	16	18	42	13
法学	—	25	25	—
法学理论	6	6	19	6
翻译	—	34	56	22
防灾减灾工程及防护工程	—	1	1	—
风景园林	313	307	586	279
风景园林学	76	180	312	74
概率论与数理统计	—	5	5	—
高分子化学与物理	11	12	60	20
工程	128	545	900	355
工商管理	—	136	160	24
管理科学与工程	58	45	146	49
国际贸易学	10	13	35	7
国际商务	—	8	22	14
果树学	3	7	15	5
汉语言文字学	8	6	19	7
行政管理	39	33	109	42

2012～2013 学年初普通高等林业院校和其他高等院校、科研院所林科研究生分学科情况（三）

单位：人

学科名称	毕业生数	招生数	在校学生数	毕业班学生数
化学工艺	17	12	43	16
化学	—	15	15	—
环境工程	28	17	57	21
环境科学	70	17	165	79
环境科学与工程	6	72	92	12
环境与资源保护法学	95	22	172	77
会计	—	33	58	25
会计学	31	25	68	12
机械电子工程	7	14	30	8
机械工程	8	11	11	—
机械设计及理论	49	20	104	43
机械制造及其自动化	33	23	86	30
计算机软件与理论	8	11	29	9
计算机系统结构	—	4	4	—
计算机应用技术	54	34	138	62
技术经济及管理	4	5	12	3
检测技术与自动化装置	21	9	30	12
建筑学	—	15	15	—
交通信息工程及控制	2	6	11	2
交通运输规划与管理	12	7	25	9
结构工程	28	25	119	42
金融学	6	4	16	5
科学技术哲学	18	—	30	15
控制理论与控制工程	21	22	55	15
林业	33	134	239	105
伦理学	16	14	39	14
旅游管理	29	28	77	26
马克思主义发展史	—	6	6	—
马克思主义基本原理	9	11	35	12
马克思主义中国化研究	32	25	70	21
美学	—	4	4	—
民商法学	—	10	10	—
模式识别与智能系统	—	3	3	—
农产品加工及储藏工程	10	16	48	16
农林经济管理	—	11	11	—
农业电气化与自动化	5	4	13	2
农业机械化工程	4	11	23	4
农业经济管理	24	41	88	21
农业生物环境与能源工程	5	6	17	5
农业推广	344	489	856	367
农业资源与环境	18	6	21	10
企业管理	88	27	168	69

2012～2013 学年初普通高等林业院校和其他高等院校、科研院所林科研究生分学科情况(四)

单位:人

学科名称	毕业生数	招生数	在校学生数	毕业班学生数
桥梁与隧道工程	20	18	61	24
人口、资源与环境经济学	10	10	29	8
人文地理学	—	4	4	—
软件工程	—	7	7	—
设计学	52	138	260	70
设计艺术学	152	1	325	180
生理学	10	10	26	6
生态学	183	163	543	218
生物工程	—	7	7	—
生物化工	12	10	32	11
生物化学与分子生物学	36	56	150	50
生物物理学	17	20	50	16
生药学	31	17	55	20
食品科学	25	5	48	21
食品科学与工程	—	5	14	4
市政工程	—	1	1	—
蔬菜学	—	2	2	—
水生生物学	12	9	33	9
思想政治教育	23	31	106	37
特种经济动物饲养	5	7	17	5
统计学	13	12	34	9
土木工程	—	33	33	—
外国语言学及应用语言学	36	30	100	38
微生物学	42	50	127	40
细胞生物学	24	19	74	26
宪法学与行政法学	—	10	10	—
心理学	—	12	12	—
岩土工程	10	11	35	13
药物化学	9	4	20	10
仪器科学与技术	—	8	8	—
遗传学	22	24	66	18
艺术	—	92	155	33
英语语言文学	40	23	87	36
应用化学	16	15	47	17
应用数学	16	7	35	15
应用统计	—	9	21	12
应用心理学	11	—	30	15
有机化学	—	5	5	—
载运工具运用工程	25	27	78	25
哲学	—	14	14	—
植物营养学	12	11	34	8
制浆造纸工程	41	27	91	34
资产评估	—	9	13	4
自然地理学	7	17	34	7

2012～2013学年初普通高等林业院校和其他高等院校林科分学校学生情况

单位：人

学校名称	毕业生数			招生数			在校学生数			毕业班学生数		
	计	本科生	专科生	计	本科生	专科生	计	本科生	专科生	计	本科生	专科生
总　计	**39425**	**36542**	**2883**	**44050**	**42835**	**1215**	**170343**	**165735**	**4608**	**40788**	**39039**	**1749**
一、普通高等林业院校	**24774**	**22399**	**2375**	**27098**	**26251**	**847**	**105105**	**101503**	**3602**	**24617**	**23191**	**1426**
北京林业大学	3160	3160	—	3352	3352	—	13224	13218	6	3274	3263	11
东北林业大学	4577	4577	—	4701	4701	—	19087	19087	—	4656	4656	—
南京林业大学	3845	3845	—	4067	4067	—	15898	15898	—	3729	3729	—
浙江农林大学	3162	3162	—	3538	3538	—	13813	13813	—	3394	3394	—
中南林业科技大学	5777	4853	924	6399	5689	710	24355	22118	2237	5826	5072	754
西南林业大学	2802	2802	—	3801	3801	—	14437	14437	—	3077	3077	—
南京森林警察学院	1451	—	1451	1240	1103	137	4291	2932	1359	661	—	661
二、其他高等院校（林科）	**14651**	**14143**	**508**	**16952**	**16584**	**368**	**65238**	**64232**	**1006**	**16171**	**15848**	**323**

2012～2013学年初普通高等林业院校和其他高等院校林科分专业学生情况(一)

单位:人

专业名称	毕业生数			招生数			在校学生数			毕业班学生数		
	计	本科生	专科生	计	本科生	专科生	计	本科生	专科生	计	本科生	专科生
总　计	**39425**	**36542**	**2883**	**44050**	**42835**	**1215**	**170343**	**165735**	**4608**	**40788**	**39039**	**1749**
一、林科专业	**18531**	**18023**	**508**	**20961**	**20593**	**368**	**81275**	**80263**	**1012**	**19994**	**19660**	**334**
1. 林业工程类	2450	2450	—	2967	2967	—	10742	11195	—	2644	2644	—
森林工程	367	367	—	373	373	—	1512	1512	—	364	364	—
木材科学与工程	1663	1663	—	1994	1994	—	7627	7627	—	1833	1833	—
林产化工	318	318	—	478	478	—	1603	1603	—	331	331	—
林业工程类新专业	102	102	—	122	122	—	—	453	—	116	116	—
2. 森林资源类	3582	3582	—	3900	3900	—	15172	15172	—	3846	3846	—
林学	2438	2438	—	2532	2532	—	10488	10488	—	2630	2630	—
森林资源保护与游憩	822	822	—	971	971	—	3299	3299	—	742	742	—
野生动物与自然保护区管理	322	322	—	397	397	—	1385	1385	—	394	394	—
森林资源类新专业	38	38	—	421	421	—	649	649	—	80	80	—
3. 环境生态类	12182	11674	508	13712	13344	368	53439	52427	1012	13252	12918	334
园林	11382	10874	508	9441	12008	368	48845	47833	1012	12288	11954	334
水土保持与荒漠化防治	800	800	—	1035	1035	—	3926	3926	—	964	964	—
环境生态类新专业	—	—	—	301	301	—	668	668	—	—	—	—
4. 农林经济管理类	317	317	—	382	382	—	1469	1469	—	252	252	—
农林经济管理	317	317	—	382	382	—	1469	1469	—	252	380	—
二、林业院校非林科专业	**20894**	**18519**	**2375**	**23089**	**22242**	**847**	**89068**	**85472**	**3596**	**20794**	**19379**	**1415**
安全工程	46	46	—	—	—	—	26	26	—	26	26	—
包装工程	156	156	—	196	196	—	720	720	—	166	166	—
保险	—	—	—	40	40	—	156	156	—	45	45	—
材料成型及控制工程	56	56	—	67	67	—	213	213	—	55	55	—
材料化学	96	96	—	169	169	—	608	608	—	131	131	—
财务管理	91	91	—	189	189	—	212	212	—	58	58	—
草业科学类新专业	54	54	—	67	67	—	251	251	—	53	53	—
测绘工程	162	162	—	199	199	—	699	699	—	160	160	—
测控技术与仪器	86	86	—	51	51	—	206	206	—	61	61	—
朝鲜语	24	24	—	29	29	—	110	110	—	22	22	—
车辆工程	145	145	—	245	245	—	884	884	—	192	192	—
城市管理	56	56	—	—	—	—	175	175	—	57	57	—
城市规划	272	272	—	285	285	—	1222	1222	—	265	265	—
地理信息系统	221	221	—	287	287	—	1013	1013	—	208	208	—
电气工程及其自动化	189	189	—	154	154	—	757	757	—	187	187	—
电气信息工程	—	—	—	48	48	—	128	128	—	—	—	—
电子科学与技术	40	40	—	76	76	—	208	208	—	30	30	—
电子商务	103	103	—	121	121	—	422	422	—	113	113	—
电子信息科学类	—	—	—	234	234	—	234	234	—	—	—	—
电子信息科学与技术	60	60	—	53	53	—	223	223	—	60	60	—
动画	44	44	—	175	175	—	609	609	—	107	107	—
动物科学	86	86	—	113	113	—	389	389	—	65	65	—

2012～2013学年初普通高等林业院校和其他高等院校林科分专业学生情况(二)

单位:人

专业名称	毕业生数			招生数			在校学生数			毕业班学生数		
	计	本科生	专科生	计	本科生	专科生	计	本科生	专科生	计	本科生	专科生
动物医学	58	58	—	89	89	—	232	232	—	55	55	—
俄语	82	82	—	77	77	—	324	324	—	100	100	—
法学	373	373	—	422	422	—	1588	1588	—	397	397	—
法语	50	50	—	84	84	—	330	330	—	41	41	—
风景园林	206	206	—	287	287	—	1327	1327	—	284	284	—
高分子材料与工程	185	185	—	268	268	—	1066	1066	—	262	262	—
给水排水工程	50	50	—	124	124	—	370	370	—	57	57	—
工程管理	292	292	—	258	258	—	1142	1142	—	276	276	—
工程力学	26	26	—	47	47	—	107	107	—	24	24	—
工商管理	300	300	—	291	291	—	1202	1202	—	347	347	—
工商管理类	—	—	—	105	105	—	105	105	—	—	—	—
工业工程	72	72	—	79	79	—	297	297	—	60	60	—
工业设计	560	560	—	473	473	—	1957	1957	—	541	541	—
公共管理类	—	—	—	79	79	—	79	79	—	—	—	—
公共事业管理	82	82	—	171	171	—	668	668	—	148	148	—
旅游管理	—	—	—	—	—	—	163	—	163	—	—	—
商务英语	79	—	79	—	—	—	—	—	—	—	—	—
商品花卉	46	—	46	66	—	66	125	—	125	36	—	36
电子信息工程	393	393	—	306	306	—	1563	1563	—	437	437	—
电子商务	122	—	122	133	—	133	263	—	263	71	—	71
国际商务	141	—	141	95	—	95	260	—	260	78	—	78
艺术设计	160	—	160	101	—	101	299	—	299	99	—	99
会计电算化	235	—	235	224	—	224	518	—	518	151	—	151
酒店管理	141	—	141	91	—	91	609	—	609	319	—	319
广播电视新闻学	—	—	—	38	38	—	136	136	—	28	28	—
广告学	300	300	—	282	282	—	961	961	—	228	228	—
国际经济与贸易	451	451	—	593	593	—	2068	2068	—	382	382	—
国际商务	—	—	—	78	78	—	231	231	—	49	49	—
过程装备与控制工程	71	71	—	49	49	—	203	203	—	58	58	—
汉语言	34	34	—	39	39	—	136	136	—	26	26	—
汉语言文学	119	119	—	157	157	—	569	569	—	121	121	—
行政管理	51	51	—	46	46	—	188	188	—	50	50	—
化学	44	44	—	48	48	—	176	176	—	39	39	—
化学工程与工艺	277	277	—	204	204	—	976	976	—	289	289	—
化学生物学	—	—	—	37	37	—	37	37	—	—	—	—
环境工程	210	210	—	262	262	—	1029	1029	—	239	239	—
环境科学	268	268	—	238	238	—	944	944	—	258	258	—
会计学	984	984	—	839	839	—	4498	4498	—	1099	1099	—
机械电子工程	—	—	—	204	204	—	612	612	—	114	114	—
机械设计制造及其自动化	966	966	—	699	699	—	3515	3515	—	858	858	—
计算机科学与技术	699	699	—	516	516	—	2254	2254	—	671	671	—

2012～2013学年初普通高等林业院校和其他高等院校林科分专业学生情况(三)

单位:人

专业名称	毕业生数			招生数			在校学生数			毕业班学生数		
	计	本科生	专科生	计	本科生	专科生	计	本科生	专科生	计	本科生	专科生
建筑环境与设备工程	89	89	—	67	67	—	307	307	—	80	80	—
建筑学	59	59	—	164	164	—	674	674	—	48	48	—
交通工程	67	67	—	55	55	—	307	307	—	79	79	—
交通运输	430	430	—	459	459	—	1768	1768	—	437	437	—
教育学类新专业	—	—	—	—	—	—	65	65	—	—	—	—
金融学	248	248	—	285	285	—	1266	1266	—	269	269	—
经济学	52	52	—	102	102	—	296	296	—	43	43	—
景观建筑设计	65	65	—	98	98	—	330	330	—	70	70	—
旅游管理	495	495	—	441	441	—	1771	1771	—	450	450	—
农村区域发展	38	38	—	40	40	—	158	158	—	34	34	—
农学	59	59	—	135	135	—	361	361	—	62	62	—
农业机械化及其自动化	45	45	—	33	33	—	179	179	—	48	48	—
农业资源与环境	62	62	—	70	70	—	269	269	—	60	60	—
汽车服务工程	52	52	—	94	94	—	303	303	—	54	54	—
轻化工程	170	170	—	175	175	—	761	761	—	182	182	—
热能与动力工程	114	114	—	204	204	—	644	644	—	151	151	—
人力资源管理	132	132	—	155	155	—	593	593	—	133	133	—
人文教育	—	—	—	—	—	—	26	26	—	—	—	—
日语	329	329	—	219	219	—	902	902	—	236	236	—
软件工程	106	106	—	122	122	—	452	452	—	107	107	—
商务英语	—	—	—	54	54	—	103	103	—	—	—	—
社会工作	86	86	—	78	78	—	329	329	—	84	84	—
社会体育	30	30	—	31	31	—	122	122	—	29	29	—
摄影	44	44	—	—	—	—	138	138	—	42	42	—
生态学	77	77	—	113	113	—	412	412	—	69	69	—
生物工程	144	144	—	152	152	—	241	241	—	142	142	—
生物技术	294	294	—	265	265	—	1154	1154	—	292	292	—
生物科学	150	150	—	82	82	—	616	616	—	155	155	—
生物科学类	—	—	—	210	210	—	210	210	—	—	—	—
食品科学与工程	421	421	—	378	378	—	1474	1474	—	356	356	—
食品质量与安全	51	51	—	136	136	—	365	365	—	97	97	—
市场营销	331	331	—	256	256	—	1089	1089	—	280	280	—
数学类新专业	—	—	—	90	90	—	90	90	—	—	—	—
数学与应用数学	90	90	—	110	110	—	413	413	—	105	105	—
数字媒体艺术	57	57	—	63	63	—	399	399	—	112	112	—
泰语	—	—	—	40	40	—	87	87	—	—	—	—
体育教育	49	49	—	40	40	—	185	185	—	45	45	—
通信工程	113	113	—	210	210	—	707	707	—	169	169	—
统计学	128	128	—	138	138	—	521	521	—	125	125	—
土地资源管理	27	27	—	118	118	—	178	178	—	23	23	—
土木工程	810	810	—	918	918	—	4360	4360	—	892	892	—

2012～2013学年初普通高等林业院校和其他高等院校林科分专业学生情况(四)

单位:人

专业名称	毕业生数			招生数			在校学生数			毕业班学生数		
	计	本科生	专科生	计	本科生	专科生	计	本科生	专科生	计	本科生	专科生
网络工程	—	—	—	32	32	—	92	92	—	—	—	—
文化产业管理	63	63	—	61	61	—	236	236	—	58	58	—
物理学	47	47	—	44	44	—	158	158	—	44	44	—
物流工程	197	197	—	192	192	—	740	740	—	198	198	—
物流管理	71	71	—	159	159	—	512	512	—	108	108	—
物业管理	—	—	—	55	55	—	368	368	—	115	115	—
消防工程	32	32	—	53	53	—	183	183	—	36	36	—
心理学	80	80	—	—	—	—	154	154	—	85	85	—
信息工程	—	—	—	51	51	—	94	94	—	—	—	—
信息管理与信息系统	354	354	—	239	239	—	1117	1117	—	316	316	—
信息与计算科学	243	243	—	275	275	—	1027	1027	—	263	263	—
艺术类	—	—	—	288	288	—	288	288	—	—	—	—
艺术类新专业	111	111	—	123	123	—	475	475	—	106	106	—
艺术设计	999	999	—	949	949	—	4515	4515	—	1101	1101	—
音乐表演	40	40	—	58	58	—	213	213	—	47	47	—
印刷工程	21	21	—	83	83	—	241	241	—	59	59	—
英语	560	560	—	568	568	—	2408	2408	—	635	635	—
应用化学	130	130	—	160	160	—	613	613	—	142	142	—
应用生物科学	—	—	—	45	45	—	80	80	—	—	—	—
应用物理学	27	27	—	—	—	—	48	48	—	25	25	—
应用心理学	—	—	—	77	77	—	149	149	—	—	—	—
园艺	161	161	—	188	188	—	791	791	—	187	187	—
越南语	—	—	—	35	35	—	35	35	—	—	—	—
政治学与行政学	39	39	—	47	47	—	212	212	—	54	54	—
植物保护	86	86	—	116	116	—	415	415	—	93	93	—
植物生产类新专业	49	49	—	60	60	—	236	236	—	54	54	—
中药学	60	60	—	—	—	—	153	153	—	57	57	—
种子科学与工程	—	—	—	28	28	—	57	57	—	—	—	—
资源环境与城乡规划管理	191	191	—	200	200	—	869	869	—	202	202	—
自动化	254	254	—	266	266	—	1081	1081	—	235	235	—
治安学	—	—	—	476	476	—	1121	1121	—	—	—	—
侦查学	496	—	496	419	419	—	1752	1246	506	281	—	281
公安学类新专业	—	—	—	208	208	—	565	565	—	—	—	—
治安管理	624	—	624	137	—	137	853	—	853	380	—	380
信息网络安全监察	126	—	126	—	—	—	—	—	—	—	—	—
刑事技术	205	—	205	—	—	—	—	—	—	—	—	—

2012～2013学年初普通高等林业院校分学科学生情况(一)

单位:人

学校名称	分学科、专业学生数	毕业生数	招生数	在校学生数	毕业班学生数
北京林业大学	**学生总数**	**4427**	**4884**	**17629**	**4998**
	其中:林业学科专业学生	1220	1437	5075	1613
	占学生总数的比例(%)	27.56	29.42	28.79	32.27
	一、研究生合计	1267	1532	4411	1735
	(一)博士小计	146	265	1048	528
	1. 林业学科	112	213	830	412
	林木遗传育种	6	16	53	24
	森林培育	10	14	73	38
	森林保护学	8	10	33	14
	森林经理学	11	14	65	38
	野生动植物保护与利用	3	7	32	19
	园林植物与观赏园艺	9	19	65	30
	水土保持与荒漠化防治	13	23	73	28
	森林工程	2	5	15	9
	木材科学与技术	6	19	53	19
	林产化学加工工程	4	12	30	8
	林业经济管理	16	25	145	93
	其他林业学科	24	49	193	92
	2. 其他学科	34	52	218	116
	(二)硕士小计	1121	1267	3363	1207
	1. 林业学科	395	446	1197	442
	林木遗传育种	15	22	71	24
	森林培育	25	27	90	32
	森林保护学	19	22	66	22
	森林经理学	20	22	68	24
	野生动植物保护与利用	13	17	49	15
	园林植物与观赏园艺	54	48	175	65
	水土保持与荒漠化防治	40	59	150	51
	林产化学加工工程	13	23	59	19
	其他林业学科	70	206	469	210
	2. 其他学科	726	821	2166	765
	二、本专科生合计	3160	3352	13218	3263
	(一)本科小计	3160	3352	13218	3263
	1. 林科专业	713	778	3048	759
	水土保持与荒漠化防治	89	96	384	96
	木材科学与工程	82	92	352	83
	园林	197	170	751	201
	林产化工	31	28	109	27
	森林资源保护与游憩	19	—	80	26
	野生动物与自然保护区	33	44	126	28
	林学	96	—	320	105
	林业工程类新专业	102	122	453	116
	森林资源类	—	156	156	—
	农林经济管理	64	70	317	77
	2. 其他专业	2447	2574	10170	2504
	(二)专科小计	—	—	—	—
东北林业大学	**学生总数**	**5614**	**6091**	**23160**	**6256**
	其中:林业学科专业学生	1025	1132	4175	1353

2012～2013学年初普通高等林业院校分学科学生情况(二)

单位：人

学校名称	分学科、专业学生数	毕业生数	招生数	在校学生数	毕业班学生数
	占学生总数的比例(%)	18.26	18.58	18.03	21.63
	一、研究生合计	1037	1390	4073	1600
	(一)博士小计	103	197	963	571
	1.林业学科	67	141	706	421
	林木遗传育种	5	8	44	24
	森林培育	1	6	22	13
	森林保护学	10	9	40	32
	森林经理学	5	4	26	16
	野生动植物保护与利用	5	13	60	34
	园林植物与观赏园艺	—	1	12	8
	水土保持与荒漠化防治	2	7	26	16
	森林工程	2	7	45	40
	木材科学与技术	12	16	63	35
	林产化学加工工程	5	4	28	17
	林业经济管理	7	17	110	74
	其他林业学科	13	49	230	112
	2.其他学科	36	56	257	150
	(二)硕士小计	934	1193	3110	1029
	1.林业学科	178	264	642	219
	林产化学加工工程	2	6	12	4
	林木遗传育种	9	22	37	8
	森林培育	6	14	22	2
	森林保护学	13	19	45	12
	森林经理学	14	19	59	19
	野生动植物保护与利用	15	20	38	8
	园林植物与观赏园艺	19	21	54	17
	森林工程	15	17	35	6
	其他林业学科	85	126	340	143
	2.其他学科	756	929	2468	810
	二、本专科生合计	4577	4701	19087	4656
	(一)本科小计	4577	4701	19087	4656
	1.林科专业	780	727	2827	713
	林产化工	47	49	200	48
	森林资源保护与游憩	50	61	215	49
	林学	115	91	384	110
	森林工程	108	101	402	103
	木材科学与工程	147	143	567	141
	园林	146	92	372	90
	野生动物与自然保护区	91	88	318	88
	森林资源类新专业	—	29	59	—
	农林经济管理	76	73	310	84
	2.其他专业	3797	3974	16260	3943
	(二)专科小计	—	—	—	—
南京林业大学	**学生总数**	**4866**	**5151**	**19076**	**5142**
	其中：林业学科专业学生	887	1098	3830	1201
	占学生总数的比例(%)	18.22	21.31	20.07	23.57
	一、研究生合计	1021	1084	3178	1413
	(一)博士小计	104	126	658	411

2012～2013 学年初普通高等林业院校分学科学生情况(三)

单位:人

学校名称	分学科、专业学生数	毕业生数	招生数	在校学生数	毕业班学生数
	1. 林业学科	83	84	488	309
	林木遗传育种	9	7	33	19
	森林培育	8	10	47	28
	森林保护学	7	3	38	26
	森林经理学	4	2	19	15
	野生动植物保护与利用	1	1	5	2
	园林植物与观赏园艺	6	4	35	24
	水土保持与荒漠化防治	4	8	27	11
	森林工程	6	5	41	27
	木材科学与技术	8	8	63	44
	林产化学加工工程	3	10	32	15
	林业经济管理	8	11	72	52
	其他林业学科	19	15	76	46
	2. 其他学科	21	42	170	102
	(二)硕士小计	917	958	2520	1002
	1. 林业学科	358	287	830	340
	林学新专业	—	1	3	1
	林木遗传育种	15	21	47	12
	森林培育	20	23	66	21
	森林保护学	13	20	55	17
	森林经理学	15	11	34	11
	野生动植物保护与利用	1	1	4	1
	园林植物与观赏园艺	40	20	73	29
	林业工程新专业	29	23	72	25
	森林工程	7	9	29	10
	林产化学加工工程	10	17	48	14
	其他林业学科	208	141	499	199
	2. 其他学科	559	671	1690	662
	二、本专科生合计	3845	4067	15898	3729
	(一)本科小计	3845	4067	15898	3729
	1. 林科专业	446	727	2512	552
	园林	64	136	449	83
	林产化工	30	52	156	33
	森林工程	25	25	100	26
	林学	140	189	667	155
	木材科学与工程	154	271	996	224
	农林经济管理	33	54	144	31
	2. 其他专业	3399	3340	13386	3177
	(二)专科小计	—	—	—	—
中南林业科技大学	**学生总数**	**6329**	**7084**	**26293**	**6585**
	其中：林业学科专业学生	793	823	2990	836
	占学生总数的比例(%)	12.53	11.62	11.37	12.70
	一、研究生合计	552	685	1938	759
	(一)博士小计	41	52	233	131
	1. 林业学科	30	32	151	88
	林木遗传育种	—	2	6	4
	森林培育	9	8	33	18
	森林保护学	5	2	9	7

2012～2013 学年初普通高等林业院校分学科学生情况(四)

单位:人

学校名称	分学科、专业学生数	毕业生数	招生数	在校学生数	毕业班学生数
	森林经理学	2	5	16	6
	森林工程	4	5	31	19
	木材科学与技术	3	3	20	10
	林产化学加工工程	4	1	6	3
	其他林业专业	3	6	30	21
	2. 其他学科	11	20	82	43
	(二)硕士小计	511	633	1705	628
	1. 林业学科	152	136	471	174
	野生动植物保护与利用	3	2	7	1
	园林植物与观赏园艺	30	10	66	27
	森林工程	9	4	20	8
	林产化学加工工程	9	3	19	11
	森林保护学	4	7	17	3
	森林经理学	25	22	58	20
	林木遗传育种	2	1	1	—
	森林培育	11	12	39	14
	园林植物与观赏园艺	22	1	34	24
	其他林业专业	37	74	310	66
	2. 其他学科	359	497	1234	454
	二、本专科生合计	5777	6399	24355	5826
	(一)本科小计	4853	5689	22118	5072
	1. 林科专业	611	655	2368	574
	林学	108	156	588	153
	木材科学与工程	127	125	412	92
	园林	184	118	568	159
	林产化工	47	55	160	37
	森林资源保护与游憩	47	46	146	35
	森林工程	59	82	240	44
	农林经济管理	39	73	254	54
	2. 其他学科	4242	5034	19750	4498
	(二)专科小计	924	710	2237	754
	1. 林科专业	—	—	—	—
	2. 其他专业	924	710	2237	754
西南林业大学	**学生总数**	**3166**	**4233**	**15621**	**3516**
	其中：林业学科专业学生	954	971	3692	983
	占学生总数的比例(%)	30.13	22.94	23.63	27.96
	一、研究生合计	364	432	1184	439
	(一)硕士小计	364	432	1184	439
	1. 林业学科	188	220	614	242
	林木遗传育种	7	10	27	10
	森林培育	15	13	37	13
	森林保护学	11	13	37	13
	野生动植物保护与利用	9	13	44	12

2012～2013 学年初普通高等林业院校分学科学生情况(五)

单位:人

学校名称	分学科、专业学生数	毕业生数	招生数	在校学生数	毕业班学生数
	园林植物与观赏园艺	23	9	48	23
	农业经济管理	7	5	25	11
	森林工程	3	6	26	11
	森林经理学	12	12	50	17
	其他林业学科	101	139	320	132
	2. 其他学科	176	212	570	197
	二、本专科生合计	2802	3801	14437	3077
	(一)本科小计	2802	3801	14437	3077
	1. 林科专业	766	751	3078	741
	林学	176	147	502	112
	森林资源保护与游憩	98	90	373	95
	野生动物与自然保护区管理	39	39	143	35
	园林	175	132	738	180
	水土保持与荒漠化防治	37	51	193	43
	森林工程	66	69	268	59
	木材科学与工程	79	101	491	137
	林产化工	32	60	172	39
	农林经济管理	64	62	198	41
	2. 其他专业	2036	3050	11359	2336
浙江农林大学	**学生总数**	**3535**	**4013**	**15007**	**3843**
	其中：林业学科专业学生	557	480	1934	634
	占学生总数的比例(%)	15.76	11.96	12.89	16.50
	一、研究生合计	373	475	1194	449
	(一)硕士小计	373	475	1194	449
	1. 林业学科	166	142	470	177
	森林工程	3	3	3	—
	林产化学加工工程	7	3	3	—
	林学新专业	—	2	2	—
	林木遗传育种	12	14	46	13
	森林培育	19	17	73	27
	森林保护学	14	9	45	20
	森林经理学	18	15	44	15
	野生动植物保护与利用	—	4	4	—
	园林植物与观赏园艺	53	14	109	56
	其他林业学科	40	61	141	46
	2. 其他学科	207	333	724	272
	二、本专科生合计	3162	3538	13813	3394
	(一)本科小计	3162	3538	13813	3394
	1. 林科专业	391	338	1464	457
	林学	74	84	320	101
	园林	114	55	299	128
	木材科学与工程	162	149	599	165
	农林经济管理	41	50	246	63
	2. 其他专业	2771	3200	12349	2937

2012～2013学年初高等林业职业学校和其他高等职业学校林科分学校基本情况

单位：人

学校名称	毕业生数	招生数	在校学生数	毕业班学生数
总　计	**30904**	**33682**	**98656**	**31633**
(一)高等林业职业学校	22872	24808	72372	23034
山西林业职业技术学院	1893	2096	5477	1705
辽宁林业职业技术学院	1333	2164	5149	1464
黑龙江林业职业技术学院	2306	2303	6244	1912
黑龙江生态工程职业学院	1965	1171	4718	1684
安徽林业职业技术学院	628	991	3120	1048
福建林业职业技术学院	1511	2100	5550	1601
江西环境工程职业学院	1683	1944	6006	2062
湖北生态工程职业技术学院	1893	2691	7156	2045
广西生态工程职业技术学院	2018	2045	5884	2026
云南林业职业技术学院	1788	1628	5967	1959
甘肃林业职业技术学院	2458	2913	8420	2671
湖南环境生物职业技术学院	3396	2718	8553	2857
宁夏防沙治沙职业技术学院(林科专业)	—	44	128	—
(二)其他高等职业学校(林科)	8032	8874	26284	8599

2012～2013学年初高等林业职业学校和其他高等职业学校林科分专业基本情况(一)

单位:人

专业名称	毕业生数	招生数	在校学生数	毕业班学生数
总　计	**30904**	**33682**	**98656**	**31633**
(一)林科专业	12980	14759	42857	13804
林业技术	1541	1794	4509	1389
园林技术	9275	9576	29792	9887
森林资源保护	149	218	605	190
野生植物资源开发与利用	116	92	339	64
野生动物保护	18	26	46	—
自然保护区建设与管理	57	42	87	—
森林生态旅游	407	294	963	382
林产化工技术	34	—	96	75
木材加工技术	83	138	431	175
森林工程技术	20	—	8	—
人造板自动化生产技术	—	31	73	—
家具卖场设计与管理	—	107	253	45
木材加工机械应用技术	128	95	266	95
高尔夫场地管理	—	72	169	44
林业信息技术	—	30	76	—
经济林栽培与利用	—	27	131	75
森林防火指挥与通讯	—	38	38	—
林业经济信息管理	61	59	169	66
林业信息工程与管理	41	104	274	100
数字林业技术	37	46	108	39
商品花卉	477	525	1428	465
都市林业资源与林政管理	—	26	61	35
城市园林	536	1419	2935	678
(二)非林科专业	17924	18923	55799	17829
包装技术与设计	37	40	111	54
财务管理	68	74	180	71
茶艺	—	29	29	—
产品造型设计	9	—	9	9
城镇规划	211	125	478	152
畜牧兽医	83	47	191	76
导游	32	32	98	25
道路桥梁工程技术	480	431	1332	412
地理信息系统与地图制图技术	146	130	438	159
电脑艺术设计	44	100	297	83
电气自动化技术	—	51	90	16
电子商务	172	164	556	210
雕刻艺术与家具设计	104	113	249	90
动漫设计与制作	65	70	209	38
房地产经营与估价	75	38	155	75
服装设计	32	18	71	31
给排水工程技术	77	43	192	81
工程测量技术	204	305	854	282
工程测量与监理	45	153	256	50
工程机械运用与维护	—	9	24	—
工程监理	233	191	886	325
工程造价	499	916	2318	595

2012～2013学年初高等林业职业学校和其他高等职业学校林科分专业基本情况(二)

单位:人

专业名称	毕业生数	招生数	在校学生数	毕业班学生数
工商企业管理	—	24	63	19
工业环保与安全技术	28	—	—	—
广告设计与制作	42	112	275	64
广告与会展	23	18	30	5
国际贸易实务	14	13	22	9
焊接技术及自动化	50	23	58	20
护理	1770	1346	4144	1370
环境工程技术	—	53	138	38
环境监测与评价	211	142	576	209
环境监测与治理技术	349	251	772	265
环境艺术设计	542	511	1534	534
会计	606	631	2094	826
会计电算化	1285	1306	3415	1047
会计与审计	98	428	1143	318
会展策划与管理	54	56	151	46
机电一体化技术	276	359	970	205
机械制造与自动化	—	124	288	58
计算机多媒体技术	—	7	27	—
计算机辅助设计与制造	32	—	—	—
计算机网络技术	310	248	1197	477
计算机系统维护	34	25	84	34
计算机信息管理	173	45	235	101
计算机应用技术	393	352	1032	392
家政服务	30	108	213	62
家具设计	19	20	62	19
家具设计与制造	241	388	896	183
建筑工程技术	1066	1563	4466	1293
建筑装饰工程技术	86	124	353	140
金融与证券	48	107	226	41
经济管理	75	110	319	79
景观设计	—	62	86	—
景区开发与管理	30	28	86	32
酒店管理	501	458	1292	417
连锁经营管理	11	56	104	10
楼宇智能化工程技术	—	35	70	—
旅游管理	314	211	623	211
旅游英语	58	36	92	30
绿色食品生产与检验	—	49	49	—
模具设计与制造	49	49	107	37
汽车电子技术	71	91	236	72
汽车技术服务与营销	195	181	521	153
汽车检测与维修技术	104	172	374	86
汽车运用技术	68	118	301	110
软件技术	182	99	295	104
商务管理	15	33	92	22
商务英语	183	79	394	207
涉外护理	—	98	440	168
涉外旅游	20	2	16	10

2012～2013学年初高等林业职业学校和其他高等职业学校林科分专业基本情况(三)

单位:人

专业名称	毕业生数	招生数	在校学生数	毕业班学生数
生物技术及应用	314	157	593	180
生物制药技术	140	122	412	174
食品生物技术	39	12	58	28
食品营养与检测	132	153	533	197
市场开发与营销	67	83	209	58
市场营销	347	340	1015	337
视觉传达艺术设计	11	23	68	68
室内检测与控制技术	—	—	39	13
室内设计技术	1319	1457	4426	1372
市政工程技术	43	29	196	73
数控技术	110	74	220	72
数控设备应用与维护	47	28	113	43
水产养殖技术	4	—	—	—
水利工程	—	98	170	—
水土保持	225	48	294	190
通信技术	33	172	172	—
投资与理财	28	31	207	79
图形图像制作	161	150	474	165
网络系统管理	10	—	10	10
网站规划与开发技术	9	—	9	9
文秘	116	90	360	141
物联网应用技术	—	24	24	—
物流管理	590	533	1469	466
物业管理	50	10	41	17
新闻采编与制作	27	32	57	8
新闻与传播	21	3	31	17
学前教育	37	224	422	65
药学	289	164	622	213
医学检验技术	115	166	466	133
医药营销	—	18	18	—
艺术设计	13	8	53	35
印刷图文信息处理	5	—	—	—
营销与策划	116	139	377	111
影视动画	12	18	68	33
应用电子技术	121	124	318	73
应用俄语	25	10	54	32
应用化工技术	—	58	116	—
应用日语	—	—	13	13
应用英语	—	—	17	17
园艺技术	507	430	1261	415
中药	106	48	204	74
中药制药技术	40	26	101	31
助产	176	188	587	177
装潢艺术设计	109	—	190	82
装饰艺术设计	1	3	50	28
资产评估与管理	45	80	305	95
资源环境与城市管理	92	120	373	128

2012～2013学年初高等林业职业学校教职工基本情况(一)

单位:人

学校名称	教职工数							
	合计	校本部教职工						
		计	专任教师					
			计	正高级	副高级	中级	初级	无职称者
总　计	**5674**	**5513**	**3882**	**175**	**969**	**1420**	**971**	**347**
山西林业职业技术学院	313	292	219	4	44	73	71	27
辽宁林业职业技术学院	482	406	263	17	56	87	58	45
黑龙江林业职业技术学院	624	617	298	40	94	89	59	16
黑龙江生态工程职业学院	497	497	239	25	78	90	34	12
安徽林业职业技术学院	125	125	96	1	27	38	19	11
福建林业职业技术学院	373	359	288	2	65	78	113	30
江西环境工程职业学院	601	594	391	24	66	134	133	34
湖北生态工程职业技术学院	412	412	299	2	38	65	129	65
湖南环境生物职业技术学院	923	923	730	33	205	348	137	7
广西生态工程职业技术学院	385	349	258	9	63	108	26	52
云南林业职业技术学院	503	503	438	5	129	172	120	12
甘肃林业职业技术学院	436	436	363	13	104	138	72	36

2012～2013学年初高等林业职业学校教职工基本情况(二)

单位:人

学校名称	教职工数						另有其他人员			
	校本部教职工			科研机构人员	校办企业职工	其他附设机构人员	聘请校外教师	离退休人员	附属中小学幼儿园教职工	集体所有制人员
	行政人员	教辅人员	工勤人员							
总　计	**696**	**546**	**389**	**1**	**20**	**140**	**1302**	**2003**	**—**	**—**
山西林业职业技术学院	31	19	23	—	—	21	116	72	—	—
辽宁林业职业技术学院	83	37	23	—	—	76	64	201	—	—
黑龙江林业职业技术学院	165	75	79	—	—	7	101	520	—	—
黑龙江生态工程职业学院	76	102	80	—	—	—	61	202	—	—
安徽林业职业技术学院	6	6	17	—	—	—	93	62	—	—
福建林业职业技术学院	22	37	12	1	13	—	121	83	—	—
江西环境工程职业学院	98	90	15	—	7	—	127	107	—	—
湖北生态工程职业技术学院	56	32	25	—	—	—	133	82	—	—
湖南环境生物职业技术学院	75	76	42	—	—	—	166	291	—	—
广西生态工程职业技术学院	51	13	27	—	—	36	113	225	—	—
云南林业职业技术学院	18	20	27	—	—	—	95	107	—	—
甘肃林业职业技术学院	15	39	19	—	—	—	112	51	—	—

注:宁夏防沙治沙职业技术学院数据暂缺。

2012～2013学年初中等林业(园林)职业学校和其他中等职业学校林科分学校基本情况

单位:人

学校名称	毕业生数	招生数	在校学生数	毕业班学生数
总　计	**69653**	**76777**	**222903**	**80367**
(一)中等林业(园林)职业学校	17917	17145	52426	18227
北京市园林学校	271	130	726	251
天津市园林学校	147	311	1210	139
涿鹿县宝峰寺林业中学	120	183	559	96
内蒙古扎兰屯林业学校	866	710	4971	2660
内蒙古大兴安岭林业学校	627	620	2764	703
沈阳市园林学校	56	31	147	70
白山市林业职业高级中学	67	52	52	—
黑龙江省林业卫生学校	2377	2336	7020	2633
朗乡林业局职业中学	32	31	67	20
黑龙江省伊春林业学校	1764	1685	3869	1913
黑龙江省齐齐哈尔林业学校	560	705	1783	577
上海市园林学校	154	155	675	201
福建三明林业学校	2465	2772	6480	1755
河南省林业学校	1061	1014	2721	813
信阳林业学校	1071	—	—	—
湖北省园林工程学校	332	378	1495	791
广东省林业职业技术学校	1045	1428	4707	1506
广西壮族自治区桂林林业学校	619	780	2310	1036
贵州省林业学校	698	1347	2964	902
普洱林业学校	313	82	513	213
陕西省榆林林业学校	438	392	1301	553
甘肃省庆城县太白梁林业中学	502	355	1643	708
甘肃省庆阳林业学校	1450	1424	3223	—
新疆林业学校	882	224	1226	687
(二)其他中等专业学校(林科)	51736	59632	170477	62140

2012~2013学年初中等林业(园林)职业学校和其他中等职业学校林科分专业基本情况(一)

单位:人

专业名称	毕业生数	招生数	在校学生数	毕业班学生数
总　计	**69653**	**76777**	**222903**	**80367**
(一)林科专业	60929	67276	196787	71587
林业	10287	8064	26952	11172
园林	28759	48459	140079	46511
木材加工	2801	4699	11023	4589
森林资源保护与管理	2754	2556	8492	3941
生态环境保护	1220	259	395	269
林产化工	28	105	177	70
农林类新专业	15080	3134	9669	5035
(二)非林科专业	8724	9501	26116	8780
采矿技术	53	—	17	17
茶叶生产与加工	105	—	83	83
城市轨道交通运营管理	—	62	79	—
宠物养护与经营	—	15	22	—
畜禽生产与疾病防治	131	170	470	—
船舶制造与修理	2	—	—	—
道路与桥梁工程施工	211	62	239	76
地质调查与找矿	—	—	45	45
地质与测量	13	—	—	—
电气运行与控制	35	96	201	46
电子电器应用与维修	—	47	71	—
电子技术应用	143	—	37	37
电子商务	304	214	662	267
电子与信息技术	87	32	104	45
动漫游戏	50	87	160	43
法律事务	25	—	—	—
房地产营销与管理	16	—	17	9
服装设计与工艺	50	38	141	63
工程测量	4	—	—	—
工程造价	43	26	115	37
工商管理	235	88	326	138
工业与民用建筑	16	—	—	—
光电子技术	13	—	—	—
果蔬花卉生产技术	29	86	118	12
焊接技术应用	28	10	40	11
航空服务	8	—	—	—
呼叫咨询	—	—	47	20
护理	2209	2297	6850	2551
化学工艺	44	22	118	65
会计	522	822	1880	524
机电技术应用	25	28	66	28
机电设备安装与维修	53	105	353	162
机械加工技术	123	—	26	19

2012～2013 学年初中等林业(园林)职业学校和其他中等职业学校林科分专业基本情况(二)

单位:人

专业名称	毕业生数	招生数	在校学生数	毕业班学生数
机械制造技术	35	—	—	—
计算机平面设计	237	217	608	157
计算机速录	—	—	24	14
计算机网络技术	163	84	282	105
计算机应用	1469	1177	2769	991
家具设计与制作	58	196	399	169
建筑工程施工	20	52	223	119
建筑装饰	9	8	10	2
经济作物生产经营	—	—	79	13
酒店服务与管理	95	49	404	282
康复技术	—	24	24	—
客户信息服务	—	25	32	1
口腔修复工艺	74	79	493	233
旅游服务与管理	157	86	317	81
美发与形象设计	—	15	81	21
美术设计与制作	38	32	112	30
模具制造技术	10	—	—	—
农村电气技术	1	179	799	518
农村经济综合管理	57	271	1021	361
农村医学	—	51	122	46
农业机械使用与维护	7	205	939	290
农业机械数控加工技术	—	24	42	—
农业与农村用水	—	127	164	—
汽车运用与维修	189	514	1116	147
商务俄语	9	—	—	—
商务英语	—	—	7	—
生物技术制药	16	—	—	—
石油工程与汽修	639	—	85	—
石油天然气开采	—	—	34	—
市场营销	4	49	156	60
市政工程施工	9	82	273	40
数控技术应用	151	91	305	147
通信运营服务	—	—	36	—
文秘	335	319	1055	313
物流服务与管理	—	—	12	12
物业管理	—	—	27	15
现代农艺技术	185	27	182	114
学前教育	—	442	586	33
眼视光与配镜	41	52	132	45
药剂	1	23	79	31
运动训练	10	—	—	—
中草药种植	1	692	728	38
中药制药	125	2	72	54
种植	2	—	—	—

2012～2013学年初中等林业(园林)职业学校教职工基本情况(一)

单位:人

学校名称	教职工数总计	校本部职工数						
		合 计	专任教师					
			计	正高级	副高级	讲师	助理讲师
中等林业(园林)职业学校	**2979**	**2972**	**1809**	**1**	**640**	**649**	**414**
北京市园林学校	106	106	60	1	18	26	14
天津市园林学校	56	56	35	—	11	17	6
涿鹿县宝峰寺林业中学	28	28	25	—	4	15	6
内蒙古扎兰屯林业学校	123	123	102	—	57	22	12
内蒙古大兴安岭林业学校	196	196	108	—	59	36	13
沈阳市园林学校	40	40	35	—	9	20	6
韩家园林业局教师进修校	19	19	18	—	1	2	9
黑龙江省林业卫生学校	185	185	114	—	33	24	26
铁力林业局教师进修学校	10	10	10	—	3	4	3
朗乡林业局职业中学	41	41	29	—	5	17	7
黑龙江省伊春林业学校	145	145	78	—	47	9	22
黑龙江省齐齐哈尔林业学校	193	193	115	—	51	23	41
上海市园林学校	154	154	67	—	12	34	21
福建三明林业学校	153	153	121	—	40	35	42
河南省林业学校	238	236	164	—	54	57	46
湖北省园林工程学校	113	113	53	—	20	11	14
广东省林业职业技术学校	326	326	143	—	49	46	28
广西壮族自治区桂林林业学校	106	106	83	—	13	49	21
贵州省林业学校	153	153	86	—	28	41	17
普洱林业学校	64	59	45	—	18	16	11
陕西省榆林林业学校	196	196	113	—	47	52	14
甘肃省庆城县太白梁林业中学	14	14	14	—	3	5	6
甘肃省庆阳林业学校	119	119	83	—	26	42	15
新疆林业学校	201	201	108	—	32	46	14

2012～2013学年初中等林业(园林)职业学校教职工基本情况(二)

单位:人

学校名称	校本部职工数				校办厂(场)职工	附设机构人员	兼任教师(不在教职工数中)
	专任教师						
	教员	教辅人员	行政人员	工勤人员			
中等林业(园林)职业学校	**105**	**380**	**315**	**468**	**2**	**5**	**294**
北京市园林学校	1	20	9	17	—	—	11
天津市园林学校	1	5	3	13	—	—	8
涿鹿县宝峰寺林业中学	—	3	—	—	—	—	—
内蒙古扎兰屯林业学校	11	1	7	13	—	—	43
内蒙古大兴安岭林业学校	—	11	23	54	—	—	—
沈阳市园林学校	—	4	—	1	—	—	—
韩家园林业局教师进修校	6	—	—	1	—	—	—
黑龙江省林业卫生学校	31	25	30	16	—	—	17
铁力林业局教师进修学校	—	—	—	—	—	—	—
朗乡林业局职业中学	—	4	5	3	—	—	—
黑龙江省伊春林业学校	—	21	24	22	—	—	—
黑龙江省齐齐哈尔林业学校	—	21	9	48	—	—	—
上海市园林学校	—	12	49	26	—	—	—
福建三明林业学校	4	11	12	9	—	—	105
河南省林业学校	7	16	19	37	2	—	36
湖北省园林工程学校	8	27	8	25	—	—	—
广东省林业职业技术学校	20	77	37	69	—	—	25
广西壮族自治区桂林林业学校	—	11	9	3	—	—	6
贵州省林业学校	—	29	12	26	—	—	14
普洱林业学校	—	6	—	8	—	5	8
陕西省榆林林业学校	—	24	40	19	—	—	12
甘肃省庆城县太白梁林业中学	—	—	—	—	—	—	—
甘肃省庆阳林业学校	—	19	6	11	—	—	7
新疆林业学校	16	33	13	47	—	—	2

附录一

国有林区135个木材采运企业和20个重点营林局主要统计指标

ANNEX Ⅰ

国有林区营

指标名称	计量单位	合　计
一、荒山荒(沙)地造林面积	公顷	47231
1. 人工造林	公顷	21159
2. 飞播造林	公顷	—
3. 无林地和疏林地新封	公顷	26072
二、有林地造林面积	公顷	91481
1. 林冠下造林	公顷	76850
2. 飞播营林	公顷	—
3. 有林地和灌木林地新封	公顷	14631
三、更新造林	公顷	28430
四、低产低效林改造面积	公顷	21530
五、森林管护面积	公顷	40988532
六、未成林抚育作业面积	公顷次	582871
七、成林抚育面积	公顷	1475255
其中：中、幼龄林抚育面积	公顷	1388972
八、抚育改造出材量	立方米	2141886
九、年末实有育苗面积	公顷	2806
其中：本年新育	公顷	509

林生产情况

135 个木材采运企业	20 个重点营林局
27350	19881
10815	10344
—	—
16535	9537
85274	6207
75041	1809
—	—
10233	4398
28062	368
17219	4311
34116731	6871801
555494	27377
1299513	175742
1224605	164367
1744961	396925
1708	1098
311	198

国有林区分企业的

企业名称	荒山荒(沙)地造林面积				有林地造林面积			
	合计	人工造林	飞播造林	无林地和疏林地新封	合计	林冠下造林	飞播营林	有林地和灌木林地新封
全国合计	**47231**	**21159**	**—**	**26072**	**91481**	**76850**	**—**	**14631**
135个木材采运企业小计	27350	10815	—	16535	85274	75041	—	10233
20个重点营林局小计	19881	10344	—	9537	6207	1809	—	4398
内蒙古	**15012**	**6012**	**—**	**9000**	**—**	**—**	**—**	**—**
内蒙古集团林管局	**345**	**345**	**—**	**—**	**—**	**—**	**—**	**—**
阿尔山	—	—	—	—	—	—	—	—
绰尔	—	—	—	—	—	—	—	—
绰源	—	—	—	—	—	—	—	—
乌尔旗汉	73	73	—	—	—	—	—	—
库都尔	272	272	—	—	—	—	—	—
图里河	—	—	—	—	—	—	—	—
伊图里河	—	—	—	—	—	—	—	—
克一河	—	—	—	—	—	—	—	—
甘河	—	—	—	—	—	—	—	—
吉文	—	—	—	—	—	—	—	—
阿里河	—	—	—	—	—	—	—	—
根河	—	—	—	—	—	—	—	—
金河	—	—	—	—	—	—	—	—
阿龙山	—	—	—	—	—	—	—	—
满归	—	—	—	—	—	—	—	—
得耳布尔	—	—	—	—	—	—	—	—
莫尔道嘎	—	—	—	—	—	—	—	—
内蒙古集团营林局	**—**	**—**	**—**	**—**	**—**	**—**	**—**	**—**
大杨树	—	—	—	—	—	—	—	—
毕拉河	—	—	—	—	—	—	—	—
内蒙古林业厅营林局	**14667**	**5667**	**—**	**9000**	**—**	**—**	**—**	**—**
免渡河	—	—	—	—	—	—	—	—
乌奴尔	—	—	—	—	—	—	—	—
巴林	—	—	—	—	—	—	—	—
南木	—	—	—	—	—	—	—	—
红花尔基	7667	5000	—	2667	—	—	—	—
柴河	—	—	—	—	—	—	—	—
五岔沟	4667	667	—	4000	—	—	—	—
白狼	2333	—	—	2333	—	—	—	—
吉林	**802**	**802**	**—**	**—**	**43634**	**43634**	**—**	**—**
吉林集团林管局	**—**	**—**	**—**	**—**	**23229**	**23229**	**—**	**—**
临江	—	—	—	—	1256	1256	—	—
三岔子	—	—	—	—	3062	3062	—	—
湾沟	—	—	—	—	1289	1289	—	—
松江河	—	—	—	—	2726	2726	—	—

营林生产情况(一)

单位:公顷

更新造林	低产低效林改造面积	森林管护面积	未成林抚育作业面积(公顷次)	成林抚育面积		抚育改造出材量(立方米)	年末实有育苗面积	
				合 计	其中:中、幼龄林抚育面积		合 计	其中:本年新育
28430	**21530**	**40988532**	**582871**	**1475255**	**1388972**	**2141886**	**2806**	**509**
28062	17219	34116731	555494	1299513	1224605	1744961	1708	311
368	4311	6871801	27377	175742	164367	396925	1098	198
429	**132**	**11345759**	**16606**	**452482**	**452482**	**714699**	**1017**	**182**
214	**102**	**7275626**	**14675**	**350186**	**350186**	**555748**	**80**	**23**
—	—	482676	4133	6004	6004	37682	6	1
—	—	422014	—	22667	22667	53440	19	2
—	—	299786	211	18668	18668	32967	2	1
—	—	577020	2320	21333	21333	41697	2	—
81	102	483600	4404	20694	20694	33056	5	1
—	—	356234	—	20746	20746	29511	3	—
—	—	410549	—	21335	21335	25315	7	7
133	—	363301	—	22667	22667	44995	3	1
—	—	357258	—	22670	22670	40629	1	1
—	—	362438	—	21334	21334	27951	10	2
—	—	451958	—	22665	22665	51573	2	—
—	—	627885	2136	24679	24679	44309	14	4
—	—	623593	669	21336	21336	15937	1	—
—	—	357427	—	23334	23334	16515	1	—
—	—	390295	802	18707	18707	20133	2	2
—	—	254367	—	16668	16668	22698	1	1
—	—	455225	—	24679	24679	17340	1	—
—	**—**	**1326088**	**184**	**6697**	**6697**	**10821**	**2**	**—**
—	—	793033	120	3334	3334	5430	2	—
—	—	533055	64	3363	3363	5391	—	—
215	**30**	**2744045**	**1747**	**95599**	**95599**	**148130**	**935**	**159**
215	—	278733	1317	16667	16667	27636	—	—
—	30	215200	430	14000	14000	23957	3	1
—	—	288000	—	11333	11333	26900	11	—
—	—	330200	—	12266	12266	11990	—	—
—	—	598067	—	10000	10000	12655	1	1
—	—	369867	—	11333	11333	44992	6	4
—	—	584275	—	14667	14667	—	850	133
—	—	79703	—	5333	5333	—	64	20
1284	**253**	**3856259**	**349695**	**200437**	**143821**	**770392**	**850**	**111**
1019	**42**	**1315676**	**217931**	**87630**	**44945**	**183371**	**723**	**52**
232	—	171549	18990	51857	10771	33995	180	4
198	17	239157	53290	8533	8533	43110	444	13
67	—	89017	23372	3667	3667	26500	13	10
47	18	161000	36400	5258	5258	29838	20	8

国有林区分企业的

企业名称	荒山荒(沙)地造林面积				有林地造林面积			
	合计	人工造林	飞播造林	无林地和疏林地新封	合计	林冠下造林	飞播营林	有林地和灌木林地新封
泉阳	—	—	—	—	2404	2404	—	—
露水河	—	—	—	—	3383	3383	—	—
白石山	—	—	—	—	2474	2474	—	—
红石	—	—	—	—	6635	6635	—	—
延边林管局	**793**	**793**	**—**	**—**	**18607**	**18607**	**—**	**—**
黄泥河	4	4	—	—	1067	1067	—	—
敦化	—	—	—	—	—	—	—	—
大石头	107	107	—	—	1295	1295	—	—
八家子	—	—	—	—	1478	1478	—	—
和龙	300	300	—	—	1673	1673	—	—
汪清	176	176	—	—	1304	1304	—	—
大兴沟	17	17	—	—	1005	1005	—	—
天桥岭	—	—	—	—	7225	7225	—	—
白河	189	189	—	—	2675	2675	—	—
珲春	—	—	—	—	885	885	—	—
吉林省林业厅营林局	**9**	**9**	**—**	**—**	**1798**	**1798**	**—**	**—**
上营	—	—	—	—	1461	1461	—	—
辉南	—	—	—	—	—	—	—	—
长白	—	—	—	—	—	—	—	—
安图	9	9	—	—	337	337	—	—
长白山 *	—	—	—	—	—	—	—	—
龙江集团	**—**	**—**	**—**	**—**	**33072**	**33072**	**—**	**—**
牡丹江林业管理局	**—**	**—**	**—**	**—**	**8404**	**8404**	**—**	**—**
大海林	—	—	—	—	3271	3271	—	—
柴河	—	—	—	—	2036	2036	—	—
东京城	—	—	—	—	—	—	—	—
穆棱	—	—	—	—	1660	1660	—	—
绥阳	—	—	—	—	—	—	—	—
海林	—	—	—	—	1087	1087	—	—
林口	—	—	—	—	210	210	—	—
八面通	—	—	—	—	140	140	—	—
合江林业管理局	**—**	**—**	**—**	**—**	**15281**	**15281**	**—**	**—**
桦南	—	—	—	—	2334	2334	—	—
双鸭山	—	—	—	—	1067	1067	—	—
鹤立	—	—	—	—	2336	2336	—	—
鹤北	—	—	—	—	2271	2271	—	—
东方红	—	—	—	—	2269	2269	—	—
迎春	—	—	—	—	2666	2666	—	—
清河	—	—	—	—	2338	2338	—	—

注:标 * 的单位已改为从事管护工作的事业性质单位或划归地方管理,因此没有数据。下同。

营林生产情况(二)

单位:公顷

更新造林	低产低效林改造面积	森林管护面积	未成林抚育作业面积(公顷次)	成林抚育面积		抚育改造出材量(立方米)	年末实有育苗面积	
				合　计	其中:中、幼龄林抚育面积		合　计	其中:本年新育
93	—	105720	11914	6407	5001	19253	5	2
164	—	121227	21001	6752	6752	1673	19	8
107	7	128835	14308	3253	3060	19037	24	3
111	—	299171	38656	1903	1903	9965	18	4
112	**211**	**2185148**	**125051**	**94360**	**82005**	**388373**	**116**	**58**
1	—	196596	10903	8006	5001	27386	17	5
—	—	230678	20762	6095	6095	25309	10	3
—	—	264206	7884	9219	9219	66479	6	3
55	6	151726	16929	7890	6003	30023	6	2
11	—	170143	17692	6945	6945	39980	12	6
15	53	300090	8843	11804	7385	78200	17	13
21	11	122604	3356	15046	12002	29863	—	—
—	—	193506	8259	11189	11189	48499	6	2
—	135	190470	20059	13165	13165	20200	30	20
9	6	365129	10364	5001	5001	22434	12	4
153	**—**	**355435**	**6713**	**18447**	**16871**	**198648**	**11**	**1**
1	—	97944	—	7803	7082	72870	3	1
41	—	56530	—	3275	3251	26338	2	—
111	—	89400	2663	3083	3083	46380	4	—
—	—	111561	4050	4286	3455	53060	2	—
—	—	—	—	—	—	—	—	—
26384	**—**	**8626296**	**183872**	**500518**	**500518**	**83213**	**438**	**125**
4094	**—**	**2242767**	**49976**	**111323**	**111323**	**9006**	**103**	**28**
2070	—	259774	10188	13335	13335	987	16	2
—	—	321849	9658	12000	12000	1221	9	4
1635	—	352943	12084	18000	18000	3405	20	6
39	—	246581	8917	15971	15971	491	20	3
—	—	487352	—	18001	18001	822	8	2
—	—	150200	3821	12000	12000	1925	13	5
114	—	273025	2605	15333	15333	—	7	2
236	—	151043	2703	6683	6683	155	10	4
17	**—**	**1350401**	**58319**	**74670**	**74670**	**4680**	**93**	**29**
—	—	159617	6972	12002	12002	452	10	2
—	—	134311	6884	10000	10000	1021	16	4
17	—	71316	8452	6667	6667	292	19	7
—	—	348722	11412	13333	13333	1223	19	3
—	—	353666	10258	16667	16667	475	16	7
—	—	153347	8037	9333	9333	518	12	5
—	—	129422	6304	6668	6668	699	1	1

国有林区分企业的

企业名称	荒山荒(沙)地造林面积				有林地造林面积			
	合计	人工造林	飞播造林	无林地和疏林地新封	合计	林冠下造林	飞播营林	有林地和灌木林地新封
伊春林业管理局	**—**	**—**	**—**	**—**	**6035**	**6035**	**—**	**—**
双丰	—	—	—	—	—	—	—	—
铁力	—	—	—	—	—	—	—	—
桃山	—	—	—	—	1200	1200	—	—
朗乡	—	—	—	—	—	—	—	—
南岔	—	—	—	—	—	—	—	—
金山屯	—	—	—	—	302	302	—	—
美溪	—	—	—	—	—	—	—	—
乌马河	—	—	—	—	666	666	—	—
翠峦	—	—	—	—	—	—	—	—
友好	—	—	—	—	2267	2267	—	—
上甘岭	—	—	—	—	1600	1600	—	—
五营	—	—	—	—	—	—	—	—
红星	—	—	—	—	—	—	—	—
新青	—	—	—	—	—	—	—	—
汤旺河	—	—	—	—	—	—	—	—
乌伊岭	—	—	—	—	—	—	—	—
松花江林业管理局	**—**	**—**	**—**	**—**	**3352**	**3352**	**—**	**—**
山河屯	—	—	—	—	—	—	—	—
苇河	—	—	—	—	—	—	—	—
亚布力	—	—	—	—	2667	2667	—	—
方正	—	—	—	—	514	514	—	—
兴隆	—	—	—	—	—	—	—	—
绥棱	—	—	—	—	—	—	—	—
通北	—	—	—	—	—	—	—	—
沾河	—	—	—	—	171	171	—	—
总局直属单位	**—**	**—**	**—**	**—**	**—**	**—**	**—**	**—**
带岭实验局	—	—	—	—	—	—	—	—
大兴安岭	**—**	**—**	**—**	**—**	**—**	**—**	**—**	**—**
大兴安岭林管局	**—**	**—**	**—**	**—**	**—**	**—**	**—**	**—**
松岭	—	—	—	—	—	—	—	—
新林	—	—	—	—	—	—	—	—
塔河	—	—	—	—	—	—	—	—
呼中	—	—	—	—	—	—	—	—
阿木尔	—	—	—	—	—	—	—	—
图强	—	—	—	—	—	—	—	—
西林吉	—	—	—	—	—	—	—	—
十八站	—	—	—	—	—	—	—	—
韩家园	—	—	—	—	—	—	—	—

营林生产情况(三)

单位:公顷

更新造林	低产低效林改造面积	森林管护面积	未成林抚育作业面积(公顷次)	成林抚育面积		抚育改造出材量(立方米)	年末实有育苗面积	
				合计	其中:中、幼龄林抚育面积		合计	其中:本年新育
17513	**—**	**2607507**	**47202**	**200672**	**200672**	**64534**	**160**	**48**
1600	—	115124	5116	11333	11333	—	6	—
1935	—	183592	4445	13340	13340	—	11	5
—	—	140139	3487	10667	10667	7000	3	2
2261	—	—	6024	16667	16667	1855	17	10
2334	—	—	5410	14667	14667	—	14	14
98	—	178362	—	14667	14667	—	13	2
1873	—	225139	—	10667	10667	474	7	2
—	—	117154	—	10002	10002	9980	—	—
1668	—	124352	4650	10667	10667	7258	6	1
—	—	267191	—	15312	15312	999	6	1
—	—	121772	3697	9333	9333	9207	8	2
603	—	119625	2109	8000	8000	4999	8	3
403	—	266256	—	14683	14683	841	12	—
2337	—	271852	5901	14000	14000	—	23	2
1934	—	200206	—	10667	10667	—	7	2
467	—	276743	6363	16000	16000	21921	19	2
4335	**—**	**2331299**	**25983**	**112277**	**112277**	**4993**	**75**	**18**
1780	—	192185	9354	10000	10000	392	10	3
867	—	186611	—	14000	14000	—	10	3
56	—	279662	—	17333	17333	2503	8	2
—	—	183679	3756	15600	15600	861	10	2
133	—	277659	9829	15333	15333	—	17	4
401	—	179300	1077	13345	13345	483	7	3
634	—	280920	1967	13333	13333	—	2	1
464	—	751283	—	13333	13333	754	11	—
425	**—**	**94322**	**2392**	**1576**	**1576**	**—**	**7**	**2**
425	—	94322	2392	1576	1576	—	7	2
—	**17599**	**7294518**	**—**	**198134**	**198134**	**538480**	**72**	**39**
—	**13399**	**6437825**	**—**	**177201**	**177201**	**515923**	**48**	**30**
—	1866	674118	—	18338	18338	55937	3	2
—	2567	859205	—	23335	23335	71926	7	5
—	—	909503	—	23533	23533	64912	2	1
—	—	763632	—	22002	22002	54884	4	2
—	1800	546612	—	16140	16140	38977	10	7
—	2000	500583	—	17720	17720	42350	5	5
—	2667	717818	—	15693	15693	69606	10	5
—	1866	672502	—	18656	18656	49769	6	2
—	633	793852	—	21784	21784	67562	1	1

国有林区分企业的

企业名称	荒山荒(沙)地造林面积				有林地造林面积			
	合计	人工造林	飞播造林	无林地和疏林地新封	合计	林冠下造林	飞播营林	有林地和灌木林地新封
大兴安岭营林局	**—**	**—**	**—**	**—**	**—**	**—**	**—**	**—**
加格达奇	—	—	—	—	—	—	—	—
四川	**12002**	**1668**	**—**	**10334**	**333**	**—**	**—**	**333**
阿坝州林管局	**934**	**268**	**—**	**666**	**—**	**—**	**—**	**—**
川西	—	—	—	—	—	—	—	—
黑水	67	67	—	—	—	—	—	—
马尔康	67	67	—	—	—	—	—	—
小金	—	—	—	—	—	—	—	—
观音桥	333	—	—	333	—	—	—	—
松潘	67	67	—	—	—	—	—	—
南坪	67	67	—	—	—	—	—	—
壤塘	333	—	—	333	—	—	—	—
甘孜州林管局	**1067**	**67**	**—**	**1000**	**—**	**—**	**—**	**—**
道孚	—	—	—	—	—	—	—	—
新龙	—	—	—	—	—	—	—	—
丹巴	667	—	—	667	—	—	—	—
炉霍	333	—	—	333	—	—	—	—
白玉	—	—	—	—	—	—	—	—
力邱河	67	67	—	—	—	—	—	—
翁达	—	—	—	—	—	—	—	—
其他地、州林管局	**10001**	**1333**	**—**	**8668**	**333**	**—**	**—**	**333**
川南	6000	333	—	5667	—	—	—	—
雷波	1000	333	—	667	—	—	—	—
凉北	1334	667	—	667	—	—	—	—
夹金山	667	—	—	667	—	—	—	—
木里	—	—	—	—	—	—	—	—
普威	667	—	—	667	—	—	—	—
盐边	333	—	—	333	333	—	—	333
云南	**3857**	**2990**	**—**	**867**	**5300**	**133**	**—**	**5167**
云南省林管局	**3857**	**2990**	**—**	**867**	**5300**	**133**	**—**	**5167**
华坪	200	200	—	—	333	—	—	333
碧泉	333	333	—	—	1100	—	—	1100
黑白水	—	—	—	—	333	—	—	333
中甸 *	—	—	—	—	—	—	—	—
巨甸	107	107	—	—	867	—	—	867
红旗	—	—	—	—	—	—	—	—
云台山	1867	1000	—	867	—	—	—	—
漾江	—	—	—	—	—	—	—	—

营林生产情况(四)

单位:公顷

更新造林	低产低效林改造面积	森林管护面积	未成林抚育作业面积(公顷次)	成林抚育面积		抚育改造出材量(立方米)	年末实有育苗面积	
				合　计	其中:中、幼龄林抚育面积		合　计	其中:本年新育
—	**4200**	**856693**	**—**	**20933**	**20933**	**22557**	**24**	**9**
—	4200	856693	—	20933	20933	22557	24	9
333	**2132**	**3261193**	**10632**	**20659**	**20659**	**—**	**17**	**5**
—	**—**	**1387438**	**5541**	**8659**	**8659**	**—**	**8**	**3**
—	—	119397	—	1333	1333	—	—	—
—	—	255881	—	800	800	—	—	—
—	—	223612	1338	1333	1333	—	1	—
—	—	119070	1467	1333	1333	—	2	1
—	—	227254	1669	860	860	—	2	1
—	—	110768	—	1000	1000	—	1	—
—	—	191538	1067	1000	1000	—	2	1
—	—	139918	—	1000	1000	—	—	—
—	**2132**	**1157729**	**—**	**8000**	**8000**	**—**	**9**	**2**
—	533	210817	—	2000	2000	—	1	—
—	533	270537	—	1333	1333	—	3	1
—	—	135304	—	2000	2000	—	—	—
—	—	78198	—	1000	1000	—	1	1
—	533	310897	—	—	—	—	2	—
—	533	96385	—	1000	1000	—	1	—
—	—	55591	—	667	667	—	1	—
333	**—**	**716026**	**5091**	**4000**	**4000**	**—**	**—**	**—**
333	—	73559	—	2000	2000	—	—	—
—	—	123439	—	—	—	—	—	—
—	—	51246	—	—	—	—	—	—
—	—	160170	2424	—	—	—	—	—
—	—	242042	2667	—	—	—	—	—
—	—	59704	—	1333	1333	—	—	—
—	—	5866	—	667	667	—	—	—
—	**1333**	**1749966**	**3333**	**8760**	**8760**	**18333**	**4**	**2**
—	**1333**	**1749966**	**3333**	**8760**	**8760**	**18333**	**4**	**2**
—	—	54792	—	667	667	4714	—	—
—	—	204299	2666	2666	2666	2571	—	—
—	—	65597	—	667	667	3338	—	—
—	—	—	—	—	—	—	—	—
—	—	150857	667	667	667	3511	2	—
—	—	102376	—	1333	1333	—	1	1
—	1333	209429	—	—	—	—	—	—
—	—	150933	—	261	261	—	—	—

国有林区分企业的

企业名称	荒山荒(沙)地造林面积				有林地造林面积			
	合计	人工造林	飞播造林	无林地和疏林地新封	合计	林冠下造林	飞播营林	有林地和灌木林地新封
景东	283	283	—	—	667	—	—	667
墨江	334	334	—	—	667	—	—	667
卫国	333	333	—	—	666	133	—	533
江边 *	—	—	—	—	—	—	—	—
清水江 *	—	—	—	—	—	—	—	—
南盘江 *	—	—	—	—	—	—	—	—
新平	—	—	—	—	—	—	—	—
宁蒗	400	400	—	—	667	—	—	667
陕西	**267**	**—**	**—**	**267**	**5000**	**—**	**—**	**5000**
陕西省林管局	**—**	**—**	**—**	**—**	**4733**	**—**	**—**	**4733**
宁西	—	—	—	—	533	—	—	533
太白	—	—	—	—	1133	—	—	1133
长青	—	—	—	—	1000	—	—	1000
宁东	—	—	—	—	1267	—	—	1267
汉西	—	—	—	—	400	—	—	400
龙草坪	—	—	—	—	400	—	—	400
陕西省营林局	**267**	**—**	**—**	**267**	**267**	**—**	**—**	**267**
马头滩	—	—	—	—	267	—	—	267
辛家山	267	—	—	267	—	—	—	—
甘肃	**15106**	**9502**	**—**	**5604**	**4131**	**—**	**—**	**4131**
甘肃省林管局	**10168**	**4834**	**—**	**5334**	**—**	**—**	**—**	**—**
舟曲	1667	667	—	1000	—	—	—	—
迭部	3867	2067	—	1800	—	—	—	—
洮河	3300	1433	—	1867	—	—	—	—
白水江	1334	667	—	667	—	—	—	—
甘肃省营林局	**4938**	**4668**	**—**	**270**	**4131**	**—**	**—**	**4131**
小陇山	4938	4668	—	270	4131	—	—	4131
青海	**—**	**—**	**—**	**—**	**—**	**—**	**—**	**—**
青海省林管局	**—**	**—**	**—**	**—**	**—**	**—**	**—**	**—**
玛可河 *	—	—	—	—	—	—	—	—
新疆	**185**	**185**	**—**	**—**	**11**	**11**	**—**	**—**
新疆维吾尔自治区林管局	**185**	**185**	**—**	**—**	**—**	**—**	**—**	**—**
天山西部	185	185	—	—	—	—	—	—
阿尔泰山	—	—	—	—	—	—	—	—
新疆维吾尔自治区营林局	**—**	**—**	**—**	**—**	**11**	**11**	**—**	**—**
天山中东部	—	—	—	—	11	11	—	—

营林生产情况(五)

单位:公顷

更新造林	低产低效林改造面积	森林管护面积	未成林抚育作业面积(公顷次)	成林抚育面积		抚育改造出材量(立方米)	年末实有育苗面积	
				合　计	其中:中、幼龄林抚育面积		合　计	其中:本年新育
—	—	185627	—	—	—	—	—	—
—	—	71993	—	333	333	—	—	—
—	—	273427	—	1333	1333	4199	—	—
—	—	—	—	—	—	—	—	—
—	—	—	—	—	—	—	—	—
—	—	—	—	—	—	—	—	—
—	—	65067	—	—	—	—	—	—
—	—	215569	—	833	833	—	1	1
—	—	534708	—	16000	16000	—	27	—
—	—	475268	—	15333	15333	—	25	—
—	—	117160	—	3333	3333	—	21	—
—	—	146927	—	3333	3333	—	4	—
—	—	34020	—	667	667	—	—	—
—	—	103647	—	4000	4000	—	—	—
—	—	38847	—	2667	2667	—	—	—
—	—	34667	—	1333	1333	—	—	—
—	—	59440	—	667	667	—	2	—
—	—	34380	—	—	—	—	2	—
—	—	25060	—	667	667	—	—	—
—	81	1417074	18733	33733	33733	16769	240	35
—	—	772207	—	17066	17066	—	197	16
—	—	104053	—	3400	3400	—	21	2
—	—	277960	—	3000	3000	—	70	6
—	—	317080	—	8333	8333	—	79	5
—	—	73114	—	2333	2333	—	27	3
—	81	644867	18733	16667	16667	16769	43	19
—	81	644867	18733	16667	16667	16769	43	19
—	—	—	—	—	—	—	—	—
—	—	—	—	—	—	—	—	—
—	—	—	—	—	—	—	—	—
—	—	2902759	—	44532	14865	—	141	10
—	—	2017526	—	27800	7932	—	60	—
—	—	769187	—	11400	2999	—	60	—
—	—	1248339	—	16400	4933	—	—	—
—	—	885233	—	16732	6933	—	81	10
—	—	885233	—	16732	6933	—	81	10

国有林区企业总产值

（按现行价

指标名称	计量单位	合 计
一、企业总产值	**万元**	**6623753**
1. 第一产业	万元	2886256
（1）涉林产业	万元	1765098
①林木的培育和种植	万元	517867
②木、竹材采运	万元	607686
③经济林产品的种植与采集	万元	464939
④陆生野生动物繁育与利用	万元	47963
⑤其他	万元	126643
（2）非林产业	万元	1121158
2. 第二产业	万元	2364183
（1）涉林产业	万元	1010098
①非木质林产品加工	万元	19976
②锯材木片加工	万元	177826
③人造板制造	万元	203084
④木制品制造	万元	423793
⑤木质家具	万元	84458
⑥其他	万元	100961
（2）非林产业	万元	1354085
3. 第三产业	万元	1373314
其中：非林产业	万元	852793
二、企业销售产值	**万元**	**3933385**

和销售产值

格计算）

135 个木材采运企业	20 个重点营林局
6403595	**220158**
2725247	161009
1621151	143947
436672	81195
571606	36080
456425	8514
41336	6627
115112	11531
1104096	17062
2337497	26686
998080	12018
12017	7959
175180	2646
202143	941
423321	472
84458	—
100961	—
1339417	14668
1340851	32463
833908	18885
3777950	**155435**

国有林区分企业的

（按现行价

企业名称	企业总								
	总计	第一产业							
		合计	涉林产业						非林产业
			小计	林木的培育和种植	木、竹材采运	经济林产品的种植与采集	陆生野生动物繁育与利用	其他	
全国合计	**6623753**	**2886256**	**1765098**	**517867**	**607686**	**464939**	**47963**	**126643**	**1121158**
135 个木材采运企业小计	6403595	2725247	1621151	436672	571606	456425	41336	115112	1104096
20 个重点营林局小计	220158	161009	143947	81195	36080	8514	6627	11531	17062
内蒙古	**465756**	**341028**	**314515**	**176023**	**116267**	**12008**	**652**	**9565**	**26513**
内蒙古集团林管局	**375866**	**269710**	**256770**	**141650**	**104958**	**10005**	**80**	**77**	**12940**
阿尔山	26910	14957	13525	8079	4968	478	—	—	1432
绰尔	31916	17709	14606	7977	6628	1	—	—	3103
绰源	14584	11851	11745	7816	3929	—	—	—	106
乌尔旗汉	31042	19910	17947	9233	8415	272	—	27	1963
库都尔	18849	15414	15414	9943	4562	909	—	—	—
图里河	14623	11991	11659	7707	3837	115	—	—	332
伊图里河	10911	8788	8788	6474	2274	40	—	—	—
克一河	19989	16900	13441	7545	4481	1415	—	—	3459
甘河	18988	15580	15482	9990	5492	—	—	—	98
吉文	12174	7898	7898	3278	3638	982	—	—	—
阿里河	30659	16640	15405	8200	6926	279	—	—	1235
根河	30115	22930	22930	13563	9264	103	—	—	—
金河	24865	21679	21459	11236	10223	—	—	—	220
阿龙山	20014	15972	15972	6609	6905	2408	—	50	—
满归	20819	16987	16683	6474	7573	2636	—	—	304
得耳布尔	18870	13982	13510	7876	5251	303	80	—	472
莫尔道嘎	30538	20522	20306	9650	10592	64	—	—	216
内蒙古集团营林局	**15707**	**11363**	**8225**	**6954**	**803**	**468**	**—**	**—**	**3138**
大杨树	7362	6263	4163	3691	326	146	—	—	2100
毕拉河	8345	5100	4062	3263	477	322	—	—	1038
内蒙古林业厅营林局	**74183**	**59955**	**49520**	**27419**	**10506**	**1535**	**572**	**9488**	**10435**
免渡河	10931	9708	7225	4887	2219	69	—	50	2483
乌奴尔	8602	7731	6108	3983	1917	146	—	62	1623
巴林	5660	5062	4352	3425	852	34	—	41	710
南木	5919	5035	4367	2842	839	116	—	570	668
红花尔基	11367	9720	7637	6659	495	173	—	310	2083
柴河	10568	9855	9277	5032	4184	61	—	—	578
五岔沟	17216	10634	9698	371	—	300	572	8455	936
白狼	3920	2210	856	220	—	636	—	—	1354
吉林	**920264**	**365314**	**340809**	**52394**	**204590**	**46386**	**15697**	**21742**	**24505**
吉林集团林管局	**479485**	**197126**	**174465**	**26406**	**97105**	**28641**	**5307**	**17006**	**22661**
临江	83604	35830	29899	6650	9209	10669	3371	—	5931
三岔子	71100	26322	26322	4150	16914	—	—	5258	—
湾沟	67500	23714	7214	1301	3958	165	1500	290	16500

企业总产值和销售产值(一)

格计算)

单位:万元

产值											
第二产业									第三产业		企业销售产值
合计	涉林产业							非林产业	合计	其中:非林产业	
	小计	非木质林产品加工	锯材木片加工	人造板制造	木制品制造	木质家具	其他				
2364183	**1010098**	**19976**	**177826**	**203084**	**423793**	**84458**	**100961**	**1354085**	**1373314**	**852793**	**3933385**
2337497	998080	12017	175180	202143	423321	84458	100961	1339417	1340851	833908	3777950
26686	12018	7959	2646	941	472	—	—	14668	32463	18885	155435
23426	**1054**	**—**	**685**	**300**	**69**	**—**	**—**	**22372**	**101302**	**96640**	**123990**
22302	**—**	**—**	**—**	**—**	**—**	**—**	**—**	**22302**	**83854**	**83854**	**95352**
1052	—	—	—	—	—	—	—	1052	10901	10901	2045
10318	—	—	—	—	—	—	—	10318	3889	3889	6897
—	—	—	—	—	—	—	—	—	2733	2733	3812
6900	—	—	—	—	—	—	—	6900	4232	4232	6653
—	—	—	—	—	—	—	—	—	3435	3435	4562
—	—	—	—	—	—	—	—	—	2632	2632	3360
—	—	—	—	—	—	—	—	—	2123	2123	2057
—	—	—	—	—	—	—	—	—	3089	3089	3474
—	—	—	—	—	—	—	—	—	3408	3408	5198
—	—	—	—	—	—	—	—	—	4276	4276	3503
—	—	—	—	—	—	—	—	—	14019	14019	5611
—	—	—	—	—	—	—	—	—	7185	7185	9496
—	—	—	—	—	—	—	—	—	3186	3186	9481
1491	—	—	—	—	—	—	—	1491	2551	2551	6501
—	—	—	—	—	—	—	—	—	3832	3832	7052
2541	—	—	—	—	—	—	—	2541	2347	2347	4725
—	—	—	—	—	—	—	—	—	10016	10016	10925
—	**—**	**—**	**—**	**—**	**—**	**—**	**—**	**—**	**4344**	**4344**	**624**
—	—	—	—	—	—	—	—	—	1099	1099	326
—	—	—	—	—	—	—	—	—	3245	3245	298
1124	**1054**	**—**	**685**	**300**	**69**	**—**	**—**	**70**	**13104**	**8442**	**28014**
370	300	—	300	—	—	—	—	70	853	703	2367
352	352	—	283	—	69	—	—	—	519	—	2333
300	300	—	—	300	—	—	—	—	298	32	1012
—	—	—	—	—	—	—	—	—	884	124	1177
—	—	—	—	—	—	—	—	—	1647	952	495
—	—	—	—	—	—	—	—	—	713	61	20630
102	102	—	102	—	—	—	—	—	6480	5700	—
—	—	—	—	—	—	—	—	—	1710	870	—
362477	**180878**	**12447**	**17014**	**36766**	**69043**	**569**	**45039**	**181599**	**192473**	**133062**	**780340**
172621	**69281**	**4168**	**6731**	**22070**	**14532**	**498**	**21282**	**103340**	**109738**	**73965**	**346358**
25610	15697	3868	4480	4417	—	—	2932	9913	22164	19193	10361
38130	16077	—	—	2215	13862	—	—	22053	6648	6172	71861
37306	483	300	—	—	—	—	183	36823	6480	3700	13839

国有林区分企业的

（按现行价

企业名称	总计	企业总							
		第一产业							
		合计	涉林产业						非林产业
			小计	林木的培育和种植	木、竹材采运	经济林产品的种植与采集	陆生野生动物繁育与利用	其他	
松江河	107903	30238	30008	5503	14902	6296	436	2871	230
泉阳	23832	9291	9291	1744	6588	959	—	—	—
露水河	38756	29855	29855	2991	11894	8552	—	6418	—
白石山	33250	17981	17981	1750	12559	2000	—	1672	—
红石	53540	23895	23895	2317	21081	—	—	497	—
延边林管局	**369552**	**126717**	**125406**	**19703**	**85060**	**13264**	**4380**	**2999**	**1311**
黄泥河	49434	21604	21604	2632	8335	6394	3847	396	—
敦化	54623	16939	16939	1411	15224	—	—	304	—
大石头	35310	12021	12021	2498	9505	—	18	—	—
八家子	14256	9718	9718	1061	8489	—	—	168	—
和龙	35311	14844	14844	—	13302	—	—	1542	—
汪清	43585	10183	10183	2680	7503	—	—	—	—
大兴沟	10220	5851	5851	2388	3463	—	—	—	—
天桥岭	19463	7077	7077	2401	4676	—	—	—	—
白河	83985	20725	19704	3158	9071	6870	515	90	1021
珲春	23365	7755	7465	1474	5492	—	—	499	290
吉林省林业厅营林局	**71227**	**41471**	**40938**	**6285**	**22425**	**4481**	**6010**	**1737**	**533**
上营	32900	18769	18769	2920	9282	1932	4025	610	—
辉南	7025	4246	3713	167	2248	161	922	215	533
长白	10882	4555	4555	1226	3329	—	—	—	—
安图	20420	13901	13901	1972	7566	2388	1063	912	—
长白山 *	—	—	—	—	—	—	—	—	—
龙江集团	**4205427**	**1671893**	**652382**	**124170**	**156138**	**309810**	**13583**	**48681**	**1019511**
牡丹江林业管理局	**848718**	**310481**	**178121**	**24707**	**56009**	**64626**	**94**	**32685**	**132360**
大海林	123487	28553	22280	3837	8501	9942	—	—	6273
柴河	149338	36922	28650	3674	14924	9994	58	—	8272
东京城	168848	66012	50311	4022	13176	613	—	32500	15701
穆棱	125323	47795	30117	2586	7915	19580	36	—	17678
绥阳	116182	71365	12105	3640	5817	2633	—	15	59260
海林	78145	22288	16793	2698	2825	11100	—	170	5495
林口	46715	25253	14897	2904	2461	9532	—	—	10356
八面通	40680	12293	2968	1346	390	1232	—	—	9325
合江林业管理局	**560417**	**272445**	**103984**	**19985**	**26492**	**46939**	**9098**	**1470**	**168461**
桦南	76190	45625	7262	4054	1729	1479	—	—	38363
双鸭山	67550	30267	4594	2023	560	1728	—	283	25673
鹤立	35569	20043	4314	1463	864	1987	—	—	15729
鹤北	86597	37206	18472	3860	5404	8571	—	637	18734
东方红	101500	55200	37630	4770	13436	10326	9098	—	17570
迎春	47411	21780	4376	1633	1347	1396	—	—	17404

企业总产值和销售产值(二)

格计算)

单位:万元

产值											企业销售产值
第二产业									第三产业		
合计	涉林产业							非林产业	合计	其中:非林产业	
	小计	非木质林产品加工	锯材木片加工	人造板制造	木制品制造	木质家具	其他				
17841	17841	—	—	—	—	—	17841	—	59824	34119	110212
13200	—	—	—	—	—	—	—	13200	1341	1341	22817
6135	458	—	132	—	—	—	326	5677	2766	2130	39467
10074	7174	—	—	7174	—	—	—	2900	5195	5195	33555
24325	11551	—	2119	8264	670	498	—	12774	5320	2115	44246
165759	**100633**	**320**	**8322**	**14055**	**54108**	**71**	**23757**	**65126**	**77076**	**56499**	**311862**
8810	924	—	—	—	—	—	924	7886	19020	18090	47457
23212	10831	—	3012	—	7748	71	—	12381	14472	13872	61556
15295	—	—	—	—	—	—	—	15295	7994	6654	37818
2943	1254	—	—	—	—	—	1254	1689	1595	229	9895
19086	16400	—	—	2477	13923	—	—	2686	1381	—	27804
33402	27402	—	—	4213	12791	—	10398	6000	—	—	36578
3705	2672	—	1305	594	773	—	—	1033	664	74	8993
9206	5706	—	1130	—	2873	—	1703	3500	3180	—	16796
34900	25244	320	2875	6771	15278	—	—	9656	28360	17580	51231
15200	10200	—	—	—	722	—	9478	5000	410	—	13734
24097	**10964**	**7959**	**1961**	**641**	**403**	**—**	**—**	**13133**	**5659**	**2598**	**122120**
11747	7848	7848	—	—	—	—	—	3899	2384	1652	106160
152	—	—	—	—	—	—	—	152	2627	837	—
6218	514	111	—	—	403	—	—	5704	109	109	6587
5980	2602	—	1961	641	—	—	—	3378	539	—	9373
—	—	—	—	—	—	—	—	—	—	—	—
1618832	**569777**	**7529**	**109736**	**99940**	**242337**	**83889**	**26346**	**1049055**	**914702**	**578005**	**2482010**
372093	**104688**	**2122**	**19657**	**9511**	**73219**	**—**	**179**	**267405**	**166144**	**134884**	**360267**
67269	12656	—	4253	515	7888	—	—	54613	27665	15602	98789
75742	18945	2122	4096	2464	10183	—	80	56797	36674	32151	14924
76398	9995	—	1960	860	7175	—	—	66403	26438	22438	13774
55270	21099	—	5043	5672	10285	—	99	34171	22258	18621	107581
30144	11981	—	3045	—	8936	—	—	18163	14673	13173	3826
36205	22400	—	—	—	22400	—	—	13805	19652	19652	54211
14020	2142	—	1260	—	882	—	—	11878	7442	3433	35025
17045	5470	—	—	—	5470	—	—	11575	11342	9814	32137
189330	**51402**	**4448**	**20765**	**3782**	**11638**	**3336**	**7433**	**137928**	**98642**	**82736**	**247909**
18718	3500	—	2255	428	817	—	—	15218	11847	10186	4262
25450	1575	—	975	—	600	—	—	23875	11833	9833	67871
11795	6450	—	1200	600	2200	—	2450	5345	3731	2031	6724
31648	7075	—	2919	180	1200	1586	1190	24573	17743	15219	42474
21897	15549	4448	9467	739	895	—	—	6348	24403	21382	104226
15810	2001	—	365	90	1546	—	—	13809	9821	8821	3197

国有林区分企业的

（按现行价

企业名称	企业总								
	总计	第一产业							
		合计	涉林产业						非林产业
			小计	林木的培育和种植	木、竹材采运	经济林产品的种植与采集	陆生野生动物繁育与利用	其他	
清河	145600	62324	27336	2182	3152	21452	—	550	34988
伊春林业管理局	**1943530**	**724138**	**236174**	**56190**	**29285**	**136142**	**400**	**14157**	**487964**
双丰	84678	41164	13429	2117	252	10660	400	—	27735
铁力	168516	69651	6215	2706	3509	—	—	—	63436
桃山	75879	50363	4868	2469	549	1850	—	—	45495
朗乡	183324	49240	34674	3938	4001	26735	—	—	14566
南岔	75301	35230	10308	4478	480	5350	—	—	24922
金山屯	154582	61861	8559	3138	786	4619	—	16	53302
美溪	121204	26483	13185	9615	3570	—	—	—	13298
乌马河	128435	31548	7241	851	973	5417	—	—	24307
翠峦	131218	26026	7974	2828	595	4551	—	—	18052
友好	221423	103977	23210	5406	3974	13830	—	—	80767
上甘岭	63056	29316	17848	2020	549	15279	—	—	11468
五营	131770	32068	20948	1748	550	18650	—	—	11120
红星	79509	40209	11288	1039	1799	8450	—	—	28921
新青	130733	56301	18982	5392	3160	10049	—	381	37319
汤旺河	146527	48832	20471	3855	2856	—	—	13760	28361
乌伊岭	47375	21869	16974	4590	1682	10702	—	—	4895
松花江林业管理局	**711839**	**337423**	**126134**	**22233**	**42405**	**57221**	**3991**	**284**	**211289**
山河屯	74124	24350	8637	1506	3600	3531	—	—	15713
苇河	91586	51868	9482	448	3508	1535	3991	—	42386
亚布力	117892	52162	37976	3952	8727	25297	—	—	14186
方正	89258	38101	16704	3464	4870	8086	—	284	21397
兴隆	90450	54765	14266	3710	9880	676	—	—	40499
绥棱	97346	28790	13600	3090	4677	5833	—	—	15190
通北	70502	44465	4794	2865	1522	407	—	—	39671
沾河	80681	42922	20675	3198	5621	11856	—	—	22247
总局直属单位	**140923**	**27406**	**7969**	**1055**	**1947**	**4882**	**—**	**85**	**19437**
带岭实验局	140923	27406	7969	1055	1947	4882	—	85	19437
大兴安岭	**832520**	**384043**	**338381**	**94354**	**124379**	**95870**	**17986**	**5792**	**45662**
大兴安岭林管局	**817426**	**369322**	**325935**	**84173**	**123908**	**94076**	**17986**	**5792**	**43387**
松岭	106558	34261	28953	8773	13711	3520	1128	1821	5308
新林	152938	77927	70780	10434	25547	33076	49	1674	7147
塔河	88129	35935	29085	5633	13542	9570	340	—	6850
呼中	78501	47502	42717	11052	13105	17947	508	105	4785
阿木尔	36396	22147	20188	7546	10297	1992	353	—	1959
图强	62976	37785	35453	7669	13921	6092	7771	—	2332
西林吉	163721	54821	45231	14400	11650	14124	4941	116	9590
十八站	67267	21854	19282	7870	8106	3281	—	25	2572

企业总产值和销售产值(三)

格计算)

单位:万元

产值											企业销售产值
第二产业									第三产业		
合计	涉林产业							非林产业	合计	其中:非林产业	
	小计	非木质林产品加工	锯材木片加工	人造板制造	木制品制造	木质家具	其他				
64012	15252	—	3584	1745	4380	1750	3793	48760	19264	15264	19155
756363	**306523**	**—**	**23178**	**66647**	**120474**	**77490**	**18734**	**449840**	**463029**	**247237**	**1530861**
34962	28392	—	3520	1980	—	22820	72	6570	8552	4250	81909
62238	14800	—	1060	360	11420	1960	—	47438	36627	13263	142587
20721	8632	—	—	—	8632	—	—	12089	4795	2049	63397
107362	67402	—	3474	22916	34901	6111	—	39960	26722	12422	172324
27232	11846	—	—	600	—	11246	—	15386	12839	12069	346196
45721	27121	—	155	935	7880	14000	4151	18600	47000	16500	108206
56290	15322	—	7568	2018	4898	838	—	40968	38431	16331	36481
27608	15435	—	—	2479	7500	2316	3140	12173	69279	66779	104032
84137	13296	—	620	5630	5616	1430	—	70841	21055	14545	25496
98296	20828	—	—	1486	13354	5988	—	77468	19150	—	213487
21720	11426	—	1976	2430	5670	1350	—	10294	12020	2000	360
28121	1301	—	332	—	549	97	323	26820	71581	26576	—
24278	10619	—	—	1345	—	—	9274	13659	15022	15022	—
55951	21779	—	3022	2607	5986	9264	900	34172	18481	11956	66474
43708	35908	—	400	21440	14068	—	—	7800	53987	25987	124547
18018	2416	—	1051	421	—	70	874	15602	7488	7488	45365
221176	**71950**	**270**	**28793**	**20000**	**20749**	**2138**	**—**	**149226**	**153240**	**101464**	**216138**
18370	2000	—	1000	—	—	1000	—	16370	31404	11404	6600
29562	8703	270	7189	1244	—	—	—	20859	10156	6968	13674
29859	8106	—	1561	79	6466	—	—	21753	35871	18293	20698
30559	7105	—	4097	522	2486	—	—	23454	20598	17433	53764
31272	15276	—	7377	3746	3513	640	—	15996	4413	1913	88310
47832	18251	—	2151	14122	1978	—	—	29581	20724	18899	22453
12884	5009	—	232	—	4777	—	—	7875	13153	11643	6948
20838	7500	—	5186	287	1529	498	—	13338	16921	14911	3691
79870	**35214**	**689**	**17343**	**—**	**16257**	**925**	**—**	**44656**	**33647**	**11684**	**126835**
79870	35214	689	17343	—	16257	925	—	44656	33647	11684	126835
321097	**242907**	**—**	**50306**	**57079**	**112261**	**—**	**23261**	**78190**	**127380**	**35417**	**506486**
321097	**242907**	**—**	**50306**	**57079**	**112261**	**—**	**23261**	**78190**	**127007**	**35417**	**501946**
59624	31245	—	12524	1264	11483	—	5974	28379	12673	2095	72686
63459	46233	—	10242	6911	27347	—	1733	17226	11552	6416	110456
36711	34202	—	3893	11070	19239	—	—	2509	15483	8885	57670
19123	18969	—	2563	14605	1801	—	—	154	11876	2687	37331
10240	6770	—	177	278	5435	—	880	3470	4009	4009	16255
21293	20555	—	6040	1905	7771	—	4839	738	3898	2122	33648
46982	41960	—	4695	1567	28989	—	6709	5022	61918	6212	77574
41848	22669	—	9286	4573	5684	—	3126	19179	3565	1349	54452

国有林区分企业的

(按现行价

企业名称	企业总								
	总 计	第一产业							
		合计	涉林产业						非林产业
			小计	林木的培育和种植	木、竹材采运	经济林产品的种植与采集	陆生野生动物繁育与利用	其他	
韩家园	60940	37090	34246	10796	14029	4474	2896	2051	2844
大兴安岭营林局	**15094**	**14721**	**12446**	**10181**	**471**	**1794**	**—**	**—**	**2275**
加格达奇	15094	14721	12446	10181	471	1794	—	—	2275
四川	**41428**	**35988**	**34424**	**20013**	**197**	**392**	**—**	**13822**	**1564**
阿坝州林管局	**17427**	**16221**	**14925**	**4117**	**—**	**1**	**—**	**10807**	**1296**
川西	1821	1611	1611	240	—	—	—	1371	—
黑水	2030	2013	2013	348	—	—	—	1665	—
马尔康	2578	2178	2178	—	—	—	—	2178	—
小金	1973	1948	1948	1948	—	—	—	—	—
观音桥	3360	3324	2245	335	—	1	—	1909	1079
松潘	1559	1559	1342	1036	—	—	—	306	217
南坪	2728	2210	2210	210	—	—	—	2000	—
壤塘	1378	1378	1378	—	—	—	—	1378	—
甘孜州林管局	**12588**	**10969**	**10701**	**9291**	**—**	**391**	**—**	**1019**	**268**
道孚	2002	1914	1914	1911	—	3	—	—	—
新龙	1743	1725	1725	1725	—	—	—	—	—
丹巴	2500	2054	2054	2050	—	4	—	—	—
炉霍	1832	1797	1797	1054	—	—	—	743	—
白玉	2000	1266	1266	949	—	204	—	113	—
力邱河	1501	1441	1363	1020	—	180	—	163	78
翁达	1010	772	582	582	—	—	—	—	190
其他地、州林管局	**11413**	**8798**	**8798**	**6605**	**197**	**—**	**—**	**1996**	**—**
川南	3508	1155	1155	1155	—	—	—	—	—
雷波	1251	1249	1249	1152	97	—	—	—	—
凉北	785	785	785	785	—	—	—	—	—
夹金山	2001	1741	1741	1641	100	—	—	—	—
木里	1802	1802	1802	1802	—	—	—	—	—
普威	2066	2066	2066	70	—	—	—	1996	—
盐边	—	—	—	—	—	—	—	—	—
云南	**20740**	**11624**	**11624**	**6697**	**3981**	**—**	**—**	**946**	**—**
云南省林管局	**20740**	**11624**	**11624**	**6697**	**3981**	**—**	**—**	**946**	**—**
华坪	262	262	262	125	137	—	—	—	—
碧泉	606	606	606	565	41	—	—	—	—
黑白水	276	276	276	134	107	—	—	35	—
中甸 *	—	—	—	—	—	—	—	—	—
巨甸	404	404	404	292	112	—	—	—	—
红旗	—	—	—	—	—	—	—	—	—
云台山	1895	1895	1895	1014	—	—	—	881	—

企业总产值和销售产值(四)

格计算)

单位:万元

产值											企业销售产值
第二产业									第三产业		
合计	涉林产业							非林产业	合计	其中:非林产业	
	小计	非木质林产品加工	锯材木片加工	人造板制造	木制品制造	木质家具	其他				
21817	20304	—	886	14906	4512	—	—	1513	2033	1642	41874
—	**—**	**—**	**—**	**—**	**—**	**—**	**—**	**—**	**373**	**—**	**4540**
—	—	—	—	—	—	—	—	—	373	—	4540
175	**—**	**—**	**—**	**—**	**—**	**—**	**—**	**175**	**5265**	**2333**	**431**
175	**—**	**—**	**—**	**—**	**—**	**—**	**—**	**175**	**1031**	**453**	**167**
167	—	—	—	—	—	—	—	167	43	43	167
8	—	—	—	—	—	—	—	8	9	9	—
—	—	—	—	—	—	—	—	—	400	340	—
—	—	—	—	—	—	—	—	—	25	25	—
—	—	—	—	—	—	—	—	—	36	36	—
—	—	—	—	—	—	—	—	—	—	—	—
—	—	—	—	—	—	—	—	—	518	—	—
—	—	—	—	—	—	—	—	—	—	—	—
—	**—**	**—**	**—**	**—**	**—**	**—**	**—**	**—**	**1619**	**1599**	**43**
—	—	—	—	—	—	—	—	—	88	88	—
—	—	—	—	—	—	—	—	—	18	18	—
—	—	—	—	—	—	—	—	—	446	446	43
—	—	—	—	—	—	—	—	—	35	35	—
—	—	—	—	—	—	—	—	—	734	734	—
—	—	—	—	—	—	—	—	—	60	40	—
—	—	—	—	—	—	—	—	—	238	238	—
—	**—**	**—**	**—**	**—**	**—**	**—**	**—**	**—**	**2615**	**281**	**221**
—	—	—	—	—	—	—	—	—	2353	228	—
—	—	—	—	—	—	—	—	—	2	—	221
—	—	—	—	—	—	—	—	—	—	—	—
—	—	—	—	—	—	—	—	—	260	53	—
—	—	—	—	—	—	—	—	—	—	—	—
—	—	—	—	—	—	—	—	—	—	—	—
—	—	—	—	—	—	—	—	—	—	—	—
9096	**9084**	**—**	**85**	**8999**	**—**	**—**	**—**	**12**	**20**	**8**	**11827**
9096	**9084**	**—**	**85**	**8999**	**—**	**—**	**—**	**12**	**20**	**8**	**11827**
—	—	—	—	—	—	—	—	—	—	—	137
—	—	—	—	—	—	—	—	—	—	—	25
—	—	—	—	—	—	—	—	—	—	—	86
—	—	—	—	—	—	—	—	—	—	—	—
—	—	—	—	—	—	—	—	—	—	—	126
—	—	—	—	—	—	—	—	—	—	—	—
—	—	—	—	—	—	—	—	—	—	—	—

国有林区分企业的

（按现行价

企业名称	企业总								
	总 计	第一产业							
		合计	涉林产业						非林产业
			小计	林木的培育和种植	木、竹材采运	经济林产品的种植与采集	陆生野生动物繁育与利用	其他	
漾江	2371	2371	2371	2371	—	—	—	—	—
景东	1781	1781	1781	1335	446	—	—	—	—
墨江	1260	937	937	127	780	—	—	30	—
卫国	11489	2699	2699	341	2358	—	—	—	—
江边＊	—	—	—	—	—	—	—	—	—
清水江＊	—	—	—	—	—	—	—	—	—
南盘江＊	—	—	—	—	—	—	—	—	—
新平	3	—	—	—	—	—	—	—	—
宁蒗	393	393	393	393	—	—	—	—	—
陕西	**24149**	**4560**	**4521**	**3759**	**211**	**12**	**—**	**539**	**39**
陕西省林管局	**20339**	**3897**	**3858**	**3324**	**103**	**12**	**—**	**419**	**39**
宁西	6957	655	655	655	—	—	—	—	—
太白	1386	811	811	799	—	12	—	—	—
长青	2526	224	224	224	—	—	—	—	—
宁东	5757	1367	1367	875	73	—	—	419	—
汉西	2205	560	521	491	30	—	—	—	39
龙草坪	1508	280	280	280	—	—	—	—	—
陕西省营林局	**3810**	**663**	**663**	**435**	**108**	**—**	**—**	**120**	**—**
马头滩	2427	515	515	407	108	—	—	—	—
辛家山	1383	148	148	28	—	—	—	120	—
甘肃	**89205**	**50522**	**50367**	**28064**	**1738**	**236**	**—**	**20329**	**155**
甘肃省林管局	**60599**	**28545**	**28427**	**8098**	**—**	**—**	**—**	**20329**	**118**
舟曲	13790	4559	4559	1557	—	—	—	3002	—
迭部	20561	10013	10013	2902	—	—	—	7111	—
洮河	18585	10873	10755	2494	—	—	—	8261	118
白水江	7663	3100	3100	1145	—	—	—	1955	—
甘肃省营林局	**28606**	**21977**	**21940**	**19966**	**1738**	**236**	**—**	**—**	**37**
小陇山	28606	21977	21940	19966	1738	236	—	—	37
青海	**—**	**—**	**—**	**—**	**—**	**—**	**—**	**—**	**—**
青海省林管局	**—**	**—**	**—**	**—**	**—**	**—**	**—**	**—**	**—**
玛可河＊	—	—	—	—	—	—	—	—	—
新疆	**24264**	**21284**	**18075**	**12393**	**185**	**225**	**45**	**5227**	**3209**
新疆维吾尔自治区林管局	**12733**	**10425**	**7860**	**2438**	**156**	**225**	**—**	**5041**	**2565**
天山西部	10293	8640	6831	1711	96	225	—	4799	1809
阿尔泰山	2440	1785	1029	727	60	—	—	242	756
新疆维吾尔自治区营林局	**11531**	**10859**	**10215**	**9955**	**29**	**—**	**45**	**186**	**644**
天山中东部	11531	10859	10215	9955	29	—	45	186	644

企业总产值和销售产值(五)

格计算)　　　　单位:万元

产值											
第二产业									第三产业		企业销售产值
合计	涉林产业							非林产业	合计	其中:非林产业	
	小计	非木质林产品加工	锯材木片加工	人造板制造	木制品制造	木质家具	其他				
—	—	—	—	—	—	—	—	—	—	—	—
—	—	—	—	—	—	—	—	—	—	—	485
311	299	—	85	214	—	—	—	12	12	—	—
8785	8785	—	—	8785	—	—	—	—	5	5	10968
—	—	—	—	—	—	—	—	—	—	—	—
—	—	—	—	—	—	—	—	—	—	—	—
—	—	—	—	—	—	—	—	—	—	—	—
—	—	—	—	—	—	—	—	—	3	3	—
—	—	—	—	—	—	—	—	—	—	—	—
16143	**6158**	—	—	—	—	—	**6158**	**9985**	**3446**	**1911**	**108**
14678	**6158**	—	—	—	—	—	**6158**	**8520**	**1764**	**1706**	—
6158	6158	—	—	—	—	—	6158	—	144	144	—
562	—	—	—	—	—	—	—	562	13	13	—
1172	—	—	—	—	—	—	—	1172	1130	1130	—
4173	—	—	—	—	—	—	—	4173	217	159	—
1385	—	—	—	—	—	—	—	1385	260	260	—
1228	—	—	—	—	—	—	—	1228	—	—	—
1465	—	—	—	—	—	—	—	**1465**	**1682**	**205**	**108**
935	—	—	—	—	—	—	—	935	977	—	108
530	—	—	—	—	—	—	—	530	705	205	—
12937	**240**	—	—	—	**83**	—	**157**	**12697**	**25746**	**4496**	**28067**
12937	**240**	—	—	—	**83**	—	**157**	**12697**	**19117**	**1491**	**28067**
4964	240	—	—	—	83	—	157	4724	4267	825	5344
4570	—	—	—	—	—	—	—	4570	5978	—	13632
665	—	—	—	—	—	—	—	665	7047	629	6080
2738	—	—	—	—	—	—	—	2738	1825	37	3011
—	—	—	—	—	—	—	—	—	**6629**	**3005**	—
—	—	—	—	—	—	—	—	—	6629	3005	—
—	—	—	—	—	—	—	—	—	—	—	—
—	—	—	—	—	—	—	—	—	—	—	—
—	—	—	—	—	—	—	—	—	—	—	—
—	—	—	—	—	—	—	—	—	**2980**	**921**	**126**
—	—	—	—	—	—	—	—	—	**2308**	**630**	**97**
—	—	—	—	—	—	—	—	—	1653	33	97
—	—	—	—	—	—	—	—	—	655	597	—
—	—	—	—	—	—	—	—	—	**672**	**291**	**29**
—	—	—	—	—	—	—	—	—	672	291	29

国有林区主要

指标名称	计量单位	合　计
一、木材产量	**立方米**	**4940413**
1. 原木	立方米	4849259
2. 薪材	立方米	91154
二、木材销售量	**立方米**	**5073124**
其中:胶合板材	立方米	210843
三、木材实际库存量	**立方米**	**2227690**
四、锯材产量	**立方米**	**725363**
五、人造板产量	**立方米**	**1020549**
其中:胶合板	立方米	69420
纤维板	立方米	432118
刨花板	立方米	250895
六、木片、木粒加工产品产量	**实积立方米**	**485574**
七、木地板	**平方米**	**2418602**
八、卫生筷子	**标准箱**	**2217664**

产品产量

135 个木材采运企业	20 个重点营林局
4541210	**399203**
4464193	385066
77017	14137
4738650	**334474**
210843	—
2005805	**221885**
713410	**11953**
1016329	**4220**
68200	1220
432118	—
247895	3000
484074	**1500**
2418602	**—**
2217664	**—**

企业名称	木材产量			木材销售量		木材实际库存量
	合　计	原　木	薪　材	合　计	其中：胶合板材	
全国合计	**4940413**	**4849259**	**91154**	**5073124**	**210843**	**2227690**
135 个木材采运企业小计	4541210	4464193	77017	4738650	210843	2005805
20 个重点营林局小计	399203	385066	14137	334474	—	221885
内蒙古	**1298017**	**1273260**	**24757**	**1162280**	**—**	**532494**
内蒙古集团林管局	**1137985**	**1113228**	**24757**	**1058622**	**—**	**452340**
阿尔山	48374	48374	—	22265	—	29153
绰尔	67613	67613	—	70358	—	29742
绰源	42206	42206	—	42501	—	7294
乌尔旗汉	96386	92502	3884	80029	—	36596
库都尔	55914	55914	—	52711	—	25075
图里河	42027	42027	—	36788	—	20054
伊图里河	25841	25366	475	23366	—	10657
克一河	46594	45598	996	36128	—	17885
甘河	58905	53566	5339	54588	—	14136
吉文	44580	44580	—	42924	—	18139
阿里河	63866	60830	3036	66349	—	27742
根河	112809	112809	—	118951	—	46049
金河	103282	103282	—	93326	—	64722
阿龙山	68300	67818	482	64327	—	14447
满归	78228	75379	2849	72850	—	38495
得耳布尔	58147	58147	—	52320	—	15076
莫尔道嘎	124913	117217	7696	128841	—	37078
内蒙古集团营林局	**11902**	**11902**	**—**	**7433**	**—**	**5048**
大杨树	6459	6459	—	3930	—	2949
毕拉河	5443	5443	—	3503	—	2099
内蒙古林业厅营林局	**148130**	**148130**	**—**	**96225**	**—**	**75106**
免渡河	27636	27636	—	29488	—	16411
乌奴尔	23957	23957	—	17960	—	23957
巴林	26900	26900	—	—	—	—
南木	11990	11990	—	13585	—	11990
红花尔基	12655	12655	—	12655	—	—
柴河	44992	44992	—	22537	—	22748
五岔沟	—	—	—	—	—	—
白狼	—	—	—	—	—	—
吉林	**1477349**	**1458540**	**18809**	**1637769**	**101958**	**521249**
吉林集团林管局	**616993**	**609833**	**7160**	**668302**	**31971**	**123271**
临江	63666	61854	1812	75577	—	13208
三岔子	103914	99543	4371	108989	—	9181
湾沟	26500	26500	—	26506	—	10232

的主要产品产量(一)

单位:立方米

锯材产量	人造板产量				木片、木粒加工产品产量(实积立方米)	木地板(平方米)	卫生筷子(标准箱)
	合　计	其　中					
		胶合板	纤维板	刨花板			
725363	**1020549**	**69420**	**432118**	**250895**	**485574**	**2418602**	**2217664**
713410	1016329	68200	432118	247895	484074	2418602	2217664
11953	4220	1220	—	3000	1500	—	—
2797	**3000**	—	—	**3000**	**1500**	—	—
—	—	—	—	—	—	—	—
—	—	—	—	—	—	—	—
—	—	—	—	—	—	—	—
—	—	—	—	—	—	—	—
—	—	—	—	—	—	—	—
—	—	—	—	—	—	—	—
—	—	—	—	—	—	—	—
—	—	—	—	—	—	—	—
—	—	—	—	—	—	—	—
—	—	—	—	—	—	—	—
—	—	—	—	—	—	—	—
—	—	—	—	—	—	—	—
—	—	—	—	—	—	—	—
—	—	—	—	—	—	—	—
—	—	—	—	—	—	—	—
—	—	—	—	—	—	—	—
—	—	—	—	—	—	—	—
—	—	—	—	—	—	—	—
—	—	—	—	—	—	—	—
—	—	—	—	—	—	—	—
—	—	—	—	—	—	—	—
2797	**3000**	—	—	**3000**	**1500**	—	—
—	—	—	—	—	1500	—	—
2797	—	—	—	—	—	—	—
—	3000	—	—	3000	—	—	—
—	—	—	—	—	—	—	—
—	—	—	—	—	—	—	—
—	—	—	—	—	—	—	—
—	—	—	—	—	—	—	—
—	—	—	—	—	—	—	—
58444	**184720**	**6828**	**109712**	**53301**	**8133**	**1620877**	—
10749	**110223**	—	**105499**	—	**8133**	—	—
—	3186	—	—	—	—	—	—
1175	1538	—	—	—	8133	—	—
—	—	—	—	—	—	—	—

国有林区分企业

企业名称	木材产量			木材销售量		木材实际库存量
	合计	原木	薪材	合计	其中：胶合板材	
松江河	86800	85827	973	100990	—	16384
泉阳	49688	49684	4	55483	20653	13872
露水河	71911	71911	—	76498	—	17248
白石山	82714	82714	—	82368	11318	13772
红石	131800	131800	—	141891	—	29374
延边林管局	**660738**	**659954**	**784**	**777120**	**69987**	**283111**
黄泥河	59656	59656	—	61902	—	31909
敦化	108671	108671	—	168416	42627	49282
大石头	69085	68953	132	88614	—	44238
八家子	56029	56029	—	60829	—	11199
和龙	92260	92260	—	98809	18266	16445
汪清	79197	79197	—	89337	—	47937
大兴沟	30272	30272	—	27950	—	30272
天桥岭	48499	48499	—	65495	—	9904
白河	71369	70717	652	83107	9094	13077
珲春	45700	45700	—	32661	—	28848
吉林省林业厅营林局	**199618**	**188753**	**10865**	**192347**	**—**	**114867**
上营	72870	62005	10865	69244	—	11217
辉南	26338	26338	—	26771	—	13219
长白	47350	47350	—	48662	—	45304
安图	53060	53060	—	47670	—	45127
长白山 *	—	—	—	—	—	—
龙江集团	**1304861**	**1275327**	**29534**	**1415332**	**84621**	**576426**
牡丹江林业管理局	**398761**	**392192**	**6569**	**379588**	**26283**	**164391**
大海林	62830	62830	—	50604	—	33890
柴河	81984	81230	754	81984	16786	—
东京城	100998	97153	3845	105574	9497	67276
穆棱	56460	56460	—	88708	—	—
绥阳	35644	34134	1510	31753	—	4781
海林	20924	20924	—	15004	—	18523
林口	29646	29646	—	2052	—	29646
八面通	10275	9815	460	3909	—	10275
合江林业管理局	**208447**	**208447**	**—**	**235496**	**20048**	**131451**
桦南	14986	14986	—	10510	—	11424
双鸭山	4701	4701	—	7408	—	4
鹤立	7000	7000	—	7374	—	3627
鹤北	45000	45000	—	53299	205	26004
东方红	92826	92826	—	109827	12796	32406
迎春	17956	17956	—	14287	2152	8316

的主要产品产量(二)

单位:立方米

锯材产量	人造板产量				木片、木粒加工产品产量(实积立方米)	木地板(平方米)	卫生筷子(标准箱)
	合 计	其 中					
		胶合板	纤维板	刨花板			
—	—	—	—	—	—	—	—
—	—	—	—	—	—	—	—
793	—	—	—	—	—	—	—
—	51836	—	51836	—	—	—	—
8781	53663	—	53663	—	—	—	—
38539	**73277**	**5608**	**4213**	**53301**	**—**	**1620877**	**—**
—	—	—	—	—	—	—	—
14558	—	—	—	—	—	—	—
—	—	—	—	—	—	—	—
—	—	—	—	—	—	—	—
—	8841	5608	—	—	—	—	—
—	4213	—	4213	—	—	1443843	—
5573	5471	—	—	—	—	—	—
4811	—	—	—	—	—	25194	—
13597	54752	—	—	53301	—	151840	—
—	—	—	—	—	—	—	—
9156	**1220**	**1220**	**—**	**—**	**—**	**—**	**—**
—	—	—	—	—	—	—	—
—	—	—	—	—	—	—	—
—	—	—	—	—	—	—	—
9156	1220	1220	—	—	—	—	—
—	—	—	—	—	—	—	—
474893	**499208**	**36052**	**165304**	**192667**	**155182**	**793703**	**1271281**
102682	**60416**	**7390**	**—**	**44730**	**8000**	**22000**	**669689**
21450	550	550	—	—	8000	—	70939
27307	12136	3840	—	—	—	—	46750
7000	3000	3000	—	—	—	—	47500
25425	44730	—	—	44730	—	—	154500
14500	—	—	—	—	—	—	350000
—	—	—	—	—	—	—	—
7000	—	—	—	—	—	22000	—
—	—	—	—	—	—	—	—
88393	**13608**	**10768**	**—**	**—**	**30476**	**100000**	**270030**
11745	630	630	—	—	—	—	30000
6500	—	—	—	—	—	—	15000
9000	5000	5000	—	—	800	—	—
14500	500	—	—	—	1000	—	100000
35028	2508	2508	—	—	28051	—	85030
1600	600	600	—	—	625	—	40000

<table>
<tr><th rowspan="2">企业名称</th><th colspan="3">木材产量</th><th colspan="2">木材销售量</th><th rowspan="2">木材实际库存量</th></tr>
<tr><th>合计</th><th>原木</th><th>薪材</th><th>合计</th><th>其中：胶合板材</th></tr>
<tr><td>清河</td><td>25978</td><td>25978</td><td>—</td><td>32791</td><td>4895</td><td>49670</td></tr>
<tr><td>伊春林业管理局</td><td>353217</td><td>332282</td><td>20935</td><td>449718</td><td>—</td><td>130780</td></tr>
<tr><td>双丰</td><td>4997</td><td>4226</td><td>771</td><td>5000</td><td>—</td><td>4997</td></tr>
<tr><td>铁力</td><td>36367</td><td>32608</td><td>3759</td><td>42012</td><td>—</td><td>21511</td></tr>
<tr><td>桃山</td><td>7000</td><td>7000</td><td>—</td><td>3565</td><td>—</td><td>4247</td></tr>
<tr><td>朗乡</td><td>68441</td><td>61776</td><td>6665</td><td>66907</td><td>—</td><td>20411</td></tr>
<tr><td>南岔</td><td>5631</td><td>4975</td><td>656</td><td>6172</td><td>—</td><td>—</td></tr>
<tr><td>金山屯</td><td>8885</td><td>8384</td><td>501</td><td>9163</td><td>—</td><td>761</td></tr>
<tr><td>美溪</td><td>20505</td><td>20505</td><td>—</td><td>20505</td><td>—</td><td>—</td></tr>
<tr><td>乌马河</td><td>9980</td><td>8518</td><td>1462</td><td>7980</td><td>—</td><td>2000</td></tr>
<tr><td>翠峦</td><td>7258</td><td>7258</td><td>—</td><td>4290</td><td>—</td><td>2968</td></tr>
<tr><td>友好</td><td>48985</td><td>47799</td><td>1186</td><td>81896</td><td>—</td><td>15057</td></tr>
<tr><td>上甘岭</td><td>9207</td><td>9207</td><td>—</td><td>4763</td><td>—</td><td>4444</td></tr>
<tr><td>五营</td><td>2568</td><td>2568</td><td>—</td><td>4989</td><td>—</td><td>4999</td></tr>
<tr><td>红星</td><td>19991</td><td>19991</td><td>—</td><td>29501</td><td>—</td><td>9096</td></tr>
<tr><td>新青</td><td>36470</td><td>36470</td><td>—</td><td>62864</td><td>—</td><td>10467</td></tr>
<tr><td>汤旺河</td><td>44990</td><td>43257</td><td>1733</td><td>68434</td><td>—</td><td>21548</td></tr>
<tr><td>乌伊岭</td><td>21942</td><td>17740</td><td>4202</td><td>31677</td><td>—</td><td>8274</td></tr>
<tr><td>松花江林业管理局</td><td>324713</td><td>324288</td><td>425</td><td>328966</td><td>36767</td><td>145629</td></tr>
<tr><td>山河屯</td><td>27693</td><td>27271</td><td>422</td><td>27693</td><td>10425</td><td>—</td></tr>
<tr><td>苇河</td><td>26880</td><td>26880</td><td>—</td><td>38225</td><td>6535</td><td>6861</td></tr>
<tr><td>亚布力</td><td>63261</td><td>63261</td><td>—</td><td>84395</td><td>15400</td><td>8486</td></tr>
<tr><td>方正</td><td>39330</td><td>39330</td><td>—</td><td>43420</td><td>—</td><td>14597</td></tr>
<tr><td>兴隆</td><td>75986</td><td>75986</td><td>—</td><td>58891</td><td>—</td><td>62851</td></tr>
<tr><td>绥棱</td><td>35982</td><td>35982</td><td>—</td><td>32325</td><td>4407</td><td>15672</td></tr>
<tr><td>通北</td><td>12174</td><td>12174</td><td>—</td><td>15514</td><td>—</td><td>6259</td></tr>
<tr><td>沾河</td><td>43407</td><td>43404</td><td>3</td><td>28503</td><td>—</td><td>30903</td></tr>
<tr><td>总局直属单位</td><td>19723</td><td>18118</td><td>1605</td><td>21564</td><td>1523</td><td>4175</td></tr>
<tr><td>带岭实验局</td><td>19723</td><td>18118</td><td>1605</td><td>21564</td><td>1523</td><td>4175</td></tr>
<tr><td>大兴安岭</td><td>785204</td><td>775515</td><td>9689</td><td>778653</td><td>—</td><td>559462</td></tr>
<tr><td>大兴安岭林管局</td><td>762647</td><td>752958</td><td>9689</td><td>769141</td><td>—</td><td>546417</td></tr>
<tr><td>松岭</td><td>66239</td><td>66239</td><td>—</td><td>45260</td><td>—</td><td>56374</td></tr>
<tr><td>新林</td><td>100058</td><td>100058</td><td>—</td><td>121507</td><td>—</td><td>59780</td></tr>
<tr><td>塔河</td><td>88900</td><td>88900</td><td>—</td><td>107189</td><td>—</td><td>85602</td></tr>
<tr><td>呼中</td><td>154880</td><td>145191</td><td>9689</td><td>108349</td><td>—</td><td>105628</td></tr>
<tr><td>阿木尔</td><td>52188</td><td>52188</td><td>—</td><td>62642</td><td>—</td><td>41994</td></tr>
<tr><td>图强</td><td>56684</td><td>56684</td><td>—</td><td>85928</td><td>—</td><td>63052</td></tr>
<tr><td>西林吉</td><td>96058</td><td>96058</td><td>—</td><td>96020</td><td>—</td><td>49289</td></tr>
<tr><td>十八站</td><td>62131</td><td>62131</td><td>—</td><td>67784</td><td>—</td><td>34503</td></tr>
</table>

的主要产品产量（三）

单位：立方米

锯材产量	人造板产量				木片、木粒加工产品产量（实积立方米）	木地板（平方米）	卫生筷子（标准箱）
	合　计	其　中					
		胶合板	纤维板	刨花板			
10020	4370	2030	—	—	—	100000	—
94961	**330427**	**15724**	**85396**	**147937**	**50018**	**514558**	**95628**
22000	5000	2300	—	—	—	—	—
7050	2400	2400	—	—	—	509490	—
—	—	—	—	—	—	—	—
19300	155730	—	80730	75000	—	—	—
—	3000	3000	—	—	—	—	—
1000	5000	—	—	—	—	—	—
4968	9288	—	—	—	—	5068	51628
—	28950	—	—	28950	—	—	—
—	—	—	—	—	18018	—	—
—	6632	956	4016	—	—	—	—
14690	11196	7068	650	—	—	—	—
2560	—	—	—	—	—	—	—
—	7546	—	—	—	—	—	—
16385	15710	—	—	3750	—	—	—
—	76970	—	—	40237	32000	—	44000
7008	3005	—	—	—	—	—	—
118857	**88257**	**2170**	**79908**	**—**	**42128**	**145145**	**224934**
3000	—	—	—	—	—	—	—
20000	458	458	—	—	—	—	—
6347	306	306	—	—	—	—	84848
22840	2217	1235	—	—	2370	—	—
21500	22980	—	22980	—	28617	—	34000
10224	60384	171	56928	—	4474	145145	—
1550	—	—	—	—	—	—	—
33396	1912	—	—	—	6667	—	106086
70000	**6500**	**—**	**—**	**—**	**24560**	**12000**	**11000**
70000	6500	—	—	—	24560	12000	11000
188405	**273235**	**1250**	**124678**	**1927**	**320759**	**4022**	**946383**
188405	**273235**	**1250**	**124678**	**1927**	**320759**	**4022**	**946383**
34623	3394	216	—	—	149306	1620	44896
74817	65921	—	53163	—	—	—	278626
4204	60677	—	46125	—	108688	—	32300
280	53284	—	25390	1927	24731	—	1500
1685	1150	—	—	—	—	2402	19311
11127	2504	—	—	—	9601	—	7980
15367	4757	615	—	—	13303	—	9097
41019	13437	419	—	—	12880	—	229803

企业名称	木材产量			木材销售量		木材实际库存量
	合计	原木	薪材	合计	其中：胶合板材	
韩家园	85509	85509	—	74462	—	50195
大兴安岭营林局	**22557**	**22557**	**—**	**9512**	**—**	**13045**
加格达奇	22557	22557	—	9512	—	13045
四川	**3730**	**3730**	**—**	**—**	**—**	**—**
阿坝州林管局	**—**	**—**	**—**	**—**	**—**	**—**
川西	—	—	—	—	—	—
黑水	—	—	—	—	—	—
马尔康	—	—	—	—	—	—
小金	—	—	—	—	—	—
观音桥	—	—	—	—	—	—
松潘	—	—	—	—	—	—
南坪	—	—	—	—	—	—
壤塘	—	—	—	—	—	—
甘孜州林管局	**—**	**—**	**—**	**—**	**—**	**—**
道孚	—	—	—	—	—	—
新龙	—	—	—	—	—	—
丹巴	—	—	—	—	—	—
炉霍	—	—	—	—	—	—
白玉	—	—	—	—	—	—
力邱河	—	—	—	—	—	—
翁达	—	—	—	—	—	—
其他地、州林管局	**3730**	**3730**	**—**	**—**	**—**	**—**
川南	—	—	—	—	—	—
雷波	3730	3730	—	—	—	—
凉北	—	—	—	—	—	—
夹金山	—	—	—	—	—	—
木里	—	—	—	—	—	—
普威	—	—	—	—	—	—
盐边	—	—	—	—	—	—
云南	**53270**	**48237**	**5033**	**49193**	**24264**	**24149**
云南省林管局	**53270**	**48237**	**5033**	**49193**	**24264**	**24149**
华坪	4714	4486	228	4714	—	—
碧泉	2571	1104	1467	1781	—	2571
黑白水	3338	—	3338	3338	—	—
中甸 *	—	—	—	—	—	—
巨甸	3511	3511	—	3511	—	—
红旗	—	—	—	—	—	—
云台山	—	—	—	—	—	—

的主要产品产量(四)

单位:立方米

锯材产量	人造板产量				木片、木粒加工产品产量(实积立方米)	木地板(平方米)	卫生筷子(标准箱)
	合计	其中					
		胶合板	纤维板	刨花板			
5283	68111	—	—	—	2250	—	322870
—	—	—	—	—	—	—	—
—	—	—	—	—	—	—	—
—	—	—	—	—	—	—	—
—	—	—	—	—	—	—	—
—	—	—	—	—	—	—	—
—	—	—	—	—	—	—	—
—	—	—	—	—	—	—	—
—	—	—	—	—	—	—	—
—	—	—	—	—	—	—	—
—	—	—	—	—	—	—	—
—	—	—	—	—	—	—	—
—	—	—	—	—	—	—	—
—	—	—	—	—	—	—	—
—	—	—	—	—	—	—	—
—	—	—	—	—	—	—	—
—	—	—	—	—	—	—	—
—	—	—	—	—	—	—	—
—	—	—	—	—	—	—	—
—	—	—	—	—	—	—	—
—	—	—	—	—	—	—	—
—	—	—	—	—	—	—	—
—	—	—	—	—	—	—	—
—	—	—	—	—	—	—	—
—	—	—	—	—	—	—	—
—	—	—	—	—	—	—	—
—	—	—	—	—	—	—	—
—	—	—	—	—	—	—	—
824	**60386**	**25290**	**32424**	—	—	—	—
824	**60386**	**25290**	**32424**	—	—	—	—
—	—	—	—	—	—	—	—
—	—	—	—	—	—	—	—
—	—	—	—	—	—	—	—
—	—	—	—	—	—	—	—
—	—	—	—	—	—	—	—
—	—	—	—	—	—	—	—
—	—	—	—	—	—	—	—

企业名称	木材产量			木材销售量		木材实际库存量
	合　计	原　木	薪　材	合　计	其中：胶合板材	
漾江	—	—	—	—	—	—
景东	8910	8910	—	9703	—	7917
墨江	5115	5115	—	980	980	—
卫国	25111	25111	—	25166	23284	13661
江边＊	—	—	—	—	—	—
清水江＊	—	—	—	—	—	—
南盘江＊	—	—	—	—	—	—
新平	—	—	—	—	—	—
宁蒗	—	—	—	—	—	—
陕西	**—**	**—**	**—**	**2493**	**—**	**—**
陕西省林管局	**—**	**—**	**—**	**—**	**—**	**—**
宁西	—	—	—	—	—	—
太白	—	—	—	—	—	—
长青	—	—	—	—	—	—
宁东	—	—	—	—	—	—
汉西	—	—	—	—	—	—
龙草坪	—	—	—	—	—	—
陕西省营林局	**—**	**—**	**—**	**2493**	**—**	**—**
马头滩	—	—	—	2493	—	—
辛家山	—	—	—	—	—	—
甘肃	**16769**	**13497**	**3272**	**26237**	**—**	**13819**
甘肃省林管局	**—**	**—**	**—**	**—**	**—**	**—**
舟曲	—	—	—	—	—	—
迭部	—	—	—	—	—	—
洮河	—	—	—	—	—	—
白水江	—	—	—	—	—	—
甘肃省营林局	**16769**	**13497**	**3272**	**26237**	**—**	**13819**
小陇山	16769	13497	3272	26237	—	13819
青海	**—**	**—**	**—**	**—**	**—**	**—**
青海省林管局	**—**	**—**	**—**	**—**	**—**	**—**
玛可河＊	—	—	—	—	—	—
新疆	**1213**	**1153**	**60**	**1167**	**—**	**91**
新疆维吾尔自治区林管局	**986**	**926**	**60**	**940**	**—**	**91**
天山西部	926	926	—	940	—	91
阿尔泰山	60	—	60	—	—	—
新疆维吾尔自治区营林局	**227**	**227**	**—**	**227**	**—**	**—**
天山中东部	227	227	—	227	—	—

的主要产品产量(五)

单位:立方米

锯材产量	人造板产量				木片、木粒加工产品产量(实积立方米)	木地板(平方米)	卫生筷子(标准箱)
	合 计	其 中					
		胶合板	纤维板	刨花板			
—	—	—	—	—	—	—	—
—	—	—	—	—	—	—	—
824	980	980	—	—	—	—	—
—	59406	24310	32424	—	—	—	—
—	—	—	—	—	—	—	—
—	—	—	—	—	—	—	—
—	—	—	—	—	—	—	—
—	—	—	—	—	—	—	—
—	—	—	—	—	—	—	—
—	—	—	—	—	—	—	—
—	—	—	—	—	—	—	—
—	—	—	—	—	—	—	—
—	—	—	—	—	—	—	—
—	—	—	—	—	—	—	—
—	—	—	—	—	—	—	—
—	—	—	—	—	—	—	—
—	—	—	—	—	—	—	—
—	—	—	—	—	—	—	—
—	—	—	—	—	—	—	—
—	—	—	—	—	—	—	—
—	—	—	—	—	—	—	—
—	—	—	—	—	—	—	—
—	—	—	—	—	—	—	—
—	—	—	—	—	—	—	—
—	—	—	—	—	—	—	—
—	—	—	—	—	—	—	—
—	—	—	—	—	—	—	—
—	—	—	—	—	—	—	—
—	—	—	—	—	—	—	—
—	—	—	—	—	—	—	—
—	—	—	—	—	—	—	—
—	—	—	—	—	—	—	—
—	—	—	—	—	—	—	—
—	—	—	—	—	—	—	—
—	—	—	—	—	—	—	—
—	—	—	—	—	—	—	—
—	—	—	—	—	—	—	—

国有林区非木材产品产量

指标名称	单位	合计	135个木材采运企业	20个重点营林局
一、各类经济林产品	吨	194409	192681	1728
二、中药材	吨	34252	34112	140
三、食用菌	吨	100501	99455	1046
四、山野菜	吨	45574	45027	547
五、年末大牲畜存栏数	万只	57	49	9
六、年末家禽存栏数	万只	758	749	9
七、森林旅游人数	人次	8760033	8176630	583403

国有林区主要经济效益指标

指标名称	单位	合计	135个木材采运企业	20个重点营林局
一、总资产贡献率	%	1.7	1.7	1.0
二、资本保值增值率	%	101.7	101.4	103.7
三、资产负债率	%	64.2	65.2	54.1
四、流动资产周转率	次	0.5	0.5	0.7
五、成本费用利润率	%	2.8	2.5	13.0
六、全员劳动生产率	元/人	20668	21208	3833
七、产品销售率	%	77.1	78.2	46.2

国有林区分企业的非木材产品产量(一)

企业名称	各类经济林产品（吨）	中药材（吨）	食用菌（吨）	山野菜（吨）	年末大牲畜存栏数（万只）	年末家禽存栏数（万只）	森林旅游人数（人次）
全国合计	**194409**	**34252**	**100501**	**45574**	**57**	**758**	**8760033**
135 个木材采运企业小计	192681	34112	99455	45027	49	749	8176630
20 个重点营林局小计	1728	140	1046	547	9	9	583403
内蒙古	**—**	**437**	**662**	**508**	**10**	**12**	**616800**
内蒙古集团林管局	**—**	**432**	**440**	**383**	**2**	**7**	**491500**
阿尔山	—	—	8	39	—	—	255000
绰尔	—	1	—	—	1	—	6000
绰源	—	—	—	—	—	—	11000
乌尔旗汉	—	3	39	6	—	—	11000
库都尔	—	150	28	—	—	—	—
图里河	—	11	1	—	—	—	5000
伊图里河	—	2	3	—	—	—	—
克一河	—	91	215	—	—	1	15000
甘河	—	—	—	—	—	—	—
吉文	—	120	64	300	—	—	—
阿里河	—	1	31	37	—	—	20000
根河	—	—	23	—	—	—	34000
金河	—	—	—	—	—	—	3000
阿龙山	—	—	19	—	—	3	1500
满归	—	2	3	1	—	—	30000
得耳布尔	—	51	3	—	—	1	—
莫尔道嘎	—	—	3	—	—	—	100000
内蒙古集团营林局	**—**	**—**	**17**	**23**	**—**	**—**	**34500**
大杨树	—	—	—	—	—	—	500
毕拉河	—	—	17	23	—	—	34000
内蒙古林业厅营林局	**—**	**5**	**205**	**102**	**8**	**5**	**90800**
免渡河	—	—	11	10	—	—	—
乌奴尔	—	—	2	28	—	—	—
巴林	—	—	8	—	—	—	32000
南木	—	—	5	1	—	—	—
红花尔基	—	5	60	17	1	—	36000
柴河	—	—	2	4	—	—	—
五岔沟	—	—	66	5	5	5	6000
白狼	—	—	51	37	—	—	16800
吉林	**14894**	**4994**	**13133**	**5123**	**19**	**57**	**649576**
吉林集团林管局	**8884**	**4347**	**3458**	**2340**	**14**	**30**	**164466**
临江	2277	629	395	512	11	11	5500
三岔子	975	64	62	417	—	1	17766
湾沟	269	25	6	148	—	—	5000

国有林区分企业的非木材产品产量(二)

企业名称	各类经济林产品（吨）	中药材（吨）	食用菌（吨）	山野菜（吨）	年末大牲畜存栏数（万只）	年末家禽存栏数（万只）	森林旅游人数（人次）
松江河	839	1	210	240	—	—	61000
泉阳	460	2500	30	65	—	2	1200
露水河	75	1005	200	335	—	—	25200
白石山	3114	34	2500	300	3	16	10000
红石	875	89	55	323	—	—	38800
延边林管局	**4831**	**572**	**8951**	**2424**	**4**	**23**	**352610**
黄泥河	7	114	1325	528	1	2	—
敦化	—	—	641	620	1	6	24000
大石头	52	6	1126	19	—	4	2400
八家子	—	61	113	70	—	—	—
和龙	183	53	616	159	1	1	—
汪清	350	5	1005	380	—	1	—
大兴沟	149	157	1540	119	—	2	—
天桥岭	—	15	1680	300	—	2	—
白河	290	136	881	204	—	2	320000
珲春	3800	25	24	25	—	4	6210
吉林省林业厅营林局	**1179**	**75**	**724**	**359**	**—**	**3**	**132500**
上营	1000	30	280	300	—	—	32500
辉南	—	—	—	—	—	—	100000
长白	—	—	—	—	—	—	—
安图	179	45	444	59	—	3	—
长白山 *	—	—	—	—	—	—	—
龙江集团	**136142**	**28371**	**77970**	**38081**	**26**	**654**	**5970557**
牡丹江林业管理局	**33359**	**1599**	**24452**	**2578**	**4**	**46**	**901700**
大海林	3414	223	2334	710	—	11	242300
柴河	2864	1	2304	532	—	5	151400
东京城	7156	—	5660	450	—	7	180000
穆棱	3945	1275	2250	60	3	10	140000
绥阳	11050	—	9500	382	1	11	60000
海林	2470	100	700	100	—	—	—
林口	2010	—	1400	198	—	—	61000
八面通	450	—	304	146	—	2	67000
合江林业管理局	**10090**	**6938**	**5076**	**1252**	**2**	**79**	**865500**
桦南	604	—	100	294	—	9	65900
双鸭山	414	65	141	220	—	26	200000
鹤立	508	150	308	105	1	1	70000
鹤北	1910	110	1207	100	—	5	139600
东方红	2525	1479	690	256	—	23	150000
迎春	337	77	30	225	1	4	60000

国有林区分企业的非木材产品产量(三)

企业名称	各类经济林产品（吨）	中药材（吨）	食用菌（吨）	山野菜（吨）	年末大牲畜存栏数（万只）	年末家禽存栏数（万只）	森林旅游人数（人次）
清河	3792	5057	2600	52	—	11	180000
伊春林业管理局	**56111**	**10210**	**27049**	**21215**	**10**	**356**	**2752970**
双丰	3567	2250	652	2150	2	19	59316
铁力	1517	460	252	933	1	2	360500
桃山	2063	850	343	680	2	74	46385
朗乡	6175	2130	3557	1446	2	21	145000
南岔	3488	915	2413	1075	—	9	128300
金山屯	3290	—	2800	230	—	30	323200
美溪	6033	—	5288	745	—	15	312000
乌马河	—	—	1025	212	—	8	20000
翠峦	2570	611	780	681	—	19	80049
友好	10879	—	2285	1750	1	104	51000
上甘岭	868	769	410	300	—	13	160000
五营	4322	795	2390	1932	—	8	600000
红星	972	—	330	500	—	—	—
新青	1986	—	60	883	—	9	163000
汤旺河	6469	—	3484	2784	—	22	300000
乌伊岭	1912	1430	980	4914	—	3	4220
松花江林业管理局	**32327**	**9044**	**20318**	**11782**	**10**	**98**	**1215100**
山河屯	1875	3833	1605	270	—	51	240000
苇河	7427	—	7030	333	1	1	121300
亚布力	7275	—	6226	1000	1	2	367300
方正	2266	22	1554	658	3	20	182500
兴隆	1593	101	1541	52	—	8	110000
绥棱	1020	1	805	155	4	10	71000
通北	72	4987	26	46	—	6	60000
沾河	10799	100	1531	9268	1	—	63000
总局直属单位	**4255**	**580**	**1075**	**1254**	**—**	**75**	**235287**
带岭实验局	4255	580	1075	1254	—	75	235287
大兴安岭	**43271**	**450**	**8729**	**1773**	**1**	**36**	**955270**
大兴安岭林管局	**42821**	**390**	**8629**	**1723**	**1**	**35**	**944370**
松岭	1620	125	520	150	—	12	104000
新林	14839	4	3497	180	—	4	56131
塔河	2418	108	530	20	—	6	28596
呼中	7571	30	3015	244	—	4	141955
阿木尔	1270	4	99	9	—	—	—
图强	5168	7	147	—	—	4	9836
西林吉	7300	7	86	420	—	2	598753
十八站	1185	105	315	250	—	2	3562

国有林区分企业的非木材产品产量(四)

企业名称	各类经济林产品（吨）	中药材（吨）	食用菌（吨）	山野菜（吨）	年末大牲畜存栏数（万只）	年末家禽存栏数（万只）	森林旅游人数（人次）
韩家园	1450	—	420	450	—	—	1537
大兴安岭营林局	**450**	**60**	**100**	**50**	**—**	**1**	**10900**
加格达奇	450	60	100	50	—	1	10900
四川	**—**	**—**	**5**	**—**	**—**	**—**	**5600**
阿坝州林管局	**—**	**—**	**2**	**—**	**—**	**—**	**5000**
川西	—	—	—	—	—	—	—
黑水	—	—	—	—	—	—	—
马尔康	—	—	2	—	—	—	5000
小金	—	—	—	—	—	—	—
观音桥	—	—	—	—	—	—	—
松潘	—	—	—	—	—	—	—
南坪	—	—	—	—	—	—	—
壤塘	—	—	—	—	—	—	—
甘孜州林管局	**—**	**—**	**3**	**—**	**—**	**—**	**600**
道孚	—	—	—	—	—	—	—
新龙	—	—	—	—	—	—	—
丹巴	—	—	—	—	—	—	—
炉霍	—	—	—	—	—	—	—
白玉	—	—	—	—	—	—	—
力邱河	—	—	3	—	—	—	600
翁达	—	—	—	—	—	—	—
其他地、州林管局	**—**	**—**	**—**	**—**	**—**	**—**	**—**
川南	—	—	—	—	—	—	—
雷波	—	—	—	—	—	—	—
凉北	—	—	—	—	—	—	—
夹金山	—	—	—	—	—	—	—
木里	—	—	—	—	—	—	—
普威	—	—	—	—	—	—	—
盐边	—	—	—	—	—	—	—
云南	**—**	**—**	**—**	**—**	**—**	**—**	**16667**
云南省林管局	**—**	**—**	**—**	**—**	**—**	**—**	**16667**
华坪	—	—	—	—	—	—	—
碧泉	—	—	—	—	—	—	—
黑白水	—	—	—	—	—	—	—
中甸 *	—	—	—	—	—	—	—
巨甸	—	—	—	—	—	—	—
红旗	—	—	—	—	—	—	—
云台山	—	—	—	—	—	—	—

国有林区分企业的非木材产品产量(五)

企业名称	各类经济林产品（吨）	中药材（吨）	食用菌（吨）	山野菜（吨）	年末大牲畜存栏数（万只）	年末家禽存栏数（万只）	森林旅游人数（人次）
漾江	—	—	—	—	—	—	—
景东	—	—	—	—	—	—	—
墨江	—	—	—	—	—	—	—
卫国	—	—	—	—	—	—	16667
江边 *	—	—	—	—	—	—	—
清水江 *	—	—	—	—	—	—	—
南盘江 *	—	—	—	—	—	—	—
新平	—	—	—	—	—	—	—
宁蒗	—	—	—	—	—	—	—
陕西	**3**	**—**	**—**	**—**	**—**	**—**	**43860**
陕西省林管局	**3**	**—**	**—**	**—**	**—**	**—**	**2860**
宁西	—	—	—	—	—	—	—
太白	3	—	—	—	—	—	—
长青	—	—	—	—	—	—	—
宁东	—	—	—	—	—	—	2860
汉西	—	—	—	—	—	—	—
龙草坪	—	—	—	—	—	—	—
陕西省营林局	**—**	**—**	**—**	**—**	**—**	**—**	**41000**
马头滩	—	—	—	—	—	—	—
辛家山	—	—	—	—	—	—	41000
甘肃	**99**	**—**	**2**	**89**	**—**	**—**	**251924**
甘肃省林管局	**—**	**—**	**2**	**76**	**—**	**—**	**113221**
舟曲	—	—	2	76	—	—	4600
迭部	—	—	—	—	—	—	2000
洮河	—	—	—	—	—	—	105100
白水江	—	—	—	—	—	—	1521
甘肃省营林局	**99**	**—**	**—**	**13**	**—**	**—**	**138703**
小陇山	99	—	—	13	—	—	138703
青海	**—**	**—**	**—**	**—**	**—**	**—**	**—**
青海省林管局	**—**	**—**	**—**	**—**	**—**	**—**	**—**
玛可河 *	—	—	—	—	—	—	—
新疆	**—**	**—**	**—**	**—**	**1**	**—**	**249779**
新疆自治区林管局	**—**	**—**	**—**	**—**	**1**	**—**	**114779**
天山西部	—	—	—	—	—	—	71379
阿尔泰山	—	—	—	—	1	—	43400
新疆自治区营林局	**—**	**—**	**—**	**—**	**—**	**—**	**135000**
天山中东部	—	—	—	—	—	—	135000

国有林区分企业的

企业名称	总资产贡献率			资本保值增值率			资产负债率		
	指标（%）	子项（万元）	母项（万元）	指标（%）	子项（万元）	母项（万元）	指标（%）	子项（万元）	母项（万元）
全国合计	**1.7**	**89051**	**5361487**	**101.7**	**1893835**	**1862615**	**64.2**	**3324821**	**5180639**
135 个木材采运企业小计	1.7	82979	4745935	101.4	1683445	1659808	65.2	3077048	4722870
20 个重点营林局小计	1.0	6072	615552	103.7	210390	202807	54.1	247773	457769
内蒙古	**0.9**	**13320**	**1424130**	**104.4**	**392614**	**376208**	**70.0**	**913489**	**1305715**
内蒙古集团林管局	**1.2**	**12308**	**1016379**	**104.5**	**288318**	**276025**	**72.9**	**777355**	**1065681**
阿尔山	-0.2	-104	62555	96.2	17629	18320	71.5	44158	61788
绰尔	5.8	3599	61649	123.1	11905	9673	82.7	56725	68630
绰源	5.9	2610	44464	103.2	4593	4452	91.1	46937	51531
乌尔旗汉	3.9	2584	66062	107.5	27132	25247	61.6	43556	70689
库都尔	-3.5	-2320	65414	94.6	15508	16392	74.9	46386	61894
图里河	-2.1	-1004	46806	100.4	16367	16294	65.5	31112	47479
伊图里河	5.8	1856	32023	125.1	9250	7396	75.8	28897	38147
克一河	0.2	83	42744	115.9	14420	12439	67.3	29681	44102
甘河	-2.2	-1220	55595	115.5	12023	10408	79.5	46710	58734
吉文	—	-11	36576	98.1	7521	7670	81.7	33544	41066
阿里河	3.5	1943	56008	98.6	20333	20619	64.1	36288	56621
根河	1.8	1670	93746	104.1	40672	39079	60.1	61158	101831
金河	1.6	1438	89570	99.8	23646	23688	74.5	69176	92822
阿龙山	-1.5	-941	62764	101.2	13761	13599	77.6	47595	61356
满归	0.2	123	66133	106.4	16304	15317	76.2	52268	68573
得耳布尔	0.6	299	49914	101.9	7879	7735	86.4	50015	57894
莫尔道嘎	2.0	1703	84356	106.1	29375	27697	64.4	53149	82524
内蒙古集团营林局	**0.1**	**27**	**53857**	**118.5**	**18371**	**15503**	**68.2**	**39325**	**57697**
大杨树	—	—	36406	109.2	9081	8318	77.2	30761	39842
毕拉河	0.2	27	17451	129.3	9290	7185	48.0	8564	17855
内蒙古林业厅营林局	**0.3**	**985**	**353894**	**101.5**	**85925**	**84680**	**53.1**	**96809**	**182337**
免渡河	-0.6	-168	26168	82.5	15647	18967	32.7	7587	23234
乌奴尔	1.2	509	42547	97.8	13828	14133	36.4	7928	21756
巴林	0.1	100	160215	63.4	4334	6836	60.4	6612	10947
南木	0.3	39	13759	94.5	5689	6021	59.4	8804	14826
红花尔基	0.3	146	52557	91.3	21666	23741	59.3	31567	53233
柴河	0.1	23	21954	90.7	9953	10975	55.1	12193	22146
五岔沟	5.7	1124	19688	4656.3	11827	254	43.5	8542	19638
白狼	-4.6	-788	17006	79.4	2981	3753	82.0	13576	16557
吉林	**7.0**	**82068**	**1171648**	**114.5**	**406034**	**354738**	**67.5**	**841645**	**1247692**
吉林集团林管局	**10.6**	**60751**	**570816**	**119.2**	**182652**	**153227**	**71.7**	**462009**	**644664**
临江	25.6	13584	53095	108.0	16641	15408	76.2	53190	69831
三岔子	9.0	6372	70601	201.1	39335	19556	56.9	51967	91302
湾沟	14.2	4399	31083	103.2	15500	15019	50.6	15883	31383

主要经济效益指标(一)

流动资产周转率			成本费用利润率			全员劳动生产率			产品销售率		
指标（次）	子项（万元）	母项（万元）	指标（%）	子项（万元）	母项（万元）	指标（元/人）	子项（元）	母项（人）	指标（%）	子项（万元）	母项（万元）
0.5	**1231984**	**2297509**	**2.8**	**41750**	**1515521**	**20668**	**7836187417**	**379140**	**77.1**	**1363877**	**1767908**
0.5	1095709	2115724	2.5	36467	1475007	21208	7791046342	367364	78.2	1337766	1711379
0.7	136275	181785	13.0	5283	40514	3833	45141075	11776	46.2	26111	56529
0.2	**144071**	**614796**	**7.7**	**13103**	**171020**	**11073**	**630610425**	**56948**	**89.6**	**103107**	**115103**
0.3	**127557**	**508172**	**7.7**	**11996**	**156138**	**11546**	**594580000**	**51496**	**90.8**	**95352**	**104958**
0.2	5745	30044	-2.7	-248	9225	13170	38550000	2927	41.2	2045	4968
0.4	11060	31563	36.5	3599	9848	11584	38020000	3282	104.1	6897	6628
0.2	5064	23409	63.7	2602	4083	13402	24190000	1805	97.0	3812	3929
0.2	7053	32995	27.3	2584	9473	14847	51950000	3499	79.1	6653	8415
0.1	5439	38374	-28.4	-2326	8177	6549	22010000	3361	100.0	4562	4562
0.2	5338	24802	-13.8	-1006	7277	6966	19130000	2746	87.6	3360	3837
0.1	2489	18509	45.6	1856	4073	3633	8480000	2334	90.5	2057	2274
0.2	4204	20727	1.4	80	5896	12361	33190000	2685	77.5	3474	4481
0.2	5716	23856	-14.7	-1224	8330	8518	30760000	3611	94.6	5198	5492
0.3	6667	22980	-0.6	-54	8313	7417	18550000	2501	96.3	3503	3638
0.2	6200	29666	29.4	1928	6548	13453	43360000	3223	81.0	5611	6926
0.3	13275	45718	9.8	1626	16603	11541	51090000	4427	102.5	9496	9264
0.3	10926	43168	12.8	1419	11125	18142	57690000	3180	92.7	9481	10223
0.2	7780	38640	-9.3	-941	10118	11465	27550000	2403	94.1	6501	6905
0.3	9199	32516	1.2	123	10555	13347	39880000	2988	93.1	7052	7573
0.3	7428	22018	3.0	287	9672	10877	28660000	2635	90.0	4725	5251
0.5	13974	29187	10.1	1691	16822	15819	61520000	3889	103.1	10925	10592
0.2	**2701**	**17696**	**—**	**—**	**5015**	**2996**	**5090000**	**1699**	**77.7**	**624**	**803**
0.1	1460	11510	—	—	1690	2385	2130000	893	100.0	326	326
0.2	1241	6186	—	—	3325	3672	2960000	806	62.5	298	477
0.2	**13813**	**88928**	**11.2**	**1107**	**9867**	**8244**	**30940425**	**3753**	**76.3**	**7131**	**9342**
0.2	2367	12928	-9.2	-82	889	—	105	1208	91.4	2367	2589
0.4	3314	9269	15.1	537	3567	39264	30940000	788	105.9	2402	2269
0.1	1012	8413	3.0	35	1165	1	320	593	100.0	300	300
0.1	1177	7974	6.8	23	337	—	—	—	—	—	—
0.1	1512	17811	75.8	307	405	—	—	—	—	—	—
0.2	2063	10788	1.1	20	1743	—	—	—	49.3	2062	4184
0.2	2201	10358	208.6	1039	498	—	—	—	—	—	—
—	167	11387	-61.1	-772	1263	—	—	1164	—	—	—
1.0	**681265**	**705925**	**8.6**	**47282**	**551504**	**24168**	**1332680650**	**55143**	**93.7**	**364467**	**389055**
1.2	**431358**	**368463**	**6.9**	**27196**	**394949**	**37383**	**912180000**	**24401**	**102.8**	**235345**	**228854**
2.8	110140	39669	2.1	2300	110112	25604	55280000	2159	112.5	10361	9209
1.3	50100	39415	10.7	3807	35587	50752	295780000	5828	101.1	71861	71100
1.0	16943	17079	11.3	1880	16604	37099	45150000	1217	119.9	13839	11543

国有林区分企业的

企业名称	总资产贡献率			资本保值增值率			资产负债率		
	指标（%）	子项（万元）	母项（万元）	指标（%）	子项（万元）	母项（万元）	指标（%）	子项（万元）	母项（万元）
松江河	9.6	15570	162529	125.5	55684	44381	69.3	125747	181431
泉阳	14.5	3858	26609	112.2	10047	8952	59.4	14718	24766
露水河	7.8	4860	62065	118.4	22227	18780	65.5	42276	64503
白石山	6.5	3100	47485	101.9	11019	10814	80.8	46282	57302
红石	7.7	9008	117349	60.0	12199	20317	90.2	111946	124146
延边林管局	**3.6**	**16200**	**454493**	**112.3**	**154520**	**137547**	**65.5**	**293734**	**448262**
黄泥河	3.0	1425	46735	109.9	13879	12625	68.9	30713	44592
敦化	3.5	2202	62961	102.8	13634	13257	74.8	40548	54183
大石头	4.0	2020	50166	108.1	16336	15116	67.2	33430	49766
八家子	3.4	1315	38477	121.0	13901	11492	67.5	28865	42766
和龙	3.1	1752	56707	102.5	27877	27205	49.8	27633	55511
汪清	3.8	1896	50034	131.2	23681	18044	54.4	28255	51936
大兴沟	0.6	123	19951	110.0	5713	5193	73.3	15667	21380
天桥岭	4.2	1452	34764	119.0	13345	11211	60.7	20629	33974
白河	3.8	2127	56520	101.8	15220	14949	72.9	40971	56191
珲春	4.9	1888	38178	129.3	10934	8455	71.2	27023	37963
吉林省林业厅营林局	**3.5**	**5117**	**146339**	**107.7**	**68862**	**63964**	**55.5**	**85902**	**154766**
上营	1.0	871	91056	101.6	47372	46630	51.2	49616	96989
辉南	—	—	—	—	—	—	—	—	—
长白	9.6	3136	32684	136.4	14482	10614	58.3	20235	34717
安图	4.9	1110	22599	104.3	7008	6720	69.6	16051	23060
长白山 *	—	—	—	—	—	—	—	—	—
龙江集团	**-1.3**	**-21695**	**1676192**	**100.5**	**771707**	**767979**	**56.9**	**947972**	**1665165**
牡丹江林业管理局	**3.5**	**12795**	**369291**	**101.6**	**204547**	**201308**	**53.4**	**196451**	**368214**
大海林	3.7	1545	41241	97.1	21661	22314	47.4	19534	41195
柴河	6.9	6509	94014	105.5	96529	91498	34.1	32874	96529
东京城	1.0	799	82687	85.4	19972	23375	73.2	54579	74551
穆棱	11.0	4093	37341	108.3	21693	20029	41.9	15648	37341
绥阳	1.2	551	44710	103.0	21216	20598	52.0	23123	44429
海林	2.7	873	31824	114.2	14011	12264	58.2	19543	33554
林口	0.1	31	23750	97.2	11889	12232	51.4	12551	24440
八面通	-11.7	-1606	13724	241.9	-2424	-1002	115.0	18599	16175
合江林业管理局	**0.5**	**1329**	**278208**	**102.9**	**132399**	**128656**	**56.2**	**161889**	**287817**
桦南	-11.4	-2904	25556	114.6	23488	20500	27.5	6470	23488
双鸭山	1.5	333	22025	110.7	8389	7578	63.6	14668	23057
鹤立	-0.5	-129	25840	97.7	14006	14338	44.8	11359	25365
鹤北	-1.0	-595	56688	91.9	22580	24561	59.8	33643	56223
东方红	1.2	751	64951	80.6	15696	19484	77.7	54710	70406
迎春	5.6	2314	41371	119.1	25764	21630	45.1	21200	46964

主要经济效益指标(二)

流动资产周转率			成本费用利润率			全员劳动生产率			产品销售率		
指标（次）	子项（万元）	母项（万元）	指标（%）	子项（万元）	母项（万元）	指标（元/人）	子项（元）	母项（人）	指标（%）	子项（万元）	母项（万元）
0.9	117462	124181	8.4	9129	109066	34911	110040000	3152	115.4	17196	14902
1.4	17235	12406	18.1	2823	15599	40244	66000000	1640	103.3	22817	22088
0.7	32521	45306	9.4	2931	31340	11246	29970000	2665	101.8	39467	38756
1.0	25580	25647	5.6	1047	18753	40475	120170000	2969	99.4	21710	21850
0.9	61377	64760	5.7	3279	57888	39780	189790000	4771	96.7	38094	39406
0.5	**130519**	**273538**	**11.7**	**15853**	**135609**	**15508**	**411390000**	**26528**	**97.3**	**110766**	**113817**
0.3	8155	28876	16.9	1447	8553	3434	10250000	2985	96.0	2890	3010
1.1	40532	36062	5.2	2110	40306	11828	55830000	4720	96.0	16515	17212
0.4	14803	39943	10.8	2206	20485	3302	10550000	3195	100.0	2920	2920
0.4	9266	23912	9.2	1175	12752	2770	5640000	2036	99.6	1406	1412
0.5	13192	29211	14.3	1870	13104	31459	62320000	1981	96.6	15841	16400
0.3	9805	34445	13.9	1875	13452	30838	98650000	3199	99.4	27227	27402
0.3	3329	12458	2.7	126	4675	8395	11870000	1414	96.0	3557	3705
0.4	7818	22044	16.8	1250	7420	10985	24860000	2263	96.1	5482	5706
0.6	15492	26869	28.5	2119	7423	34026	100820000	2963	97.2	25136	25850
0.4	8127	19718	22.5	1675	7439	17269	30600000	1772	96.0	9792	10200
1.9	**119388**	**63924**	**20.2**	**4233**	**20946**	**2162**	**9110650**	**4214**	**39.6**	**18356**	**46384**
2.7	106160	39646	6.7	742	11149	3	6120	2239	28.2	9282	32900
—	—	—	—	—	—	—	—	—	—	—	—
0.9	6229	6974	59.4	2388	4018	5	4530	914	60.5	6587	10882
0.4	6999	17304	19.1	1103	5779	8577	9100000	1061	95.6	2487	2602
—	—	—	—	—	—	—	—	—	—	—	—
0.4	**299471**	**717615**	**-4.3**	**-28707**	**667556**	**20200**	**4300151571**	**212875**	**65.1**	**628393**	**965666**
0.7	**100505**	**137476**	**9.5**	**12093**	**127856**	**12021**	**422866000**	**35178**	**65.9**	**128086**	**194363**
1.1	17050	15373	9.7	1479	15257	16124	82910000	5142	92.5	17050	18425
0.5	21792	41049	23.7	5778	24347	10751	63539000	5910	100.0	14924	14924
0.8	22426	26940	3.3	1443	44086	15183	72468000	4773	104.5	13774	13176
1.8	15497	8519	27.2	3796	13978	10925	47600000	4357	148.7	11913	8014
0.7	11583	17809	4.7	581	12383	12900	59857000	4640	65.8	3826	5817
0.6	6500	11516	23.8	878	3691	8194	31973000	3902	70.0	54702	78145
0.4	3574	7948	-3.1	-256	8133	6985	23359000	3344	7.7	3574	46715
0.3	2083	8322	-26.9	-1606	5981	13235	41160000	3110	91.0	8323	9147
0.6	**64119**	**99087**	**-0.1**	**-393**	**321238**	**15001**	**419776000**	**27984**	**47.5**	**52908**	**111282**
1.2	9688	7765	-1.5	-3841	249947	10305	40250000	3906	33.9	4262	12571
0.5	3920	7967	4.2	301	7142	8197	32060000	3911	21.7	1591	7340
0.5	3733	7990	-4.4	-313	7139	2352	10900000	4635	20.5	910	4448
0.5	9604	20900	-5.9	-961	16285	11210	64290000	5735	46.5	6758	14518
0.7	18448	27609	4.0	780	19674	37886	174390000	4603	46.4	18150	39115
1.0	11652	11663	16.5	2172	13180	30067	79136000	2632	73.3	14500	19784

国有林区分企业的

企业名称	总资产贡献率			资本保值增值率			资产负债率		
	指标（%）	子项（万元）	母项（万元）	指标（%）	子项（万元）	母项（万元）	指标（%）	子项（万元）	母项（万元）
清河	3.7	1559	41777	109.3	22476	20565	46.9	19839	42314
伊春林业管理局	**-7.1**	**-41944**	**593804**	**96.4**	**191696**	**198892**	**66.7**	**396237**	**593860**
双丰	-6.1	-1942	32025	93.8	11457	12212	64.5	20803	32260
铁力	-0.4	-139	38287	95.7	22748	23769	40.6	15539	38287
桃山	-1.0	-352	34915	94.8	7627	8044	78.0	27051	34680
朗乡	5.3	2627	49239	867.9	26384	3040	48.7	25096	51480
南岔	-5.3	-1636	30743	127.6	13814	10825	52.7	15371	29185
金山屯	-3.9	-1183	30177	91.7	13838	15084	52.0	15004	28842
美溪	-9.3	-4033	43321	75.3	14825	19689	64.9	27458	42283
乌马河	-12.3	-3779	30780	65.0	7513	11563	75.5	23105	30618
翠峦	-6.4	-1676	26151	-297.6	-1494	502	106.4	24915	23421
友好	-10.9	-4652	42531	113.0	9371	8292	67.2	27209	40460
上甘岭	-9.2	-2576	27884	75.5	5604	7423	80.3	22783	28388
五营	-7.3	-2541	34874	77.9	8966	11515	73.8	25275	34241
红星	-7.6	-1986	26036	75.3	7644	10146	64.3	17420	27109
新青	-2.8	-1577	56298	100.0	27340	27329	54.6	32863	60202
汤旺河	-7.8	-4798	61688	91.5	20857	22798	67.8	43817	64674
乌伊岭	-40.6	-11701	28855	-72.0	-4798	6661	117.3	32528	27730
松花江林业管理局	**2.0**	**8172**	**406276**	**102.1**	**230013**	**225195**	**45.9**	**177135**	**385961**
山河屯	2.5	999	40101	92.7	21411	23104	98.6	15932	16155
苇河	3.9	1234	31621	108.1	22810	21106	29.5	9561	32371
亚布力	5.5	3728	67602	106.8	28505	26683	59.8	42352	70857
方正	-0.9	-340	36915	105.5	15420	14619	60.1	23207	38627
兴隆	0.5	349	67644	99.4	49081	49364	27.4	18568	67649
绥棱	4.6	2114	45674	109.0	35905	32927	20.0	8994	44899
通北	-2.7	-548	20313	88.5	4303	4861	79.1	16311	20614
沾河	0.7	636	96406	100.1	52578	52531	44.5	42210	94789
总局直属单位	**-7.2**	**-2047**	**28613**	**93.7**	**13052**	**13928**	**55.5**	**16260**	**29313**
带岭实验局	-7.2	-2047	28613	93.7	13052	13928	55.5	16260	29313
大兴安岭	**1.4**	**13555**	**992060**	**88.0**	**298611**	**339281**	**63.5**	**545749**	**859901**
大兴安岭林管局	**1.5**	**13612**	**930598**	**86.9**	**261379**	**300621**	**65.3**	**520012**	**796932**
松岭	1.5	879	58266	84.7	27076	31954	55.8	34179	61255
新林	0.2	736	306318	91.5	31879	34855	80.7	133432	165310
塔河	1.1	1219	106720	79.0	38048	48177	64.3	68672	106720
呼中	0.6	638	99441	93.4	39367	42135	58.6	55679	95045
阿木尔	2.0	1145	57941	86.8	31581	36397	46.3	27217	58797
图强	1.4	937	68289	86.5	35542	41100	49.2	34388	69931
西林吉	2.3	2444	107491	83.0	25671	30947	78.5	94010	119682
十八站	1.8	1288	72218	113.2	17450	15420	53.2	37520	70512

主要经济效益指标(三)

流动资产周转率			成本费用利润率			全员劳动生产率			产品销售率		
指标（次）	子项（万元）	母项（万元）	指标（%）	子项（万元）	母项（万元）	指标（元/人）	子项（元）	母项（人）	指标（%）	子项（万元）	母项（万元）
0.5	7074	15193	18.7	1469	7871	7319	18750000	2562	49.9	6737	13506
0.2	**58161**	**280836**	**-31.0**	**-44734**	**144367**	**17868**	**1769920000**	**99054**	**75.4**	**285876**	**379154**
0.1	1969	14447	-21.8	-1367	6264	16098	87250000	5420	100.0	29532	29532
0.5	6553	13414	-1.4	-132	9517	17037	92220000	5413	21.1	6553	31081
0.1	1713	21540	-5.8	-391	6774	12564	50570000	4025	91.0	13846	15221
0.6	6151	10814	-18.3	-2678	14648	31143	298910000	9598	95.0	71472	75234
0.5	4740	9448	-12.2	-2170	17853	41390	396600000	9582	46.0	34620	75301
0.1	1040	14972	-14.4	-1199	8331	13890	105770000	7615	85.0	23053	27121
0.3	3956	11662	-37.8	-4638	12277	55435	300790000	5426	64.3	36481	56753
0.1	821	14124	-54.8	-4278	7801	11240	63280000	5630	88.6	13682	15435
—	617	19400	-577.5	-1929	334	907	5950000	6558	59.2	352	595
0.6	9145	15027	-27.1	-4682	17261	11415	66780000	5850	123.2	11555	9380
—	360	12249	-723.4	-2597	359	20482	65030000	3175	70.9	8101	11427
0.1	2274	21380	-70.7	-2548	3606	1662	9340000	5620	93.8	2156	2298
0.1	1737	16917	-29.1	-2009	6907	13345	128350000	9618	137.0	1643	1199
0.2	5830	31615	-13.1	-1724	13160	12884	77950000	6050	100.0	23639	23639
0.2	6362	37921	-5.6	-580	10311	2332	11880000	5095	207.7	6762	3256
0.3	4893	15906	-131.8	-11812	8964	2112	9250000	4379	144.4	2429	1682
0.4	**72457**	**186755**	**9.4**	**6484**	**68999**	**36744**	**1654590571**	**45030**	**46.6**	**93634**	**200997**
0.4	9250	24935	0.4	48	12301	95237	331900000	3485	100.0	3600	3600
0.3	5287	16764	9.6	1180	12305	10455	71342400	6824	131.6	6374	4844
0.7	17550	23484	31.4	3174	10120	11	58171	5240	10.7	12624	117892
0.5	8732	18978	-5.5	-396	7230	55469	364320000	6568	107.3	7432	6925
0.4	10300	26404	1.9	112	5999	74092	412100000	5562	91.5	23012	25156
0.7	9697	14597	17.8	2241	12565	56194	300300000	5344	97.9	22453	22928
0.7	4368	6680	-7.5	-518	6936	8361	53100000	6351	106.4	6948	6531
0.1	7273	54913	41.7	643	1543	21476	121470000	5656	85.3	11191	13121
0.3	**4229**	**13461**	**-42.3**	**-2157**	**5096**	**5862**	**32999000**	**5629**	**85.0**	**67889**	**79870**
0.3	4229	13461	-42.3	-2157	5096	5862	32999000	5629	85.0	67889	79870
0.4	**95586**	**217020**	**9.0**	**10056**	**111625**	**31940**	**1552440788**	**48605**	**90.1**	**256267**	**284394**
0.5	**95213**	**205783**	**9.5**	**10113**	**106939**	**33389**	**1552440788**	**46495**	**90.1**	**256267**	**284394**
0.3	7757	22440	3.3	510	15313	38854	193920000	4991	100.2	57061	56923
1.0	13539	13542	2.9	427	14749	28	208788	7464	85.1	39346	46234
0.4	10668	26804	2.5	185	7334	15748	110034000	6987	93.0	34149	36711
0.2	9706	46085	2.2	343	15327	11787	71573000	6072	108.6	20772	19124
1.0	8649	8615	3.8	549	14573	7404	36503000	4930	73.4	7513	10241
0.2	6530	27504	5.4	337	6193	19649	77673000	3953	64.7	14090	21791
0.6	13224	21084	5.6	699	12376	128600	804520000	6256	88.6	41604	46982
0.6	16318	29214	36.6	3477	9510	54429	176839000	3249	88.9	21845	24571

国有林区分企业的

企业名称	总资产贡献率			资本保值增值率			资产负债率		
	指标（%）	子项（万元）	母项（万元）	指标（%）	子项（万元）	母项（万元）	指标（%）	子项（万元）	母项（万元）
韩家园	8.0	4326	53914	75.2	14765	19636	70.3	34915	49680
大兴安岭营林局	**-0.1**	**-57**	**61462**	**96.3**	**37232**	**38660**	**40.9**	**25737**	**62969**
加格达奇	-0.1	-57	61462	96.3	37232	38660	40.9	25737	62969
四川	**4.2**	**549**	**13112**	**112.3**	**1293**	**1151**	**90.1**	**11818**	**13112**
阿坝州林管局	**4.2**	**549**	**13112**	**112.3**	**1293**	**1151**	**90.1**	**11818**	**13112**
川西	—	—	—	—	—	—	—	—	—
黑水	—	—	—	—	—	—	—	—	—
马尔康	4.2	549	13112	112.3	1293	1151	90.1	11818	13112
小金	—	—	—	—	—	—	—	—	—
观音桥	—	—	—	—	—	—	—	—	—
松潘	—	—	—	—	—	—	—	—	—
南坪	—	—	—	—	—	—	—	—	—
壤塘	—	—	—	—	—	—	—	—	—
甘孜州林管局	**—**	**—**	**—**	**—**	**—**	**—**	**—**	**—**	**—**
道孚	—	—	—	—	—	—	—	—	—
新龙	—	—	—	—	—	—	—	—	—
丹巴	—	—	—	—	—	—	—	—	—
炉霍	—	—	—	—	—	—	—	—	—
白玉	—	—	—	—	—	—	—	—	—
力邱河	—	—	—	—	—	—	—	—	—
翁达	—	—	—	—	—	—	—	—	—
其他地、州林管局	**—**	**—**	**—**	**—**	**—**	**—**	**—**	**—**	**—**
川南	—	—	—	—	—	—	—	—	—
雷波	—	—	—	—	—	—	—	—	—
凉北	—	—	—	—	—	—	—	—	—
夹金山	—	—	—	—	—	—	—	—	—
木里	—	—	—	—	—	—	—	—	—
普威	—	—	—	—	—	—	—	—	—
盐边	—	—	—	—	—	—	—	—	—
云南	**2.2**	**1141**	**51822**	**100.7**	**20659**	**20511**	**61.1**	**36529**	**59757**
云南省林管局	**2.2**	**1141**	**51822**	**100.7**	**20659**	**20511**	**61.1**	**36529**	**59757**
华坪	-7.3	-303	4135	77.5	1060	1367	74.1	3032	4093
碧泉	—	-1	6453	100.0	4194	4195	35.5	2305	6500
黑白水	-0.5	-19	3674	97.2	2709	2788	38.8	1721	4430
中甸 *	—	—	—	—	—	—	—	—	—
巨甸	-0.1	-3	2210	99.9	1463	1465	33.8	747	2210
红旗	—	—	—	—	—	—	—	—	—
云台山	1.5	122	8360	75.5	982	1300	84.4	7458	8841

主要经济效益指标(四)

流动资产周转率			成本费用利润率			全员劳动生产率			产品销售率		
指标（次）	子项（万元）	母项（万元）	指标（%）	子项（万元）	母项（万元）	指标（元/人）	子项（元）	母项（人）	指标（%）	子项（万元）	母项（万元）
0.8	8822	10495	31.0	3586	11564	31304	81170000	2593	91.2	19887	21817
—	**373**	**11237**	**-1.2**	**-57**	**4686**	**—**	**—**	**2110**	**—**	**—**	**—**
—	373	11237	-1.2	-57	4686	—	—	2110	—	—	—
0.4	**473**	**1312**	**16.9**	**99**	**586**	**—**	**—**	**447**	**—**	**—**	**—**
0.4	**473**	**1312**	**16.9**	**99**	**586**	**—**	**—**	**447**	**—**	**—**	**—**
—	—	—	—	—	—	—	—	—	—	—	—
—	—	—	—	—	—	—	—	—	—	—	—
0.4	473	1312	16.9	99	586	—	—	447	—	—	—
—	—	—	—	—	—	—	—	—	—	—	—
—	—	—	—	—	—	—	—	—	—	—	—
—	—	—	—	—	—	—	—	—	—	—	—
—	—	—	—	—	—	—	—	—	—	—	—
—	—	—	—	—	—	—	—	—	—	—	—
—	**—**	**—**	**—**	**—**	**—**	**—**	**—**	**—**	**—**	**—**	**—**
—	—	—	—	—	—	—	—	—	—	—	—
—	—	—	—	—	—	—	—	—	—	—	—
—	—	—	—	—	—	—	—	—	—	—	—
—	—	—	—	—	—	—	—	—	—	—	—
—	—	—	—	—	—	—	—	—	—	—	—
—	—	—	—	—	—	—	—	—	—	—	—
—	—	—	—	—	—	—	—	—	—	—	—
—	**—**	**—**	**—**	**—**	**—**	**—**	**—**	**—**	**—**	**—**	**—**
—	—	—	—	—	—	—	—	—	—	—	—
—	—	—	—	—	—	—	—	—	—	—	—
—	—	—	—	—	—	—	—	—	—	—	—
—	—	—	—	—	—	—	—	—	—	—	—
—	—	—	—	—	—	—	—	—	—	—	—
—	—	—	—	—	—	—	—	—	—	—	—
—	—	—	—	—	—	—	—	—	—	—	—
0.4	**9151**	**22963**	**-3.8**	**-404**	**10535**	**3333**	**9486981**	**2846**	**101.5**	**11163**	**10993**
0.4	**9151**	**22963**	**-3.8**	**-404**	**10535**	**3333**	**9486981**	**2846**	**101.5**	**11163**	**10993**
—	—	3134	-91.3	-306	335	—	—	300	—	—	—
—	32	1272	-0.8	-1	127	—	25	253	100.0	25	25
—	8	1080	-154.9	-79	51	—	—	149	—	—	—
—	—	—	—	—	—	—	—	—	—	—	—
0.2	31	167	-6.8	-3	44	—	—	117	—	—	—
—	—	—	—	—	—	—	—	—	—	—	—
—	135	3194	-57.3	-320	558	2	300	163	—	—	—

国有林区分企业的

企业名称	总资产贡献率			资本保值增值率			资产负债率		
	指标（%）	子项（万元）	母项（万元）	指标（%）	子项（万元）	母项（万元）	指标（%）	子项（万元）	母项（万元）
漾江	-0.2	-4	2235	99.0	498	503	77.8	1743	2241
景东	3.6	158	4384	210.4	1502	714	69.0	3339	4841
墨江	—	—	—	—	—	—	—	—	—
卫国	7.9	1198	15075	100.0	8404	8404	43.4	8119	18690
江边 *	—	—	—	—	—	—	—	—	—
清水江 *	—	—	—	—	—	—	—	—	—
南盘江 *	—	—	—	—	—	—	—	—	—
新平	—	—	—	116.6	659	565	74.7	1950	2609
宁蒗	-0.1	-7	5296	102.8	-812	-790	115.3	6115	5302
陕西	**0.3**	**113**	**32523**	**106.2**	**2917**	**2747**	**94.3**	**27619**	**29297**
陕西省林管局	**0.3**	**113**	**32523**	**106.2**	**2917**	**2747**	**94.3**	**27619**	**29297**
宁西	—	—	—	—	—	—	—	—	—
太白	4.1	277	6819	111.0	2462	2218	63.9	4356	6818
长青	-0.5	-51	10025	107.7	-1339	-1243	126.2	6450	5112
宁东	1.5	197	13428	119.0	2007	1686	85.7	12054	14061
汉西	-50.4	-120	238	71.2	270	379	187.8	2077	1106
龙草坪	-9.4	-190	2013	164.8	-483	-293	121.9	2682	2200
陕西省营林局	**—**	**—**	**—**	**—**	**—**	**—**	**—**	**—**	**—**
马头滩	—	—	—	—	—	—	—	—	—
辛家山	—	—	—	—	—	—	—	—	—
甘肃	**—**	**—**	**—**	**—**	**—**	**—**	**—**	**—**	**—**
甘肃省林管局	**—**	**—**	**—**	**—**	**—**	**—**	**—**	**—**	**—**
舟曲	—	—	—	—	—	—	—	—	—
迭部	—	—	—	—	—	—	—	—	—
洮河	—	—	—	—	—	—	—	—	—
白水江	—	—	—	—	—	—	—	—	—
甘肃省营林局	**—**	**—**	**—**	**—**	**—**	**—**	**—**	**—**	**—**
小陇山	—	—	—	—	—	—	—	—	—
青海	**—**	**—**	**—**	**—**	**—**	**—**	**—**	**—**	**—**
青海省林管局	**—**	**—**	**—**	**—**	**—**	**—**	**—**	**—**	**—**
玛可河 *	—	—	—	—	—	—	—	—	—
新疆	**—**	**—**	**—**	**—**	**—**	**—**	**—**	**—**	**—**
新疆维吾尔自治区林管局	**—**	**—**	**—**	**—**	**—**	**—**	**—**	**—**	**—**
天山西部	—	—	—	—	—	—	—	—	—
阿尔泰山	—	—	—	—	—	—	—	—	—
新疆维吾尔自治区营林局	**—**	**—**	**—**	**—**	**—**	**—**	**—**	**—**	**—**
天山中东部	—	—	—	—	—	—	—	—	—

主要经济效益指标(五)

流动资产周转率			成本费用利润率			全员劳动生产率			产品销售率		
指标(次)	子项(万元)	母项(万元)	指标(%)	子项(万元)	母项(万元)	指标(元/人)	子项(元)	母项(人)	指标(%)	子项(万元)	母项(万元)
—	—	1030	-100.0	-5	5	34740	9484000	273	—	—	—
0.3	988	3600	14.3	154	1076	—	—	308	—	—	—
—	—	—	—	—	—	—	—	—	—	—	—
1.1	7950	7210	1.9	156	8339	3	2656	805	101.5	11138	10968
—	—	—	—	—	—	—	—	—	—	—	—
—	—	—	—	—	—	—	—	—	—	—	—
—	—	—	—	—	—	—	—	—	—	—	—
—	—	—	—	—	—	—	—	—	—	—	—
—	7	2276	—	—	—	—	—	478	—	—	—
0.1	**1967**	**17878**	**11.9**	**321**	**2695**	**4753**	**10817002**	**2276**	**17.8**	**480**	**2697**
0.1	**1967**	**17878**	**11.9**	**321**	**2695**	**4753**	**10817002**	**2276**	**17.8**	**480**	**2697**
—	—	—	—	—	—	—	—	—	—	—	—
0.1	377	3733	25.4	244	962	—	—	1304	—	—	—
0.3	819	2516	10.5	96	914	54000	10800000	200	87.3	400	458
0.1	680	9188	49.8	291	584	29	17000	579	100.0	34	34
—	46	1141	—	-120	—	—	2	193	2.1	46	2205
—	45	1300	-80.9	-190	235	—	—	—	—	—	—
—	—	—	—	—	—	—	—	—	—	—	—
—	—	—	—	—	—	—	—	—	—	—	—
—	—	—	—	—	—	—	—	—	—	—	—
—	—	—	—	—	—	—	—	—	—	—	—
—	—	—	—	—	—	—	—	—	—	—	—
—	—	—	—	—	—	—	—	—	—	—	—
—	—	—	—	—	—	—	—	—	—	—	—
—	—	—	—	—	—	—	—	—	—	—	—
—	—	—	—	—	—	—	—	—	—	—	—
—	—	—	—	—	—	—	—	—	—	—	—
—	—	—	—	—	—	—	—	—	—	—	—
—	—	—	—	—	—	—	—	—	—	—	—
—	—	—	—	—	—	—	—	—	—	—	—
—	—	—	—	—	—	—	—	—	—	—	—
—	—	—	—	—	—	—	—	—	—	—	—
—	—	—	—	—	—	—	—	—	—	—	—
—	—	—	—	—	—	—	—	—	—	—	—
—	—	—	—	—	—	—	—	—	—	—	—
—	—	—	—	—	—	—	—	—	—	—	—
—	—	—	—	—	—	—	—	—	—	—	—

国有林区从业人员和劳动报酬情况

指标名称	计量单位	合　计	135 个木材采运企业	20 个重点营林局
一、年末人数	人	**638777**	**611899**	**26878**
其中:混岗职工人数	人	80516	79992	524
1. 在岗职工	人	437629	413757	23872
其中:混岗职工人数	人	6035	5796	239
非全日制	人	1280	956	324
2. 其他从业人员	人	6469	6230	239
3. 离开本单位仍保留劳动关系人员	人	194679	191912	2767
二、年末参加基本养老保险人数	人	**701128**	**675851**	**25277**
三、年末参加基本医疗保险人数	人	**890286**	**857369**	**32917**
四、在岗职工平均人数	人	**407863**	**384078**	**23785**
五、在岗职工工资总额	千元	**9173419**	**8529405**	**644014**
六、年末离退休人员人数	人	**506675**	**489686**	**16989**
七、离退休人员年生活费	千元	**9425250**	**9109396**	**315853**

国有林区分企业的从业人员和劳动报酬情况(一)

单位:人

企业名称	年末人数						
	总计	其中:混岗职工人数	在岗职工			其他从业人员	离开本单位仍保留劳动关系人员
			合计	其中			
				混岗职工人数	非全日制		
全国合计	**638777**	**80516**	**437629**	**6035**	**1280**	**6469**	**194679**
135个木材采运企业小计	611899	79992	413757	5796	956	6230	191912
20个重点营林局小计	26878	524	23872	239	324	239	2767
内蒙古	**128066**	**34929**	**60967**	**239**	**324**	**196**	**66903**
内蒙古集团林管局	**116528**	**34405**	**51168**	**—**	**—**	**—**	**65360**
阿尔山	6198	2234	3007	—	—	—	3191
绰尔	4355	—	3282	—	—	—	1073
绰源	4239	1445	1744	—	—	—	2495
乌尔旗汉	7553	2584	2982	—	—	—	4571
库都尔	7373	1637	3351	—	—	—	4022
图里河	7095	2499	2873	—	—	—	4222
伊图里河	5843	2168	2216	—	—	—	3627
克一河	6820	2145	2923	—	—	—	3897
甘河	8210	2184	3654	—	—	—	4556
吉文	7205	2852	2515	—	—	—	4690
阿里河	7916	2954	3222	—	—	—	4694
根河	10115	3317	4347	—	—	—	5768
金河	7455	2309	3180	—	—	—	4275
阿龙山	4911	510	2462	—	—	—	2449
满归	7548	2831	2947	—	—	—	4601
得耳布尔	6962	2337	2574	—	—	—	4388
莫尔道嘎	6730	399	3889	—	—	—	2841
内蒙古集团营林局	**3017**	**285**	**1656**	**—**	**—**	**—**	**1361**
大杨树	1365	40	850	—	—	—	515
毕拉河	1652	245	806	—	—	—	846
内蒙古林业厅营林局	**8521**	**239**	**8143**	**239**	**324**	**196**	**182**
免渡河	1415	196	1219	196	—	196	—
乌奴尔	850	—	783	—	—	—	67
巴林	653	—	623	—	—	—	30
南木	586	—	586	—	—	—	—
红花尔基	1185	—	1100	—	—	—	85
柴河	906	43	906	43	—	—	—
五岔沟	1762	—	1762	—	—	—	—
白狼	1164	—	1164	—	324	—	—
吉林	**85740**	**3326**	**59870**	**1577**	**—**	**1485**	**24385**
吉林集团林管局	**35973**	**1505**	**27309**	**1473**	**—**	**266**	**8398**
临江	3624	—	3066	—	—	—	558
三岔子	6920	700	6520	668	—	—	400
湾沟	2775	—	1029	—	—	266	1480

国有林区分企业的从业人员和劳动报酬情况(二)

单位:人

企业名称	年末参加基本养老保险人数	年末参加基本医疗保险人数	在岗职工		年末离退休人员人数	离退休人员年生活费(千元)
			平均人数	工资总额(千元)		
全国合计	**701128**	**890286**	**407863**	**9173419**	**506675**	**9425250**
135 个木材采运企业小计	675851	857369	384078	8529405	489686	9109396
20 个重点营林局小计	25277	32917	23785	644014	16989	315853
内蒙古	**93050**	**95913**	**61267**	**1771956**	**74725**	**1698641**
内蒙古集团林管局	**82123**	**82123**	**51496**	**1464388**	**66539**	**1534357**
阿尔山	3964	3964	2927	79667	3925	97002
绰尔	4355	4355	3282	90288	2402	66667
绰源	2794	2794	1805	49200	1503	35643
乌尔旗汉	4969	4969	3499	92961	3961	86830
库都尔	5736	5736	3361	91826	5308	131646
图里河	4596	4596	2746	77442	3418	90701
伊图里河	3675	3675	2334	63752	3264	82657
克一河	4675	4675	2685	73440	4031	85023
甘河	6026	6026	3611	98502	7311	129987
吉文	4353	4353	2501	67344	3417	72980
阿里河	4962	4962	3223	87329	4612	104143
根河	6798	6798	4427	143077	7171	170377
金河	5146	5146	3180	99788	3880	102048
阿龙山	4401	4401	2403	73469	3106	72226
满归	4717	4717	2988	99217	3224	72064
得耳布尔	4625	4625	2635	71943	2543	65565
莫尔道嘎	6331	6331	3889	105143	3463	68798
内蒙古集团营林局	**2732**	**2732**	**1699**	**49179**	**2497**	**55854**
大杨树	1325	1325	893	27350	2020	44164
毕拉河	1407	1407	806	21829	477	11690
内蒙古林业厅营林局	**8195**	**11058**	**8072**	**258389**	**5689**	**108430**
免渡河	1219	2354	1219	39768	1135	28684
乌奴尔	850	1706	788	28585	856	21571
巴林	608	608	592	22040	652	15230
南木	586	1166	586	20327	586	11016
红花尔基	1100	1100	1080	42228	434	11636
柴河	906	1198	881	32243	298	5875
五岔沟	1762	1762	1762	59819	1335	3338
白狼	1164	1164	1164	13380	393	11080
吉林	**86358**	**88120**	**55807**	**1368473**	**74887**	**1152989**
吉林集团林管局	**35973**	**35973**	**24015**	**631463**	**35320**	**541266**
临江	3624	3624	2974	65245	7296	6395
三岔子	6920	6920	5828	156764	7172	149215
湾沟	2775	2775	1217	43812	2733	41250

国有林区分企业的从业人员和劳动报酬情况(三)

单位:人

企业名称	年末人数						
	总计	其中:混岗职工人数	在岗职工			其他从业人员	离开本单位仍保留劳动关系人员
			合计	其中			
				混岗职工人数	非全日制		
松江河	5345	242	4830	242	—	—	515
泉阳	3741	—	1898	—	—	—	1843
露水河	4486	563	2605	563	—	—	1881
白石山	3603	—	3102	—	—	—	501
红石	5479	—	4259	—	—	—	1220
延边林管局	**43335**	**1821**	**27349**	**104**	**—**	**1219**	**14767**
黄泥河	4202	—	2906	—	—	—	1296
敦化	8278	984	5343	—	—	—	2935
大石头	4136	—	3175	—	—	—	961
八家子	4062	530	1989	—	—	809	1264
和龙	2808	123	2166	87	—	168	474
汪清	4662	—	3152	—	—	—	1510
大兴沟	3207	184	1505	17	—	—	1702
天桥岭	4500	—	2317	—	—	—	2183
白河	4720	—	2881	—	—	—	1839
珲春	2760	—	1915	—	—	242	603
吉林省林业厅营林局	**6432**	**—**	**5212**	**—**	**—**	**—**	**1220**
上营	2461	—	2239	—	—	—	222
辉南	990	—	988	—	—	—	2
长白	1598	—	914	—	—	—	684
安图	1383	—	1071	—	—	—	312
长白山 *	—	—	—	—	—	—	—
龙江集团	**342569**	**39674**	**236112**	**1632**	**—**	**3639**	**102818**
牡丹江林业管理局	**43339**	**—**	**37330**	**—**	**—**	**25**	**5984**
大海林	5556	—	5125	—	—	—	431
柴河	6180	—	6040	—	—	4	136
东京城	7632	—	6963	—	—	—	669
穆棱	5469	—	4451	—	—	—	1018
绥阳	5118	—	4218	—	—	21	879
海林	4408	—	3830	—	—	—	578
林口	4064	—	3357	—	—	—	707
八面通	4912	—	3346	—	—	—	1566
合江林业管理局	**43138**	**321**	**32865**	**47**	**—**	**1957**	**8316**
桦南	9047	—	4393	—	—	1884	2770
双鸭山	4672	229	3940	5	—	65	667
鹤立	4800	—	4638	—	—	—	162
鹤北	7135	31	6486	—	—	8	641
东方红	7778	61	6111	42	—	—	1667
迎春	5243	—	2978	—	—	—	2265

国有林区分企业的从业人员和劳动报酬情况(四)

单位:人

企业名称	年末参加基本养老保险人数	年末参加基本医疗保险人数	在岗职工		年末离退休人员人数	离退休人员年生活费(千元)
			平均人数	工资总额(千元)		
松江河	5345	5345	3152	113377	6325	120873
泉阳	3741	3741	1749	47048	3407	65537
露水河	4486	4486	2665	68130	3567	68727
白石山	3603	3603	2969	57407	2651	52080
红石	5479	5479	3461	79679	2169	37188
延边林管局	**44791**	**44375**	**26528**	**619613**	**35906**	**571444**
黄泥河	4202	4202	2985	62612	3920	66394
敦化	6682	6682	4720	111265	6319	121959
大石头	3912	4001	3195	74444	5198	6619
八家子	2409	2698	2036	50701	3033	58369
和龙	2407	2407	1981	60993	2994	57879
汪清	9458	9458	3199	63070	4796	90123
大兴沟	4848	3233	1414	26723	1641	28051
天桥岭	4150	4775	2263	48158	3087	54369
白河	4720	4720	2963	71562	4010	70759
珲春	2003	2199	1772	50085	908	16924
吉林省林业厅营林局	**5594**	**7772**	**5264**	**117397**	**3661**	**40279**
上营	2461	3817	2273	48000	1536	24692
辉南	926	1691	994	21928	701	12821
长白	914	914	936	19741	672	997
安图	1293	1350	1061	27729	752	1769
长白山 *	—	—	—	—	—	—
龙江集团	**392420**	**534006**	**213092**	**4085283**	**242164**	**4414348**
牡丹江林业管理局	**78650**	**134312**	**35178**	**734469**	**46940**	**873070**
大海林	15809	27173	5142	76763	7283	128693
柴河	15372	32293	5910	166234	8451	156494
东京城	15668	27742	4773	112253	8839	173586
穆棱	3645	9507	4357	92247	6418	113756
绥阳	10422	14109	4640	94209	5382	102536
海林	7222	9394	3902	74553	4328	80676
林口	6518	7716	3344	58625	3353	61805
八面通	3994	6378	3110	59585	2886	55523
合江林业管理局	**78647**	**71480**	**28031**	**517579**	**28190**	**540218**
桦南	14102	12043	3906	79279	4667	83913
双鸭山	9850	8704	3916	61263	3569	63392
鹤立	6885	6279	4635	45000	2214	39750
鹤北	12515	11671	5735	98817	3669	68917
东方红	18325	17413	4645	106709	7488	151181
迎春	6791	6632	2632	70998	2481	55802

国有林区分企业的从业人员和劳动报酬情况(五)

单位:人

企业名称	年末人数						
	总计	其中:混岗职工人数	在岗职工			其他从业人员	离开本单位仍保留劳动关系人员
			合计	其中			
				混岗职工人数	非全日制		
清河	4463	—	4319	—	—	—	144
伊春林业管理局	**186223**	**35381**	**107110**	**298**	**—**	**1657**	**77456**
双丰	15232	6196	6897	—	—	—	8335
铁力	10880	2079	5961	—	—	—	4919
桃山	21455	11992	4553	—	—	—	16902
朗乡	11252	—	9598	—	—	—	1654
南岔	12201	2257	9521	—	—	—	2680
金山屯	15282	1039	8578	—	—	—	6704
美溪	10452	480	6168	298	—	—	4284
乌马河	15237	7771	5634	—	—	—	9603
翠峦	11574	1453	6561	—	—	—	5013
友好	13254	520	10806	—	—	—	2448
上甘岭	6338	96	4388	—	—	—	1950
五营	8432	—	5624	—	—	—	2808
红星	8944	—	6215	—	—	1657	1072
新青	9975	569	6413	—	—	—	3562
汤旺河	8710	929	5814	—	—	—	2896
乌伊岭	7005	—	4379	—	—	—	2626
松花江林业管理局	**61568**	**211**	**53129**	**—**	**—**	**—**	**8439**
山河屯	7024	—	4516	—	—	—	2508
苇河	8706	—	7502	—	—	—	1204
亚布力	7109	60	5921	—	—	—	1188
方正	10663	—	9464	—	—	—	1199
兴隆	7796	151	6484	—	—	—	1312
绥棱	6958	—	6852	—	—	—	106
通北	6258	—	6258	—	—	—	—
沾河	7054	—	6132	—	—	—	922
总局直属单位	**8301**	**3761**	**5678**	**1287**	**—**	**—**	**2623**
带岭实验局	8301	3761	5678	1287	—	—	2623
大兴安岭	**50805**	**2539**	**50805**	**2539**	**628**	**—**	**—**
大兴安岭林管局	**48655**	**2539**	**48655**	**2539**	**628**	**—**	**—**
松岭	5446	774	5446	774	—	—	—
新林	6753	1039	6753	1039	—	—	—
塔河	7350	—	7350	—	—	—	—
呼中	6915	—	6915	—	—	—	—
阿木尔	5155	726	5155	726	—	—	—
图强	4344	—	4344	—	—	—	—
西林吉	6791	—	6791	—	—	—	—
十八站	3304	—	3304	—	628	—	—

国有林区分企业的从业人员和劳动报酬情况(六)

单位:人

企业名称	年末参加基本养老保险人数	年末参加基本医疗保险人数	在岗职工		年末离退休人员人数	离退休人员年生活费(千元)
			平均人数	工资总额(千元)		
清河	10179	8738	2562	55513	4102	77262
伊春林业管理局	**145262**	**205780**	**99224**	**1937010**	**118467**	**2056486**
双丰	5427	10087	5420	66300	7957	126967
铁力	20932	14204	5413	142623	8758	156991
桃山	9463	9463	4025	94514	8099	132842
朗乡	—	21692	9612	159176	11212	194445
南岔	12201	17743	9582	179775	7174	132855
金山屯	9043	15302	7615	105312	8798	152128
美溪	9654	9654	6118	119521	4030	64222
乌马河	7466	12022	5630	148500	6407	112370
翠峦	10928	17025	6558	126723	12346	207155
友好	8417	14924	6880	170625	7116	129847
上甘岭	5872	9698	3175	55260	5924	100918
五营	8176	11941	5620	97170	5627	99859
红星	5608	7002	7872	130110	7087	117990
新青	14677	14636	6050	138507	8087	154889
汤旺河	11080	14367	5275	116663	5055	88383
乌伊岭	6318	6020	4379	86232	4790	84624
松花江林业管理局	**80911**	**103904**	**45030**	**797264**	**44133**	**862704**
山河屯	12964	16412	3485	58365	5777	107088
苇河	16148	21645	6824	144038	6313	116505
亚布力	5058	5743	5240	105191	5286	105058
方正	11300	14337	6568	97756	5015	91047
兴隆	12383	12663	5562	84152	6517	120132
绥棱	4849	4849	5344	78013	6439	150140
通北	9851	14189	6351	93250	5167	104350
沾河	8358	14066	5656	136499	3619	68384
总局直属单位	**8950**	**18530**	**5629**	**98960**	**4434**	**81870**
带岭实验局	8950	18530	5629	98960	4434	81870
大兴安岭	**70972**	**84893**	**48609**	**1188953**	**50445**	**921866**
大兴安岭林管局	**68932**	**81403**	**46499**	**1134609**	**48063**	**881505**
松岭	5024	5240	4991	109336	6873	113013
新林	15734	15159	7464	204043	9275	207919
塔河	11434	12991	6987	165401	8612	157336
呼中	8052	14058	6072	150879	7138	134048
阿木尔	4889	5155	4930	110868	3620	65715
图强	8876	7890	3953	81935	3694	65441
西林吉	6922	12181	6256	148646	5390	77207
十八站	5404	5451	3249	89405	2753	48868

国有林区分企业的从业人员和劳动报酬情况(七)

单位:人

企业名称	年末人数						
	总计	其中:混岗职工人数	在岗职工			其他从业人员	离开本单位仍保留劳动关系人员
			合计	其中			
				混岗职工人数	非全日制		
韩家园	2597	—	2597	—	—	—	—
大兴安岭营林局	**2150**	**—**	**2150**	**—**	**—**	**—**	**—**
加格达奇	2150	—	2150	—	—	—	—
四川	**7349**	**—**	**6677**	**—**	**328**	**538**	**134**
阿坝州林管局	**2414**	**—**	**1979**	**—**	**328**	**435**	**—**
川西	180	—	177	—	—	3	—
黑水	284	—	284	—	—	—	—
马尔康	447	—	447	—	—	—	—
小金	207	—	207	—	202	—	—
观音桥	578	—	253	—	—	325	—
松潘	247	—	140	—	—	107	—
南坪	345	—	345	—	—	—	—
壤塘	126	—	126	—	126	—	—
甘孜州林管局	**1282**	**—**	**1247**	**—**	**—**	**—**	**35**
道孚	277	—	266	—	—	—	11
新龙	194	—	171	—	—	—	23
丹巴	288	—	288	—	—	—	—
炉霍	191	—	190	—	—	—	1
白玉	123	—	123	—	—	—	—
力邱河	144	—	144	—	—	—	—
翁达	65	—	65	—	—	—	—
其他地、州林管局	**3653**	**—**	**3451**	**—**	**—**	**103**	**99**
川南	1516	—	1516	—	—	—	—
雷波	274	—	150	—	—	33	91
凉北	238	—	230	—	—	—	8
夹金山	499	—	499	—	—	—	—
木里	676	—	676	—	—	—	—
普威	319	—	249	—	—	70	—
盐边	131	—	131	—	—	—	—
云南	**4074**	**—**	**3605**	**—**	**—**	**330**	**139**
云南省林管局	**4074**	**—**	**3605**	**—**	**—**	**330**	**139**
华坪	305	—	300	—	—	—	5
碧泉	253	—	253	—	—	—	—
黑白水	147	—	147	—	—	—	—
中甸 *	—	—	—	—	—	—	—
巨甸	117	—	117	—	—	—	—
红旗	173	—	173	—	—	—	—
云台山	571	—	558	—	—	—	13

国有林区分企业的从业人员和劳动报酬情况(八)

单位:人

企业名称	年末参加基本养老保险人数	年末参加基本医疗保险人数	在岗职工		年末离退休人员人数	离退休人员年生活费(千元)
			平均人数	工资总额(千元)		
韩家园	2597	3278	2597	74096	708	11958
大兴安岭营林局	**2040**	**3490**	**2110**	**54344**	**2382**	**40361**
加格达奇	2040	3490	2110	54344	2382	40361
四川	**26276**	**49482**	**6983**	**207997**	**43701**	**836007**
阿坝州林管局	**8049**	**24408**	**2198**	**69516**	**22258**	**421495**
川西	241	1760	178	7100	1519	32540
黑水	285	4993	326	7970	4709	105600
马尔康	447	5235	463	12587	4788	112888
小金	2078	2078	208	8924	1871	46107
观音桥	4280	4280	272	8528	4027	2950
松潘	247	1774	255	8247	1527	32189
南坪	345	2757	362	11786	2412	55500
壤塘	126	1531	134	4374	1405	33720
甘孜州林管局	**6100**	**9207**	**1285**	**55475**	**7925**	**165351**
道孚	277	1949	261	11795	1672	39380
新龙	1999	1999	210	8230	1805	37390
丹巴	288	1723	292	9064	1435	30639
炉霍	1626	1626	190	10100	1435	23250
白玉	915	915	123	6142	792	17834
力邱河	634	634	144	6101	490	9677
翁达	361	361	65	4043	296	7180
其他地、州林管局	**12127**	**15867**	**3500**	**83007**	**13518**	**249161**
川南	1516	5256	1547	29289	3740	67320
雷波	2111	2111	153	5511	1870	39731
凉北	1756	1756	230	4898	1518	31320
夹金山	1056	1056	505	11702	542	10464
木里	4503	4503	681	19868	3827	82660
普威	319	319	252	7948	1155	—
盐边	866	866	132	3790	866	17666
云南	**6605**	**7772**	**3764**	**91681**	**6673**	**101497**
云南省林管局	**6605**	**7772**	**3764**	**91681**	**6673**	**101497**
华坪	815	815	300	10030	510	10590
碧泉	930	930	253	6495	678	12912
黑白水	566	566	149	4527	419	9690
中甸 *	—	—	—	—	—	—
巨甸	293	293	117	2850	176	4098
红旗	173	496	173	3131	323	5620
云台山	899	992	561	8589	1365	12554

国有林区分企业的从业人员和劳动报酬情况(九)

单位:人

企业名称	年末人数						
	总计	其中:混岗职工人数	在岗职工			其他从业人员	离开本单位仍保留劳动关系人员
			合计	其中			
				混岗职工人数	非全日制		
漾江	599	—	269	—	—	330	—
景东	301	—	274	—	—	—	27
墨江	255	—	255	—	—	—	—
卫国	789	—	695	—	—	—	94
江边 *	—	—	—	—	—	—	—
清水江 *	—	—	—	—	—	—	—
南盘江 *	—	—	—	—	—	—	—
新平	86	—	86	—	—	—	—
宁蒗	478	—	478	—	—	—	—
陕西	**4382**	**48**	**3854**	**48**	**—**	**238**	**290**
陕西省林管局	**3868**	**48**	**3382**	**48**	**—**	**196**	**290**
宁西	1081	48	1081	48	—	—	—
太白	1304	—	1195	—	—	97	12
长青	291	—	201	—	—	90	—
宁东	632	—	579	—	—	—	53
汉西	291	—	193	—	—	9	89
龙草坪	269	—	133	—	—	—	136
陕西省营林局	**514**	**—**	**472**	**—**	**—**	**42**	**—**
马头滩	248	—	248	—	—	—	—
辛家山	266	—	224	—	—	42	—
甘肃	**13162**	**—**	**13162**	**—**	**—**	**—**	**—**
甘肃省林管局	**7742**	**—**	**7742**	**—**	**—**	**—**	**—**
舟曲	1369	—	1369	—	—	—	—
迭部	2708	—	2708	—	—	—	—
洮河	2795	—	2795	—	—	—	—
白水江	870	—	870	—	—	—	—
甘肃省营林局	**5420**	**—**	**5420**	**—**	**—**	**—**	**—**
小陇山	5420	—	5420	—	—	—	—
青海	**—**	**—**	**—**	**—**	**—**	**—**	**—**
青海省林管局	**—**	**—**	**—**	**—**	**—**	**—**	**—**
玛可河 *	—	—	—	—	—	—	—
新疆	**2630**	**—**	**2577**	**—**	**—**	**43**	**10**
新疆维吾尔自治区林管局	**1806**	**—**	**1758**	**—**	**—**	**42**	**6**
天山西部	1050	—	1046	—	—	—	4
阿尔泰山	756	—	712	—	—	42	2
新疆维吾尔自治区营林局	**824**	**—**	**819**	**—**	**—**	**1**	**4**
天山中东部	824	—	819	—	—	1	4

国有林区分企业的从业人员和劳动报酬情况(十)

单位:人

企业名称	年末参加基本养老保险人数	年末参加基本医疗保险人数	在岗职工		年末离退休人员人数	离退休人员年生活费(千元)
			平均人数	工资总额(千元)		
漾江	269	269	273	5185	408	5579
景东	301	1055	308	7080	754	14270
墨江	228	228	255	6956	517	912
卫国	789	789	805	20623	745	13751
江边 *	—	—	—	—	—	—
清水江 *	—	—	—	—	—	—
南盘江 *	—	—	—	—	—	—
新平	314	311	92	4074	228	342
宁蒗	1028	1028	478	12142	550	11180
陕西	**4204**	**6345**	**3962**	**78523**	**4694**	**73537**
陕西省林管局	**3732**	**5873**	**3490**	**71788**	**4448**	**69522**
宁西	1081	2414	1081	20405	1333	1968
太白	1304	1304	1304	23740	1534	35080
长青	291	291	200	5208	531	12556
宁东	632	1082	579	13121	450	10957
汉西	291	291	193	5142	256	521
龙草坪	133	491	133	4172	344	8441
陕西省营林局	**472**	**472**	**472**	**6736**	**246**	**4015**
马头滩	248	248	248	3386	120	2065
辛家山	224	224	224	3350	126	1950
甘肃	**18678**	**18678**	**11792**	**272869**	**6976**	**160156**
甘肃省林管局	**13258**	**13258**	**6444**	**150343**	**5516**	**120776**
舟曲	2872	2872	1158	23687	1503	33385
迭部	4996	4996	2343	56287	2288	48043
洮河	3979	3979	2415	57676	1184	27428
白水江	1411	1411	528	12694	541	11920
甘肃省营林局	**5420**	**5420**	**5348**	**122526**	**1460**	**39380**
小陇山	5420	5420	5348	122526	1460	39380
青海	**—**	**—**	**—**	**—**	**—**	**—**
青海省林管局	**—**	**—**	**—**	**—**	**—**	**—**
玛可河 *	—	—	—	—	—	—
新疆	**2565**	**5077**	**2587**	**107683**	**2410**	**66208**
新疆维吾尔自治区林管局	**1741**	**3104**	**1767**	**72240**	**1356**	**38674**
天山西部	960	1811	1053	42912	778	22835
阿尔泰山	781	1293	714	29328	578	15839
新疆维吾尔自治区营林局	**824**	**1973**	**820**	**35443**	**1054**	**27534**
天山中东部	824	1973	820	35443	1054	27534

国有林区林业投资完成情况

指标名称	计量单位	合　计	135 个木材采运企业	20 个重点营林局
一、本年计划投资	**万元**	**2853593**	**2620527**	**233066**
二、自年初累计完成投资	**万元**	**2777453**	**2589166**	**188287**
其中:国家投资	万元	1896056	1777153	118903
1. 生态建设与保护	万元	1147376	1040106	107270
(1)造林	万元	19885	11977	7908
(2)更新	万元	5530	4494	1036
(3)森林抚育	万元	264078	233176	30902
(4)野生动植物保护及自然保护区	万元	3984	3775	209
(5)湿地恢复与保护	万元	729	279	450
(6)森林生态效益补偿	万元	18635	10801	7834
(7)其他(含生态工程补助资金)	万元	834535	775604	58931
2. 林业支撑与保障	万元	161935	143479	18456
(1)林木种苗	万元	2798	2187	611
(2)森林防火与森林公安	万元	24245	22796	1449
(3)林业有害生物防治	万元	2136	1699	437
(4)科技教育	万元	1608	1502	106
(5)其他	万元	131148	115295	15853
3. 林业产业发展	万元	17001	13844	3157
(1)工业原料林	万元	55	55	—
(2)木本油料	万元	871	241	630
(3)花卉	万元	11	11	—
(4)林下经济	万元	246	95	151
(5)其他	万元	15818	13442	2376
4. 林业民生工程	万元	1352687	1310405	42282
(1)棚户区(危旧房)改造	万元	1071734	1031915	39819
(2)社会性基础设施	万元	265950	263487	2463
(3)其他	万元	15003	15003	—
5. 其他投资	万元	98454	81332	17122
其中:财政事业费	万元	16034	11395	4639
三、本年房屋竣工面积	**平方米**	**8918888**	**8747143**	**171745**
本年房屋竣工价值	万元	940554	918107	22447
四、本年新增公路里程	**千米**	**1235**	**238**	**997**
五、本年实际到位资金合计	**万元**	**2833941**	**2603099**	**230842**
1. 上年末结余资金	万元	99844	89859	9985
2. 本年实际到位资金小计	万元	2734097	2513240	220857
(1)国家预算资金	万元	2000746	1820139	180607
①中央资金	万元	1869836	1712875	156961
②地方资金	万元	130910	107264	23646
(2)国内贷款	万元	1200	—	1200
(3)债券	万元	380	380	—
(4)利用外资	万元	—	—	—
(5)自筹资金	万元	648435	610071	38364
(6)其他资金	万元	83336	82650	686

国有林区分企业的

企业名称	本年计划投资	自年初累计							
		总　计	其中：国家投资	生态建设与保护					
				合计	造林	更新	森林抚育	野生动植物保护及自然保护区	湿地恢复与保护
全国合计	**2853593**	**2777453**	**1896056**	**1147376**	**19885**	**5530**	**264078**	**3984**	**729**
135 个木材采运企业小计	2620527	2589166	1777153	1040106	11977	4494	233176	3775	279
20 个重点营林局小计	233066	188287	118903	107270	7908	1036	30902	209	450
内蒙古	**460146**	**382141**	**350566**	**246378**	**4724**	**—**	**82275**	**205**	**200**
内蒙古集团林管局	**329171**	**298559**	**273342**	**196482**	**—**	**—**	**62629**	**—**	**—**
阿尔山	20325	15120	13972	9196	—	—	1355	—	—
绰尔	18689	20364	17748	10840	—	—	4375	—	—
绰源	14756	14430	13179	7842	—	—	3425	—	—
乌尔旗汉	27821	24596	22818	13941	—	—	3982	—	—
库都尔	21926	20842	19938	13877	—	—	3738	—	—
图里河	17390	15445	12008	10003	—	—	3691	—	—
伊图里河	13113	11874	10281	9391	—	—	3656	—	—
克一河	12303	14707	13985	10010	—	—	4142	—	—
甘河	19708	17444	16420	13974	—	—	4236	—	—
吉文	23381	13975	13579	9778	—	—	3748	—	—
阿里河	18639	19005	16789	12355	—	—	4142	—	—
根河	26529	23624	22876	18318	—	—	4409	—	—
金河	17849	16348	16154	12253	—	—	3563	—	—
阿龙山	17989	15682	15373	10517	—	—	3874	—	—
满归	14366	13319	11682	10327	—	—	3192	—	—
得耳布尔	19814	17211	16157	10321	—	—	2973	—	—
莫尔道嘎	24573	24573	20383	13539	—	—	4128	—	—
内蒙古集团营林局	**14851**	**15637**	**14020**	**5571**	**—**	**—**	**—**	**—**	**—**
大杨树	9551	9832	8898	3107	—	—	—	—	—
毕拉河	5300	5805	5122	2464	—	—	—	—	—
内蒙古林业厅营林局	**116124**	**67945**	**63204**	**44325**	**4724**	**—**	**19646**	**205**	**200**
免渡河	24018	7203	7148	6396	442	—	2967	—	—
乌奴尔	14774	9658	7472	5228	100	—	2593	—	—
巴林	14726	5289	5241	4709	—	—	2173	—	—
南木	13410	9186	7291	5142	—	—	2195	—	—
红花尔基	20410	12544	12083	11252	3163	—	2793	90	—
柴河	11603	6882	6786	6430	—	—	3091	—	—
五岔沟	12631	12631	12631	3479	713	—	2766	—	—
白狼	4552	4552	4552	1689	306	—	1068	115	200
吉林	**469331**	**436927**	**279758**	**150249**	**4950**	**1372**	**35685**	**865**	**250**
吉林集团林管局	**193317**	**179237**	**107221**	**60724**	**3389**	**1256**	**18849**	**—**	**—**
临江	23517	19144	13852	7208	555	—	2942	—	—
三岔子	31779	33929	20809	10389	300	—	2571	—	—
湾沟	18316	11325	8457	5023	450	—	1520	—	—

林业投资完成情况(一)

单位:万元

完成投资													
		林业支撑与保障						林业产业发展					
森林生态效益补偿	其他	合计	林木种苗	森林防火与森林公安	林业有害生物防治	科技教育	其他	合计	工业原料林	木本油料	花卉	林下经济	其他
18635	834535	161935	2798	24245	2136	1608	131148	17001	55	871	11	246	15818
10801	775604	143479	2187	22796	1699	1502	115295	13844	55	241	11	95	13442
7834	58931	18456	611	1449	437	106	15853	3157	—	630	—	151	2376
30	158944	41708	527	2401	16	—	38764	45	—	—	—	—	45
—	133853	26581	277	1506	—	—	24798	—	—	—	—	—	—
—	7841	866	—	—	—	—	866	—	—	—	—	—	—
—	6465	3908	—	—	—	—	3908	—	—	—	—	—	—
—	4417	1647	—	—	—	—	1647	—	—	—	—	—	—
—	9959	2814	—	—	—	—	2814	—	—	—	—	—	—
—	10139	2245	—	—	—	—	2245	—	—	—	—	—	—
—	6312	757	—	—	—	—	757	—	—	—	—	—	—
—	5735	379	—	—	—	—	379	—	—	—	—	—	—
—	5868	1603	—	—	—	—	1603	—	—	—	—	—	—
—	9738	482	—	—	—	—	482	—	—	—	—	—	—
—	6030	461	277	184	—	—	—	—	—	—	—	—	—
—	8213	2829	—	—	—	—	2829	—	—	—	—	—	—
—	13909	625	—	—	—	—	625	—	—	—	—	—	—
—	8690	2571	—	1149	—	—	1422	—	—	—	—	—	—
—	6643	1915	—	—	—	—	1915	—	—	—	—	—	—
—	7135	1087	—	—	—	—	1087	—	—	—	—	—	—
—	7348	1509	—	—	—	—	1509	—	—	—	—	—	—
—	9411	883	—	173	—	—	710	—	—	—	—	—	—
—	5571	2899	—	—	—	—	2899	—	—	—	—	—	—
—	3107	1228	—	—	—	—	1228	—	—	—	—	—	—
—	2464	1671	—	—	—	—	1671	—	—	—	—	—	—
30	19520	12228	250	895	16	—	11067	45	—	—	—	—	45
—	2987	117	—	77	—	—	40	—	—	—	—	—	—
30	2505	142	—	142	—	—	—	—	—	—	—	—	—
—	2536	109	—	109	—	—	—	—	—	—	—	—	—
—	2947	103	—	103	—	—	—	—	—	—	—	—	—
—	5206	501	100	398	3	—	—	—	—	—	—	—	—
—	3339	66	—	66	—	—	—	—	—	—	—	—	—
—	—	8489	70	—	8	—	8411	45	—	—	—	—	45
—	—	2701	80	—	5	—	2616	—	—	—	—	—	—
7269	99858	50732	720	3502	842	198	45470	13439	—	630	—	95	12714
2348	34882	14483	622	586	113	—	13162	3365	—	—	—	95	3270
—	3711	2926	197	78	53	—	2598	40	—	—	—	40	—
100	7418	2179	70	32	—	—	2077	100	—	—	—	—	100
—	3053	778	80	65	40	—	593	185	—	—	—	—	185

国有林区分企业的

企业名称	本年计划投资	自年初累计							
		总计	其中：国家投资	生态建设与保护					
				合计	造林	更新	森林抚育	野生动植物保护及自然保护区	湿地恢复与保护
松江河	35608	29420	12656	11923	677	—	2884	—	—
泉阳	15101	14829	7796	5687	—	13	2931	—	—
露水河	22278	22278	16632	8037	—	2	2712	—	—
白石山	29499	30882	13943	6207	1007	—	928	—	—
红石	17219	17430	13076	6250	400	1241	2361	—	—
延边林管局	**255543**	**231673**	**158429**	**80657**	**1561**	**—**	**16227**	**865**	**—**
黄泥河	20950	21740	15900	8924	285	—	1750	190	—
敦化	54652	55023	28854	8656	—	—	1322	—	—
大石头	33370	30673	20264	10299	200	—	2050	—	—
八家子	17634	14501	8929	5172	—	—	1137	—	—
和龙	23236	18141	14045	6857	—	—	619	—	—
汪清	19748	22931	17307	9542	665	—	1959	10	—
大兴沟	20426	10712	8606	5472	111	—	1760	—	—
天桥岭	13660	13960	11685	6829	—	—	1996	—	—
白河	40235	29308	21774	11255	300	—	2392	—	—
珲春	11632	14684	11065	7651	—	—	1242	665	—
吉林省林业厅营林局	**20471**	**26017**	**14108**	**8868**	**—**	**116**	**609**	**—**	**250**
上营	—	7058	3748	116	—	116	—	—	—
辉南	4787	4524	—	2323	—	—	468	—	250
长白	8527	8298	4839	1608	—	—	141	—	—
安图	7157	6137	5521	4821	—	—	—	—	—
长白山 *	—	—	—	—	—	—	—	—	—
龙江集团	**1367858**	**1346997**	**907505**	**459367**	**—**	**—**	**88848**	**1375**	**—**
牡丹江林业管理局	**287611**	**272924**	**197442**	**91534**	**—**	**—**	**18720**	**—**	**—**
大海林	62819	49518	39527	12806	—	—	2400	—	—
柴河	36865	40540	27979	12773	—	—	2160	—	—
东京城	62873	62902	37552	15392	—	—	3240	—	—
穆棱	30835	30977	20887	10385	—	—	1560	—	—
绥阳	36088	36088	28111	14044	—	—	3240	—	—
海林	14292	14292	13108	9992	—	—	2160	—	—
林口	26851	21619	17743	9394	—	—	2760	—	—
八面通	16988	16988	12535	6748	—	—	1200	—	—
合江林业管理局	**163680**	**165169**	**124215**	**66090**	**—**	**—**	**13440**	**—**	**—**
桦南	19749	21238	16600	9996	—	—	2160	—	—
双鸭山	16321	16321	13292	7901	—	—	1800	—	—
鹤立	18475	18475	13340	6369	—	—	1200	—	—
鹤北	26685	26685	20782	12550	—	—	2400	—	—
东方红	52092	52092	34107	14442	—	—	3000	—	—
迎春	18946	18946	15187	7433	—	—	1680	—	—

林业投资完成情况(二)

单位:万元

完成投资													
		林业支撑与保障						林业产业发展					
森林生态效益补偿	其他	合计	林木种苗	森林防火与森林公安	林业有害生物防治	科技教育	其他	合计	工业原料林	木本油料	花卉	林下经济	其他
—	8362	1942	—	310	20	—	1612	12	—	—	—	—	12
—	2743	1043	—	48	—	—	995	40	—	—	—	—	40
—	5323	1685	275	33	—	—	1377	45	—	—	—	45	—
—	4272	1413	—	—	—	—	1413	40	—	—	—	—	40
2248	—	2517	—	20	—	—	2497	2903	—	—	—	10	2893
100	**61904**	**35368**	**98**	**2840**	**679**	**198**	**31553**	**8828**	**—**	**—**	**—**	**—**	**8828**
—	6699	3254	—	653	3	—	2598	100	—	—	—	—	100
—	7334	6790	80	315	3	—	6392	5831	—	—	—	—	5831
100	7949	2583	—	160	—	—	2423	—	—	—	—	—	—
—	4035	1795	—	—	18	—	1777	2221	—	—	—	—	2221
—	6238	4470	—	257	610	100	3503	—	—	—	—	—	—
—	6908	2744	—	—	3	—	2741	50	—	—	—	—	50
—	3601	855	—	232	—	—	623	—	—	—	—	—	—
—	4833	2140	—	144	—	—	1996	456	—	—	—	—	456
—	8563	5511	—	275	3	—	5233	40	—	—	—	—	40
—	5744	5226	18	804	39	98	4267	130	—	—	—	—	130
4821	**3072**	**881**	**—**	**76**	**50**	**—**	**755**	**1246**	**—**	**630**	**—**	**—**	**616**
—	—	—	—	—	—	—	—	—	—	—	—	—	—
—	1605	214	—	26	50	—	138	—	—	—	—	—	—
—	1467	617	—	—	—	—	617	—	—	—	—	—	—
4821	—	50	—	50	—	—	—	1246	—	630	—	—	616
—	—	—	—	—	—	—	—	—	—	—	—	—	—
—	**369144**	**19744**	**—**	**12986**	**736**	**1284**	**4738**	**1344**	**—**	**—**	**—**	**—**	**1344**
—	**72814**	**4073**	**—**	**2490**	**257**	**—**	**1326**	**—**	**—**	**—**	**—**	**—**	**—**
—	10406	212	—	—	16	—	196	—	—	—	—	—	—
—	10613	1020	—	672	15	—	333	—	—	—	—	—	—
—	12152	58	—	13	16	—	29	—	—	—	—	—	—
—	8825	511	—	496	15	—	—	—	—	—	—	—	—
—	10804	947	—	844	15	—	88	—	—	—	—	—	—
—	7832	325	—	—	164	—	161	—	—	—	—	—	—
—	6634	347	—	—	—	—	347	—	—	—	—	—	—
—	5548	653	—	465	16	—	172	—	—	—	—	—	—
—	**52650**	**3764**	**—**	**3037**	**102**	**—**	**625**	**—**	**—**	**—**	**—**	**—**	**—**
—	7836	810	—	784	15	—	11	—	—	—	—	—	—
—	6101	797	—	782	15	—	—	—	—	—	—	—	—
—	5169	15	—	—	15	—	—	—	—	—	—	—	—
—	10150	523	—	192	14	—	317	—	—	—	—	—	—
—	11442	560	—	532	15	—	13	—	—	—	—	—	—
—	5753	774	—	747	14	—	13	—	—	—	—	—	—

国有林区分企业的

企业名称	本年计划投资	自年初累计							
		总计	其中：国家投资	生态建设与保护					
				合计	造林	更新	森林抚育	野生动植物保护及自然保护区	湿地恢复与保护
清河	11412	11412	10907	7399	—	—	1200	—	—
伊春林业管理局	**606911**	**606909**	**374784**	**197344**	**—**	**—**	**35640**	**1375**	**—**
双丰	23207	23206	15119	9298	—	—	2040	—	—
铁力	56144	56144	31406	13354	—	—	2400	—	—
桃山	19304	19303	16338	11445	—	—	1920	—	—
朗乡	24992	24992	20600	15433	—	—	3000	—	—
南岔	50493	50493	32803	18065	—	—	2640	—	—
金山屯	60310	60310	30734	13282	—	—	2640	—	—
美溪	22858	22858	19627	12084	—	—	1920	—	—
乌马河	29922	29922	21269	10542	—	—	1800	—	—
翠峦	63207	63207	32514	12125	—	—	1920	—	—
友好	43040	43040	26951	14786	—	—	2280	—	—
上甘岭	20029	20029	15400	8667	—	—	1680	—	—
五营	22650	22650	15817	10400	—	—	1440	—	—
红星	44150	44150	23710	11686	—	—	2640	625	—
新青	39283	39283	24513	14277	—	—	2520	750	—
汤旺河	46824	46824	26463	10677	—	—	1920	—	—
乌伊岭	40498	40498	21520	11223	—	—	2880	—	—
松花江林业管理局	**286110**	**278450**	**196681**	**96171**	**—**	**—**	**20208**	**—**	**—**
山河屯	40718	40169	24408	10223	—	—	1800	—	—
苇河	37437	37437	26972	12472	—	—	2520	—	—
亚布力	21942	21282	18414	13199	—	—	3120	—	—
方正	58102	53972	32827	12643	—	—	2808	—	—
兴隆	28228	28228	22657	12939	—	—	2760	—	—
绥棱	28303	28303	21398	10312	—	—	2400	—	—
通北	34794	34794	24908	11057	—	—	2400	—	—
沾河	36586	34265	25097	13326	—	—	2400	—	—
总局直属单位	**23546**	**23545**	**14383**	**8228**	**—**	**—**	**840**	**—**	**—**
带岭实验局	23546	23545	14383	8228	—	—	840	—	—
大兴安岭	**286672**	**347424**	**215098**	**141888**	**—**	**4120**	**33000**	**—**	**100**
大兴安岭林管局	**273352**	**333454**	**203560**	**130350**	**—**	**3200**	**29280**	**—**	**100**
松岭	26528	33586	19495	15019	—	400	3120	—	—
新林	43558	43764	39160	18601	—	600	3720	—	—
塔河	56547	57147	32917	20700	—	—	3960	—	—
呼中	21004	31619	17750	13533	—	—	3960	—	—
阿木尔	21213	24758	14828	12147	—	400	2760	—	—
图强	19776	20526	12216	10297	—	600	3000	—	—
西林吉	38215	60840	29438	16228	—	800	2400	—	—
十八站	26035	37641	21496	11581	—	400	2760	—	—

林业投资完成情况(三)

单位:万元

完成投资													
		林业支撑与保障						林业产业发展					
森林生态效益补偿	其他	合计	林木种苗	森林防火与森林公安	林业有害生物防治	科技教育	其他	合计	工业原料林	木本油料	花卉	林下经济	其他
—	6199	285	—	—	14	—	271	—	—	—	—	—	—
—	**160329**	**7284**	**—**	**4830**	**239**	**300**	**1915**	**672**	**—**	**—**	**—**	**—**	**672**
—	7258	14	—	—	14	—	—	—	—	—	—	—	—
—	10954	549	—	534	15	—	—	336	—	—	—	—	336
—	9525	1145	—	831	14	300	—	—	—	—	—	—	—
—	12433	465	—	450	15	—	—	—	—	—	—	—	—
—	15425	954	—	599	15	—	340	—	—	—	—	—	—
—	10642	26	—	—	14	—	12	—	—	—	—	—	—
—	10164	385	—	—	15	—	370	—	—	—	—	—	—
—	8742	960	—	660	15	—	285	—	—	—	—	—	—
—	10205	551	—	536	15	—	—	—	—	—	—	—	—
—	12506	27	—	—	15	—	12	336	—	—	—	—	336
—	6987	528	—	—	15	—	513	—	—	—	—	—	—
—	8960	15	—	—	15	—	—	—	—	—	—	—	—
—	8421	28	—	—	15	—	13	—	—	—	—	—	—
—	11007	915	—	900	15	—	—	—	—	—	—	—	—
—	8757	706	—	320	16	—	370	—	—	—	—	—	—
—	8343	16	—	—	16	—	—	—	—	—	—	—	—
—	**75963**	**4216**	**—**	**2237**	**123**	**984**	**872**	**336**	**—**	**—**	**—**	**—**	**336**
—	8423	156	—	—	15	—	141	—	—	—	—	—	—
—	9952	1211	—	192	15	604	400	336	—	—	—	—	336
—	10079	115	—	—	15	—	100	—	—	—	—	—	—
—	9835	1165	—	769	16	380	—	—	—	—	—	—	—
—	10179	128	—	—	16	—	112	—	—	—	—	—	—
—	7912	694	—	585	15	—	94	—	—	—	—	—	—
—	8657	514	—	499	15	—	—	—	—	—	—	—	—
—	10926	233	—	192	16	—	25	—	—	—	—	—	—
—	**7388**	**407**	**—**	**392**	**15**	**—**	**—**	**336**	**—**	**—**	**—**	**—**	**336**
—	7388	407	—	392	15	—	—	336	—	—	—	—	336
—	**104668**	**25337**	**772**	**4097**	**7**	**—**	**20461**	**1629**	**—**	**—**	**—**	**—**	**1629**
—	**97770**	**24534**	**772**	**3951**	**—**	**—**	**19811**	**—**	**—**	**—**	**—**	**—**	**—**
—	11499	2424	—	882	—	—	1542	—	—	—	—	—	—
—	14281	—	—	—	—	—	—	—	—	—	—	—	—
—	16740	5637	—	124	—	—	5513	—	—	—	—	—	—
—	9573	1650	178	1000	—	—	472	—	—	—	—	—	—
—	8987	2845	163	—	—	—	2682	—	—	—	—	—	—
—	6697	239	—	239	—	—	—	—	—	—	—	—	—
—	13028	3086	—	—	—	—	3086	—	—	—	—	—	—
—	8421	2734	431	—	—	—	2303	—	—	—	—	—	—

国有林区分企业的

企业名称	本年计划投资	自年初累计							
		总　计	其中：国家投资	生态建设与保护					
				合计	造林	更新	森林抚育	野生动植物保护及自然保护区	湿地恢复与保护
韩家园	20476	23573	16260	12244	—	—	3600	—	100
大兴安岭营林局	**13320**	**13970**	**11538**	**11538**	**—**	**920**	**3720**	**—**	**—**
加格达奇	13320	13970	11538	11538	—	920	3720	—	—
四川	**69479**	**63754**	**37453**	**42861**	**1779**	**38**	**4413**	**1035**	**—**
阿坝州林管局	**20735**	**23262**	**7509**	**14195**	**479**	**—**	**1629**	**955**	**—**
川西	1969	1969	—	1505	—	—	240	955	—
黑水	3980	3980	—	1965	30	—	240	—	—
马尔康	4457	4602	4602	4079	76	—	214	—	—
小金	1948	2042	—	2042	243	—	158	—	—
观音桥	4007	4007	2907	2945	35	—	300	—	—
松潘	—	2056	—	323	30	—	180	—	—
南坪	2852	2852	—	349	30	—	180	—	—
壤塘	1522	1754	—	987	35	—	117	—	—
甘孜州林管局	**13398**	**13603**	**12309**	**11784**	**135**	**—**	**1440**	**—**	**—**
道孚	2673	2925	2585	2427	—	—	360	—	—
新龙	2514	2426	2244	2088	—	—	240	—	—
丹巴	2847	2676	2449	2572	70	—	360	—	—
炉霍	1761	1862	1672	1548	35	—	180	—	—
白玉	1363	1474	1262	1209	—	—	—	—	—
力邱河	1341	1341	1271	1197	30	—	180	—	—
翁达	899	899	826	743	—	—	120	—	—
其他地、州林管局	**35346**	**26889**	**17635**	**16882**	**1165**	**38**	**1344**	**80**	**—**
川南	14880	7532	7117	4702	745	38	504	—	—
雷波	5331	6023	3962	2215	175	—	—	—	—
凉北	3145	1818	1363	1185	100	—	—	—	—
夹金山	2509	2509	—	1982	—	—	—	—	—
木里	8525	5985	5193	4333	40	—	480	—	—
普威	—	2066	—	1664	70	—	240	80	—
盐边	956	956	—	801	35	—	120	—	—
云南	**15055**	**24250**	**9194**	**11828**	**1527**	**—**	**1292**	**387**	**—**
云南省林管局	**15055**	**24250**	**9194**	**11828**	**1527**	**—**	**1292**	**387**	**—**
华坪	1843	1649	1649	125	125	—	—	—	—
碧泉	2376	2376	—	692	125	—	440	—	—
黑白水	785	980	—	19	19	—	—	—	—
中甸 *	—	—	—	—	—	—	—	—	—
巨甸	1101	1271	1213	485	367	—	118	—	—
红旗	1003	1003	1003	1003	—	—	231	—	—
云台山	2292	2709	2709	2243	830	—	142	387	—

林业投资完成情况(四)

单位:万元

完成投资													
		林业支撑与保障						林业产业发展					
森林生态效益补偿	其他	合计	林木种苗	森林防火与森林公安	林业有害生物防治	科技教育	其他	合计	工业原料林	木本油料	花卉	林下经济	其他
—	8544	5919	—	1706	—	—	4213	—	—	—	—	—	—
—	**6898**	**803**	**—**	**146**	**7**	**—**	**650**	**1629**	**—**	**—**	**—**	**—**	**1629**
—	6898	803	—	146	7	—	650	1629	—	—	—	—	1629
2558	**33038**	**4558**	**278**	**788**	**36**	**—**	**3456**	**211**	**—**	**211**	**—**	**—**	**—**
1055	**10077**	**3401**	**78**	**93**	**5**	**—**	**3225**	**—**	**—**	**—**	**—**	**—**	**—**
106	204	—	—	—	—	—	—	—	—	—	—	—	—
96	1599	1813	78	93	1	—	1641	—	—	—	—	—	—
224	3565	—	—	—	—	—	—	—	—	—	—	—	—
86	1555	—	—	—	—	—	—	—	—	—	—	—	—
177	2433	—	—	—	—	—	—	—	—	—	—	—	—
113	—	1588	—	—	4	—	1584	—	—	—	—	—	—
139	—	—	—	—	—	—	—	—	—	—	—	—	—
114	721	—	—	—	—	—	—	—	—	—	—	—	—
—	**10209**	**219**	**200**	**—**	**19**	**—**	**—**	**—**	**—**	**—**	**—**	**—**	**—**
—	2067	55	50	—	5	—	—	—	—	—	—	—	—
—	1848	30	30	—	—	—	—	—	—	—	—	—	—
—	2142	24	20	—	4	—	—	—	—	—	—	—	—
—	1333	30	30	—	—	—	—	—	—	—	—	—	—
—	1209	40	30	—	10	—	—	—	—	—	—	—	—
—	987	20	20	—	—	—	—	—	—	—	—	—	—
—	623	20	20	—	—	—	—	—	—	—	—	—	—
1503	**12752**	**938**	**—**	**695**	**12**	**—**	**231**	**211**	**—**	**211**	**—**	**—**	**—**
243	3172	315	—	125	—	—	190	—	—	—	—	—	—
189	1851	18	—	15	3	—	—	—	—	—	—	—	—
119	966	23	—	20	3	—	—	211	—	211	—	—	—
266	1716	3	—	—	3	—	—	—	—	—	—	—	—
506	3307	538	—	535	3	—	—	—	—	—	—	—	—
107	1167	—	—	—	—	—	—	—	—	—	—	—	—
73	573	41	—	—	—	—	41	—	—	—	—	—	—
1489	**7133**	**950**	**—**	**127**	**98**	**—**	**725**	**66**	**55**	**—**	**11**	**—**	**—**
1489	**7133**	**950**	**—**	**127**	**98**	**—**	**725**	**66**	**55**	**—**	**11**	**—**	**—**
—	—	—	—	—	—	—	—	—	—	—	—	—	—
—	127	—	—	—	—	—	—	—	—	—	—	—	—
—	—	—	—	—	—	—	—	—	—	—	—	—	—
—	—	—	—	—	—	—	—	—	—	—	—	—	—
—	—	—	—	—	—	—	—	—	—	—	—	—	—
—	772	—	—	—	—	—	—	—	—	—	—	—	—
—	884	—	—	—	—	—	—	—	—	—	—	—	—

国有林区分企业的

企业名称	本年计划投资	自年初累计							
		总计	其中：国家投资	生态建设与保护					
				合计	造林	更新	森林抚育	野生动植物保护及自然保护区	湿地恢复与保护
漾江	2140	2140	1146	1803	7	—	118	—	—
景东	—	1593	1126	1060	34	—	—	—	—
墨江	2203	1955	348	100	—	—	100	—	—
卫国	—	4593	—	2311	—	—	—	—	—
江边 *	—	—	—	—	—	—	—	—	—
清水江 *	—	—	—	—	—	—	—	—	—
南盘江 *	—	—	—	—	—	—	—	—	—
新平	1312	1312	—	1312	—	—	—	—	—
宁蒗	—	2669	—	675	20	—	143	—	—
陕西	**28389**	**32029**	**18343**	**15955**	**578**	**—**	**2800**	**—**	**—**
陕西省林管局	**25660**	**29300**	**16609**	**14829**	**497**	**—**	**2680**	**—**	**—**
宁西	5741	8150	5350	3650	56	—	566	—	—
太白	7246	6294	6294	4612	119	—	566	—	—
长青	2613	1901	1624	1040	105	—	119	—	—
宁东	4483	7514	—	2874	133	—	742	—	—
汉西	3366	2843	2061	1499	42	—	449	—	—
龙草坪	2211	2598	1280	1154	42	—	238	—	—
陕西省营林局	**2729**	**2729**	**1734**	**1126**	**81**	**—**	**120**	**—**	**—**
马头滩	1433	1433	698	508	53	—	—	—	—
辛家山	1296	1296	1036	618	28	—	120	—	—
甘肃	**102595**	**99433**	**38240**	**48991**	**5830**	**—**	**9564**	**113**	**—**
甘肃省林管局	**55511**	**53012**	**38240**	**24299**	**2735**	**—**	**4836**	**113**	**—**
舟曲	10337	12359	8085	4160	405	—	1083	—	—
迭部	22704	18607	12416	8551	1119	—	1549	—	—
洮河	15156	14693	12101	8814	841	—	1495	113	—
白水江	7314	7353	5638	2774	370	—	709	—	—
甘肃省营林局	**47084**	**46421**	**—**	**24692**	**3095**	**—**	**4728**	**—**	**—**
小陇山	47084	46421	—	24692	3095	—	4728	—	—
青海	**—**	**—**	**—**	**—**	**—**	**—**	**—**	**—**	**—**
青海省林管局	**—**	**—**	**—**	**—**	**—**	**—**	**—**	**—**	**—**
玛可河 *	—	—	—	—	—	—	—	—	—
新疆	**54068**	**44498**	**39899**	**29859**	**497**	**—**	**6201**	**4**	**179**
新疆维吾尔自治区林管局	**35581**	**28930**	**25600**	**18709**	**489**	**—**	**4122**	**—**	**179**
天山西部	19838	15353	13754	8963	320	—	1490	—	—
阿尔泰山	15743	13577	11846	9746	169	—	2632	—	179
新疆维吾尔自治区营林局	**18487**	**15568**	**14299**	**11150**	**8**	**—**	**2079**	**4**	**—**
天山中东部	18487	15568	14299	11150	8	—	2079	4	—

林业投资完成情况(五)

单位:万元

完成投资													
		林业支撑与保障						林业产业发展					
森林生态效益补偿	其他	合计	林木种苗	森林防火与森林公安	林业有害生物防治	科技教育	其他	合计	工业原料林	木本油料	花卉	林下经济	其他
977	701	—	—	—	—	—	—	—	—	—	—	—	—
—	1026	44	—	44	—	—	—	—	—	—	—	—	—
—	—	62	—	62	—	—	—	—	—	—	—	—	—
—	2311	844	—	21	98	—	725	66	55	—	11	—	—
—	—	—	—	—	—	—	—	—	—	—	—	—	—
—	—	—	—	—	—	—	—	—	—	—	—	—	—
—	—	—	—	—	—	—	—	—	—	—	—	—	—
—	1312	—	—	—	—	—	—	—	—	—	—	—	—
512	—	—	—	—	—	—	—	—	—	—	—	—	—
134	**12443**	**380**	**100**	**—**	**—**	**—**	**280**	**30**	**—**	**30**	**—**	**—**	**—**
84	**11568**	**300**	**100**	**—**	**—**	**—**	**200**	**30**	**—**	**30**	**—**	**—**	**—**
20	3008	300	100	—	—	—	200	—	—	—	—	—	—
20	3907	—	—	—	—	—	—	30	—	30	—	—	—
8	808	—	—	—	—	—	—	—	—	—	—	—	—
17	1982	—	—	—	—	—	—	—	—	—	—	—	—
10	998	—	—	—	—	—	—	—	—	—	—	—	—
9	865	—	—	—	—	—	—	—	—	—	—	—	—
50	**875**	**80**	**—**	**—**	**—**	**—**	**80**	**—**	**—**	**—**	**—**	**—**	**—**
30	425	60	—	—	—	—	60	—	—	—	—	—	—
20	450	20	—	—	—	—	20	—	—	—	—	—	—
3134	**30350**	**17907**	**180**	**20**	**357**	**106**	**17244**	**—**	**—**	**—**	**—**	**—**	**—**
2282	**14333**	**16897**	**30**	**—**	**25**	**—**	**16842**	**—**	**—**	**—**	**—**	**—**	**—**
229	2443	5468	—	—	—	—	5468	—	—	—	—	—	—
720	5163	5004	—	—	20	—	4984	—	—	—	—	—	—
1084	5281	4718	30	—	5	—	4683	—	—	—	—	—	—
249	1446	1707	—	—	—	—	1707	—	—	—	—	—	—
852	**16017**	**1010**	**150**	**20**	**332**	**106**	**402**	**—**	**—**	**—**	**—**	**—**	**—**
852	16017	1010	150	20	332	106	402	—	—	—	—	—	—
—	**—**	**—**	**—**	**—**	**—**	**—**	**—**	**—**	**—**	**—**	**—**	**—**	**—**
—	**—**	**—**	**—**	**—**	**—**	**—**	**—**	**—**	**—**	**—**	**—**	**—**	**—**
—	—	—	—	—	—	—	—	—	—	—	—	—	—
4021	**18957**	**619**	**221**	**324**	**44**	**20**	**10**	**237**	**—**	**—**	**—**	**151**	**86**
1940	**11979**	**64**	**10**	**12**	**12**	**20**	**10**	**—**	**—**	**—**	**—**	**—**	**—**
875	6278	22	—	—	2	20	—	—	—	—	—	—	—
1065	5701	42	10	12	10	—	10	—	—	—	—	—	—
2081	**6978**	**555**	**211**	**312**	**32**	**—**	**—**	**237**	**—**	**—**	**—**	**151**	**86**
2081	6978	555	211	312	32	—	—	237	—	—	—	151	86

国有林区分企业的

企业名称	自年初累计完成投资						本年房屋竣工面积（平方米）	本年房屋竣工价值
	林业民生工程				其他投资			
	合计	棚户区（危旧房）改造	社会性基础设施	其他	合计	其中：财政事业费		
全国合计	**1352687**	**1071734**	**265950**	**15003**	**98454**	**16034**	**8918888**	**940554**
135 个木材采运企业小计	1310405	1031915	263487	15003	81332	11395	8747143	918107
20 个重点营林局小计	42282	39819	2463	—	17122	4639	171745	22447
内蒙古	**63620**	**63030**	**590**	**—**	**30390**	**707**	**708394**	**54531**
内蒙古集团林管局	**50280**	**50280**	**—**	**—**	**25216**	**—**	**616770**	**42546**
阿尔山	3910	3910	—	—	1148	—	25200	1800
绰尔	3000	3000	—	—	2616	—	40000	2000
绰源	3690	3690	—	—	1251	—	33750	3901
乌尔旗汉	6063	6063	—	—	1778	—	106650	5500
库都尔	3816	3816	—	—	904	—	52300	4370
图里河	1248	1248	—	—	3437	—	26000	1150
伊图里河	512	512	—	—	1592	—	20000	954
克一河	2372	2372	—	—	722	—	—	—
甘河	1964	1964	—	—	1024	—	20750	2251
吉文	3340	3340	—	—	396	—	20000	4200
阿里河	1605	1605	—	—	2216	—	31500	1082
根河	3933	3933	—	—	748	—	63850	3192
金河	1330	1330	—	—	194	—	25150	1258
阿龙山	2941	2941	—	—	309	—	56000	2836
满归	268	268	—	—	1637	—	4570	287
得耳布尔	4327	4327	—	—	1054	—	22600	4131
莫尔道嘎	5961	5961	—	—	4190	—	68450	3634
内蒙古集团营林局	**5550**	**5550**	**—**	**—**	**1617**	**—**	**47500**	**5501**
大杨树	4563	4563	—	—	934	—	35000	4615
毕拉河	987	987	—	—	683	—	12500	886
内蒙古林业厅营林局	**7790**	**7200**	**590**	**—**	**3557**	**707**	**44124**	**6484**
免渡河	—	—	—	—	690	55	—	—
乌奴尔	3539	3013	526	—	749	65	17000	3013
巴林	—	—	—	—	471	48	—	—
南木	3471	3407	64	—	470	42	27124	3471
红花尔基	—	—	—	—	791	461	—	—
柴河	—	—	—	—	386	36	—	—
五岔沟	618	618	—	—	—	—	—	—
白狼	162	162	—	—	—	—	—	—
吉林	**187176**	**156151**	**27555**	**3470**	**35331**	**826**	**891183**	**105116**
吉林集团林管局	**80073**	**70282**	**9497**	**294**	**20592**	**826**	**514489**	**55942**
临江	8970	7500	1470	—	—	—	73602	8897
三岔子	15652	12700	2952	—	5609	—	99650	6970
湾沟	4192	2900	1292	—	1147	—	25000	2900

林业投资完成情况(六)

单位:万元

本年新增公路里程(千米)	本年实际到位资金合计										
	总计	上年末结余资金	本年实际到位资金小计								
			合计	国家预算资金			国内贷款	债券	利用外资	自筹资金	其他
				小计	中央资金	地方资金					
1235	**2833941**	**99844**	**2734097**	**2000746**	**1869836**	**130910**	**1200**	**380**	**—**	**648435**	**83336**
238	2603099	89859	2513240	1820139	1712875	107264	—	380	—	610071	82650
997	230842	9985	220857	180607	156961	23646	1200	—	—	38364	686
—	**402582**	**—**	**402582**	**355586**	**334624**	**20962**	**—**	**—**	**—**	**46996**	**—**
—	**290623**	**—**	**290623**	**265407**	**254201**	**11206**	**—**	**—**	**—**	**25216**	**—**
—	15740	—	15740	14592	14592	—	—	—	—	1148	—
—	20421	—	20421	17805	16005	1800	—	—	—	2616	—
—	12905	—	12905	11654	9622	2032	—	—	—	1251	—
—	22404	—	22404	20626	19785	841	—	—	—	1778	—
—	20564	—	20564	19660	18459	1201	—	—	—	904	—
—	15267	—	15267	11830	11830	—	—	—	—	3437	—
—	12201	—	12201	10609	10609	—	—	—	—	1592	—
—	13507	—	13507	12785	12541	244	—	—	—	722	—
—	16587	—	16587	15563	15284	279	—	—	—	1024	—
—	13769	—	13769	13373	12797	576	—	—	—	396	—
—	17972	—	17972	15756	15756	—	—	—	—	2216	—
—	23369	—	23369	22621	22621	—	—	—	—	748	—
—	18306	—	18306	18112	18040	72	—	—	—	194	—
—	13812	—	13812	13503	13362	141	—	—	—	309	—
—	11592	—	11592	9955	9925	30	—	—	—	1637	—
—	17238	—	17238	16184	14732	1452	—	—	—	1054	—
—	24969	—	24969	20779	18241	2538	—	—	—	4190	—
—	**16553**	**—**	**16553**	**14936**	**12134**	**2802**	**—**	**—**	**—**	**1617**	**—**
—	10060	—	10060	9126	6683	2443	—	—	—	934	—
—	6493	—	6493	5810	5451	359	—	—	—	683	—
—	**95406**	**—**	**95406**	**75243**	**68289**	**6954**	**—**	**—**	**—**	**20163**	**—**
—	23092	—	23092	12383	10306	2077	—	—	—	10709	—
—	8710	—	8710	8710	7772	938	—	—	—	—	—
—	9457	—	9457	8202	7325	877	—	—	—	1255	—
—	8106	—	8106	8106	7422	684	—	—	—	—	—
—	21012	—	21012	12813	11285	1528	—	—	—	8199	—
—	7846	—	7846	7846	7311	535	—	—	—	—	—
—	12631	—	12631	12631	12376	255	—	—	—	—	—
—	4552	—	4552	4552	4492	60	—	—	—	—	—
220	**481367**	**54658**	**426709**	**294214**	**249324**	**44890**	**1200**	**380**	**—**	**62221**	**68694**
31	**188179**	**11437**	**176742**	**121816**	**94234**	**27582**	**—**	**380**	**—**	**18944**	**35602**
—	22557	4014	18543	14159	12282	1877	—	—	—	778	3606
—	33929	—	33929	20827	17258	3569	—	380	—	5108	7614
31	12853	—	12853	9985	8631	1354	—	—	—	1654	1214

国有林区分企业的

企业名称	自年初累计完成投资						本年房屋竣工面积（平方米）	本年房屋竣工价值
	林业民生工程				其他投资			
	合计	棚户区（危旧房）改造	社会性基础设施	其他	合计	其中：财政事业费		
松江河	10300	10300	—	—	5243	—	90691	12366
泉阳	8059	7540	255	264	—	—	53536	5889
露水河	7002	6555	447	—	5509	—	—	—
白石山	21670	19187	2483	—	1552	70	172010	18920
红石	4228	3600	598	30	1532	756	—	—
延边林管局	**97848**	**76614**	**18058**	**3176**	**8972**	**—**	**306358**	**40799**
黄泥河	7748	5800	587	1361	1714	—	—	—
敦化	33746	23646	10100	—	—	—	4318	394
大石头	16572	13925	2647	—	1219	—	143828	14623
八家子	5313	3613	1700	—	—	—	13664	1552
和龙	5404	5404	—	—	1410	—	20700	3786
汪清	10575	8171	693	1711	20	—	29660	4047
大兴沟	3574	3470	—	104	811	—	—	—
天桥岭	4189	2615	1574	—	346	—	—	—
白河	9050	9050	—	—	3452	—	79952	11697
珲春	1677	920	757	—	—	—	14236	4700
吉林省林业厅营林局	**9255**	**9255**	**—**	**—**	**5767**	**—**	**70336**	**8375**
上营	3912	3912	—	—	3030	—	31000	5000
辉南	1987	1987	—	—	—	—	286	39
长白	3336	3336	—	—	2737	—	39050	3336
安图	20	20	—	—	—	—	—	—
长白山 *	—	—	—	—	—	—	—	—
龙江集团	**866542**	**643499**	**220339**	**2704**	**—**	**—**	**5626326**	**582412**
牡丹江林业管理局	**177317**	**139569**	**37748**	**—**	**—**	**—**	**1364347**	**113411**
大海林	36500	27312	9188	—	—	—	481818	27312
柴河	26747	26747	—	—	—	—	—	—
东京城	47452	39380	8072	—	—	—	421500	39380
穆棱	20081	16172	3909	—	—	—	180917	17079
绥阳	21097	13822	7275	—	—	—	180612	19620
海林	3975	1500	2475	—	—	—	26740	1744
林口	11878	8276	3602	—	—	—	72760	8276
八面通	9587	6360	3227	—	—	—	—	—
合江林业管理局	**95315**	**62504**	**32811**	**—**	**—**	**—**	**628465**	**59149**
桦南	10432	6189	4243	—	—	—	74450	6189
双鸭山	7623	4438	3185	—	—	—	54097	3207
鹤立	12091	7189	4902	—	—	—	48532	5104
鹤北	13612	9213	4399	—	—	—	84836	6642
东方红	37090	29475	7615	—	—	—	266550	30007
迎春	10739	6000	4739	—	—	—	100000	8000

林业投资完成情况(七)

单位:万元

本年新增公路里程(千米)	本年实际到位资金合计										
	总计	上年末结余资金	本年实际到位资金小计								
			合计	国家预算资金			国内贷款	债券	利用外资	自筹资金	其他
				小计	中央资金	地方资金					
—	35922	224	35698	17184	14819	2365	—	—	—	5243	13271
—	15101	—	15101	8831	5093	3738	—	—	—	4395	1875
—	19205	5939	13266	10424	9585	839	—	—	—	476	2366
—	30882	1260	29622	27120	13280	13840	—	—	—	990	1512
—	17730	—	17730	13286	13286	—	—	—	—	300	4144
189	**263359**	**39853**	**223506**	**151783**	**137832**	**13951**	**—**	**—**	**—**	**38714**	**33009**
—	22073	3777	18296	12521	11305	1216	—	—	—	5298	477
91	57324	3482	53842	28402	24142	4260	—	—	—	14331	11109
—	35843	5634	30209	19800	17435	2365	—	—	—	4611	5798
—	16567	1499	15068	9496	9241	255	—	—	—	3370	2202
—	23400	3370	20030	15934	14852	1082	—	—	—	3306	790
—	25605	4138	21467	15843	15163	680	—	—	—	593	5031
—	14400	3495	10905	8940	8070	870	—	—	—	1068	897
—	15053	2737	12316	10041	9551	490	—	—	—	2137	138
—	34836	4992	29844	21927	19344	2583	—	—	—	3455	4462
98	18258	6729	11529	8879	8729	150	—	—	—	545	2105
—	**29829**	**3368**	**26461**	**20615**	**17258**	**3357**	**1200**	**—**	**—**	**4563**	**83**
—	8450	799	7651	4992	4325	667	—	—	—	2659	—
—	6715	1993	4722	4523	2937	1586	—	—	—	199	—
—	8527	—	8527	6155	5051	1104	1200	—	—	1172	—
—	6137	576	5561	4945	4945	—	—	—	—	533	83
—	—	—	—	—	—	—	—	—	—	—	—
—	**1336578**	**2960**	**1333618**	**920320**	**887373**	**32947**	**—**	**—**	**—**	**410858**	**2440**
—	**262782**	**2960**	**259822**	**183704**	**178948**	**4756**	**—**	**—**	**—**	**76118**	**—**
—	49518	—	49518	39527	38693	834	—	—	—	9991	—
—	40540	—	40540	27979	27616	363	—	—	—	12561	—
—	62873	—	62873	37552	35579	1973	—	—	—	25321	—
—	33795	2960	30835	20887	20302	585	—	—	—	9948	—
—	21941	—	21941	14004	13946	58	—	—	—	7937	—
—	14292	—	14292	13108	13092	16	—	—	—	1184	—
—	22835	—	22835	18112	17462	650	—	—	—	4723	—
—	16988	—	16988	12535	12258	277	—	—	—	4453	—
—	**163680**	**—**	**163680**	**124215**	**122177**	**2038**	**—**	**—**	**—**	**39465**	**—**
—	19749	—	19749	16600	16566	34	—	—	—	3149	—
—	16321	—	16321	13292	13204	88	—	—	—	3029	—
—	18475	—	18475	13340	12901	439	—	—	—	5135	—
—	26685	—	26685	20782	20501	281	—	—	—	5903	—
—	52092	—	52092	34107	33132	975	—	—	—	17985	—
—	18946	—	18946	15187	15187	—	—	—	—	3759	—

国有林区分企业的

企业名称	自年初累计完成投资						本年房屋竣工面积（平方米）	本年房屋竣工价值
	林业民生工程				其他投资			
	合计	棚户区（危旧房）改造	社会性基础设施	其他	合计	其中：财政事业费		
清河	3728	—	3728	—	—	—	—	—
伊春林业管理局	**401609**	**303789**	**95116**	**2704**	**—**	**—**	**2140283**	**275741**
双丰	13894	—	11190	2704	—	—	—	—
铁力	41905	33266	8639	—	—	—	—	—
桃山	6713	3195	3518	—	—	—	24000	5370
朗乡	9094	5325	3769	—	—	—	50000	6000
南岔	31474	24300	7174	—	—	—	154100	15500
金山屯	47002	39858	7144	—	—	—	374250	44350
美溪	10389	5400	4989	—	—	—	60000	6000
乌马河	18420	11010	7410	—	—	—	106000	12720
翠峦	50531	41535	8996	—	—	—	195000	41535
友好	27891	21300	6591	—	—	—	200000	21300
上甘岭	10834	6660	4174	—	—	—	40000	4800
五营	12235	10261	1974	—	—	—	75000	9338
红星	32436	28125	4311	—	—	—	275000	32436
新青	24091	19290	4801	—	—	—	184400	22128
汤旺河	35441	28289	7152	—	—	—	287450	28289
乌伊岭	29259	25975	3284	—	—	—	115083	25975
松花江林业管理局	**177727**	**125779**	**51948**	**—**	**—**	**—**	**1493231**	**134111**
山河屯	29790	23690	6100	—	—	—	266100	23690
苇河	23418	15487	7931	—	—	—	197000	18640
亚布力	7968	3600	4368	—	—	—	30000	3600
方正	40164	32995	7169	—	—	—	318750	32995
兴隆	15161	10230	4931	—	—	—	170500	10230
绥棱	17297	10260	7037	—	—	—	140000	10260
通北	23223	15390	7833	—	—	—	210000	15390
沾河	20706	14127	6579	—	—	—	160881	19306
总局直属单位	**14574**	**11858**	**2716**	**—**	**—**	**—**	**—**	**—**
带岭实验局	14574	11858	2716	—	—	—	—	—
大兴安岭	**173662**	**156401**	**11240**	**6021**	**4908**	**—**	**1425166**	**159775**
大兴安岭林管局	**173662**	**156401**	**11240**	**6021**	**4908**	**—**	**1423566**	**159455**
松岭	15997	15997	—	—	146	—	172900	14627
新林	25163	20559	4604	—	—	—	162303	12087
塔河	30810	25600	—	5210	—	—	100927	20742
呼中	13762	12026	1736	—	2674	—	190367	9280
阿木尔	9766	8853	913	—	—	—	53500	4862
图强	7902	7736	166	—	2088	—	—	—
西林吉	41526	38796	2730	—	—	—	428800	56574
十八站	23326	22235	1091	—	—	—	288850	37280

林业投资完成情况(八)

单位:万元

本年新增公路里程(千米)	本年实际到位资金合计										
	总计	上年末结余资金	本年实际到位资金小计								
			合计	国家预算资金			国内贷款	债券	利用外资	自筹资金	其他
				小计	中央资金	地方资金					
—	11412	—	11412	10907	10686	221	—	—	—	505	—
—	**606911**	**—**	**606911**	**390928**	**375184**	**15744**	**—**	**—**	**—**	**213543**	**2440**
—	23207	—	23207	15734	15119	615	—	—	—	7473	—
—	56144	—	56144	33425	31406	2019	—	—	—	22719	—
—	19304	—	19304	16629	16338	291	—	—	—	2675	—
—	24992	—	24992	20930	20600	330	—	—	—	4062	—
—	50493	—	50493	34108	32803	1305	—	—	—	16385	—
—	60310	—	60310	31134	31134	—	—	—	—	26736	2440
—	22858	—	22858	19632	19627	5	—	—	—	3226	—
—	29922	—	29922	21924	21269	655	—	—	—	7998	—
—	63207	—	63207	35054	32514	2540	—	—	—	28153	—
—	43040	—	43040	28306	26951	1355	—	—	—	14734	—
—	20029	—	20029	15668	15400	268	—	—	—	4361	—
—	22650	—	22650	16310	15817	493	—	—	—	6340	—
—	44150	—	44150	25343	23710	1633	—	—	—	18807	—
—	39283	—	39283	25663	24513	1150	—	—	—	13620	—
—	46824	—	46824	28012	26463	1549	—	—	—	18812	—
—	40498	—	40498	23056	21520	1536	—	—	—	17442	—
—	**279659**	**—**	**279659**	**206366**	**196681**	**9685**	**—**	**—**	**—**	**73293**	**—**
—	40718	—	40718	26055	24408	1647	—	—	—	14663	—
—	37437	—	37437	28165	26972	1193	—	—	—	9272	—
—	21942	—	21942	19142	18414	728	—	—	—	2800	—
—	53972	—	53972	35352	32827	2525	—	—	—	18620	—
—	28228	—	28228	23079	22657	422	—	—	—	5149	—
—	28303	—	28303	22242	21398	844	—	—	—	6061	—
—	34794	—	34794	25895	24908	987	—	—	—	8899	—
—	34265	—	34265	26436	25097	1339	—	—	—	7829	—
—	**23546**	**—**	**23546**	**15107**	**14383**	**724**	**—**	**—**	**—**	**8439**	**—**
—	23546	—	23546	15107	14383	724	—	—	—	8439	—
36	**319051**	**8553**	**310498**	**190794**	**190794**	**—**	**—**	**—**	**—**	**112909**	**6795**
5	**305081**	**8553**	**296528**	**179256**	**179256**	**—**	**—**	**—**	**—**	**110477**	**6795**
—	33586	—	33586	19495	19495	—	—	—	—	14091	—
—	42632	4248	38384	21737	21737	—	—	—	—	16647	—
—	46175	—	46175	32917	32917	—	—	—	—	13258	—
—	31941	—	31941	16828	16828	—	—	—	—	15113	—
—	24601	4305	20296	14732	14732	—	—	—	—	5564	—
—	21342	—	21342	13032	13032	—	—	—	—	8310	—
—	43590	—	43590	22241	22241	—	—	—	—	21349	—
—	37641	—	37641	21496	21496	—	—	—	—	16145	—

国有林区分企业的

企业名称	自年初累计完成投资						本年房屋竣工面积（平方米）	本年房屋竣工价值
	林业民生工程				其他投资			
	合计	棚户区（危旧房）改造	社会性基础设施	其他	合计	其中：财政事业费		
韩家园	5410	4599	—	811	—	—	25919	4003
大兴安岭营林局	**—**	**—**	**—**	**—**	**—**	**—**	**1600**	**320**
加格达奇	—	—	—	—	—	—	1600	320
四川	**10686**	**8124**	**2267**	**295**	**5438**	**2230**	**43099**	**5047**
阿坝州林管局	**2294**	**2294**	**—**	**—**	**3372**	**2155**	**28812**	**3942**
川西	105	105	—	—	359	—	28812	3942
黑水	202	202	—	—	—	—	—	—
马尔康	523	523	—	—	—	—	—	—
小金	—	—	—	—	—	—	—	—
观音桥	289	289	—	—	773	—	—	—
松潘	145	145	—	—	—	—	—	—
南坪	263	263	—	—	2240	2155	—	—
壤塘	767	767	—	—	—	—	—	—
甘孜州林管局	**1074**	**435**	**639**	**—**	**526**	**75**	**—**	**—**
道孚	358	214	144	—	85	—	—	—
新龙	233	10	223	—	75	—	—	—
丹巴	—	—	—	—	80	—	—	—
炉霍	209	100	109	—	75	—	—	—
白玉	150	111	39	—	75	—	—	—
力邱河	49	—	49	—	75	75	—	—
翁达	75	—	75	—	61	—	—	—
其他地、州林管局	**7318**	**5395**	**1628**	**295**	**1540**	**—**	**14287**	**1105**
川南	2515	2515	—	—	—	—	1738	90
雷波	3404	1702	1521	181	386	—	7849	365
凉北	130	130	—	—	269	—	—	—
夹金山	524	524	—	—	—	—	4700	650
木里	631	524	107	—	483	—	—	—
普威	—	—	—	—	402	—	—	—
盐边	114	—	—	114	—	—	—	—
云南	**5021**	**4448**	**186**	**387**	**6385**	**6134**	**28073**	**3259**
云南省林管局	**5021**	**4448**	**186**	**387**	**6385**	**6134**	**28073**	**3259**
华坪	276	276	—	—	1248	1248	—	—
碧泉	258	148	110	—	1426	1195	—	—
黑白水	—	—	—	—	961	961	—	—
中甸 *	—	—	—	—	—	—	—	—
巨甸	50	—	—	50	736	736	—	—
红旗	—	—	—	—	—	—	—	—
云台山	466	390	76	—	—	—	—	—

林业投资完成情况(九)

单位:万元

本年新增公路里程(千米)	本年实际到位资金合计										
	总计	上年末结余资金	本年实际到位资金小计								
			合计	国家预算资金			国内贷款	债券	利用外资	自筹资金	其他
				小计	中央资金	地方资金					
5	23573	—	23573	16778	16778	—	—	—	—	—	6795
31	13970	—	13970	11538	11538	—	—	—	—	2432	—
31	13970	—	13970	11538	11538	—	—	—	—	2432	—
—	67329	8914	58415	57021	48192	8829	—	—	—	415	979
—	26587	4248	22339	21655	16831	4824	—	—	—	—	684
—	1969	—	1969	1969	1517	452	—	—	—	—	—
—	3876	—	3876	3876	2805	1071	—	—	—	—	—
—	6212	1755	4457	4457	3269	1188	—	—	—	—	—
—	3339	1391	1948	1948	1440	508	—	—	—	—	—
—	5109	1102	4007	3323	2780	543	—	—	—	—	684
—	2056	—	2056	2056	1566	490	—	—	—	—	—
—	2852	—	2852	2852	2280	572	—	—	—	—	—
—	1174	—	1174	1174	1174	—	—	—	—	—	—
—	13398	—	13398	13398	12300	1098	—	—	—	—	—
—	2673	—	2673	2673	2428	245	—	—	—	—	—
—	2514	—	2514	2514	2282	232	—	—	—	—	—
—	2847	—	2847	2847	2620	227	—	—	—	—	—
—	1761	—	1761	1761	1611	150	—	—	—	—	—
—	1363	—	1363	1363	1262	101	—	—	—	—	—
—	1341	—	1341	1341	1271	70	—	—	—	—	—
—	899	—	899	899	826	73	—	—	—	—	—
—	27344	4666	22678	21968	19061	2907	—	—	—	415	295
—	6072	2100	3972	3557	3193	364	—	—	—	415	—
—	5557	1525	4032	3934	3192	742	—	—	—	—	98
—	2880	—	2880	2776	2058	718	—	—	—	—	104
—	2509	—	2509	2509	2353	156	—	—	—	—	—
—	7304	1041	6263	6170	5419	751	—	—	—	—	93
—	2066	—	2066	2066	1890	176	—	—	—	—	—
—	956	—	956	956	956	—	—	—	—	—	—
13	26906	3604	23302	20692	20427	265	—	—	—	1009	1601
13	26906	3604	23302	20692	20427	265	—	—	—	1009	1601
—	1733	—	1733	1733	1649	84	—	—	—	—	—
—	2376	—	2376	2021	2021	—	—	—	—	—	355
—	980	—	980	980	980	—	—	—	—	—	—
—	—	—	—	—	—	—	—	—	—	—	—
—	1271	170	1101	1093	1093	—	—	—	—	—	8
—	1003	—	1003	1003	1003	—	—	—	—	—	—
—	3479	721	2758	2758	2724	34	—	—	—	—	—

国有林区分企业的

企业名称	自年初累计完成投资						本年房屋竣工面积（平方米）	本年房屋竣工价值
	林业民生工程				其他投资			
	合计	棚户区（危旧房）改造	社会性基础设施	其他	合计	其中：财政事业费		
漾江	337	—	—	337	—	—	—	—
景东	469	469	—	—	20	—	14000	1466
墨江	1793	1793	—	—	—	—	14073	1793
卫国	1372	1372	—	—	—	—	—	—
江边 *	—	—	—	—	—	—	—	—
清水江 *	—	—	—	—	—	—	—	—
南盘江 *	—	—	—	—	—	—	—	—
新平	—	—	—	—	—	—	—	—
宁蒗	—	—	—	—	1994	1994	—	—
陕西	**13996**	**12392**	**218**	**1386**	**1668**	**—**	**34866**	**6055**
陕西省林管局	**12731**	**11127**	**218**	**1386**	**1410**	**—**	**28142**	**4555**
宁西	3808	3553	12	243	392	—	28142	4555
太白	1281	562	140	579	371	—	—	—
长青	714	714	—	—	147	—	—	—
宁东	4418	4139	66	213	222	—	—	—
汉西	1188	931	—	257	156	—	—	—
龙草坪	1322	1228	—	94	122	—	—	—
陕西省营林局	**1265**	**1265**	**—**	**—**	**258**	**—**	**6724**	**1500**
马头滩	735	735	—	—	130	—	6724	1500
辛家山	530	530	—	—	128	—	—	—
甘肃	**25670**	**21439**	**3503**	**728**	**6865**	**3932**	**118667**	**20239**
甘肃省林管局	**10137**	**7779**	**1630**	**728**	**1679**	**—**	**117206**	**19972**
舟曲	2404	2168	180	56	327	—	16200	4478
迭部	4521	3541	600	380	531	—	—	—
洮河	551	—	470	81	610	—	26486	3178
白水江	2661	2070	380	211	211	—	74520	12316
甘肃省营林局	**15533**	**13660**	**1873**	**—**	**5186**	**3932**	**1461**	**267**
小陇山	15533	13660	1873	—	5186	3932	1461	267
青海	**—**	**—**	**—**	**—**	**—**	**—**	**—**	**—**
青海省林管局	**—**	**—**	**—**	**—**	**—**	**—**	**—**	**—**
玛可河 *	—	—	—	—	—	—	—	—
新疆	**6314**	**6250**	**52**	**12**	**7469**	**2205**	**43114**	**4120**
新疆维吾尔自治区林管局	**3425**	**3361**	**52**	**12**	**6732**	**2205**	**43114**	**4120**
天山西部	1735	1683	52	—	4633	986	43114	4120
阿尔泰山	1690	1678	—	12	2099	1219	—	—
新疆维吾尔自治区营林局	**2889**	**2889**	**—**	**—**	**737**	**—**	**—**	**—**
天山中东部	2889	2889	—	—	737	—	—	—

林业投资完成情况(十)

单位:万元

本年新增公路里程(千米)	本年实际到位资金合计										
	总计	上年末结余资金	本年实际到位资金小计								
			合计	国家预算资金			国内贷款	债券	利用外资	自筹资金	其他
				小计	中央资金	地方资金					
—	1655	—	1655	1655	1655	—	—	—	—	—	—
—	1593	—	1593	1126	1126	—	—	—	—	20	447
—	1991	—	1991	1758	1640	118	—	—	—	—	233
13	7087	2713	4374	3385	3385	—	—	—	—	989	—
—	—	—	—	—	—	—	—	—	—	—	—
—	—	—	—	—	—	—	—	—	—	—	—
—	—	—	—	—	—	—	—	—	—	—	—
—	1312	—	1312	754	725	29	—	—	—	—	558
—	2426	—	2426	2426	2426	—	—	—	—	—	—
—	**32021**	**4098**	**27923**	**27188**	**23961**	**3227**	—	—	—	**735**	—
—	**27302**	**2938**	**24364**	**24364**	**21272**	**3092**	—	—	—	—	—
—	7306	1565	5741	5741	5250	491	—	—	—	—	—
—	6866	—	6866	6866	5842	1024	—	—	—	—	—
—	2661	624	2037	2037	1828	209	—	—	—	—	—
—	4897	565	4332	4332	3867	465	—	—	—	—	—
—	3159	67	3092	3092	2495	597	—	—	—	—	—
—	2413	117	2296	2296	1990	306	—	—	—	—	—
—	**4719**	**1160**	**3559**	**2824**	**2689**	**135**	—	—	—	**735**	—
—	3273	900	2373	1638	1573	65	—	—	—	735	—
—	1446	260	1186	1186	1116	70	—	—	—	—	—
—	**99222**	**2240**	**96982**	**84716**	**67313**	**17403**	—	—	—	**11256**	**1010**
—	**52801**	**2240**	**50561**	**45879**	**38240**	**7639**	—	—	—	**3672**	**1010**
—	12359	2240	10119	9942	8085	1857	—	—	—	—	177
—	18607	—	18607	14634	12416	2218	—	—	—	3672	301
—	14693	—	14693	14465	12101	2364	—	—	—	—	228
—	7142	—	7142	6838	5638	1200	—	—	—	—	304
—	**46421**	—	**46421**	**38837**	**29073**	**9764**	—	—	—	**7584**	—
—	46421	—	46421	38837	29073	9764	—	—	—	7584	—
—	—	—	—	—	—	—	—	—	—	—	—
—	—	—	—	—	—	—	—	—	—	—	—
—	—	—	—	—	—	—	—	—	—	—	—
966	**68885**	**14817**	**54068**	**50215**	**47828**	**2387**	—	—	—	**2036**	**1817**
—	**44941**	**9360**	**35581**	**33601**	**31848**	**1753**	—	—	—	**766**	**1214**
—	27491	7653	19838	18078	16458	1620	—	—	—	546	1214
—	17450	1707	15743	15523	15390	133	—	—	—	220	—
966	**23944**	**5457**	**18487**	**16614**	**15980**	**634**	—	—	—	**1270**	**603**
966	23944	5457	18487	16614	15980	634	—	—	—	1270	603

附录二

林业工作站和乡村林场基本情况

ANNEX Ⅱ

各地区基层林业

地区	年末实有工作站个数					本年新建站数	已加挂野保站牌子站数	已加挂仲裁委员会牌子站数	至本年年底已核定编制数(人)
	总站个数		派出机构	双重领导	乡镇管理				
	合计	片站							
全国总计	**27772**	**3018**	**8794**	**6237**	**12741**	**340**	**10546**	**952**	**111060**
北京	186	2	29	67	90	1	2	—	841
天津	139	—	—	43	96	—	3	2	416
河北	1033	579	562	173	298	26	100	23	3151
山西	1170	63	159	415	596	—	224	33	2452
内蒙古	692	44	432	189	71	17	55	64	2904
辽宁	1064	—	35	591	438	4	531	36	4138
吉林	680	13	228	419	33	2	354	3	3584
黑龙江	866	20	370	236	260	10	166	43	2284
上海	102	—	—	—	102	—	—	—	258
江苏	969	17	6	63	900	3	—	—	2383
浙江	1101	56	84	306	711	—	83	40	3745
安徽	815	195	367	222	226	14	269	21	3181
福建	937	31	720	187	30	5	743	18	3847
江西	920	315	840	46	34	15	739	19	4515
山东	1661	2	14	286	1361	6	112	6	4230
河南	2030	113	121	210	1699	14	290	39	5760
湖北	865	33	693	119	53	11	406	21	3586
湖南	2021	174	1266	278	477	5	1429	46	11333
广东	1072	61	412	—	660	44	195	39	5127
广西	1098	16	223	221	654	39	26	56	3801
海南	17	—	17	—	—	—	—	—	58
重庆	915	55	16	184	715	23	473	107	2672
四川	1353	643	996	260	97	87	1548	232	8809
贵州	1462	7	116	289	1057	—	1117	8	6126
云南	1348	—	—	—	1348	—	697	31	8161
西藏	—	—	—	—	—	—	—	—	—
陕西	954	265	217	530	207	—	401	44	3626
甘肃	980	180	224	399	357	1	119	3	3522
青海	262	10	31	90	141	—	40	—	510
宁夏	110	102	42	65	3	3	30	4	695
新疆	803	20	574	202	27	9	384	5	3452
新疆兵团	147	2	—	147	—	1	10	9	1893

注:1. 总站数中的“片站”是指管理两个以上乡镇林业工作的林业站。

2. 人、财、物三权属县林业主管部门的站为派出机构;三权属乡镇的为乡镇管理;介于二者之间的为双重领导。派出

3. 已加挂野保站牌子站数指截至本年年底加挂“野生动植物保护管理站”牌子的林业站总数。

4. 已加挂仲裁委员会牌子站数指截至本年年底加挂“林业承包合同仲裁委员会”牌子的林业站总数。

5. 林业站“在岗职工”是指在林业站工作并在林业站开支的人员,不包括林业站临时聘用的后勤服务人员及其所办经以及新分配的大中专毕业生。

6. 有交通工具的站数指配备机动交通工具的站数,该栏目下“本年新增”指本年新增加机动交通工具的站数。

7. 有通讯设备的站数指配备电话或无线通讯设备的站数,本栏“本年新增”与第6条“本年新增”意思相同。

工作站基本情况

单位:个

年末在岗职工总数（人）		经费渠道(人)				至本年年底自有办公用房站数		至本年年底有交通工具站数		至本年年底有通讯设备站数	
合计	其中：长期职工	财政全额	财政差额	林业经费	自收自支	合计	本年新建	合计	本年新增	合计	本年新增
127954	**123682**	**99471**	**9855**	**8889**	**9739**	**19499**	**1206**	**13273**	**997**	**20312**	**715**
1079	1033	629	159	14	277	123	3	135	3	198	—
336	336	244	44	1	47	68	—	63	—	80	—
3853	3817	2569	463	95	726	733	62	404	45	687	43
2710	2536	2292	244	20	154	868	—	535	68	474	68
3021	3021	2762	28	189	42	583	—	520	20	541	4
4536	3304	2870	434	549	683	627	61	511	86	1180	10
4285	4275	3062	333	321	569	404	44	337	15	438	19
2618	2618	1828	101	424	265	408	26	283	9	413	—
314	314	124	133	—	57	98	1	—	—	102	—
3167	3076	1709	781	65	612	403	61	157	28	647	30
3331	3226	2661	551	104	15	1106	40	569	58	1466	120
3335	3335	2504	191	208	432	480	22	424	34	554	23
4029	3929	3269	306	257	197	809	31	503	53	759	16
4918	4909	3640	266	221	791	598	48	481	56	587	17
5620	5602	4630	877	44	69	1167	19	552	26	928	16
6453	6166	5521	209	293	430	1425	104	708	73	1295	12
5057	4782	2396	920	324	1417	527	16	370	15	639	47
13437	13366	10852	1108	826	651	1147	30	616	16	1382	42
6099	5787	4382	629	655	433	709	64	1061	53	1061	51
4384	4273	3475	209	530	170	840	259	412	21	608	31
58	58	58	—	—	—	17	—	17	—	17	—
3009	3008	2847	85	—	77	626	22	569	98	687	6
10271	9825	7572	620	1546	533	1362	88	1162	77	1853	73
5520	5412	5099	60	75	286	1289	19	1008	50	1244	25
8068	8068	8021	24	4	19	1121	18	1096	20	1289	—
—	—	—	—	—	—	—	—	—	—	—	—
4761	4665	4071	131	505	54	556	7	194	1	436	3
4139	4003	3734	100	215	90	601	16	151	3	238	21
732	681	659	—	60	13	127	6	114	6	56	—
682	682	682	—	—	—	15	—	45	29	61	—
4246	4119	3947	88	128	83	533	118	212	31	302	35
3886	3456	1362	761	1216	547	129	21	64	3	90	3

机构、双重领导、乡镇管理的工作站个数之和为总站数。

济实体中聘用的人员。“长期职工”是指“在岗职工”中用工期限在一年(含一年)以上的职工,包括正式职工和合同制职工

地区	地(市)								
	林业站个数	管理人员							
		文化程度				专业技术人员			
		合计	大专以上学历	中专学历	高中以下文化	合计	高级	中级	初级
全国总计	**253**	**2478**	**2100**	**239**	**139**	**1949**	**547**	**823**	**579**
北京	—	—	—	—	—	—	—	—	—
天津	—	—	—	—	—	—	—	—	—
河北	11	119	102	16	1	97	58	23	16
山西	11	107	93	12	2	94	22	44	28
内蒙古	14	290	172	73	45	229	60	71	98
辽宁	16	107	100	4	3	96	23	47	26
吉林	9	79	61	11	7	22	7	11	4
黑龙江	13	63	57	5	1	46	6	29	11
上海	—	—	—	—	—	—	—	—	—
江苏	13	116	107	3	6	98	35	42	21
浙江	11	57	53	3	1	52	20	26	6
安徽	11	71	66	4	1	60	20	26	14
福建	3	44	35	7	2	41	17	16	8
江西	15	74	69	3	2	36	8	19	9
山东	16	123	121	2	—	107	36	51	20
河南	18	278	252	10	16	195	54	85	56
湖北	—	—	—	—	—	—	—	—	—
湖南	13	35	35	—	—	22	9	10	3
广东	—	—	—	—	—	—	—	—	—
广西	12	66	62	3	1	57	6	33	18
海南	—	—	—	—	—	—	—	—	—
重庆	—	—	—	—	—	—	—	—	—
四川	8	55	51	4	—	30	12	14	4
贵州	—	—	—	—	—	—	—	—	—
云南	—	—	—	—	—	—	—	—	—
西藏	—	—	—	—	—	—	—	—	—
陕西	10	277	221	35	21	221	59	79	83
甘肃	14	163	146	13	4	151	20	79	52
青海	8	88	70	8	10	76	24	32	20
宁夏	5	76	60	8	8	57	18	27	12
新疆	9	114	101	7	6	95	19	36	40
新疆兵团	13	76	66	8	2	67	14	23	30

注:1."管理人员"指从事林业站管理工作的专兼职人员。
2.有林业站的既统计站数又统计管理人员,无林业站的只统计管理人员。

工作站及管理人员情况

单位：个、人

县(市、区)								
林业站个数	管理人员							
	文化程度				专业技术人员			
	合计	大专以上学历	中专学历	高中以下文化	合计	高级	中级	初级
2052	**21323**	**14270**	**4569**	**2484**	**16312**	**1919**	**6988**	**7405**
13	221	195	18	8	158	16	69	73
12	125	108	10	7	110	20	37	53
146	1463	1040	286	137	1195	233	606	356
106	1552	804	440	308	1182	68	429	685
94	1792	968	558	266	1358	164	514	680
145	614	476	126	12	575	60	312	203
64	796	490	232	74	641	110	294	237
98	644	502	131	11	539	81	301	157
9	225	178	23	24	188	31	75	82
87	788	624	124	40	750	179	331	240
78	592	496	82	14	460	109	257	94
83	412	327	71	14	369	73	193	103
36	219	177	30	12	249	31	130	88
98	478	248	120	110	327	22	134	171
145	1113	940	114	59	912	180	386	346
168	2182	1230	607	345	1475	99	551	825
—	—	—	—	—	—	—	—	—
104	540	365	110	65	390	17	204	169
2	345	222	106	17	271	—	89	182
71	589	438	87	64	425	20	211	194
17	58	15	13	30	58	1	12	45
—	—	—	—	—	—	—	—	—
114	865	531	196	138	586	49	267	270
3	470	396	47	27	331	5	140	186
—	—	—	—	—	—	—	—	—
—	—	—	—	—	—	—	—	—
99	2104	1259	532	313	1411	150	565	696
121	1275	873	235	167	866	65	355	446
39	558	433	56	69	420	50	187	183
18	399	314	45	40	339	33	119	187
82	904	621	170	113	727	53	220	454
—	—	—	—	—	—	—	—	—

各地区基层林业工作站

地区	林业站长期职工总数	文化程度情况				专业技术人员					
									林业大专班		
		大专以上学历人数	中专学历人数	高中文化人数	初中以下文化人数	高级	中级	初级	本年毕业生数	在校生人数	本年入学人数
全国总计	**123682**	**62257**	**30245**	**21634**	**9546**	**2449**	**24155**	**46479**	**1694**	**1987**	**539**
北　京	1033	728	132	129	44	19	123	138	7	3	—
天　津	336	201	94	35	6	63	86	82	9	1	3
河　北	3817	2354	898	498	67	228	1189	1142	33	11	8
山　西	2536	741	992	651	152	163	340	839	4	18	5
内蒙古	3021	1928	681	344	68	112	637	833	36	64	—
辽　宁	3304	2344	616	263	81	97	1185	1298	27	43	9
吉　林	4275	1530	1632	834	279	110	917	1521	10	31	2
黑龙江	2618	1602	781	154	81	135	874	1085	54	9	—
上　海	314	148	88	52	26	11	93	152	—	—	—
江　苏	3076	1359	809	617	291	73	803	1343	33	34	2
浙　江	3226	1598	635	524	469	12	1537	1180	386	165	—
安　徽	3335	1958	937	277	163	151	1076	1483	10	26	8
福　建	3929	2149	930	693	157	86	918	1520	257	61	23
江　西	4909	1739	1232	1434	504	87	581	1662	38	102	30
山　东	5602	3140	1621	607	234	186	1329	2746	36	24	35
河　南	6166	2526	1897	1272	471	113	934	2201	34	63	14
湖　北	4782	1985	1436	927	434	81	1212	1653	87	54	2
湖　南	13366	5514	3121	3467	1264	151	1897	3761	182	425	158
广　东	5787	2187	1481	1500	619	11	242	2054	46	26	2
广　西	4273	2417	1037	641	178	12	768	1876	31	12	16
海　南	58	15	13	30	—	1	12	45	—	—	—
重　庆	3008	1758	635	493	122	38	269	1154	1	25	—
四　川	9825	5089	1918	2016	802	195	1934	3240	69	86	52
贵　州	5412	3468	1153	564	227	4	664	2801	70	232	36
云　南	8068	5278	1564	602	624	40	1909	4062	126	176	20
西　藏	—	—	—	—	—	—	—	—	—	—	—
陕　西	4665	2345	1316	782	222	111	931	1736	31	103	35
甘　肃	4003	1963	866	823	351	22	523	1561	54	122	69
青　海	681	435	98	112	36	9	171	300	4	3	—
宁　夏	682	512	102	56	12	7	146	370	13	47	9
新　疆	4119	2288	1269	459	103	47	538	2097	6	21	1
新疆兵团	3456	958	261	778	1459	74	317	544	—	—	—

注：1.“林业中专班”指在林业学校学习的，不包括在农广校参加学习的林业中专人数。

2. 正在接受学历教育的人员按原学历统计。

人员素质和培训情况

单位:人

学历教育情况									岗位培训情况			
林业中专班			农广校中专班			专业证书班			截至本年年底已完成培训量		其中本年完成的培训量	
本年毕业生数	在校生总数	本年入学人数	本年毕业生数	在校生总数	本年入学人数	本年毕业生数	在校生总数	本年入学人数	站长	站员	站长	站员
163	**186**	**64**	**234**	**240**	**218**	**610**	**208**	**150**	**62372**	**176375**	**19016**	**52530**
—	—	—	—	—	—	—	—	—	1565	1149	615	507
—	—	—	—	—	—	—	—	—	822	1138	214	466
2	18	5	17	5	1	4	5	2	1943	4105	629	1016
7	4	1	11	29	4	6	2	1	5602	5631	544	735
—	—	—	—	—	—	—	—	—	3220	7331	785	1351
2	1	—	14	1	—	20	12	5	1597	2481	994	1432
—	10	—	—	39	—	—	14	—	3219	10820	614	2179
16	—	—	—	—	—	—	—	—	703	1326	491	870
—	—	—	—	—	—	—	—	—	170	107	65	39
5	—	—	20	3	2	29	37	5	602	1934	235	430
—	5	—	—	3	16	—	—	—	863	6249	378	3469
—	1	—	20	20	20	9	14	7	1627	3200	437	1041
6	—	3	17	—	—	97	18	1	2840	5075	428	1215
2	—	—	—	13	—	1	26	3	1807	8232	716	2488
19	—	—	1	—	—	27	—	27	1846	2885	1027	1575
37	15	6	30	15	2	19	—	—	3630	5213	1146	1295
5	60	—	2	—	—	7	8	21	2115	8389	459	2428
3	1	—	—	24	—	55	16	8	5237	24739	1842	6796
4	1	—	—	—	114	118	—	—	3020	20153	631	4007
4	8	—	—	—	—	3	7	20	2462	4474	834	1508
—	—	—	—	—	—	—	—	—	—	—	—	—
16	4	—	22	36	22	—	—	10	2695	7021	852	2600
4	11	12	24	1	10	18	—	—	3236	8675	925	2764
4	—	—	7	—	—	130	21	5	1514	4512	237	1317
4	—	—	7	2	—	6	17	1	3633	12904	1066	4403
—	—	—	—	—	—	—	—	—	—	—	—	—
4	25	3	14	14	9	50	2	29	1051	3432	1401	1536
19	22	34	27	34	18	7	9	5	1553	4279	650	2229
—	—	—	—	—	—	—	—	—	196	349	33	41
—	—	—	1	1	—	—	—	—	141	503	59	254
—	—	—	—	—	—	4	—	—	1887	7604	434	1810
—	—	—	—	—	—	—	—	—	1576	2465	275	729

地　区	至本年年底累计完成投资						
	合计	国家投资			地方投资		
		计	国家林业局投资	其他	计	省(区、市)	地(市)、县、乡
全国总计	**462467**	**107151**	**65220**	**41931**	**355317**	**66542**	**288775**
北　京	12260	2414	1643	771	9846	646	9200
天　津	278	115	115	—	163	—	162.5
河　北	22798	3108	2689	419	19690	4592	15098
山　西	9448	2316	2035	281	7132	2617	4515
内蒙古	3523	2506	2506	—	1017	10	1007
辽　宁	14854	3501	3244	257	11353	1558	9795
吉　林	17149	4409	1995	2414	12740	4160	8580
黑龙江	4747	2002	1928	74	2745	336	2409
上　海	508	207	207	—	301	3	298
江　苏	4286	738	176	563	3548	985	2563
浙　江	20354	3105	2089	1016	17249	3747	13503
安　徽	19384	1949	1949	—	17435	939	16496
福　建	17541	1751	1737	14	15790	835	14956
江　西	33375	3195	2088	1107	30180	2212	27968
山　东	35868	16909	2841	14068	18959	182	18777
河　南	13657	2114	2114	—	11544	1785	9759
湖　北	18581	3230	3090	140	15351	1078	14273
湖　南	27126	4219	3523	697	22906	3852	19054
广　东	34319	2061	2036	25	32258	2163	30096
广　西	22730	1416	1311	105	21315	9305	12009
海　南	3324	713	713	—	2611	458	2153
重　庆	5152	1882	1828	54	3270	510	2760
四　川	20430	11014	7464	3549	9416	1179	8238
贵　州	18829	3039	3003	36	15790	3854	11936
云　南	21104	3055	2596	459	18050	4013	14037
西　藏	1086	1086	1086	—	—	—	—
陕　西	10498	3318	2194	1124	7181	1417	5764
甘　肃	26739	16351	2628	13723	10388	415	9973
青　海	2766	1348	1252	96	1418	1069	349
宁　夏	2317	808	646	162	1509	1218	291
新　疆	16633	2782	2005	778	13851	11371	2480
新疆兵团	804	492	492	—	312	36	276

站建设完成投资情况

单位:万元

本年完成投资						
合　计	国家投资			地方投资		
	计	国家林业局投资	其他	计	省(区、市)	地(市)、县、乡
68104	**15007**	**9226**	**5781**	**53097**	**15835**	**37262**
561	181	181	—	380	80	300
178	85	85	—	93	53	40
855	270	270	—	585	—	584.8
445	190	190	—	255	130	125
260	260	260	—	—	—	—
1853	325	290	35	1528	—	1528
2095	300	300	—	1795	744	1051
755	260	260	—	495	200	295
100	40	40	—	60	—	60
1517	100	100	—	1417	704	713
1006	160	160	—	846	40	806
2732	230	230	—	2502	—	2502
3074	311	301	10	2763	101	2663
3051	260	260	—	2791	300	2491
2411	817	421	396	1595	50	1545
806	260	260	—	546	130	416
3052	300	300	—	2752	258	2494
6139	1566	1322	244	4573	484	4089
1760	140	140	—	1620	—	1620
8376	240	220	20	8136	4410	3725
30	30	30	—	—	—	—
160	160	160	—	—	—	—
3922	2213	1411	802	1709	477	1232
2081	154	154	—	1927	260	1667
3946	553	538	15	3393	1530	1863
100	100	100	—	—	—	—
989	250	250	—	739	56	683
6411	4653	393	4260	1758	121	1637
140	140	140	—	—	—	—
278	120	120	—	158	158	—
8897	240	240	—	8656.82	5550	3106.82
125	100	100	—	25	—	25

各地区基层林业工作站

地　区	营林情况							森林病虫鼠害防治面积
	本年新造林面积		本年新封山育林面积	本年育苗面积	本年抚育作业面积	四旁植树株数（万株）		
	计	其中：林业重点工程造林面积						
全国总计	**3783243**	**1797785**	**1429523**	**412109**	**7139999**	**202804**		**5567869**
北　京	22267	18817	23729	5927	90371	200		40259
天　津	5357	5357	—	6384	180609	401		49582
河　北	188735	136212	70253	20849	370851	8068		416275
山　西	166853	99491	27335	32292	52396	7384		26327
内蒙古	421607	268780	150941	8368	204760	3385		223850
辽　宁	246667	117970	109197	14311	103513	7330		385928
吉　林	28166	21079	24501	4555	135004	1605		137527
黑龙江	72878	65589	52780	4931	143135	1370		158404
上　海	411	—	—	1535	3082	93		5354
江　苏	57341	16582	3335	22051	85418	10964		86600
浙　江	37990	12800	13777	5405	221935	2946		8758
安　徽	43786	37322	27327	10308	288872	9246		230653
福　建	98042	17475	58865	1636	398417	2816		105122
江　西	109199	32194	37173	25071	234692	18414		255771
山　东	188321	46110	4281	62764	646790	19606		476447
河　南	181107	65172	22324	29282	157562	17665		425137
湖　北	198578	86586	90923	11450	16757	9143		211798
湖　南	220946	52485	197913	11237	425202	11301		146905
广　东	107512	38827	67122	3703	125666	6961		129479
广　西	148878	40581	35203	1690	331715	5744		55356
海　南	44	44	—	156	85	14		14
重　庆	175380	47671	25780	35578	135140	9498		101032
四　川	112159	54010	32969	4852	113110	14436		258253
贵　州	147704	41333	66453	3924	109275	3891		144578
云　南	103233	2051	4315	383	3574	10740		8679
西　藏	—	—	—	—	—	—		—
陕　西	320287	193165	71666	22856	501790	6573		207300
甘　肃	109140	76831	43033	24290	112049	5673		145726
青　海	34721	30885	88108	2189	6765	1222		67670
宁　夏	94814	45003	35104	14372	574506	3883		123020
新　疆	119406	119406	35866	18775	1156712	2045		745468
新疆兵团	21715	7958	9250	986	210247	189		190595

注：1. 本表只统计本年基层林业工作站所单独或参与完成的主要工作。
2. 林业重点工程造林面积指林业站当年所完成的各项国家级林业重点工程面积的总和。
3. 本年抚育作业面积指幼林抚育作业面积与成林抚育作业面积之和。
4. 本年推广面积指林业站当年所完成的林业科技推广面积总和，不包括站办科技推广示范基地的面积。
5. "受委托行使林业行政执法权站数"指截止到本年年底的总站数。

职能作用主要指标情况

单位:公顷、个

采伐设计面积	受委托行使林业行政执法权站数	受理林政案件(件)	参与调处林权纠纷(件)	受理林业承包合同纠纷(件)	科技推广	
					站办示范基地面积	本年推广面积
1277486	**13448**	**100714**	**65438**	**21105**	**773555**	**1535257**
3254	12	95	35	101	1259	419
948.52	47	141	1	—	706	584.07
33116	270	2267	1870	268	29122	126864
1642	262	270	814	166	3517	4876
22421	596	1359	506	281	37920	86530
41378	588	3152	2013	665	4598.53	51269.54
86854	539	9328	3313	489	9081	8362
9938	351	469	424	203	1835	7272
—	—	43	29	—	165	1235
11806	203	704	1022	788	15047	125533
935	196	18605	662	262	13995	76040
37602	368	2901	2526	587	60647	48014
110058	456	5370	1571	404	42560	24270
102896	858	2953	3264	339	100174	69087
35279	134	950	557	368	25248	94151
83658	191	2079	815	483	6115	46165
98067	573	8217	4436	932	36222	70943
166879	1830	11422	6839	8910	34538	51542
133173	449	3283	3158	1061	4989	8245
137435	403	2567	9839	466	1128	6160
70	55	—	47	47	28	54
12700	534	1603	1041	377	10948	12362
24914	1251	6872	3898	618	14591	39092
47037	988	4473	4691	737	10110	21291
4479	1154	9205	9842	655	506	942
—	—	—	—	—	—	—
52240	344	761	803	1483	173434	323944
590	227	392	588	197	11136	64268
20	41	197	107	1	1532	139
76	114	230	224	4	665	14719
17550	337	625	401	123	115795	128884
470	77	181	102	90	5942	22000

各地区乡村

地区	林场个数					经营面积		
	合计	按经营形式分				合计	其中：有林地	其中：经济林
		集体林场	联办林场	站办林场	户办林场			
全国总计	**51925**	**26372**	**11131**	**872**	**13550**	**7778621**	**6606668**	**1162313**
北 京	15	15	—	—	—	5768	4339	1429
天 津	16	12	—	—	4	2254	2032	422
河 北	514	94	92	18	310	58780	45150	13630
山 西	389	189	82	51	67	86902	42392	5664
内蒙古	518	93	107	8	310	22151	18088.4	799.2
辽 宁	402	24	173	—	205	435093	400926	35223
吉 林	27	20	5	1	1	85076	46032	300
黑龙江	126	119	—	3	4	33855	26168	5
上 海	—	—	—	—	—	—	—	—
江 苏	492	195	110	19	168	48422	39174	6891
浙 江	790	334	142	6	308	81532	67965	16866
安 徽	6341	2675	1511	137	2018	313595	277450	28640
福 建	831	433	344	7	47	576336	470737	35985
江 西	2810	1823	558	50	379	509655	472433	34163
山 东	1260	835	131	—	294	384533	347840	25066
河 南	2990	791	589	29	1581	186461	139645	56424
湖 北	7026	2820	815	131	3260	689496	351336	37742
湖 南	11279	6052	2687	231	2309	1120043	978602	153716
广 东	1862	1234	283	26	319	594641	496865	78516
广 西	2001	1136	429	14	422	1217259	1164235	518255
海 南	—	—	—	—	—	—	—	—
重 庆	378	309	31	11	27	28281	23119	5597
四 川	1783	1328	446	9	—	538046	523011	5189
贵 州	4492	2221	1784	34	453	317544	267465	31635
云 南	1458	845	455	48	110	4648	4238	410
西 藏	—	—	—	—	—	—	—	—
陕 西	860	333	273	33	221	184400	135317	31009
甘 肃	3107	2336	36	2	733	237982	250421	38169
青 海	9	9	—	—	—	5827	5824	—
宁 夏	149	97	48	4	—	10043	5865	568
新 疆	—	—	—	—	—	—	—	—
新疆兵团	—	—	—	—	—	—	—	—

林场基本情况

单位：公顷、百立方米、百根、万元

蓄积量		本年林业生产				年末实有从业人员	年经营收入
林木	毛竹	造林面积	育苗面积	木材产量	毛竹产量		
30056183	**7971783**	**341378**	**41709**	**506907**	**774200**	**541991**	**716460**
1919	—	41	15	—	—	317	467
215	—	2083	1106	679	—	2020	2956
36750	—	15441	3024	35568	—	11964	13127
17336	25	12278	1284	722	—	2658	5537
7868	—	3049	207	146	—	1151	438.5
147006	—	4403	388	15907	—	3042	7239
59494	—	1659	5	345	—	185	1672
771958	—	1058	68	39	—	184	253
—	—	—	—	—	—	—	—
48080	12307	8892	1268	1949	244855	9556	8217
221262	128127	489	133	9264	72177	8273	21462
166189	403972	15701	1115	4448	52605	20059	61907
995563	1405697	37154	260	10300	134070	12696	219427
214213	546987	17963	1693	12725	74249	15358	35003
236780.89	—	21887	3716	7731	—	26228	144178
101767	4802	18078	3504	13682	1003	236619	19677
164453	42237	69640	8233	18968	4142	40684	44547
17151346	1609175	30745	947	278734	68475	63731	79840
3946587	3706203	16186	9197	48241	106890	7100	10552
125456	54050	8006	336	24940	666	8127	8789
—	—	—	—	—	—	—	—
12109	10978	1131	44	88	1639	1108	478
5090072	39924	3672	534	6572	4754	8205	3659
138251	6188	9240	499	3160	—	14499	10371
222	308	1495	71	61	4922	18553	4259
—	—	—	—	—	—	—	—
107333	22	14793	1984	279	2910	1824	2767
293834	782	24772	2004	12362	841	27532	9425
—	—	—	—	—	—	16	3
119	—	1523	74	—	—	302	212
—	—	—	—	—	—	—	—
—	—	—	—	—	—	—	—

附录三

森林主要灾害情况

ANNEX Ⅲ

中国

林业统计年鉴2012

全国森林主要灾害情况(一)

指　标　名　称	单　　位	2012 年	2011 年	2012 年比 2011 年增减%
一、森林火灾				
1. 火灾次数	次	3966	5550	-28.54
其中：重大火灾	次	1	9	-88.89
特大火灾	次	—	—	
2. 火场总面积	公顷	43171	63416	-31.92
其中：受害森林面积	公顷	13948	26950	-48.24
3. 扑火经费	万元	34177.74	13529.34	152.62
4. 出动扑火人工数	工日	621054	891630	-30.35
5. 伤亡人数				
(1)受伤人数	人	8	46	-82.61
(2)死亡人数	人	13	45	-71.11
二、森林病虫鼠害				
1. 发生面积	千公顷	11769	11681	0.75
2. 防治面积	千公顷	7826	7285	7.43
3. 防治率	%	66.50	62.36	6.63
(一)森林病害				
1. 发生面积	千公顷	1312	1197	9.56
2. 防治面积	千公顷	843	792	6.35

全国森林主要灾害情况(二)

指 标 名 称	单 位	2012 年	2011 年	2012 年比 2011 年增减%
3. 防治率	%	64.24	66.18	-2.93
(二)森林虫害				
1. 发生面积	千公顷	8463	8459	0.04
其中：松毛虫	千公顷	828	962	-13.99
杨树食叶害虫	千公顷	1375	1489	-7.67
杨树蛀干害虫	千公顷	553	625	-11.38
2. 防治面积	千公顷	5729	5466	4.82
其中：松毛虫	千公顷	601	655	-8.30
杨树食叶害虫	千公顷	966	1120	-13.77
杨树蛀干害虫	千公顷	399	447	-10.67
在防治面积中：				
化学防治	千公顷	759	535	42.05
生物防治	千公顷	1205	1248	-3.43
3. 防治率	%	67.70	64.61	4.78
(三)森林鼠害				
1. 发生面积	千公顷	1994	2025	-1.51
2. 防治面积	千公顷	1254	1027	22.12
3. 防治率	%	62.88	50.71	23.99

各地区森林

地 区	森林火灾次数(次)					火 场总面积(公顷)	受害森林面积(公顷)		
	合计	一般火灾	较大火灾	重大火灾	特大火灾		合计	其中 天然林	其中 人工林
全国合计	**3966**	**2397**	**1568**	**1**	**—**	**43171**	**13948**	**1138**	**11306**
北 京	1	1	—	—	—	3	1	—	1
天 津	11	11	—	—	—	46	6	—	6
河 北	83	73	10	—	—	2112	221	6	215
山 西	20	10	10	—	—	480	95	—	95
内蒙古	57	26	31	—	—	4464	650	84	236
辽 宁	51	27	24	—	—	374	120	3	116
吉 林	41	26	15	—	—	178	58	8	42
黑龙江	49	40	9	—	—	1046	235	132	103
上 海	—	—	—	—	—	—	—	—	—
江 苏	30	30	—	—	—	6	1	—	1
浙 江	139	14	125	—	—	2091	906	—	748
安 徽	81	57	24	—	—	307	86	—	86
福 建	92	6	86	—	—	1078	700	33	668
江 西	46	12	34	—	—	1154	412	6	406
山 东	8	6	2	—	—	15	8	—	8
河 南	328	286	42	—	—	738	192	—	192
湖 北	385	356	29	—	—	1205	236	7	229
湖 南	922	416	506	—	—	8079	4653	105	4547
广 东	65	25	40	—	—	821	361	16	345
广 西	289	147	142	—	—	4329	780	2	778
海 南	23	14	9	—	—	57	29	—	29
重 庆	38	29	9	—	—	236	95	—	95
四 川	486	394	92	—	—	3082	815	323	490
贵 州	275	210	65	—	—	2557	502	112	390
云 南	299	83	216	—	—	7902	2501	295	1444
西 藏	13	6	6	1	—	182	135	—	—
陕 西	67	30	37	—	—	390	16	—	15
甘 肃	11	7	4	—	—	85	8	1	7
青 海	6	6	—	—	—	131	108	—	—
宁 夏	9	9	—	—	—	4	4	—	4
新 疆	41	40	1	—	—	19	17	5	13

火灾情况(一)

损失林木		人员伤亡(人)				其他损失折款(万元)	出动扑火人工(工日)	出动车辆(台)		出动飞机(架次)	扑火经费(万元)
成林蓄积(立方米)	幼林株数(万株)	合计	轻伤	重伤	死亡			合计	其中:汽车		
283827	**7703**	**21**	**6**	**2**	**13**	**10801.54**	**621054**	**52308**	**41170**	**359**	**34177.74**
—	—	—	—	—	—	—	500	20	20	—	0.50
—	—	—	—	—	—	2.00	2960	102	102	—	7.00
399	—	—	—	—	—	50.60	25462	1113	1113	137	170.95
2975	5523	—	—	—	—	102.11	25503	1613	1383	—	259.07
491	6	—	—	—	—	92.61	2180	951	622	2	31.29
982	2	—	—	—	—	37.60	7337	990	905	—	118.57
1845	4	1	—	—	1	207.92	7874	644	603	6	88.53
—	—	—	—	—	—	—	28772	1917	1917	49	20270.20
—	—	—	—	—	—	—	—	—	—	—	—
—	—	—	—	—	—	3.38	2330	263	263	—	16.35
24386	61	—	—	—	—	—	20444	2056	1568	—	262.75
1428	9	1	—	—	1	20.12	4851	637	553	—	65.01
26241	246	—	—	—	—	5077.85	11046	1600	754	—	3129.81
5363	51	—	—	—	—	248.13	11216	697	451	6	137.35
1	—	—	—	—	—	2.40	2595	182	180	—	8.80
511	156	—	—	—	—	39.17	12497	1266	1266	—	99.22
1008	18	—	—	—	—	1.18	19179	1673	1470	—	116.55
79639	526	5	1	1	3	1142.10	94942	6897	4945	—	638.17
7323	29	3	1	—	2	439.01	6926	916	439	1	77.02
25176	60	—	—	—	—	363.04	23342	2333	1623	—	375.98
123	3	—	—	—	—	1.83	1779	358	114	—	6.39
3374	16	3	1	1	1	28.88	22674	1769	1668	—	309.32
22497	682	7	3	—	4	468.03	103099	4670	3649	46	2102.90
11480	42	—	—	—	—	199.73	21292	1927	1714	—	93.98
67944	264	—	—	—	—	2194.18	131387	15144	11449	102	5467.21
—	—	1	—	—	1	7.66	20957	1496	1496	—	289.64
563	4	—	—	—	—	3.42	7600	664	596	—	15.80
2	1	—	—	—	—	0.40	517	84	84	—	0.67
—	—	—	—	—	—	22.31	623	76	45	—	0.40
—	—	—	—	—	—	—	206	40	40	—	0.10
76	—	—	—	—	—	45.88	964	210	138	10	18.22

各地区森林

地区	已查明火													
	合计	生产性火源												
		计	烧荒烧炭	炼山造林	烧牧场	烧窑	烧隔离带	火车喷漏	火车甩瓦	机车喷火	其他	计	野外吸烟	取暖做饭
全国合计	**3566**	**1121**	**769**	**143**	**10**	**1**	**6**	**—**	**1**	**2**	**189**	**2320**	**171**	**36**
北京	1	—	—	—	—	—	—	—	—	—	—	1	—	—
天津	3	1	1	—	—	—	—	—	—	—	—	2	—	—
河北	68	21	11	—	—	—	—	—	—	—	10	45	4	—
山西	19	—	—	—	—	—	—	—	—	—	—	15	1	—
内蒙古	44	10	5	—	—	—	1	—	1	1	2	28	3	1
辽宁	51	13	10	1	—	—	—	—	—	—	2	34	5	1
吉林	41	23	22	—	1	—	—	—	—	—	—	14	7	—
黑龙江	48	19	18	—	—	—	—	—	—	1	—	17	7	—
上海	—	—	—	—	—	—	—	—	—	—	—	—	—	—
江苏	30	1	—	—	—	—	—	—	—	—	1	29	12	—
浙江	133	40	34	6	—	—	—	—	—	—	—	92	6	1
安徽	75	11	5	5	—	—	—	—	—	—	1	61	3	—
福建	80	36	21	5	—	—	—	—	—	—	10	44	4	—
江西	46	7	7	—	—	—	—	—	—	—	—	33	6	—
山东	8	—	—	—	—	—	—	—	—	—	—	7	1	—
河南	255	71	33	24	—	—	2	—	—	—	12	181	13	2
湖北	385	50	26	24	—	—	—	—	—	—	—	334	10	1
湖南	894	283	195	51	—	—	—	—	—	—	37	600	16	—
广东	50	6	2	3	—	—	—	—	—	—	1	44	4	—
广西	279	125	86	7	4	1	1	—	—	—	26	146	9	1
海南	13	6	3	1	—	—	—	—	—	—	2	5	—	—
重庆	38	8	3	—	—	—	—	—	—	—	5	24	1	2
四川	380	124	102	1	1	—	—	—	—	—	20	239	29	4
贵州	225	100	62	4	3	—	2	—	—	—	29	118	4	6
云南	267	141	102	11	1	—	—	—	—	—	27	111	22	10
西藏	10	1	—	—	—	—	—	—	—	—	1	9	1	5
陕西	63	7	7	—	—	—	—	—	—	—	—	56	1	—
甘肃	7	—	—	—	—	—	—	—	—	—	—	7	—	—
青海	6	—	—	—	—	—	—	—	—	—	—	6	—	—
宁夏	9	2	—	—	—	—	—	—	—	—	2	7	—	—
新疆	38	15	14	—	—	—	—	—	—	—	1	11	2	2

火灾情况(二)

源次数(次)												未查明火源次数(次)	火案处理情况(人)		
非生产性用火							故意放火	外省(区)烧入	外国烧入	雷击火	其他自然火		已处理起数(起)	已处理人数	其中刑事处罚人数
上坟烧纸	烧山驱兽	小孩玩火	痴呆弄火	家火上山	电线引起	其他									
1556	**16**	**98**	**95**	**9**	**61**	**278**	**34**	**45**	**9**	**34**	**3**	**400**	**2702**	**2845**	**942**
1	—	—	—	—	—	—	—	—	—	—	—	—	1	1	—
1	—	—	—	—	—	1	—	—	—	—	—	8	7	7	1
16	—	1	2	—	1	21	1	1	—	—	—	15	52	56	11
12	—	—	—	—	1	1	—	1	—	3	—	1	14	16	11
20	—	—	—	—	4	—	—	—	—	6	—	13	23	5	1
14	—	—	—	1	1	12	2	2	—	—	—	—	49	44	27
3	—	1	2	1	—	—	1	1	1	1	—	—	41	145	4
2	—	—	1	—	2	5	3	—	3	6	—	1	37	121	—
—	—	—	—	—	—	—	—	—	—	—	—	—	—	—	—
10	—	3	—	—	1	3	—	—	—	—	—	—	7	8	1
70	1	2	3	1	6	2	—	1	—	—	—	6	84	86	30
56	—	—	—	—	—	2	—	3	—	—	—	6	57	52	17
23	—	—	1	1	3	12	—	—	—	—	—	12	52	55	38
22	—	—	2	—	2	1	—	6	—	—	—	—	46	40	14
5	—	1	—	—	—	—	1	—	—	—	—	—	5	4	—
89	1	6	2	2	—	66	1	2	—	—	—	73	130	153	7
283	—	24	4	—	—	12	—	1	—	—	—	—	310	321	73
540	2	9	14	—	3	16	—	11	—	—	—	28	729	723	371
34	1	—	1	—	—	4	—	—	—	—	—	15	46	43	15
91	1	—	7	—	14	23	6	1	1	—	—	10	243	247	71
3	—	—	—	—	—	2	1	—	—	—	1	10	3	3	3
15	—	2	1	—	—	3	—	4	—	2	—	—	23	21	4
110	4	28	22	1	13	28	6	5	—	6	—	106	297	260	45
66	1	6	2	1	1	31	6	1	—	—	—	50	145	129	44
21	1	11	28	—	8	10	6	5	4	—	—	32	259	256	142
—	—	1	—	—	1	1	—	—	—	—	—	3	1	—	—
36	—	—	2	—	—	17	—	—	—	—	—	4	24	43	12
—	4	2	1	—	—	—	—	—	—	—	—	4	1	—	—
6	—	—	—	—	—	—	—	—	—	—	—	—	—	—	—
7	—	—	—	—	—	—	—	—	—	—	—	—	7	—	—
—	—	1	—	1	—	5	—	—	—	10	2	3	9	6	—

各地区森林病虫鼠害

地　区	森林病虫害防治检疫机构								
	省级		地级		县级		检疫员		
	站数	人数	站数	人数	站数	人数	合计	专职人员	兼职人员
全国合计	**35**	**676**	**388**	**2960**	**2693**	**18201**	**33771**	**15008**	**18763**
北　京	1	31	—	—	13	166	741	169	572
天　津	1	10	—	—	12	146	156	123	33
河　北	1	17	15	123	148	971	1572	783	789
山　西	1	20	20	91	115	679	1579	700	879
内蒙古	2	33	13	230	128	1365	1789	907	882
辽　宁	1	32	14	103	69	530	1128	408	720
吉　林	1	13	9	78	80	536	1266	383	883
黑龙江	2	14	18	116	127	521	1523	436	1087
上　海	1	17	—	—	9	204	210	118	92
江　苏	1	8	13	132	81	725	431	309	122
浙　江	1	17	11	77	81	433	1674	703	971
安　徽	1	38	16	103	90	499	1750	1038	712
福　建	1	22	9	41	76	362	1198	694	504
江　西	1	41	11	82	98	469	1895	707	1188
山　东	1	21	18	130	152	852	1397	679	718
河　南	1	23	28	251	135	978	1567	759	808
湖　北	1	21	18	157	80	583	728	374	354
湖　南	1	11	21	93	109	919	1748	558	1190
广　东	1	25	22	124	77	409	683	356	327
广　西	1	14	14	123	108	580	780	478	302
海　南	1	21	2	13	17	80	213	102	111
重　庆	1	57	—	—	38	275	606	326	280
四　川	1	17	21	119	170	1030	1983	667	1316
贵　州	1	10	9	54	88	462	1488	502	986
云　南	1	24	16	122	131	673	1830	678	1152
西　藏	1	6	6	36	72	144	—	—	—
陕　西	1	22	12	133	112	1520	1162	609	553
甘　肃	1	27	24	171	86	802	935	567	368
宁　夏	1	17	5	53	15	124	209	105	104
青　海	1	8	6	46	30	196	370	194	176
新　疆	2	20	17	159	120	730	931	435	496
大兴安岭	1	19	—	—	26	238	229	141	88

防治检疫机构情况

单位：个、人

森林病虫害基层测报机构						
基层测报站、点				测　报　员		
合计	国家级	省级	一般	合计	专职人员	兼职人员
26118	**1000**	**1007**	**24111**	**68845**	**12359**	**56486**
2341	11	15	2315	2512	197	2315
135	9	3	123	205	82	123
2634	37	41	2556	4393	1406	2987
455	34	22	399	1275	334	941
778	44	30	704	4747	677	4070
339	44	37	258	2917	227	2690
1293	33	44	1216	1356	251	1105
1000	48	34	918	2040	440	1600
110	7	33	70	212	139	73
397	31	30	336	652	192	460
812	42	19	751	3643	340	3303
549	37	10	502	1451	366	1085
98	40	49	9	1897	619	1278
2557	36	67	2454	3206	532	2674
173	43	37	93	1790	549	1241
1166	38	12	1116	3490	718	2772
1677	36	33	1608	1849	153	1696
1537	40	17	1480	2974	565	2409
513	43	2	468	1980	385	1595
527	39	11	477	3925	573	3352
224	10	50	164	601	50	551
291	24	14	253	2671	262	2409
1723	40	21	1662	6063	536	5527
369	35	57	277	1791	378	1413
1386	35	6	1345	3232	704	2528
78	3	—	75	—	—	—
799	35	31	733	1848	510	1338
704	35	42	627	3250	345	2905
113	16	8	89	295	85	210
336	29	—	307	421	101	320
969	38	232	699	1878	538	1340
35	8	—	27	281	105	176

各地区森林病虫

地　区	发生面积				寄主树种面积	发生率（%）
	总计	轻度	中度	重度		
全国合计	**11768988**	**8214314**	**2567673**	**987001**	**256974533**	**4.58**
北　京	40259	40239	2	18	688160	5.85
天　津	49582	42430	6285	867	201387	24.62
河　北	536035	419628	90594	25813	4341333	12.35
山　西	239185	195497	41592	2096	4618473	5.18
内蒙古	1203280	627983	353951	221346	33075994	3.64
辽　宁	666876	403761	187654	75461	4365905	15.27
吉　林	263205	166685	59189	37331	8257000	3.19
黑龙江	437544	162874	237323	37347	25004081	1.75
上　海	5461	4952	507	2	89868	6.08
江　苏	116735	116087	406	242	1596853	7.31
浙　江	63381	58300	3779	1302	5785300	1.10
安　徽	388206	290952	72197	25057	4309460	9.01
福　建	199023	159039	33732	6252	9148100	2.18
江　西	305300	258305	35218	11777	9794500	3.12
山　东	521381	485372	28804	7205	3852333	13.53
河　南	538355	442658	74878	20819	4311387	12.49
湖　北	325197	227642	75359	22196	5788200	5.62
湖　南	290025	263365	21774	4886	9903640	2.93
广　东	337265	287160	46888	3217	9760734	3.46
广　西	363132	315073	37651	10408	13730800	2.64
海　南	9414	7873	1307	234	1760000	0.53
重　庆	282418	233373	36218	12827	3227840	8.75
四　川	726973	469214	185947	71812	16324880	4.45
贵　州	208223	186663	16082	5478	5606000	3.71
云　南	299459	197987	77291	24181	15816300	1.89
西　藏	273224	122097	99053	52074	14626500	1.87
陕　西	413886	300582	86053	27251	9840313	4.21
甘　肃	299656	196640	74023	28993	5496833	5.45
青　海	278673	170364	85776	22533	4440733	6.28
宁　夏	322805	233139	79232	10434	1340853	24.07
新　疆	1644384	1087824	342018	214542	13436780	12.24
大兴安岭	120446	40556	76890	3000	6433993	1.87

鼠害防治情况

单位：公顷

防治面积						防治率（%）
总计	化学防治	仿生制剂	人工防治	生物防治	其他	
7825928	**1537412**	**1689589**	**1785068**	**1355524**	**1458335**	**66.50**
40259	—	22713	—	12700	4846	100.00
49582	12091	30845	534	19	6093	100.00
416275	73295	272543	41544	4404	24489	77.66
149727	63374	9450	24747	19800	32356	62.60
621517	86776	219658	94341	80367	140375	51.65
588469	27582	48424	122432	288677	101354	88.24
209080	62017	45033	69493	17190	15347	79.44
386516	38957	37093	105707	23337	181422	88.34
5354	612	3139	307	324	972	98.04
86600	84258	994	382	265	701	74.19
52681	6875	9623	19675	9974	6534	83.12
315839	37815	27734	58697	170504	21089	81.36
105122	906	2882	24682	75285	1367	52.82
255771	14191	12020	104169	67430	57961	83.78
476447	26933	202483	45171	32932	168928	91.38
447961	90547	252707	41803	3207	59697	83.21
211798	21002	67291	34870	61705	26930	65.13
146905	27651	18942	33383	43771	23158	50.65
129479	1164	59864	31887	30750	5814	38.39
55356	827	780	5756	47993	—	15.24
5578	805	1	218	4514	40	59.25
178716	27	2573	33568	86352	56196	63.28
558158	29824	120855	224687	58179	124613	76.78
144578	17745	15147	92949	10363	8374	69.43
269196	84660	23674	83932	46739	30191	89.89
153753	153753	—	—	—	—	56.27
284566	49296	18858	167663	5996	42753	68.75
145726	39912	10338	49891	16229	29356	48.63
163566	5336	34797	82646	10732	30055	58.69
123020	33618	1003	87392	7	1000	38.11
1012578	445563	95841	102209	125679	243286	61.58
35755	—	22284	333	100	13038	29.69

各地区森林病害防治情况

单位:公顷

地区	发生面积				防治面积						防治率(%)
	总计	轻度	中度	重度	总计	化学防治	仿生制剂	人工防治	生物防治	其他	
全国合计	**1311633**	**888010**	**252956**	**170667**	**842550**	**231465**	**55435**	**225347**	**93563**	**236740**	**64.24**
北京	2400	2400	—	—	2400	—	547	—	200	1653	100.00
天津	7094	5982	892	220	7094	3911	920	133	—	2130	100.00
河北	29783	27568	1870	345	27184	10470	8819	1751	417	5727	91.27
山西	3433	2790	643	—	2232	588	—	1077	334	233	65.02
内蒙古	145793	30177	31583	84033	32422	6054	5533	3341	3827	13667	22.24
辽宁	64777	36169	21892	6716	51348	2115	860	24371	10133	13869	79.27
吉林	19142	16559	2139	444	18286	11852	378	5340	395	321	95.53
黑龙江	43913	25607	14751	3555	35862	2661	1633	5356	127	26085	81.67
上海	892	878	14	—	878	147	5	5	52	669	98.43
江苏	10338	10224	71	43	8823	8520	—	303	—	—	85.35
浙江	12663	11574	727	362	10806	1112	876	8241	33	544	85.34
安徽	52104	42296	8356	1452	35622	3899	1012	10033	17600	3078	68.37
福建	11338	9693	874	771	8518	8	—	5219	3291	—	75.13
江西	56881	53324	2106	1451	44327	3125	847	22715	7960	9680	77.93
山东	109131	99082	8920	1129	95854	16827	2756	7620	1082	67569	87.83
河南	110470	90938	15588	3944	94527	40749	492	19800	882	32604	85.57
湖北	31643	28602	2301	740	21315	5827	856	5045	4313	5274	67.36
湖南	47505	46337	1127	41	14248	3386	—	6001	3753	1108	29.99
广东	14312	13369	879	64	11702	183	481	9690	—	1348	81.76
广西	29254	19959	7430	1865	1093	223	—	652	218	—	3.74
海南	40	36	3	1	26	—	—	26	—	—	65.00
重庆	20974	10314	6573	4087	20806	27	—	476	20303	—	99.20
四川	95933	70344	19679	5910	58031	8336	5050	32885	1235	10525	60.49
贵州	16087	12525	616	2946	11633	1307	1120	7919	1202	85	72.31
云南	42936	34625	6675	1636	39794	17390	1656	12023	991	7734	92.68
西藏	76132	34936	24763	16433	46373	46373	—	—	—	—	60.91
陕西	34885	24749	7157	2979	21005	4586	1536	6369	542	7972	60.21
甘肃	62292	34995	22225	5072	40639	22153	33	13078	762	4613	65.24
青海	37618	22275	12224	3119	13014	4992	3213	1802	—	3007	34.60
宁夏	94	94	—	—	—	—	—	—	—	—	0.00
新疆	101616	60790	19517	21309	63828	4644	14285	13743	13911	17245	62.81
大兴安岭	20160	8799	11361	—	2860	—	2527	333	—	—	14.19

各地区森林虫害防治情况

单位:公顷

地区	发生面积				防治面积						防治率(%)
	总计	轻度	中度	重度	总计	化学防治	仿生制剂	人工防治	生物防治	其他	
全国合计	**8462864**	**6138942**	**1723628**	**600294**	**5729317**	**759400**	**1583685**	**1126361**	**1205273**	**1054598**	**67.70**
北京	37859	37839	2	18	37859	—	22166	—	12500	3193	100.00
天津	42488	36448	5393	647	42488	8187	29925	400	19	3957	100.00
河北	494898	384858	86086	23954	380358	61292	262344	34374	3987	18361	76.86
山西	190002	156942	31311	1749	126123	54998	9450	18303	15166	28206	66.38
内蒙古	754480	420384	238853	95243	426658	31846	202994	46065	52950	92803	56.55
辽宁	599079	364942	165392	68745	534114	24807	47564	96238	278234	87271	89.16
吉林	217817	128540	53442	35835	172502	40441	42807	63381	16457	9416	79.20
黑龙江	176415	72482	89468	14465	159444	10138	20116	28475	16777	83938	90.38
上海	4569	4074	493	2	4476	465	3134	301	272	304	97.96
江苏	106397	105863	335	199	77777	75738	994	79	265	701	73.10
浙江	50718	46726	3052	940	41875	5764	8747	11434	9940	5990	82.56
安徽	336102	248656	63841	23605	280217	33916	26721	48664	152904	18012	83.37
福建	187685	149346	32858	5481	96604	898	2882	19463	71994	1367	51.47
江西	248419	204981	33112	10326	211444	11066	11173	81454	59470	48281	85.12
山东	412250	386291	19883	6076	380593	10106	199727	37550	31850	101360	92.32
河南	427885	351719	59290	16876	353434	49797	252215	22003	2325	27094	82.60
湖北	290720	196272	72992	21456	189782	15122	66436	29675	57010	21539	65.28
湖南	242187	216695	20647	4845	132324	24265	18942	27249	40017	21851	54.64
广东	322953	273791	46009	3153	117777	980	59384	22197	30750	4466	36.47
广西	333878	295113	30222	8543	54263	604	780	5103	47776	—	16.25
海南	9374	7837	1304	233	5552	805	1	192	4514	40	59.23
重庆	214634	179303	26750	8581	128455	—	2573	26293	56756	42833	59.85
四川	588033	370458	154981	62594	466312	20787	113529	165169	54386	112441	79.30
贵州	183140	165752	14879	2509	126757	16438	13980	78917	9161	8261	69.21
云南	254812	161968	70378	22466	227751	66990	22018	70838	45746	22159	89.38
西藏	146778	61307	57858	27613	86267	86267	—	—	—	—	58.77
陕西	270100	196685	56889	16526	181887	38906	15837	93277	5221	28646	67.34
甘肃	157546	101528	35137	20881	54580	12111	9638	13363	9853	9615	34.64
青海	107669	73500	28817	5352	71566	344	30330	9308	8790	22794	66.47
宁夏	148804	108158	34638	6008	26927	21244	963	4640	—	80	18.10
新疆	872341	610286	178949	83106	521548	35078	80475	71956	110083	223956	59.79
大兴安岭	32832	20198	10367	2267	11603	—	5840	—	100	5663	35.34

各地区森林鼠害防治情况

单位:公顷

地区	发生面积				防治面积						防治率(%)
	总计	轻度	中度	重度	总计	化学防治	仿生制剂	人工防治	生物防治	其他	
全国合计	**1994491**	**1187354**	**591091**	**216046**	**1254061**	**546552**	**50470**	**433360**	**56684**	**166995**	**62.88**
北京	—	—	—	—	—	—	—	—	—	—	—
天津	—	—	—	—	—	—	—	—	—	—	—
河北	11354	7202	2638	1514	8733	1533	1380	5420	—	400	76.92
山西	45750	35764	9639	347	21372	7788	—	5367	4300	3917	46.71
内蒙古	303007	177422	83514	42071	162437	48875	11131	44934	23588	33909	53.61
辽宁	3020	2649	371	—	3007	660	—	1823	310	214	99.57
吉林	26246	21586	3608	1052	18292	9724	1848	772	338	5610	69.69
黑龙江	217216	64783	133104	19329	191210	26158	15344	71876	6433	71399	88.03
上海	—	—	—	—	—	—	—	—	—	—	—
江苏	—	—	—	—	—	—	—	—	—	—	—
浙江	—	—	—	—	—	—	—	—	—	—	—
安徽	—	—	—	—	—	—	—	—	—	—	—
福建	—	—	—	—	—	—	—	—	—	—	—
江西	—	—	—	—	—	—	—	—	—	—	—
山东	—	—	—	—	—	—	—	—	—	—	—
河南	—	—	—	—	—	—	—	—	—	—	—
湖北	2834	2767	67	—	701	52	—	150	382	117	24.74
湖南	333	333	—	—	333	—	—	133	—	200	100
广东	—	—	—	—	—	—	—	—	—	—	—
广西	—	—	—	—	—	—	—	—	—	—	—
海南	—	—	—	—	—	—	—	—	—	—	—
重庆	46810	43756	2894	160	29455	—	—	6800	9293	13362	62.92
四川	43007	28412	11286	3309	33815	702	2276	26634	2558	1645	78.63
贵州	8996	8386	587	23	6188	—	47	6114	—	27	68.79
云南	1711	1393	239	79	1651	280	—	1072	2	297	96.49
西藏	50314	25853	16432	8029	21113	21113	—	—	—	—	41.96
陕西	108901	79147	22008	7746	81674	5804	1485	68016	233	6136	75.00
甘肃	79818	60116	16662	3040	50507	5647	667	23450	5614	15129	63.28
青海	133386	74589	44735	14062	78986	—	1253	71536	1941	4256	59.22
宁夏	173907	124887	44594	4426	96093	12374	40	82752	7	920	55.26
新疆	670427	416750	143551	110126	427202	405842	1082	16511	1685	2082	63.72
大兴安岭	67454	11559	55162	733	21292	—	13917	—	—	7375	31.57

各地区松毛虫防治情况

单位:公顷

地　　区	发生面积				防治面积						防治率（%）
	总计	轻度	中度	重度	总计	化学防治	仿生制剂	人工防治	生物防治	其他	
全国合计	**827796**	**609389**	**162152**	**56255**	**600553**	**28872**	**106238**	**72193**	**281992**	**111258**	**72.55**
北　京	467	467	—	—	467	—	200	—	—	267	100.00
天　津	—	—	—	—	—	—	—	—	—	—	—
河　北	30263	20444	7816	2003	25045	373	15912	7700	—	1060	82.76
山　西	11228	8879	1882	467	5934	538	693	1187	2413	1103	52.85
内蒙古	59985	44959	13155	1871	44513	1667	14199	9273	7096	12278	74.21
辽　宁	87735	58720	20595	8420	57546	4549	1693	3920	18985	28399	65.59
吉　林	28984	16928	3296	8760	14849	9300	1206	10	80	4253	51.23
黑龙江	42883	17632	19118	6133	37111	1584	2553	11680	5083	16211	86.54
上　海	—	—	—	—	—	—	—	—	—	—	—
江　苏	—	—	—	—	—	—	—	—	—	—	—
浙　江	5183	4819	339	25	4709	13	341	—	2896	1459	90.85
安　徽	63656	49554	10069	4033	54164	743	1505	3578	46002	2336	85.09
福　建	39910	38667	1243	—	37997	—	13	1434	36395	155	95.21
江　西	37429	35429	1950	50	32783	719	2661	3485	23462	2456	87.59
山　东	11475	11468	7	—	10190	107	3154	423	4351	2155	88.80
河　南	2980	2980	—	—	2496	868	1497	131	—	—	83.76
湖　北	76538	48712	20959	6867	45180	1034	14447	2809	26337	553	59.03
湖　南	54239	49888	3196	1155	24281	585	5203	1433	12957	4103	44.77
广　东	25878	24604	1141	133	18141	133	12251	—	5757	—	70.10
广　西	29317	26749	1889	679	27326	86	720	—	26520	—	93.21
海　南	93	93	—	—	93	93	—	—	—	—	100.00
重　庆	66048	55581	7487	2980	42072	—	1720	600	19399	20353	63.70
四　川	62174	41846	15909	4419	42068	922	14882	12920	8255	5089	67.66
贵　州	13952	12531	1294	127	9425	313	706	6347	1289	770	67.55
云　南	62951	26864	27998	8089	57098	5198	9269	2226	34625	5780	90.70
西　藏	—	—	—	—	—	—	—	—	—	—	—
陕　西	9170	8984	142	44	3254	47	80	3037	90	—	35.49
甘　肃	1258	1258	—	—	—	—	—	—	—	—	—
青　海	—	—	—	—	—	—	—	—	—	—	—
宁　夏	—	—	—	—	—	—	—	—	—	—	—
新　疆	—	—	—	—	—	—	—	—	—	—	—
大兴安岭	4000	1333	2667	—	3811	—	1333	—	—	2478	95.28

各地区杨树食叶害虫防治情况

单位:公顷

地区	发生面积				防治面积						防治率（%）
	总计	轻度	中度	重度	总计	化学防治	仿生制剂	人工防治	生物防治	其他	
全国合计	**1375011**	**961230**	**286561**	**127220**	**965782**	**186792**	**424832**	**63281**	**169756**	**121121**	**70.24**
北京	19503	19485	—	18	19503	—	15415	—	3232	856	100.00
天津	15540	13327	1913	300	15540	1667	13275	—	19	579	100.00
河北	103863	89322	12492	2049	81934	7818	64702	4246	1800	3368	78.89
山西	4514	4381	133	—	4422	—	133	1676	—	2613	97.96
内蒙古	92954	24990	36242	31722	54330	673	43765	4067	1940	3885	58.45
辽宁	26265	15305	9100	1860	23965	867	2741	—	14331	6026	91.24
吉林	44851	22639	14817	7395	42955	20322	11252	440	9581	1360	95.77
黑龙江	11390	5412	5338	640	10109	1580	1033	2	51	7443	88.75
上海	—	—	—	—	—	—	—	—	—	—	—
江苏	50767	50694	20	53	32439	32231	16	35	66	91	63.90
浙江	51	48	3	—	49	10	39	—	—	—	96.08
安徽	106610	78208	20591	7811	98020	14293	13415	4977	55723	9612	91.94
福建	—	—	—	—	—	—	—	—	—	—	—
江西	8817	8009	724	84	6814	478	1068	235	1062	3971	77.28
山东	121260	112969	6862	1429	108659	5217	53257	945	6730	42510	89.61
河南	199541	157194	32751	9596	167749	7424	146907	3956	101	9361	84.07
湖北	—	—	—	—	—	—	—	—	—	—	—
湖南	26094	22626	2593	875	18524	1754	8005	125	7286	1354	70.99
广东	—	—	—	—	—	—	—	—	—	—	—
广西	—	—	—	—	—	—	—	—	—	—	—
海南	—	—	—	—	—	—	—	—	—	—	—
重庆	—	—	—	—	—	—	—	—	—	—	—
四川	5993	3866	1951	176	4950	365	3990	582	—	13	82.60
贵州	33	—	33	—	33	—	—	—	33	—	100.00
云南	120	80	27	13	120	—	120	—	—	—	100.00
西藏	137727	56927	54485	26315	81863	81863	—	—	—	—	59.44
陕西	18338	12761	5037	540	2447	353	927	80	380	707	13.34
甘肃	5497	5007	382	108	3942	2112	469	1338	—	23	71.71
青海	16217	12864	3335	18	14854	40	10167	507	3000	1140	91.60
宁夏	66279	56811	7801	1667	533	533	—	—	—	—	0.80
新疆	292787	188305	69931	34551	172028	7192	34136	40070	64421	26209	58.76
大兴安岭	—	—	—	—	—	—	—	—	—	—	—

各地区杨树蛀干害虫防治情况

单位:公顷

地　区	发生面积				防治面积						防治率
	总计	轻度	中度	重度	总计	化学防治	仿生制剂	人工防治	生物防治	其他	(%)
全国合计	**553445**	**401427**	**121716**	**30302**	**398894**	**82229**	**30779**	**127208**	**70377**	**88301**	**72.07**
北　京	467	467	—	—	467	—	—	—	467	—	100.00
天　津	5747	5507	227	13	5747	2027	413	—	—	3307	100.00
河　北	9789	8595	1067	127	8741	4833	1662	1759	—	487	89.29
山　西	7702	6940	541	221	6467	2717	11	1942	135	1662	83.97
内蒙古	50165	32602	15771	1792	27568	5055	4900	11988	4363	1262	54.95
辽　宁	74674	45498	22344	6832	67505	7078	4400	12591	25927	17509	90.40
吉　林	42755	25800	13358	3597	41618	3113	1453	36053	819	180	97.34
黑龙江	30392	20445	8775	1172	27413	462	3360	3787	540	19264	90.20
上　海	—	—	—	—	—	—	—	—	—	—	—
江　苏	7837	7796	39	2	2692	2658	15	17	—	2	34.35
浙　江	—	—	—	—	—	—	—	—	—	—	—
安　徽	84539	57900	19582	7057	62202	12679	2495	19478	23319	4231	73.58
福　建	—	—	—	—	—	—	—	—	—	—	—
江　西	10012	9381	560	71	8694	583	489	2932	339	4351	86.84
山　东	24396	22672	1577	147	19215	2126	1508	3348	1963	10270	78.76
河　南	34146	25333	6920	1893	30827	13988	4939	7625	—	4275	90.28
湖　北	30875	25332	4842	701	21622	3726	2687	4373	1949	8887	70.03
湖　南	34254	30984	3070	200	23939	9095	720	6193	5704	2227	69.89
广　东	—	—	—	—	—	—	—	—	—	—	—
广　西	115	101	14	—	114	—	—	114	—	—	99.13
海　南	—	—	—	—	—	—	—	—	—	—	—
重　庆	28610	20530	5847	2233	8309	—	—	333	2643	5333	29.04
四　川	7068	4925	1516	627	5640	1179	376	2838	33	1214	79.80
贵　州	4531	3113	682	736	3644	917	—	2327	—	400	80.42
云　南	640	577	43	20	133	67	—	33	—	33	20.78
西　藏	9051	4380	3373	1298	4403	4403	—	—	—	—	48.65
陕　西	15095	10332	4287	476	6628	1799	40	4308	41	440	43.91
甘　肃	11714	9215	2227	272	4898	445	307	2040	847	1259	41.81
青　海	7810	4458	2825	527	2818	—	752	1166	120	780	36.08
宁　夏	14258	12258	1822	178	3969	3096	—	873	—	—	27.84
新　疆	6803	6286	407	110	3621	183	252	1090	1168	928	53.23
大兴安岭	—	—	—	—	—	—	—	—	—	—	—

附录四

全国分县造林情况

ANNEX Ⅳ

分县造林完成情况

单位：公顷

地　区	荒山荒(沙)地造林面积				更新造林
	合计	人工造林	飞播造林	无林地和疏林地新封山(沙)育林	
全国合计	**5595791**	**3820704**	**136409**	**1638678**	**305065**
北京市	**35752**	**22171**	**—**	**13581**	**760**
朝阳区	642	642	—	—	—
丰台区	67	67	—	—	—
海淀区	223	223	—	—	—
门头沟区	1059	1059	—	—	—
房山区	3742	3242	—	500	—
通州区	3333	3333	—	—	—
顺义区	2467	2467	—	—	—
昌平区	6068	2733	—	3335	—
大兴区	1988	1988	—	—	136
怀柔区	3280	1280	—	2000	—
平谷区	1859	926	—	933	38
平谷区果品办公室	228	228	—	—	368
密云县	4029	1549	—	2480	—
延庆县	6088	2088	—	4000	3
延庆县果品服务中心	346	346	—	—	205
共青林场	—	—	—	—	10
八达岭林场	333	—	—	333	—
天津市	**5357**	**5357**	**—**	**—**	**—**
滨海新区	443	443	—	—	—
东丽区	86	86	—	—	—
西青区	286	286	—	—	—
津南区	110	110	—	—	—
北辰区	329	329	—	—	—
武清区	908	908	—	—	—
宝坻区	341	341	—	—	—
宁河县	444	444	—	—	—
静海县	2410	2410	—	—	—
河北省	**312360**	**209013**	**20002**	**83345**	**3524**
石家庄市	**28039**	**17332**	**—**	**10707**	**64**
井陉矿区	280	147	—	133	—
井陉县	4727	2927	—	1800	—
正定县	207	207	—	—	—
栾城县	157	157	—	—	—
行唐县	3320	2053	—	1267	—
灵寿县	3664	2264	—	1400	—
高邑县	133	133	—	—	—
深泽县	333	333	—	—	—
赞皇县	3180	2087	—	1093	—
无极县	333	333	—	—	—
平山县	5647	2314	—	3333	64
元氏县	2320	1433	—	887	—
赵县	312	312	—	—	—
辛集市	407	407	—	—	—
藁城市	333	333	—	—	—
晋州市	379	379	—	—	—

分县造林完成情况

单位:公顷

地区	荒山荒(沙)地造林面积				更新造林
	合计	人工造林	飞播造林	无林地和疏林地新封山(沙)育林	
新乐市	220	220	—	—	—
鹿泉市	2087	1293	—	794	—
唐山市	**21528**	**15441**	**—**	**6087**	**226**
路南区	201	201	—	—	6
路北区	68	68	—	—	—
古冶区	1333	1333	—	—	—
开平区	533	533	—	—	—
丰南区	887	887	—	—	207
丰润区	2380	1713	—	667	—
滦县	1614	947	—	667	—
滦南县	1333	1333	—	—	—
乐亭县	1413	1413	—	—	—
迁西县	4333	2333	—	2000	—
玉田县	400	400	—	—	—
唐海县	667	667	—	—	—
芦台经济开发区	67	67	—	—	3
汉沽农场	70	70	—	—	10
遵化市	2431	1012	—	1419	—
迁安市	3794	2460	—	1334	—
市直单位	4	4	—	—	—
秦皇岛市	**22807**	**5867**	**—**	**16940**	**7**
海港区	333	333	—	—	—
山海关区	1734	67	—	1667	—
青龙满族自治县	3668	2334	—	1334	—
昌黎县	2667	667	—	2000	7
抚宁县	7866	533	—	7333	—
卢龙县	3266	1933	—	1333	—
市直单位	3273	—	—	3273	—
邯郸市	**27580**	**17377**	**—**	**10203**	**—**
邯山区	80	80	—	—	—
复兴区	167	167	—	—	—
峰峰矿区	1740	987	—	753	—
邯郸县	1337	587	—	750	—
临漳县	623	623	—	—	—
成安县	773	773	—	—	—
大名县	747	747	—	—	—
涉县	5434	2234	—	3200	—
磁县	3753	1753	—	2000	—
肥乡县	934	934	—	—	—
永年县	1833	1333	—	500	—
邱县	820	820	—	—	—
鸡泽县	453	453	—	—	—
广平县	347	347	—	—	—
馆陶县	1000	1000	—	—	—
魏县	360	360	—	—	—
曲周县	734	734	—	—	—
武安市	6352	3352	—	3000	—

分县造林完成情况

单位:公顷

地　区	荒山荒(沙)地造林面积				更新造林
	合计	人工造林	飞播造林	无林地和疏林地新封山(沙)育林	
漳河林场	33	33	—	—	—
马头生态工业城	60	60	—	—	—
邢台市	**28178**	**25778**	**—**	**2400**	**—**
桥东区	127	127	—	—	—
桥西区	441	441	—	—	—
邢台县	4701	3301	—	1400	—
临城县	1733	1400	—	333	—
内丘县	4373	3973	—	400	—
柏乡县	304	304	—	—	—
隆尧县	603	603	—	—	—
任县	467	467	—	—	—
南和县	740	740	—	—	—
宁晋县	1744	1744	—	—	—
巨鹿县	934	934	—	—	—
新河县	867	867	—	—	—
广宗县	762	762	—	—	—
平乡县	800	800	—	—	—
威县	2800	2800	—	—	—
清河县	467	467	—	—	—
临西县	1200	1200	—	—	—
南宫市	2333	2333	—	—	—
沙河市	2634	2367	—	267	—
高开区	93	93	—	—	—
大曹庄	55	55	—	—	—
保定市	**50962**	**26495**	**—**	**24467**	**127**
新市区	20	20	—	—	—
北市区	67	67	—	—	—
南市区	20	20	—	—	—
满城县	2000	1333	—	667	—
清苑县	200	200	—	—	—
涞水县	3533	1533	—	2000	—
阜平县	13667	3667	—	10000	60
徐水县	1135	468	—	667	—
定兴县	333	333	—	—	—
唐县	5000	3000	—	2000	—
高阳县	160	160	—	—	—
容城县	100	100	—	—	—
涞源县	7200	3867	—	3333	—
望都县	400	400	—	—	—
安新县	400	400	—	—	—
易县	4733	2933	—	1800	—
曲阳县	5000	3000	—	2000	—
蠡县	333	333	—	—	—
顺平县	4000	2000	—	2000	—
博野县	200	200	—	—	—
雄县	234	234	—	—	32
涿州市	667	667	—	—	35

分县造林完成情况

单位:公顷

地 区	荒山荒(沙)地造林面积				更新造林
	合计	人工造林	飞播造林	无林地和疏林地新封山(沙)育林	
定州市	1033	1033	—	—	—
安国市	206	206	—	—	—
高碑店市	200	200	—	—	—
高新区	21	21	—	—	—
白沟新城	100	100	—	—	—
张家口市	**66510**	**50968**	**6335**	**9207**	**—**
高新区	187	187	—	—	—
桥西区	89	89	—	—	—
宣化区	140	140	—	—	—
下花园区	133	133	—	—	—
宣化县	2534	1867	667	—	—
张北县	4200	3533	667	—	—
康保县	2006	2006	—	—	—
沽源县	5134	4467	667	—	—
尚义县	2267	2267	—	—	—
蔚县	3200	1867	1333	—	—
阳原县	2867	2200	667	—	—
怀安县	2447	2447	—	—	—
万全县	2867	2867	—	—	—
怀来县	9047	7847	—	1200	—
涿鹿县	6974	5640	667	667	—
赤城县	14093	5753	1000	7340	—
崇礼县	8067	7400	667	—	—
市直单位	258	258	—	—	—
承德市	**42481**	**26146**	**13001**	**3334**	**1958**
双桥区	667	667	—	—	—
双滦区	333	333	—	—	—
承德县	5467	2133	2667	667	158
兴隆县	1333	1000	—	333	—
平泉县	3215	2215	1000	—	821
滦平县	5860	4526	667	667	24
隆化县	5533	3200	2000	333	428
丰宁满族自治县	9427	6093	2667	667	287
宽城满族自治县	3400	1733	1667	—	—
围场满族蒙古族自治县	7246	4246	2333	667	240
沧州市	**5888**	**5888**	**—**	**—**	**—**
沧县	600	600	—	—	—
青县	267	267	—	—	—
东光县	267	267	—	—	—
海兴县	534	534	—	—	—
盐山县	400	400	—	—	—
肃宁县	133	133	—	—	—
南皮县	334	334	—	—	—
吴桥县	200	200	—	—	—
献县	133	133	—	—	—
孟村回族自治县	527	527	—	—	—
中捷农场	300	300	—	—	—

分县造林完成情况

单位:公顷

地　区	荒山荒(沙)地造林面积				更新造林
	合计	人工造林	飞播造林	无林地和疏林地新封山(沙)育林	
南大港管理区	200	200	—	—	—
泊头市	133	133	—	—	—
任丘市	127	127	—	—	—
黄骅市	1333	1333	—	—	—
河间市	400	400	—	—	—
廊坊市	**8676**	**8676**	**—**	**—**	**60**
安次区	400	400	—	—	—
广阳区	573	573	—	—	—
固安县	733	733	—	—	—
永清县	1233	1233	—	—	—
香河县	733	733	—	—	60
大城县	1741	1741	—	—	—
文安县	1216	1216	—	—	—
大厂回族自治县	567	567	—	—	—
霸州市	607	607	—	—	—
三河市	873	873	—	—	—
衡水市	**7185**	**7185**	**—**	**—**	**192**
桃城区	259	259	—	—	—
枣强县	386	386	—	—	—
武邑县	468	468	—	—	—
武强县	1150	1150	—	—	—
饶阳县	795	795	—	—	—
安平县	320	320	—	—	—
故城县	813	813	—	—	—
景县	458	458	—	—	192
阜城县	653	653	—	—	—
冀州市	933	933	—	—	—
深州市	950	950	—	—	—
木兰林管局	**1522**	**1522**	**—**	**—**	**332**
塞罕坝机械林场	**338**	**338**	**—**	**—**	**558**
雾灵山自然保护区	**333**	**—**	**333**	**—**	**—**
小五台自然保护区	**333**	**—**	**333**	**—**	**—**
山西省	**302851**	**225253**	**2333**	**75265**	**—**
太原市	**22173**	**15639**	**—**	**6534**	**—**
小店区	140	140	—	—	—
迎泽区	1000	1000	—	—	—
杏花岭区	1253	1253	—	—	—
尖草坪区	873	873	—	—	—
万柏林区	3000	3000	—	—	—
晋源区	880	880	—	—	—
清徐县	1567	1167	—	400	—
阳曲县	2707	1940	—	767	—
娄烦县	4600	2473	—	2127	—
古交市	5673	2913	—	2760	—
市直单位	480	—	—	480	—
大同市	**32306**	**25173**	**2333**	**4800**	**—**
南郊区	2757	2090	333	334	—

分县造林完成情况

单位:公顷

地　区	荒山荒(沙)地造林面积				更新造林
	合计	人工造林	飞播造林	无林地和疏林地新封山(沙)育林	
新荣区	1893	1893	—	—	—
阳高县	3500	2167	667	666	—
天镇县	3400	2067	666	667	—
广灵县	5637	5237	—	400	—
灵丘县	2790	2390	—	400	—
浑源县	6209	3542	667	2000	—
左云县	2220	2220	—	—	—
大同县	2767	2434	—	333	—
市直单位	1133	1133	—	—	—
阳泉市	**8200**	**6867**	**—**	**1333**	**—**
郊区	2200	1800	—	400	—
平定县	2433	1873	—	560	—
盂县	3367	2994	—	373	—
市直单位	200	200	—	—	—
长治市	**20346**	**17733**	**—**	**2613**	**—**
郊区	66	66	—	—	—
长治县	332	332	—	—	—
襄垣县	1059	992	—	67	—
屯留县	2133	1800	—	333	—
平顺县	2487	2287	—	200	—
黎城县	1682	1482	—	200	—
壶关县	1896	1429	—	467	—
长子县	1741	1388	—	353	—
武乡县	3259	3032	—	227	—
沁县	2611	2411	—	200	—
沁源县	1683	1250	—	433	—
潞城市	1397	1264	—	133	—
晋城市	**8080**	**7180**	**—**	**900**	**—**
城区	480	480	—	—	—
沁水县	1327	1247	—	80	—
阳城县	1374	1107	—	267	—
陵川县	1833	1633	—	200	—
泽州县	1509	1156	—	353	—
高平市	1557	1557	—	—	—
朔州市	**13481**	**11048**	**—**	**2433**	**—**
朔城区	2053	2053	—	—	—
平鲁区	3546	2866	—	680	—
山阴县	1560	1560	—	—	—
应县	1921	1588	—	333	—
右玉县	2734	1981	—	753	—
怀仁县	1667	1000	—	667	—
晋中市	**21999**	**18025**	**—**	**3974**	**—**
榆次区	2217	1730	—	487	—
榆社县	2631	2237	—	394	—
左权县	3157	2597	—	560	—
和顺县	1667	1240	—	427	—
昔阳县	1818	1592	—	226	—

分县造林完成情况

单位：公顷

地　区	荒山荒（沙）地造林面积				更新造林
	合计	人工造林	飞播造林	无林地和疏林地新封山（沙）育林	
寿阳县	1300	760	—	540	—
太谷县	2260	1827	—	433	—
祁县	2732	2059	—	673	—
平遥县	1467	1400	—	67	—
灵石县	1917	1750	—	167	—
介休市	833	833	—	—	—
运城市	**22413**	**20713**	**—**	**1700**	**—**
盐湖区	2567	2567	—	—	—
临猗县	1260	1174	—	86	—
万荣县	1443	1443	—	—	—
闻喜县	2307	1987	—	320	—
稷山县	1350	1283	—	67	—
新绛县	1420	1420	—	—	—
绛县	2118	1878	—	240	—
垣曲县	1891	1491	—	400	—
夏县	2093	1959	—	134	—
平陆县	1426	1293	—	133	—
芮城县	1445	1325	—	120	—
永济市	2260	2060	—	200	—
河津市	833	833	—	—	—
忻州市	**40697**	**28762**	**—**	**11935**	**—**
忻府区	2440	2440	—	—	—
定襄县	1547	947	—	600	—
五台县	2227	2227	—	—	—
代县	3033	1033	—	2000	—
繁峙县	2727	1060	—	1667	—
宁武县	1507	1107	—	400	—
静乐县	3693	2826	—	867	—
神池县	2314	1400	—	914	—
五寨县	3653	2333	—	1320	—
岢岚县	3067	2600	—	467	—
河曲县	3313	2200	—	1113	—
保德县	3536	2416	—	1120	—
偏关县	3206	2739	—	467	—
原平市	3967	2967	—	1000	—
市直单位	467	467	—	—	—
临汾市	**34545**	**24896**	**—**	**9649**	**—**
尧都区	893	713	—	180	—
曲沃县	433	433	—	—	—
翼城县	1763	1583	—	180	—
襄汾县	2069	1669	—	400	—
洪洞县	957	477	—	480	—
古县	1353	1173	—	180	—
安泽县	1462	1035	—	427	—
浮山县	2161	1981	—	180	—
吉县	4140	3033	—	1107	—
乡宁县	3738	2571	—	1167	—

分县造林完成情况

单位：公顷

地　区	荒山荒(沙)地造林面积				更新造林
	合计	人工造林	飞播造林	无林地和疏林地新封山(沙)育林	
大宁县	2594	2027	—	567	—
隰县	3336	2169	—	1167	—
永和县	3668	2501	—	1167	—
蒲县	2985	1938	—	1047	—
汾西县	2619	1219	—	1400	—
侯马市	120	120	—	—	—
霍州市	254	254	—	—	—
吕梁市	**36940**	**27206**	**—**	**9734**	**—**
离石区	2760	2073	—	687	—
文水县	1451	377	—	1074	—
交城县	2313	1193	—	1120	—
兴县	3090	2130	—	960	—
临县	4596	3776	—	820	—
柳林县	3220	2567	—	653	—
石楼县	4163	3349	—	814	—
岚县	2556	2023	—	533	—
方山县	3119	2399	—	720	—
中阳县	2780	2094	—	686	—
交口县	2181	1534	—	647	—
孝义市	3140	2594	—	546	—
汾阳市	1571	1097	—	474	—
管涔山林局	**5400**	**3000**	**—**	**2400**	**—**
五台山林局	**6627**	**3760**	**—**	**2867**	**—**
关帝山林局	**4162**	**1667**	**—**	**2495**	**—**
太行山林局	**3400**	**2533**	**—**	**867**	**—**
太岳山林局	**5184**	**2184**	**—**	**3000**	**—**
吕梁山林局	**2177**	**1800**	**—**	**377**	**—**
中条山林局	**4267**	**2000**	**—**	**2267**	**—**
黑茶山林局	**6167**	**3133**	**—**	**3034**	**—**
杨树局	**3100**	**1600**	**—**	**1500**	**—**
省林职院林场	**387**	**267**	**—**	**120**	**—**
省煤炭工业局	**800**	**67**	**—**	**733**	**—**
内蒙古自治区	**781617**	**357339**	**65071**	**359207**	**14018**
呼和浩特市	**21334**	**9334**	**—**	**12000**	**—**
市直单位	2667	2667	—	—	—
和林格尔县	4000	—	—	4000	—
武川县	8667	4667	—	4000	—
清水河县	6000	2000	—	4000	—
包头市	**34370**	**10036**	**—**	**24334**	**—**
市直单位	67	67	—	—	—
东河区	734	67	—	667	—
青山区	1693	693	—	1000	—
昆都仑区	1000	333	—	667	—
石拐区	5668	2001	—	3667	—
九原区	1603	603	—	1000	—
土默特右旗	6732	2399	—	4333	—
固阳县	5300	2300	—	3000	—

分县造林完成情况

单位:公顷

地区	荒山荒(沙)地造林面积				更新造林
	合计	人工造林	飞播造林	无林地和疏林地新封山(沙)育林	
达尔罕茂明安联合旗	11453	1453	—	10000	—
稀土高新技术开放区	120	120	—	—	—
乌海市	**2347**	**1014**	**—**	**1333**	**—**
海勃湾区	118	118	—	—	—
海南区	2229	896	—	1333	—
赤峰市	**200654**	**99320**	**6667**	**94667**	**5984**
红山区	20	20	—	—	—
元宝山区	67	67	—	—	229
松山区	9533	5133	—	4400	19
阿鲁科尔沁旗	34067	15400	—	18667	799
巴林左旗	7133	3133	—	4000	587
巴林右旗	27134	14067	—	13067	348
林西县	11733	5200	—	6533	268
克什克腾旗	25334	10667	—	14667	550
翁牛特旗	49367	26033	6667	16667	83
宁城县	10933	7600	—	3333	915
敖汉旗	18267	8267	—	10000	1911
喀喇沁旗	7066	3733	—	3333	275
满洲里市	**—**	**—**	**—**	**—**	**—**
呼伦贝尔市	**57950**	**34617**	**—**	**23333**	**215**
海拉尔区	713	713	—	—	—
扎兰屯市	533	533	—	—	—
牙克石市	500	500	—	—	—
额尔古纳市	93	93	—	—	—
根河市	33	33	—	—	—
阿荣旗	687	687	—	—	—
莫力达瓦达斡尔族自治旗	1134	1134	—	—	—
鄂伦春自治旗	433	433	—	—	—
鄂温克族自治旗	6133	2133	—	4000	—
新巴尔虎左旗	15979	8646	—	7333	—
新巴尔虎右旗	9366	4033	—	5333	—
陈巴尔虎旗	14313	10313	—	4000	—
免渡河林业局	—	—	—	—	215
红花尔基林业局	7667	5000	—	2667	—
大杨树农场局	133	133	—	—	—
海拉尔农场局	233	233	—	—	—
兴安盟	**25607**	**6941**	**—**	**18666**	**—**
乌兰浩特市	233	233	—	—	—
阿尔山市	1000	—	—	1000	—
科尔沁右翼前旗	4200	1867	—	2333	—
科尔沁右翼中旗	4540	2540	—	2000	—
扎赉特旗	2667	667	—	2000	—
突泉县	4867	867	—	4000	—
五岔沟林业局	4667	667	—	4000	—
白狼林业局	2333	—	—	2333	—
农牧场管理局	1100	100	—	1000	—
通辽市	**36734**	**24734**	**2000**	**10000**	**7484**

分县造林完成情况

单位:公顷

地　区	荒山荒(沙)地造林面积				更新造林
	合计	人工造林	飞播造林	无林地和疏林地新封山(沙)育林	
科尔沁区	2467	2467	—	—	—
霍林郭勒市	533	—	—	533	—
科尔沁左翼中旗	5533	4200	—	1333	1970
科尔沁左翼后旗	7667	4000	—	3667	1574
开鲁县	2667	2667	—	—	—
库伦旗	4667	4000	—	667	1249
奈曼旗	4733	4733	—	—	2691
扎鲁特旗	8467	2667	2000	3800	—
锡林郭勒盟	**137500**	**35500**	**25334**	**76666**	**—**
锡林浩特市	7466	133	—	7333	—
阿巴嘎旗	18178	1511	4667	12000	—
苏尼特左旗	16000	—	6667	9333	—
苏尼特右旗	11333	—	4000	7333	—
东乌珠慕沁旗	7666	333	—	7333	—
西乌珠慕沁旗	10000	667	—	9333	—
太仆寺旗	2689	2022	—	667	—
镶黄旗	8333	333	—	8000	—
正镶白旗	15333	1333	5333	8667	—
正蓝旗	11501	2167	4667	4667	—
多伦县	26667	26667	—	—	—
乌拉盖开发区	2334	334	—	2000	—
乌兰察布市	**93332**	**46666**	**—**	**46666**	**—**
集宁区	273	273	—	—	—
丰镇市	8174	4174	—	4000	—
卓资县	10767	5100	—	5667	—
化德县	8332	2999	—	5333	—
商都县	7540	5540	—	2000	—
兴和县	9807	5140	—	4667	—
凉城县	9267	4934	—	4333	—
察哈尔右翼前旗	7099	3766	—	3333	—
察哈尔右翼中旗	11606	4940	—	6666	—
察哈尔右翼后旗	7046	5713	—	1333	—
四子王旗	13421	4087	—	9334	—
鄂尔多斯市	**76564**	**46619**	**6403**	**23542**	**—**
东胜区	5127	5127	—	—	—
达拉特旗	5202	4869	—	333	—
准格尔旗	10429	6096	—	4333	—
鄂托克前旗	6714	4447	267	2000	—
鄂托克旗	9593	3673	2920	3000	—
杭锦旗	23225	10799	3216	9210	—
乌审旗	9245	5912	—	3333	—
伊金霍洛旗	2354	2021	—	333	—
造林总场	4675	3675	—	1000	—
巴彦淖尔市	**42534**	**21667**	**10000**	**10867**	**121**
市直单位	5866	3333	—	2533	—
临河区	5035	5035	—	—	—
五原县	3419	2752	667	—	—

分县造林完成情况

单位:公顷

地　区	荒山荒(沙)地造林面积				更新造林
	合计	人工造林	飞播造林	无林地和疏林地新封山(沙)育林	
磴口县	6213	2546	1667	2000	29
乌拉特前旗	5376	2043	1333	2000	32
乌拉特中旗	4569	2569	—	2000	—
乌拉特后旗	7121	788	6333	—	5
杭锦后旗	2575	1241	—	1334	19
农垦管理局	2360	1360	—	1000	36
阿拉善盟	**46980**	**20513**	**14667**	**11800**	**—**
阿拉善左旗	34715	12914	14667	7134	—
阿拉善右旗	5133	4133	—	1000	—
额济纳旗	1533	533	—	1000	—
经济开发区	2133	1800	—	333	—
生态示范区	3466	1133	—	2333	—
二连浩特市	**5366**	**33**	**—**	**5333**	**—**
内蒙古森工集团	**345**	**345**	**—**	**—**	**214**
乌尔旗汉	73	73	—	—	—
库都尔	272	272	—	—	81
克一河	—	—	—	—	133
辽宁省	**246667**	**140000**	**—**	**106667**	**8771**
沈阳市	**10278**	**10278**	**—**	**—**	**10**
苏家屯区	800	800	—	—	—
东陵区	433	433	—	—	—
沈北新区	386	386	—	—	—
于洪区	372	372	—	—	10
辽中县	1700	1700	—	—	—
康平县	2167	2167	—	—	—
法库县	2780	2780	—	—	—
新民市	1640	1640	—	—	—
大连市	**10000**	**7448**	**—**	**2552**	**—**
长兴岛临港工业区	201	201	—	—	—
瓦房店市	3800	3467	—	333	—
普兰店市	3333	2267	—	1066	—
庄河市	2666	1513	—	1153	—
鞍山市	**6333**	**6333**	**—**	**—**	**—**
台安县	667	667	—	—	—
岫岩满族自治县	5333	5333	—	—	—
海城市	333	333	—	—	—
抚顺市	**6027**	**6027**	**—**	**—**	**1387**
抚顺县	960	960	—	—	437
新宾满族自治县	2400	2400	—	—	450
清原满族自治县	2667	2667	—	—	500
本溪市	**2070**	**2070**	**—**	**—**	**1802**
市辖区	127	127	—	—	335
平山区	14	14	—	—	—
溪湖区	14	14	—	—	—
明山区	87	87	—	—	—
南芬区	87	87	—	—	—
高新区	7	7	—	—	—

分县造林完成情况

单位：公顷

地区	荒山荒(沙)地造林面积				更新造林
	合计	人工造林	飞播造林	无林地和疏林地新封山(沙)育林	
本溪满族自治县	867	867	—	—	667
桓仁满族自治县	867	867	—	—	800
丹东市	**1551**	**1551**	**—**	**—**	**1739**
市辖区	27	27	—	—	—
振兴区	24	24	—	—	—
振安区	67	67	—	—	—
宽甸满族自治县	733	733	—	—	1000
东港市	100	100	—	—	73
凤城市	600	600	—	—	666
锦州市	**31399**	**10267**	**—**	**21132**	**1638**
市辖区	734	67	—	667	—
太和区	1000	200	—	800	—
黑山县	2666	1000	—	1666	—
义县	11867	3534	—	8333	100
凌海市	10134	3467	—	6667	1533
北镇市	4998	1999	—	2999	5
营口市	**11084**	**5019**	**—**	**6065**	**64**
鲅鱼圈区	267	133	—	134	—
老边区	286	286	—	—	64
盖州市	4666	2334	—	2332	—
大石桥市	5865	2266	—	3599	—
阜新市	**45333**	**31333**	**—**	**14000**	**1200**
阜新矿业公司	1900	767	—	1133	—
海州区	72	72	—	—	—
新邱区	167	100	—	67	—
太平区	246	113	—	133	—
清河门区	132	132	—	—	—
细河区	16	16	—	—	—
阜新蒙古族自治县	26200	19533	—	6667	1200
彰武县	16600	10600	—	6000	—
辽阳市	**5399**	**2066**	**—**	**3333**	**—**
文圣区	62	62	—	—	—
宏伟区	150	16	—	134	—
弓长岭区	417	84	—	333	—
太子河区	64	64	—	—	—
辽阳县	3799	1266	—	2533	—
灯塔市	907	574	—	333	—
盘锦市	**666**	**666**	**—**	**—**	**—**
大洼县	133	133	—	—	—
盘山县	533	533	—	—	—
铁岭市	**36941**	**23435**	**—**	**13506**	**1**
银州区	13	13	—	—	1
清河区	1747	747	—	1000	—
开发区	330	330	—	—	—
铁岭县	8704	3778	—	4926	—
西丰县	8127	4281	—	3846	—
昌图县	12333	11933	—	400	—

分县造林完成情况

单位:公顷

地　区	荒山荒(沙)地造林面积				更新造林
	合计	人工造林	飞播造林	无林地和疏林地新封山(沙)育林	
调兵山市	620	620	—	—	—
开原市	5067	1733	—	3334	—
朝阳市	**39264**	**18598**	**—**	**20666**	**455**
双塔区	1667	1000	—	667	—
龙城区	3599	1933	—	1666	—
朝阳县	6800	2800	—	4000	60
建平县	6199	2533	—	3666	395
喀喇沁左翼蒙古族自治县	5333	2666	—	2667	—
北票市	8133	4133	—	4000	—
凌源市	7533	3533	—	4000	—
葫芦岛市	**40322**	**14909**	**—**	**25413**	**—**
市辖区	134	67	—	67	—
连山区	5620	2220	—	3400	—
龙港区	66	33	—	33	—
南票区	6666	1366	—	5300	—
绥中县	3999	2333	—	1666	—
建昌县	10567	5220	—	5347	—
兴城市	13270	3670	—	9600	—
省直单位	**—**	**—**	**—**	**—**	**475**
实验林场	—	—	—	—	118
生态实验林场	—	—	—	—	208
海洋林场	—	—	—	—	59
森林经营研究所林场	—	—	—	—	86
干旱地区造林研究所林场	—	—	—	—	4
吉林省	**28166**	**27833**	**—**	**333**	**13124**
长春市	**1201**	**1201**	**—**	**—**	**364**
榆树市	200	200	—	—	35
农安县	167	167	—	—	—
德惠市	167	167	—	—	109
九台市	200	200	—	—	204
双阳区	467	467	—	—	—
朝阳区	—	—	—	—	2
绿园区	—	—	—	—	14
吉林市	**799**	**466**	**—**	**333**	**1084**
桦甸市	333	333	—	—	226
舒兰市	—	—	—	—	119
蛟河市	—	—	—	—	80
磐石市	—	—	—	—	130
永吉县	466	133	—	333	429
昌邑区	—	—	—	—	21
龙潭区	—	—	—	—	15
船营区	—	—	—	—	10
丰满区	—	—	—	—	53
上营森林经营局	—	—	—	—	1
四平市	**3414**	**3414**	**—**	**—**	**1166**
公主岭市	231	231	—	—	311
双辽市	667	667	—	—	—

分县造林完成情况

单位:公顷

地　区	荒山荒(沙)地造林面积				更新造林
	合计	人工造林	飞播造林	无林地和疏林地新封山(沙)育林	
梨树县	200	200	—	—	727
伊通满族自治县	1449	1449	—	—	78
铁东区	383	383	—	—	—
铁西区	150	150	—	—	10
辽河农垦区	67	67	—	—	4
直属林场	267	267	—	—	36
辽源市	**1466**	**1466**	**—**	**—**	**1025**
东辽县	133	133	—	—	485
东丰县	1333	1333	—	—	465
市林场	—	—	—	—	75
通化市	**2609**	**2609**	**—**	**—**	**1470**
梅河口市	267	267	—	—	190
集安市	342	342	—	—	402
通化县	1000	1000	—	—	358
柳河县	333	333	—	—	239
辉南县	—	—	—	—	250
东昌区	—	—	—	—	12
二道江区	—	—	—	—	13
直属林场	—	—	—	—	6
其他单位	667	667	—	—	—
白山市	**5169**	**5169**	**—**	**—**	**465**
长白朝鲜族自治县	—	—	—	—	354
抚松县	1395	1395	—	—	—
靖宇县	3000	3000	—	—	—
临江市	286	286	—	—	—
江源区	488	488	—	—	—
长白森林经营局	—	—	—	—	111
松原市	**999**	**999**	**—**	**—**	**291**
前郭尔罗斯蒙古族自治县	133	133	—	—	—
扶余县	733	733	—	—	—
乾安县	133	133	—	—	291
白城市	**11673**	**11673**	**—**	**—**	**1105**
大安市	2000	2000	—	—	682
洮南市	2200	2200	—	—	413
通榆县	4500	4500	—	—	—
镇赉县	2000	2000	—	—	—
洮北区	840	840	—	—	10
查干浩特开发区	133	133	—	—	—
延边朝鲜族自治州	**210**	**210**	**—**	**—**	**833**
延吉市	—	—	—	—	78
龙井市	13	13	—	—	216
和龙市	197	197	—	—	110
图们市	—	—	—	—	149
珲春市	—	—	—	—	89
敦化市	—	—	—	—	55
安图县	—	—	—	—	59
汪清县	—	—	—	—	77

分县造林完成情况

单位：公顷

地　区	荒山荒(沙)地造林面积				更新造林
	合计	人工造林	飞播造林	无林地和疏林地新封山(沙)育林	
延边林业集团	**626**	**626**	**—**	**—**	**1018**
黄泥河	4	4	—	—	1
大石头	107	107	—	—	—
八家子	—	—	—	—	55
和龙	300	300	—	—	11
汪清	—	—	—	—	15
大兴沟	17	17	—	—	21
天桥岭	—	—	—	—	906
白河	189	189	—	—	—
珲春	—	—	—	—	9
安图森林经营局	9	9	—	—	—
吉林森工集团	**—**	**—**	**—**	**—**	**4262**
临江	—	—	—	—	232
三岔子	—	—	—	—	198
湾沟	—	—	—	—	67
松江河	—	—	—	—	47
泉阳	—	—	—	—	93
露水河	—	—	—	—	3407
白石山	—	—	—	—	107
红石	—	—	—	—	111
省直单位	**—**	**—**	**—**	**—**	**41**
辉南森林经营局	—	—	—	—	41
黑龙江省	**162299**	**108960**	**—**	**53339**	**26402**
哈尔滨市	**25276**	**15135**	**—**	**10141**	**—**
市郊	2734	1933	—	801	—
五常县	4267	2267	—	2000	—
双城市	467	467	—	—	—
尚志市	1207	867	—	340	—
巴彦县	2467	1467	—	1000	—
宾县	3133	2467	—	666	—
依兰县	2000	1333	—	667	—
延寿县	2400	1400	—	1000	—
木兰县	2867	867	—	2000	—
通河县	2000	1000	—	1000	—
方正县	1734	1067	—	667	—
齐齐哈尔市	**22031**	**14900**	**—**	**7131**	**—**
市直单位	333	—	—	333	—
龙沙区	100	100	—	—	—
建华区	166	33	—	133	—
铁锋区	40	40	—	—	—
昂昂溪区	27	27	—	—	—
富拉尔基区	67	67	—	—	—
碾子山区	1433	100	—	1333	—
梅里斯达斡尔族区	300	300	—	—	—
龙江县	2334	1334	—	1000	—
依安县	2200	2200	—	—	—
泰来县	1466	800	—	666	—

分县造林完成情况

单位：公顷

地区	荒山荒(沙)地造林面积				更新造林
	合计	人工造林	飞播造林	无林地和疏林地新封山(沙)育林	
甘南县	1200	1200	—	—	—
富裕县	1333	1333	—	—	—
克山县	3333	1333	—	2000	—
克东县	2967	1967	—	1000	—
拜泉县	2366	2366	—	—	—
讷河市	2366	1700	—	666	—
牡丹江市	**8179**	**6179**	**—**	**2000**	**—**
市直单位	1133	1133	—	—	—
东宁县	1111	1111	—	—	—
林口县	2733	1400	—	1333	—
绥芬河市	734	67	—	667	—
海林市	668	668	—	—	—
宁安市	1333	1333	—	—	—
穆棱市	467	467	—	—	—
佳木斯市	**14133**	**11800**	**—**	**2333**	**—**
市直单位	1467	1467	—	—	—
郊区	3000	1667	—	1333	—
桦南县	1333	1333	—	—	—
桦川县	3267	3267	—	—	—
汤原县	2000	1333	—	667	—
抚远县	600	267	—	333	—
同江市	1333	1333	—	—	—
富锦市	1133	1133	—	—	—
鸡西市	**5466**	**3800**	**—**	**1666**	**—**
市直单位	4333	2667	—	1666	—
鸡东县	333	333	—	—	—
虎林市	133	133	—	—	—
密山市	667	667	—	—	—
鹤岗市	**3999**	**2666**	**—**	**1333**	**—**
市直单位	2400	1067	—	1333	—
萝北县	266	266	—	—	—
绥滨县	1333	1333	—	—	—
双鸭山市	**4812**	**4145**	**—**	**667**	**—**
市直单位	1198	1198	—	—	—
集贤县	1667	1000	—	667	—
饶河县	747	747	—	—	—
宝清县	1200	1200	—	—	—
伊春市	**16266**	**9933**	**—**	**6333**	**—**
嘉荫县	5266	3933	—	1333	—
铁力市	800	133	—	667	—
伊春区	1400	400	—	1000	—
西林区	1867	867	—	1000	—
市区	6933	4600	—	2333	—
七台河市	**400**	**400**	**—**	**—**	**—**
市直单位	333	333	—	—	—
勃利县	67	67	—	—	—
大庆市	**10466**	**8466**	**—**	**2000**	**—**

分县造林完成情况

单位：公顷

地　区	荒山荒(沙)地造林面积				更新造林
	合计	人工造林	飞播造林	无林地和疏林地新封山(沙)育林	
市直单位	2466	2466	—	—	—
肇州县	1000	1000	—	—	—
肇源县	2000	1333	—	667	—
林甸县	1333	1333	—	—	—
杜尔伯特蒙古族自治县	3667	2334	—	1333	—
绥化市	**20001**	**16667**	**—**	**3334**	**—**
海伦市	2667	2667	—	—	—
海伦市国有林场管理局	1000	333	—	667	—
绥棱县	733	733	—	—	—
绥棱国有林场管理局	1533	200	—	1333	—
庆安县	333	333	—	—	—
北林区	1667	1667	—	—	—
望奎县	2467	1800	—	667	—
兰西县	1333	1333	—	—	—
青岗县	3200	3200	—	—	—
明水县	2334	1667	—	667	—
安达市	1067	1067	—	—	—
肇东市	1667	1667	—	—	—
黑河市	**20401**	**10668**	**—**	**9733**	**—**
市直单位	1333	—	—	1333	—
爱辉区	4600	2600	—	2000	—
嫩江县	3667	2334	—	1333	—
逊克县	1667	1000	—	667	—
孙吴县	4533	2533	—	2000	—
北安市	1534	1534	—	—	—
五大连池市	2067	334	—	1733	—
五大连池市风景区管委会	1000	333	—	667	—
大兴安岭行署营林局	**3334**	**1333**	**—**	**2001**	**—**
呼吗县	867	200	—	667	—
塔河县	1000	333	—	667	—
漠河县	1467	800	—	667	—
宾西林场	**734**	**67**	**—**	**667**	**—**
尚志国有林场管理局	**2467**	**1134**	**—**	**1333**	**—**
庆安国有林场管理局	**2334**	**1000**	**—**	**1334**	**—**
东北林业大学	**2000**	**667**	**—**	**1333**	**—**
龙江森工集团	**—**	**—**	**—**	**—**	**26402**
牡丹江林业管理局	**—**	**—**	**—**	**—**	**4094**
大海林	—	—	—	—	2070
东京城	—	—	—	—	1635
穆棱	—	—	—	—	39
林口	—	—	—	—	114
八面通	—	—	—	—	236
合江林业管理局	**—**	**—**	**—**	**—**	**17**
鹤立	—	—	—	—	17
伊春林业管理局	**—**	**—**	**—**	**—**	**17513**
双丰	—	—	—	—	1600
铁力	—	—	—	—	1935

分县造林完成情况

单位：公顷

地　区	荒山荒(沙)地造林面积				更新造林
	合计	人工造林	飞播造林	无林地和疏林地新封山(沙)育林	
朗乡	—	—	—	—	2261
南岔	—	—	—	—	2334
金山屯	—	—	—	—	98
美溪	—	—	—	—	1873
翠峦	—	—	—	—	1668
五营	—	—	—	—	603
红星	—	—	—	—	403
新青	—	—	—	—	2337
汤旺河	—	—	—	—	1934
乌伊岭	—	—	—	—	467
松花江林业管理局	**—**	**—**	**—**	**—**	**4335**
山河屯	—	—	—	—	1780
苇河	—	—	—	—	867
亚布力	—	—	—	—	56
兴隆	—	—	—	—	133
绥棱	—	—	—	—	401
通北	—	—	—	—	634
沾河	—	—	—	—	464
总局直属单位	**—**	**—**	**—**	**—**	**425**
带岭实验局	—	—	—	—	425
森林资源管理局	**—**	**—**	**—**	**—**	**18**
上海市	**1168**	**1168**	**—**	**—**	**—**
宝山区	9	9	—	—	—
闵行区	49	49	—	—	—
嘉定区	127	127	—	—	—
浦东新区	78	78	—	—	—
金山区	73	73	—	—	—
青浦区	62	62	—	—	—
松江区	72	72	—	—	—
奉贤区	100	100	—	—	—
崇明县	189	189	—	—	—
其他单位	409	409	—	—	—
江苏省	**57341**	**57341**	**—**	**—**	**—**
南京市	**4169**	**4169**	**—**	**—**	**—**
浦口区	301	301	—	—	—
栖霞区	143	143	—	—	—
雨花台区	36	36	—	—	—
江宁区	1120	1120	—	—	—
六合区	837	837	—	—	—
溧水县	882	882	—	—	—
高淳县	850	850	—	—	—
无锡市	**2274**	**2274**	**—**	**—**	**—**
市直单位	469	469	—	—	—
锡山区	281	281	—	—	—
惠山区	135	135	—	—	—
滨湖区	95	95	—	—	—
江阴市	769	769	—	—	—

分县造林完成情况

单位：公顷

地区	荒山荒(沙)地造林面积				更新造林
	合计	人工造林	飞播造林	无林地和疏林地新封山(沙)育林	
宜兴市	525	525	—	—	—
徐州市	**3207**	**3207**	**—**	**—**	**—**
贾汪区	429	429	—	—	—
丰县	334	334	—	—	—
沛县	479	479	—	—	—
铜山区	667	667	—	—	—
睢宁县	504	504	—	—	—
新沂市	319	319	—	—	—
邳州市	475	475	—	—	—
常州市	**1879**	**1879**	**—**	**—**	**—**
新北区	773	773	—	—	—
武进区	379	379	—	—	—
溧阳市	432	432	—	—	—
金坛市	295	295	—	—	—
苏州市	**10624**	**10624**	**—**	**—**	**—**
工业园区	273	273	—	—	—
虎丘区	8	8	—	—	—
吴中区	127	127	—	—	—
相城区	120	120	—	—	—
常熟市	3774	3774	—	—	—
张家港市	2325	2325	—	—	—
昆山市	1175	1175	—	—	—
吴江市	1828	1828	—	—	—
太仓市	994	994	—	—	—
南通市	**9595**	**9595**	**—**	**—**	**—**
市直单位	113	113	—	—	—
崇川区	90	90	—	—	—
港闸区	149	149	—	—	—
海安县	1157	1157	—	—	—
如东县	1286	1286	—	—	—
启东市	2022	2022	—	—	—
如皋市	835	835	—	—	—
通州区	1960	1960	—	—	—
海门市	1983	1983	—	—	—
连云港市	**7090**	**7090**	**—**	**—**	**—**
市直单位	546	546	—	—	—
连云区	177	177	—	—	—
新浦区	274	274	—	—	—
海州区	202	202	—	—	—
赣榆县	1396	1396	—	—	—
东海县	1665	1665	—	—	—
灌云县	1333	1333	—	—	—
灌南县	1497	1497	—	—	—
淮安市	**1937**	**1937**	**—**	**—**	**—**
淮安区	231	231	—	—	—
淮阴区	218	218	—	—	—
清浦区	200	200	—	—	—

分县造林完成情况

单位:公顷

地　区	荒山荒(沙)地造林面积				更新造林
	合计	人工造林	飞播造林	无林地和疏林地新封山(沙)育林	
涟水县	666	666	—	—	—
洪泽县	191	191	—	—	—
盱眙县	334	334	—	—	—
金湖县	97	97	—	—	—
盐城市	**3918**	**3918**	**—**	**—**	**—**
亭湖区	334	334	—	—	—
响水县	50	50	—	—	—
滨海县	667	667	—	—	—
阜宁县	667	667	—	—	—
射阳县	667	667	—	—	—
建湖县	400	400	—	—	—
盐都区	333	333	—	—	—
东台市	400	400	—	—	—
大丰市	400	400	—	—	—
扬州市	**2709**	**2709**	**—**	**—**	**—**
市直单位	20	20	—	—	—
广陵区	184	184	—	—	—
邗江区	261	261	—	—	—
宝应县	486	486	—	—	—
仪征市	761	761	—	—	—
高邮市	629	629	—	—	—
江都区	368	368	—	—	—
镇江市	**2509**	**2509**	**—**	**—**	**—**
市直单位	90	90	—	—	—
京口区	57	57	—	—	—
润州区	61	61	—	—	—
丹徒区	582	582	—	—	—
丹阳市	666	666	—	—	—
扬中市	235	235	—	—	—
句容市	818	818	—	—	—
泰州市	**3493**	**3493**	**—**	**—**	**—**
海陵区	350	350	—	—	—
高港区	266	266	—	—	—
兴化市	829	829	—	—	—
靖江市	627	627	—	—	—
泰兴市	743	743	—	—	—
姜堰市	678	678	—	—	—
宿迁市	**3937**	**3937**	**—**	**—**	**—**
宿城区	269	269	—	—	—
宿豫区	334	334	—	—	—
沭阳县	477	477	—	—	—
泗阳县	376	376	—	—	—
泗洪县	2481	2481	—	—	—
浙江省	**43923**	**34473**	**—**	**9450**	**13852**
杭州市	**6022**	**3334**	**—**	**2688**	**2359**
江干区	7	7	—	—	—
拱墅区	36	35	—	1	—

分县造林完成情况

单位：公顷

地　区	荒山荒(沙)地造林面积				更新造林
	合计	人工造林	飞播造林	无林地和疏林地新封山(沙)育林	
西湖区	15	15	—	—	—
滨江区	97	61	—	36	45
萧山区	567	567	—	—	1
余杭区	257	257	—	—	28
桐庐县	1043	510	—	533	515
淳安县	1145	811	—	334	859
建德市	603	211	—	392	314
富阳市	966	233	—	733	136
临安市	1286	627	—	659	461
宁波市	**2990**	**2990**	**—**	**—**	**396**
江北区	159	159	—	—	—
北仑区	80	80	—	—	12
大榭区	5	5	—	—	7
镇海区	149	149	—	—	—
鄞州区	704	704	—	—	38
象山县	420	420	—	—	80
宁海县	276	276	—	—	102
余姚市	410	410	—	—	30
慈溪市	512	512	—	—	10
奉化市	275	275	—	—	87
温州市	**8166**	**7495**	**—**	**671**	**1783**
鹿城区	378	100	—	278	33
龙湾区	327	260	—	67	—
瓯海区	415	415	—	—	23
洞头县	16	16	—	—	—
永嘉县	1134	1134	—	—	630
平阳县	1284	1284	—	—	37
苍南县	1468	1310	—	158	167
文成县	213	213	—	—	333
泰顺县	548	480	—	68	347
瑞安市	1496	1496	—	—	60
乐清市	887	787	—	100	153
嘉兴市	**2122**	**2122**	**—**	**—**	**7**
南湖区	140	140	—	—	—
秀洲区	184	184	—	—	5
嘉善县	147	147	—	—	—
海盐县	743	743	—	—	—
海宁市	290	290	—	—	—
平湖市	344	344	—	—	—
桐乡市	274	274	—	—	2
湖州市	**3261**	**2893**	**—**	**368**	**205**
吴兴区	410	410	—	—	52
南浔区	874	874	—	—	—
德清县	692	692	—	—	—
长兴县	618	250	—	368	120
安吉县	667	667	—	—	33
绍兴市	**4025**	**3526**	**—**	**499**	**68**

分县造林完成情况

单位：公顷

地　区	荒山荒(沙)地造林面积				更新造林
	合计	人工造林	飞播造林	无林地和疏林地新封山(沙)育林	
市直单位	161	161	—	—	—
越城区	332	332	—	—	—
绍兴县	767	767	—	—	23
新昌县	467	434	—	33	13
诸暨市	1153	1020	—	133	7
上虞市	575	575	—	—	15
嵊州市	570	237	—	333	10
金华市	**4539**	**2878**	**—**	**1661**	**1332**
婺城区	441	441	—	—	190
金东区	502	369	—	133	67
武义县	648	421	—	227	425
浦江县	490	283	—	207	143
磐安县	425	151	—	274	192
兰溪市	353	213	—	140	80
义乌市	495	395	—	100	14
东阳市	502	255	—	247	85
永康市	683	350	—	333	136
衢州市	**2994**	**2299**	**—**	**695**	**1868**
柯城区	107	107	—	—	73
衢江区	390	187	—	203	244
常山县	398	358	—	40	291
开化县	1093	1093	—	—	742
龙游县	664	212	—	452	181
江山市	342	342	—	—	337
舟山市	**947**	**681**	**—**	**266**	**—**
市直单位	42	42	—	—	—
定海区	330	230	—	100	—
普陀区	352	219	—	133	—
岱山县	171	138	—	33	—
嵊泗县	52	52	—	—	—
台州市	**4162**	**2532**	**—**	**1630**	**1257**
椒江区	189	189	—	—	13
黄岩区	259	146	—	113	68
路桥区	337	337	—	—	—
玉环县	503	233	—	270	10
三门县	340	148	—	192	148
天台县	534	214	—	320	295
仙居县	555	275	—	280	367
温岭市	467	467	—	—	17
临海市	978	523	—	455	339
丽水市	**4695**	**3723**	**—**	**972**	**4577**
莲都区	91	91	—	—	546
青田县	660	447	—	213	264
缙云县	729	396	—	333	334
遂昌县	829	747	—	82	354
松阳县	835	505	—	330	403
云和县	120	120	—	—	287

分县造林完成情况

单位：公顷

地　区	荒山荒(沙)地造林面积				更新造林
	合计	人工造林	飞播造林	无林地和疏林地新封山(沙)育林	
庆元县	167	153	—	14	694
景宁畲族自治县	564	564	—	—	488
龙泉市	700	700	—	—	1207
安徽省	**43786**	**32162**	**—**	**11624**	**—**
合肥市	**2599**	**2446**	**—**	**153**	**—**
瑶海区	5	5	—	—	—
包河区	577	577	—	—	—
蜀山区	19	19	—	—	—
长丰县	305	305	—	—	—
肥东县	733	733	—	—	—
肥西县	481	481	—	—	—
庐江县	240	240	—	—	—
巢湖市	239	86	—	153	—
淮北市	**396**	**396**	**—**	**—**	**—**
烈山区	76	76	—	—	—
濉溪县	147	147	—	—	—
市直单位	173	173	—	—	—
亳州市	**1222**	**1222**	**—**	**—**	**—**
谯城区	225	225	—	—	—
涡阳县	333	333	—	—	—
蒙城县	197	197	—	—	—
利辛县	467	467	—	—	—
宿州市	**2397**	**1787**	**—**	**610**	**—**
埇桥区	828	361	—	467	—
砀山县	27	27	—	—	—
萧县	556	556	—	—	—
灵璧县	488	345	—	143	—
泗县	267	267	—	—	—
市直单位	231	231	—	—	—
蚌埠市	**801**	**801**	**—**	**—**	**—**
怀远县	267	267	—	—	—
五河县	267	267	—	—	—
固镇县	267	267	—	—	—
阜阳市	**1608**	**1608**	**—**	**—**	**—**
颍东区	132	132	—	—	—
颍泉区	67	67	—	—	—
界首市	188	188	—	—	—
临泉县	133	133	—	—	—
太和县	541	541	—	—	—
阜南县	397	397	—	—	—
颍上县	150	150	—	—	—
淮南市	**334**	**267**	**—**	**67**	**—**
市直单位	334	267	—	67	—
滁州市	**3116**	**2983**	**—**	**133**	**—**
南谯区	500	500	—	—	—
天长市	67	67	—	—	—
明光市	359	359	—	—	—

分县造林完成情况

单位：公顷

地　区	荒山荒(沙)地造林面积				更新造林
	合计	人工造林	飞播造林	无林地和疏林地新封山(沙)育林	
来安县	615	482	—	133	—
全椒县	669	669	—	—	—
定远县	276	276	—	—	—
凤阳县	350	350	—	—	—
管店林业总场	180	180	—	—	—
沙河集总场	100	100	—	—	—
六安市	**4162**	**3529**	**—**	**633**	**—**
金安区	293	293	—	—	—
裕安区	727	360	—	367	—
叶集区	438	172	—	266	—
寿县	85	85	—	—	—
霍邱县	265	265	—	—	—
舒城县	993	993	—	—	—
金寨县	709	709	—	—	—
霍山县	652	652	—	—	—
马鞍山市	**1264**	**664**	**—**	**600**	**—**
当涂县	14	14	—	—	—
含山县	1087	487	—	600	—
和县	163	163	—	—	—
芜湖市	**1486**	**953**	**—**	**533**	**—**
三山区	15	15	—	—	—
芜湖县	120	120	—	—	—
繁昌县	84	84	—	—	—
南陵县	166	166	—	—	—
无为县	1101	568	—	533	—
宣城市	**6439**	**3841**	**—**	**2598**	**—**
宣州区	1121	788	—	333	—
宁国市	1133	800	—	333	—
郎溪县	786	453	—	333	—
广德县	1200	667	—	533	—
泾县	763	430	—	333	—
绩溪县	740	340	—	400	—
旌德县	696	363	—	333	—
铜陵市	**344**	**144**	**—**	**200**	**—**
郊区	23	23	—	—	—
铜陵县	321	121	—	200	—
池州市	**2764**	**1164**	**—**	**1600**	**—**
贵池区	900	567	—	333	—
东至县	534	67	—	467	—
石台县	368	101	—	267	—
青阳县	962	429	—	533	—
安庆市	**9250**	**7219**	**—**	**2031**	**—**
迎江区	4	4	—	—	—
大观区	540	340	—	200	—
宜秀区	1226	693	—	533	—
桐城市	367	367	—	—	—
怀宁县	913	913	—	—	—

分县造林完成情况

单位：公顷

地　区	荒山荒（沙）地造林面积				更新造林
	合计	人工造林	飞播造林	无林地和疏林地新封山（沙）育林	
枞阳县	383	383	—	—	—
潜山县	1028	1028	—	—	—
太湖县	1484	1119	—	365	—
宿松县	1224	1224	—	—	—
望江县	533	533	—	—	—
岳西县	1548	615	—	933	—
黄山市	**5604**	**3138**	**—**	**2466**	**—**
屯溪区	275	8	—	267	—
徽州区	413	80	—	333	—
黄山区	1257	724	—	533	—
歙县	1185	852	—	333	—
休宁县	841	441	—	400	—
黟县	567	300	—	267	—
祁门县	1066	733	—	333	—
福建省	**98042**	**98042**	**—**	**—**	**16052**
福州市	**11460**	**11460**	**—**	**—**	**1309**
仓山区	146	146	—	—	—
马尾区	57	57	—	—	33
晋安区	298	298	—	—	—
闽侯县	2037	2037	—	—	51
连江县	1311	1311	—	—	107
罗源县	1795	1795	—	—	—
闽清县	1294	1294	—	—	673
永泰县	1575	1575	—	—	391
平潭县	181	181	—	—	—
福清市	1338	1338	—	—	—
长乐市	1428	1428	—	—	54
莆田市	**4573**	**4573**	**—**	**—**	**639**
湄洲岛	36	36	—	—	—
北岸经开区	78	78	—	—	—
城厢区	700	700	—	—	—
涵江区	582	582	—	—	47
荔城区	383	383	—	—	—
秀屿区	368	368	—	—	20
仙游县	2426	2426	—	—	572
三明市	**11413**	**11413**	**—**	**—**	**6643**
梅列区	133	133	—	—	380
三元区	39	39	—	—	447
明溪县	548	548	—	—	553
清流县	952	952	—	—	681
宁化县	1873	1873	—	—	295
大田县	2200	2200	—	—	272
尤溪县	1538	1538	—	—	1022
沙县	1090	1090	—	—	260
将乐县	650	650	—	—	543
泰宁县	624	624	—	—	399
建宁县	1138	1138	—	—	—

分县造林完成情况

单位:公顷

地区	荒山荒(沙)地造林面积				更新造林
	合计	人工造林	飞播造林	无林地和疏林地新封山(沙)育林	
永安市	628	628	—	—	1791
泉州市	**8769**	**8769**	**—**	**—**	**1072**
鲤城区	34	34	—	—	—
丰泽区	115	115	—	—	106
洛江区	267	267	—	—	101
泉港区	318	318	—	—	—
惠安县	423	423	—	—	—
台投区	219	219	—	—	—
安溪县	1737	1737	—	—	236
永春县	1480	1480	—	—	188
德化县	1306	1306	—	—	270
石狮市	220	220	—	—	—
晋江市	509	509	—	—	—
南安市	2141	2141	—	—	171
漳州市	**14153**	**14153**	**—**	**—**	**3153**
芗城区	137	137	—	—	38
龙文区	170	170	—	—	44
云霄县	1809	1809	—	—	361
漳浦县	2153	2153	—	—	312
诏安县	1558	1558	—	—	307
长泰县	1187	1187	—	—	455
东山县	349	349	—	—	1
南靖县	1387	1387	—	—	327
平和县	1480	1480	—	—	669
华安县	1682	1682	—	—	417
龙海市	2241	2241	—	—	222
南平市	**17648**	**17648**	**—**	**—**	**1403**
延平区	2069	2069	—	—	164
顺昌县	1532	1532	—	—	61
浦城县	2147	2147	—	—	125
光泽县	1985	1985	—	—	26
松溪县	1052	1052	—	—	123
政和县	782	782	—	—	124
邵武市	1865	1865	—	—	303
武夷山市	1586	1586	—	—	137
建瓯市	2060	2060	—	—	312
建阳市	2570	2570	—	—	28
龙岩市	**14399**	**14399**	**—**	**—**	**513**
新罗区	1859	1859	—	—	—
长汀县	2152	2152	—	—	141
永定县	1809	1809	—	—	—
上杭县	1970	1970	—	—	42
武平县	2142	2142	—	—	90
连城县	2278	2278	—	—	139
漳平市	2189	2189	—	—	101
宁德市	**15627**	**15627**	**—**	**—**	**1320**
蕉城区	1349	1349	—	—	167

分县造林完成情况

单位：公顷

地　区	荒山荒(沙)地造林面积				更新造林
	合计	人工造林	飞播造林	无林地和疏林地新封山(沙)育林	
霞浦县	2037	2037	—	—	—
古田县	2483	2483	—	—	349
屏南县	2003	2003	—	—	82
寿宁县	2130	2130	—	—	360
周宁县	748	748	—	—	49
柘荣县	1439	1439	—	—	241
福安市	1464	1464	—	—	33
福鼎市	1974	1974	—	—	39
江西省	**138645**	**127031**	**—**	**11614**	**18139**
南昌市	**6732**	**6732**	**—**	**—**	**256**
市辖区	586	586	—	—	—
湾里区	72	72	—	—	—
南昌县	1333	1333	—	—	—
新建县	1929	1929	—	—	—
安义县	880	880	—	—	128
进贤县	1932	1932	—	—	128
景德镇市	**1725**	**1525**	**—**	**200**	**818**
市辖区	499	499	—	—	—
昌江区	—	—	—	—	200
浮梁县	560	560	—	—	530
乐平市	666	466	—	200	88
萍乡市	**5463**	**4530**	**—**	**933**	**—**
市辖区	163	163	—	—	—
安源区	247	247	—	—	—
安源经济开发区	43	43	—	—	—
湘东区	1353	820	—	533	—
莲花县	1800	1400	—	400	—
上栗县	924	924	—	—	—
芦溪县	933	933	—	—	—
九江市	**16260**	**15727**	**—**	**533**	**340**
庐山区	520	520	—	—	—
九江县	1000	1000	—	—	—
武宁县	1587	1587	—	—	—
修水县	3002	2469	—	533	340
永修县	2369	2369	—	—	—
德安县	961	961	—	—	—
星子县	900	900	—	—	—
都昌县	1149	1149	—	—	—
湖口县	1020	1020	—	—	—
彭泽县	2000	2000	—	—	—
瑞昌市	1585	1585	—	—	—
共青城	167	167	—	—	—
新余市	**6264**	**5214**	**—**	**1050**	**110**
市辖区	333	133	—	200	—
仰天岗管理会	400	400	—	—	—
渝水区	2170	1720	—	450	110
仙女湖	276	276	—	—	—

分县造林完成情况

单位：公顷

地区	荒山荒(沙)地造林面积				更新造林
	合计	人工造林	飞播造林	无林地和疏林地新封山(沙)育林	
高新开发区	960	960	—	—	—
分宜县	2125	1725	—	400	—
鹰潭市	**3321**	**2988**	**—**	**333**	**—**
月湖区	173	173	—	—	—
余江县	1128	1128	—	—	—
贵溪市	2020	1687	—	333	—
赣州市	**30121**	**26454**	**—**	**3667**	**4333**
市辖区	133	—	—	133	—
章贡区	261	261	—	—	—
赣县	1293	1293	—	—	—
信丰县	1011	1011	—	—	1167
大余县	1466	1466	—	—	1285
上犹县	2134	1600	—	534	—
崇义县	2480	2080	—	400	1881
安远县	1187	1187	—	—	—
龙南县	2267	2267	—	—	—
定南县	1914	1914	—	—	—
全南县	667	667	—	—	—
宁都县	3555	3155	—	400	—
于都县	2553	2153	—	400	—
兴国县	3267	2200	—	1067	—
会昌县	2132	1799	—	333	—
寻乌县	67	67	—	—	—
石城县	1743	1743	—	—	—
瑞金市	1573	1173	—	400	—
南康市	418	418	—	—	—
吉安市	**20975**	**18843**	**—**	**2132**	**8405**
吉州区	309	309	—	—	—
青原区	—	—	—	—	300
吉安县	2573	2240	—	333	115
吉水县	1773	1773	—	—	3715
峡江县	935	669	—	266	130
新干县	1706	1706	—	—	400
永丰县	1640	1640	—	—	668
泰和县	2333	1800	—	533	870
遂川县	2197	2197	—	—	967
万安县	1473	1473	—	—	300
安福县	3196	2596	—	600	840
永新县	1907	1507	—	400	—
井冈山市	933	933	—	—	100
宜春市	**15915**	**14849**	**—**	**1066**	**2162**
市辖区	1276	743	—	533	—
袁州区	4206	3673	—	533	—
奉新县	1167	1167	—	—	973
万载县	873	873	—	—	—
上高县	820	820	—	—	—
宜丰县	2133	2133	—	—	500

分县造林完成情况

单位:公顷

地区	荒山荒(沙)地造林面积				更新造林
	合计	人工造林	飞播造林	无林地和疏林地新封山(沙)育林	
靖安县	891	891	—	—	—
铜鼓县	647	647	—	—	689
丰城市	1521	1521	—	—	—
樟树市	807	807	—	—	—
高安市	1574	1574	—	—	—
抚州市	**15243**	**13543**	**—**	**1700**	**1105**
临川区	432	432	—	—	—
南城县	513	513	—	—	—
黎川县	1574	1307	—	267	—
南丰县	1400	1400	—	—	—
崇仁县	1493	1160	—	333	—
乐安县	3192	2859	—	333	220
宜黄县	1667	1400	—	267	—
金溪县	1151	1151	—	—	—
资溪县	1066	1066	—	—	885
东乡县	1000	500	—	500	—
广昌县	1755	1755	—	—	—
上饶市	**16559**	**16559**	**—**	**—**	**610**
市辖区	133	133	—	—	—
信州区	316	316	—	—	—
上饶县	1760	1760	—	—	—
广丰县	483	483	—	—	393
玉山县	1800	1800	—	—	67
铅山县	2053	2053	—	—	—
横峰县	266	266	—	—	—
弋阳县	821	821	—	—	—
余干县	2326	2326	—	—	—
鄱阳县	4128	4128	—	—	150
婺源县	1066	1066	—	—	—
德兴市	327	327	—	—	—
万年县	1080	1080	—	—	—
省直单位	**67**	**67**	**—**	**—**	**—**
山东省	**197956**	**195875**	**—**	**2081**	**5707**
济南市	**14300**	**14300**	**—**	**—**	**226**
市中区	650	650	—	—	—
槐荫区	67	67	—	—	—
天桥区	226	226	—	—	—
历城区	2478	2478	—	—	—
长清区	2711	2711	—	—	171
高新区	41	41	—	—	—
平阴县	1095	1095	—	—	55
济阳县	1070	1070	—	—	—
商河县	2088	2088	—	—	—
章丘市	3874	3874	—	—	—
青岛市	**9173**	**9173**	**—**	**—**	**505**
黄岛区	160	160	—	—	—
崂山区	147	147	—	—	—

分县造林完成情况

单位：公顷

地　区	荒山荒(沙)地造林面积				更新造林
	合计	人工造林	飞播造林	无林地和疏林地新封山(沙)育林	
城阳区	157	157	—	—	—
胶州市	1533	1533	—	—	—
即墨市	1263	1263	—	—	10
平度市	2388	2388	—	—	—
胶南市	1625	1625	—	—	432
莱西市	1900	1900	—	—	63
淄博市	**10220**	**10220**	**—**	**—**	**—**
淄川区	1667	1667	—	—	—
张店区	796	796	—	—	—
博山区	2420	2420	—	—	—
临淄区	267	267	—	—	—
周村区	459	459	—	—	—
桓台县	467	467	—	—	—
高青县	1067	1067	—	—	—
沂源县	3077	3077	—	—	—
枣庄市	**7699**	**7699**	**—**	**—**	**79**
市中区	733	733	—	—	12
薛城区	704	704	—	—	—
峄城区	1227	1227	—	—	—
台儿庄区	933	933	—	—	—
山亭区	1675	1675	—	—	—
滕州市	2427	2427	—	—	67
东营市	**8423**	**6809**	**—**	**1614**	**—**
东营区	1814	1814	—	—	—
河口区	1514	700	—	814	—
垦利县	1742	942	—	800	—
利津县	1462	1462	—	—	—
广饶县	1891	1891	—	—	—
烟台市	**16213**	**15746**	**—**	**467**	**117**
芝罘区	200	200	—	—	—
福山区	1134	1134	—	—	—
牟平区	1667	1667	—	—	—
莱山区	754	287	—	467	—
长岛县	67	67	—	—	66
龙口市	1853	1853	—	—	—
莱阳市	1415	1415	—	—	—
莱州市	1807	1807	—	—	—
蓬莱市	1002	1002	—	—	—
招远市	1411	1411	—	—	51
栖霞市	2713	2713	—	—	—
海阳市	1783	1783	—	—	—
昆嵛山保护区	320	320	—	—	—
开发区	87	87	—	—	—
潍坊市	**23620**	**23620**	**—**	**—**	**326**
潍城区	667	667	—	—	—
寒亭区	2194	2194	—	—	—
坊子区	1397	1397	—	—	30

分县造林完成情况

单位：公顷

地　区	荒山荒(沙)地造林面积				更新造林
	合计	人工造林	飞播造林	无林地和疏林地新封山(沙)育林	
奎文区	569	569	—	—	26
临朐县	2029	2029	—	—	—
昌乐县	2085	2085	—	—	—
青州市	2697	2697	—	—	—
诸城市	2597	2597	—	—	—
寿光市	2667	2667	—	—	270
安丘市	2591	2591	—	—	—
高密市	2007	2007	—	—	—
昌邑市	2120	2120	—	—	—
济宁市	**12560**	**12560**	**—**	**—**	**—**
市中区	102	102	—	—	—
任城区	205	205	—	—	—
微山县	540	540	—	—	—
鱼台县	600	600	—	—	—
金乡县	640	640	—	—	—
嘉祥县	1121	1121	—	—	—
汶上县	880	880	—	—	—
泗水县	3133	3133	—	—	—
梁山县	836	836	—	—	—
曲阜市	1077	1077	—	—	—
兖州市	270	270	—	—	—
邹城市	3156	3156	—	—	—
泰安市	**13155**	**13155**	**—**	**—**	**450**
泰山区	192	192	—	—	—
岱岳区	1590	1590	—	—	—
宁阳县	1673	1673	—	—	400
东平县	2034	2034	—	—	50
新泰市	4000	4000	—	—	—
肥城市	3666	3666	—	—	—
威海市	**5360**	**5360**	**—**	**—**	**7**
环翠区	140	140	—	—	7
文登市	1339	1339	—	—	—
荣成市	1606	1606	—	—	—
乳山市	2074	2074	—	—	—
工业新区	133	133	—	—	—
经济开发区	35	35	—	—	—
高新区	33	33	—	—	—
日照市	**9059**	**9059**	**—**	**—**	**143**
山海天旅游度假区	151	151	—	—	—
国际海洋城	78	78	—	—	—
东港区	2124	2124	—	—	—
岚山区	1047	1047	—	—	10
五莲县	4001	4001	—	—	—
莒县	1658	1658	—	—	133
莱芜市	**3446**	**3446**	**—**	**—**	**30**
市直单位	719	719	—	—	—
莱城区	1827	1827	—	—	30

分县造林完成情况

单位:公顷

地　区	荒山荒(沙)地造林面积				更新造林
	合计	人工造林	飞播造林	无林地和疏林地新封山(沙)育林	
钢城区	900	900	—	—	—
临沂市	**21466**	**21466**	**—**	**—**	**1078**
临港经济开发区	814	814	—	—	—
蒙山旅游区管委会	234	234	—	—	30
高新区	216	216	—	—	—
经济技术开发区	330	330	—	—	—
兰山区	980	980	—	—	—
罗庄区	667	667	—	—	100
河东区	1000	1000	—	—	—
沂南县	1465	1465	—	—	116
郯城县	1819	1819	—	—	—
沂水县	2969	2969	—	—	476
苍山县	1778	1778	—	—	30
费县	1705	1705	—	—	106
平邑县	2039	2039	—	—	150
莒南县	1824	1824	—	—	70
蒙阴县	1885	1885	—	—	—
临沭县	1741	1741	—	—	—
德州市	**13079**	**13079**	**—**	**—**	**334**
经济开发区	724	724	—	—	—
德城区	240	240	—	—	—
陵县	1242	1242	—	—	—
宁津县	780	780	—	—	—
庆云县	1080	1080	—	—	—
临邑县	920	920	—	—	—
齐河县	2114	2114	—	—	—
平原县	1247	1247	—	—	—
夏津县	855	855	—	—	—
武城县	1267	1267	—	—	—
乐陵市	960	960	—	—	334
禹城市	1650	1650	—	—	—
聊城市	**8607**	**8607**	**—**	**—**	**1875**
开发区	400	400	—	—	—
东昌府区	878	878	—	—	—
阳谷县	735	735	—	—	—
莘县	1300	1300	—	—	—
茌平县	1066	1066	—	—	1066
东阿县	1333	1333	—	—	—
冠县	1284	1284	—	—	—
高唐县	802	802	—	—	—
临清市	809	809	—	—	809
滨州市	**14990**	**14990**	**—**	**—**	**200**
高新区	873	873	—	—	—
经济开发区	267	267	—	—	—
滨城区	1220	1220	—	—	—
惠民县	1638	1638	—	—	—
阳信县	1736	1736	—	—	—

分县造林完成情况

单位:公顷

地　区	荒山荒(沙)地造林面积				更新造林
	合计	人工造林	飞播造林	无林地和疏林地新封山(沙)育林	
无棣县	3519	3519	—	—	—
沾化县	2054	2054	—	—	—
博兴县	1687	1687	—	—	200
邹平县	1600	1600	—	—	—
北海新区	396	396	—	—	—
菏泽市	**6586**	**6586**	**—**	**—**	**337**
市直单位	32	32	—	—	—
牡丹区	820	820	—	—	—
曹县	1245	1245	—	—	330
单县	950	950	—	—	7
成武县	516	516	—	—	—
巨野县	532	532	—	—	—
郓城县	722	722	—	—	—
鄄城县	419	419	—	—	—
定陶县	546	546	—	—	—
东明县	804	804	—	—	—
河南省	**228292**	**205968**	**—**	**22324**	**—**
郑州市	**11443**	**10977**	**—**	**466**	**—**
市辖区	187	187	—	—	—
管城回族区	5	5	—	—	—
金水区	42	42	—	—	—
惠济区	82	82	—	—	—
中牟县	1464	1464	—	—	—
巩义市	608	608	—	—	—
荥阳市	1526	1526	—	—	—
新密市	2503	2370	—	133	—
新郑市	460	460	—	—	—
登封市	4566	4233	—	333	—
开封市	**8117**	**8117**	**—**	**—**	**—**
龙亭区	37	37	—	—	—
顺河回族区	20	20	—	—	—
鼓楼区	37	37	—	—	—
禹王台区	40	40	—	—	—
金明区	56	56	—	—	—
杞县	1492	1492	—	—	—
通许县	1286	1286	—	—	—
尉氏县	1800	1800	—	—	—
开封县	1667	1667	—	—	—
兰考县	1682	1682	—	—	—
洛阳市	**35931**	**34598**	**—**	**1333**	**—**
洛龙区	251	251	—	—	—
龙门管委会	213	213	—	—	—
伊滨区	108	108	—	—	—
孟津县	3727	3727	—	—	—
新安县	2256	2256	—	—	—
栾川县	1672	1672	—	—	—
嵩县	3769	3769	—	—	—

分县造林完成情况

单位:公顷

地　区	荒山荒(沙)地造林面积				更新造林
	合计	人工造林	飞播造林	无林地和疏林地新封山(沙)育林	
汝阳县	4211	2878	—	1333	—
宜阳县	3608	3608	—	—	—
洛宁县	13027	13027	—	—	—
伊川县	2334	2334	—	—	—
偃师市	755	755	—	—	—
平顶山市	**4926**	**4526**	**—**	**400**	**—**
卫东区	33	33	—	—	—
宝丰县	962	962	—	—	—
叶县	1010	610	—	400	—
鲁山县	776	776	—	—	—
郏县	626	626	—	—	—
舞钢市	73	73	—	—	—
汝州市	1446	1446	—	—	—
安阳市	**5970**	**5236**	**—**	**734**	**—**
安阳县	1733	1666	—	67	—
汤阴县	422	422	—	—	—
滑县	1061	1061	—	—	—
内黄县	483	483	—	—	—
林州市	2271	1604	—	667	—
鹤壁市	**12617**	**11817**	**—**	**800**	**—**
鹤山区	1564	1297	—	267	—
山城区	945	945	—	—	—
淇滨区	3685	3352	—	333	—
浚县	2253	2253	—	—	—
淇县	4170	3970	—	200	—
新乡市	**4092**	**3825**	**—**	**267**	**—**
凤泉区	10	10	—	—	—
牧野区	8	8	—	—	—
新乡县	212	212	—	—	—
获嘉县	300	300	—	—	—
原阳县	351	351	—	—	—
延津县	210	210	—	—	—
封丘县	108	108	—	—	—
长垣县	477	477	—	—	—
卫辉市	481	348	—	133	—
辉县市	1935	1801	—	134	—
焦作市	**7658**	**6790**	**—**	**868**	**—**
解放区	44	44	—	—	—
中站区	441	441	—	—	—
马村区	204	137	—	67	—
高新区	6	6	—	—	—
山阳区	291	224	—	67	—
修武县	2295	1828	—	467	—
博爱县	1648	1448	—	200	—
武陟县	888	888	—	—	—
温县	781	781	—	—	—
沁阳市	621	554	—	67	—

分县造林完成情况

单位:公顷

地　区	荒山荒(沙)地造林面积				更新造林
	合计	人工造林	飞播造林	无林地和疏林地新封山(沙)育林	
孟州市	439	439	—	—	—
濮阳市	**13262**	**13262**	**—**	**—**	**—**
华龙区	427	427	—	—	—
高新区	237	237	—	—	—
清丰县	1629	1629	—	—	—
南乐县	2105	2105	—	—	—
范县	2860	2860	—	—	—
台前县	2220	2220	—	—	—
濮阳县	3784	3784	—	—	—
许昌市	**7777**	**7110**	**—**	**667**	**—**
魏都区	94	94	—	—	—
东城区	127	127	—	—	—
开发区	118	118	—	—	—
许昌县	672	672	—	—	—
鄢陵县	1956	1956	—	—	—
襄城县	743	743	—	—	—
禹州市	2614	1947	—	667	—
长葛市	1453	1453	—	—	—
漯河市	**2459**	**2459**	**—**	**—**	**—**
市直单位	175	175	—	—	—
源汇区	226	226	—	—	—
郾城区	688	688	—	—	—
召陵区	242	242	—	—	—
舞阳县	861	861	—	—	—
临颍县	267	267	—	—	—
三门峡市	**19990**	**19990**	**—**	**—**	**—**
湖滨区	1712	1712	—	—	—
渑池县	3743	3743	—	—	—
陕县	2114	2114	—	—	—
卢氏县	6959	6959	—	—	—
义马市	630	630	—	—	—
灵宝市	4832	4832	—	—	—
南阳市	**53221**	**41299**	**—**	**11922**	**—**
市辖区	640	640	—	—	—
宛城区	432	432	—	—	—
卧龙区	925	525	—	400	—
南召县	5604	3417	—	2187	—
方城县	3980	3113	—	867	—
西峡县	8129	6329	—	1800	—
镇平县	3745	3078	—	667	—
内乡县	2043	1376	—	667	—
淅川县	13332	11799	—	1533	—
社旗县	1293	959	—	334	—
唐河县	1993	793	—	1200	—
新野县	981	981	—	—	—
桐柏县	9348	7081	—	2267	—
邓州市	776	776	—	—	—

分县造林完成情况

单位:公顷

地　区	荒山荒(沙)地造林面积				更新造林
	合计	人工造林	飞播造林	无林地和疏林地新封山(沙)育林	
商丘市	**4831**	**4831**	**—**	**—**	**—**
市辖区	242	242	—	—	—
梁园区	551	551	—	—	—
睢阳区	455	455	—	—	—
民权县	612	612	—	—	—
睢县	260	260	—	—	—
宁陵县	404	404	—	—	—
柘城县	782	782	—	—	—
虞城县	862	862	—	—	—
夏邑县	277	277	—	—	—
永城市	386	386	—	—	—
信阳市	**19879**	**15879**	**—**	**4000**	**—**
浉河区	2282	1749	—	533	—
平桥区	2545	2078	—	467	—
罗山县	835	835	—	—	—
光山县	5710	4377	—	1333	—
新县	3288	2288	—	1000	—
商城县	2651	1984	—	667	—
固始县	434	434	—	—	—
潢川县	750	750	—	—	—
淮滨县	959	959	—	—	—
息县	425	425	—	—	—
周口市	**5645**	**5645**	**—**	**—**	**—**
川汇区	46	46	—	—	—
扶沟县	740	740	—	—	—
西华县	821	821	—	—	—
商水县	1140	1140	—	—	—
沈丘县	304	304	—	—	—
郸城县	284	284	—	—	—
淮阳县	462	462	—	—	—
太康县	876	876	—	—	—
鹿邑县	420	420	—	—	—
项城市	552	552	—	—	—
驻马店市	**7983**	**7116**	**—**	**867**	**—**
驿城区	702	702	—	—	—
西平县	85	85	—	—	—
上蔡县	437	437	—	—	—
平舆县	285	285	—	—	—
正阳县	379	379	—	—	—
确山县	1677	1677	—	—	—
泌阳县	2880	2013	—	867	—
汝南县	682	682	—	—	—
遂平县	736	736	—	—	—
新蔡县	120	120	—	—	—
济源市	**2491**	**2491**	**—**	**—**	**—**
湖北省	**198578**	**140174**	**—**	**58404**	**4374**
武汉市	**3892**	**3892**	**—**	**—**	**—**

分县造林完成情况

单位:公顷

地　区	荒山荒(沙)地造林面积				更新造林
	合计	人工造林	飞播造林	无林地和疏林地新封山(沙)育林	
洪山区	20	20	—	—	—
汉南区	140	140	—	—	—
蔡甸区	667	667	—	—	—
江夏区	778	778	—	—	—
黄陂区	1667	1667	—	—	—
新洲区	620	620	—	—	—
黄石市	**3077**	**2877**	**—**	**200**	**—**
阳新县	2179	1979	—	200	—
大冶市	898	898	—	—	—
十堰市	**16851**	**6385**	**—**	**10466**	**20**
市直单位	13	13	—	—	—
茅箭区	266	266	—	—	—
张湾区	800	400	—	400	—
郧县	3934	667	—	3267	—
郧西县	3336	1203	—	2133	—
竹山县	2299	566	—	1733	20
竹溪县	1433	633	—	800	—
房县	2250	1717	—	533	—
丹江口市	1467	867	—	600	—
武当山特区	1053	53	—	1000	—
宜昌市	**17502**	**9246**	**—**	**8256**	**—**
伍家岗区	37	37	—	—	—
点军区	334	334	—	—	—
猇亭区	67	67	—	—	—
夷陵区	1616	616	—	1000	—
大老岭国有林场	333	—	—	333	—
远安县	667	467	—	200	—
兴山县	3583	540	—	3043	—
秭归县	2000	933	—	1067	—
长阳土家族自治县	1560	1560	—	—	—
五峰土家族自治县	2906	1173	—	1733	—
宜都市	2066	1586	—	480	—
当阳市	1000	800	—	200	—
枝江市	1333	1133	—	200	—
襄阳市	**15503**	**12458**	**—**	**3045**	**—**
襄城区	460	460	—	—	—
樊城区	466	466	—	—	—
襄州区	633	300	—	333	—
市直单位	333	—	—	333	—
南漳县	4299	3766	—	533	—
谷城县	4106	2726	—	1380	—
保康县	2540	2540	—	—	—
老河口市	600	600	—	—	—
枣阳市	799	333	—	466	—
宜城市	1267	1267	—	—	—
鄂州市	**1453**	**1120**	**—**	**333**	**—**
荆门市	**15505**	**13972**	**—**	**1533**	**435**

分县造林完成情况

单位：公顷

地　区	荒山荒（沙）地造林面积				更新造林
	合计	人工造林	飞播造林	无林地和疏林地新封山（沙）育林	
市直单位	—	—	—	—	8
东宝区	1600	1600	—	—	—
掇刀区	1620	1420	—	200	—
京山县	3852	3385	—	467	387
沙洋县	4906	4573	—	333	40
钟祥市	2527	1994	—	533	—
屈家岭管理局	1000	1000	—	—	—
孝感市	**10326**	**8593**	**—**	**1733**	**282**
市辖区	666	—	—	666	—
孝南区	1780	1713	—	67	36
孝昌县	1632	1232	—	400	—
大悟县	2252	1652	—	600	—
云梦县	840	840	—	—	—
应城市	1333	1333	—	—	80
安陆市	867	867	—	—	—
汉川市	956	956	—	—	166
荆州市	**12283**	**11616**	**—**	**667**	**320**
市直单位	100	100	—	—	—
沙市区	367	367	—	—	—
荆州区	400	400	—	—	—
公安县	1167	1167	—	—	—
监利县	1667	1667	—	—	—
江陵县	633	633	—	—	—
石首市	2663	2663	—	—	—
洪湖市	2334	2334	—	—	—
松滋市	2952	2285	—	667	320
黄冈市	**24967**	**18168**	**—**	**6799**	**197**
黄州区	400	400	—	—	—
团风县	2446	1646	—	800	—
红安县	2200	1533	—	667	—
罗田县	2133	1400	—	733	—
英山县	3783	2450	—	1333	—
浠水县	2333	1933	—	400	—
蕲春县	4166	3166	—	1000	—
黄梅县	1300	767	—	533	147
麻城市	4933	3600	—	1333	50
武穴市	1073	1073	—	—	—
龙感湖	200	200	—	—	—
咸宁市	**21345**	**18612**	**—**	**2733**	**1631**
咸安区	3299	2899	—	400	67
市直单位	34	34	—	—	—
嘉鱼县	2660	2660	—	—	1564
通城县	3000	2600	—	400	—
崇阳县	4566	3833	—	733	—
通山县	4266	3799	—	467	—
赤壁市	3520	2787	—	733	—
随州市	**7419**	**5953**	**—**	**1466**	**333**

分县造林完成情况

单位:公顷

地区	荒山荒(沙)地造林面积				更新造林
	合计	人工造林	飞播造林	无林地和疏林地新封山(沙)育林	
市辖区	333	333	—	—	—
曾都区	1184	451	—	733	333
广水市	3667	3667	—	—	—
随县	2235	1502	—	733	—
恩施土家族苗族自治州	**36527**	**19554**	**—**	**16973**	**410**
恩施市	2911	2641	—	270	—
利川市	6006	2724	—	3282	189
建始县	6744	3771	—	2973	90
巴东县	3732	1966	—	1766	—
宣恩县	5620	2287	—	3333	61
咸丰县	3133	2133	—	1000	1
来凤县	4240	1691	—	2549	—
鹤峰县	4141	2341	—	1800	69
省直单位	**467**	**267**	**—**	**200**	**—**
林科院	200	67	—	133	—
太子山林管局	267	200	—	67	—
仙桃市	**2400**	**2400**	**—**	**—**	**300**
潜江市	**2541**	**2541**	**—**	**—**	**446**
天门市	**1986**	**1986**	**—**	**—**	**—**
神农架林区	**2266**	**333**	**—**	**1933**	**—**
后河国家级自然保护区	**868**	**134**	**—**	**734**	**—**
神农架国家级自然保护区	**333**	**—**	**—**	**333**	**—**
七姊妹山国家级自然保护区	**1067**	**67**	**—**	**1000**	**—**
湖南省	**404239**	**236487**	**—**	**167752**	**21489**
长沙市	**16408**	**8341**	**—**	**8067**	**458**
长沙县	2037	703	—	1334	123
望城区	775	442	—	333	—
宁乡县	4402	2269	—	2133	202
浏阳市	9194	4927	—	4267	133
株洲市	**31009**	**13742**	**—**	**17267**	**713**
株洲县	3634	1300	—	2334	—
攸县	6667	3334	—	3333	235
茶陵县	7009	3542	—	3467	141
炎陵县	5846	2513	—	3333	337
醴陵市	7853	3053	—	4800	—
湘潭市	**12078**	**3812**	**—**	**8266**	**133**
雨湖区	1227	160	—	1067	—
湘潭县	4309	1243	—	3066	—
湘乡市	5405	2338	—	3067	133
韶山市	1137	71	—	1066	—
衡阳市	**35790**	**18824**	**—**	**16966**	**982**
珠晖区	734	67	—	667	—
雁峰区	34	34	—	—	—
石鼓区	740	73	—	667	—
蒸湘区	43	43	—	—	—
南岳区	20	20	—	—	—
衡阳县	4361	1851	—	2510	133

分县造林完成情况

单位：公顷

地区	荒山荒(沙)地造林面积				更新造林
	合计	人工造林	飞播造林	无林地和疏林地新封山(沙)育林	
衡南县	5757	3091	—	2666	133
衡山县	4282	1615	—	2667	53
衡东县	4740	2737	—	2003	254
祁东县	4934	2267	—	2667	29
耒阳市	6208	3542	—	2666	—
常宁市	3937	3484	—	453	380
邵阳市	**33266**	**20311**	**—**	**12955**	**3658**
双清区	317	317	—	—	—
大祥区	651	460	—	191	—
北塔区	407	216	—	191	—
邵东县	2977	1678	—	1299	—
新邵县	3103	1946	—	1157	—
邵阳县	3221	2322	—	899	—
隆回县	3785	2353	—	1432	400
洞口县	4537	3065	—	1472	905
绥宁县	2972	1629	—	1343	1699
新宁县	4354	2846	—	1508	28
城步苗族自治县	3896	1932	—	1964	362
武冈市	3046	1547	—	1499	264
岳阳市	**26223**	**18222**	**—**	**8001**	**683**
岳阳楼区	360	360	—	—	—
云溪区	640	440	—	200	—
君山区	1234	1234	—	—	—
岳阳县	4534	2800	—	1734	82
华容县	2167	1967	—	200	—
湘阴县	1773	1573	—	200	48
平江县	7168	4634	—	2534	436
汨罗市	3854	2454	—	1400	117
临湘市	4493	2760	—	1733	—
常德市	**27934**	**18600**	**—**	**9334**	**64**
武陵区	234	67	—	167	—
鼎城区	2933	2933	—	—	—
安乡县	2621	2454	—	167	—
汉寿县	4714	3714	—	1000	—
澧县	4960	3293	—	1667	64
临澧县	2273	606	—	1667	—
桃源县	6386	3720	—	2666	—
石门县	2861	1061	—	1800	—
津市市	952	752	—	200	—
张家界市	**13162**	**5632**	**—**	**7530**	**133**
永定区	3239	1773	—	1466	133
武陵源区	1627	227	—	1400	—
慈利县	4516	2006	—	2510	—
桑植县	3780	1626	—	2154	—
益阳市	**20845**	**15513**	**—**	**5332**	**733**
资阳区	1519	986	—	533	—
赫山区	1667	867	—	800	—

分县造林完成情况

单位:公顷

地　区	荒山荒(沙)地造林面积				更新造林
	合计	人工造林	飞播造林	无林地和疏林地新封山(沙)育林	
南县	2400	2400	—	—	—
桃江县	2966	1300	—	1666	133
安化县	6227	3894	—	2333	267
沅江市	6066	6066	—	—	333
郴州市	**50033**	**33360**	**—**	**16673**	**5298**
北湖区	2706	1539	—	1167	—
苏仙区	4852	3985	—	867	—
桂阳县	8004	4671	—	3333	—
宜章县	5999	4666	—	1333	—
永兴县	5099	3366	—	1733	391
嘉禾县	2950	2149	—	801	317
临武县	4615	3043	—	1572	—
汝城县	4183	2783	—	1400	2084
桂东县	4794	2127	—	2667	609
安仁县	3951	3018	—	933	226
资兴市	2880	2013	—	867	1671
永州市	**47491**	**33489**	**—**	**14002**	**5038**
零陵区	2943	2009	—	934	59
冷水滩区	3076	1743	—	1333	—
祁阳县	5686	3952	—	1734	1695
东安县	3448	2515	—	933	20
双牌县	5035	3702	—	1333	869
道县	6454	4787	—	1667	49
江永县	4518	2851	—	1667	171
宁远县	4082	2615	—	1467	236
蓝山县	3226	2426	—	800	487
新田县	3255	2255	—	1000	200
江华瑶族自治县	5768	4634	—	1134	1252
怀化市	**45450**	**28784**	**—**	**16666**	**2730**
鹤城区	1850	1183	—	667	—
中方县	3851	2518	—	1333	—
沅陵县	4587	3187	—	1400	—
辰溪县	3746	2413	—	1333	533
溆浦县	4464	3130	—	1334	113
会同县	3708	2508	—	1200	250
麻阳苗族自治县	3433	1767	—	1666	—
新晃侗族自治县	3256	1589	—	1667	167
芷江侗族自治县	3715	2248	—	1467	667
靖州苗族侗族自治县	3676	2476	—	1200	533
通道侗族自治县	4980	3114	—	1866	467
洪江市	4184	2651	—	1533	—
娄底市	**20668**	**10667**	**—**	**10001**	**866**
娄星区	833	566	—	267	—
双峰县	5527	2993	—	2534	166
新化县	7334	2867	—	4467	700
冷水江市	1067	667	—	400	—
涟源市	5907	3574	—	2333	—

分县造林完成情况

单位：公顷

地　区	荒山荒(沙)地造林面积				更新造林
	合计	人工造林	飞播造林	无林地和疏林地新封山(沙)育林	
湘西土家族苗族自治州	**23882**	**7190**	**—**	**16692**	**—**
吉首市	2437	760	—	1677	—
泸溪县	3578	1312	—	2266	—
凤凰县	2603	932	—	1671	—
花垣县	2039	373	—	1666	—
保靖县	3729	1450	—	2279	—
古丈县	2698	1031	—	1667	—
永顺县	3476	743	—	2733	—
龙山县	3322	589	—	2733	—
广东省	**107512**	**94919**	**—**	**12593**	**78088**
广州市	**—**	**—**	**—**	**—**	**745**
市辖区	—	—	—	—	3
花都区	—	—	—	—	280
增城市	—	—	—	—	333
从化市	—	—	—	—	60
增城林场	—	—	—	—	47
梳脑林场	—	—	—	—	22
深圳市	**283**	**283**	**—**	**—**	**21**
龙岗区	3	3	—	—	—
盐田区	—	—	—	—	3
光明新区	—	—	—	—	18
坪山新区	280	280	—	—	—
珠海市	**486**	**486**	**—**	**—**	**266**
香洲区	—	—	—	—	200
斗门区	340	340	—	—	28
金湾区	75	75	—	—	—
高新区	29	29	—	—	30
高栏港经济区	42	42	—	—	—
横琴新区	—	—	—	—	8
汕头市	**1686**	**733**	**—**	**953**	**—**
濠江区	200	200	—	—	—
潮南区	1486	533	—	953	—
佛山市	**—**	**—**	**—**	**—**	**1753**
南海区	—	—	—	—	233
顺德区	—	—	—	—	185
三水区	—	—	—	—	135
高明区	—	—	—	—	1200
韶关市	**16296**	**13915**	**—**	**2381**	**11238**
武江区	360	133	—	227	1800
浈江区	960	733	—	227	160
曲江区	117	117	—	—	876
始兴县	920	580	—	340	1446
仁化县	3540	3313	—	227	1173
翁源县	1153	813	—	340	1866
乳源瑶族自治县	2894	2667	—	227	133
新丰县	812	812	—	—	1197
乐昌市	3774	3547	—	227	860

分县造林完成情况

单位:公顷

地　区	荒山荒(沙)地造林面积				更新造林
	合计	人工造林	飞播造林	无林地和疏林地新封山(沙)育林	
南雄市	1766	1200	—	566	900
韶关林场	—	—	—	—	75
曲江林场	—	—	—	—	238
仁化林场	—	—	—	—	233
河口林场	—	—	—	—	130
九曲水林场	—	—	—	—	55
华溪林场	—	—	—	—	96
河源市	**12394**	**12394**	**—**	**—**	**3103**
紫金县	4066	4066	—	—	—
龙川县	1333	1333	—	—	—
连平县	2206	2206	—	—	1715
和平县	4122	4122	—	—	1338
东源县	667	667	—	—	—
红星林场	—	—	—	—	50
梅州市	**19007**	**19007**	**—**	**—**	**6419**
梅江区	733	733	—	—	400
梅县	1485	1485	—	—	—
大埔县	600	600	—	—	1200
丰顺县	5096	5096	—	—	740
五华县	8000	8000	—	—	3075
平远县	—	—	—	—	871
蕉岭县	—	—	—	—	133
兴宁市	3093	3093	—	—	—
惠州市	**6123**	**4237**	**—**	**1886**	**4956**
惠城区	900	900	—	—	586
惠阳区	287	287	—	—	807
大亚湾区	67	67	—	—	—
仲恺区	1201	508	—	693	—
博罗县	733	733	—	—	1887
惠东县	2502	1309	—	1193	317
龙门县	433	433	—	—	1033
象头山林场	—	—	—	—	198
鸡笼山林场	—	—	—	—	41
油田林场	—	—	—	—	87
汕尾市	**9380**	**5807**	**—**	**3573**	**429**
城区	1066	1066	—	—	—
海丰县	1667	1667	—	—	—
陆河县	941	941	—	—	429
陆丰市	5573	2000	—	3573	—
红岭林场	133	133	—	—	—
中山市	**—**	**—**	**—**	**—**	**667**
江门市	**2019**	**2019**	**—**	**—**	**9121**
蓬江区	—	—	—	—	241
新会区	127	127	—	—	1193
台山市	167	167	—	—	1040
开平市	567	567	—	—	1453
鹤山市	93	93	—	—	3000

分县造林完成情况

单位：公顷

地　区	荒山荒（沙）地造林面积				更新造林
	合计	人工造林	飞播造林	无林地和疏林地新封山（沙）育林	
恩平市	1065	1065	—	—	300
古兜山林场	—	—	—	—	133
大沙林场	—	—	—	—	400
狮山林场	—	—	—	—	97
河排林场	—	—	—	—	676
西坑林场	—	—	—	—	91
古斗林场	—	—	—	—	381
四堡林场	—	—	—	—	116
阳江市	**807**	**807**	**—**	**—**	**3482**
江城区	—	—	—	—	66
阳西县	93	93	—	—	600
阳东县	267	267	—	—	553
阳春市	447	447	—	—	1793
阳江林场	—	—	—	—	333
花滩林场	—	—	—	—	137
湛江市	**579**	**579**	**—**	**—**	**4987**
坡头区	—	—	—	—	99
麻章区	—	—	—	—	100
经开区	—	—	—	—	150
遂溪县	—	—	—	—	650
徐闻县	196	196	—	—	881
廉江市	333	333	—	—	1202
雷州市	—	—	—	—	1653
吴川市	—	—	—	—	152
防护林场	50	50	—	—	—
东海林场	—	—	—	—	33
吴川林场	—	—	—	—	67
茂名市	**6353**	**4674**	**—**	**1679**	**3333**
茂港区	133	—	—	133	40
电白县	1806	1213	—	593	280
高州市	1820	1227	—	593	667
化州市	340	340	—	—	60
信宜市	1280	1160	—	120	1427
八一林场	—	—	—	—	24
厚元林场	—	—	—	—	36
新田林场	—	—	—	—	80
荷塘林场	373	133	—	240	100
文楼林场	200	200	—	—	133
播扬林场	—	—	—	—	233
平定林场	67	67	—	—	213
丽岗林场	67	67	—	—	—
电白林场	—	—	—	—	33
河尾山林场	267	267	—	—	—
森林公园管理处	—	—	—	—	1
野生动物救护中心	—	—	—	—	6
肇庆市	**5977**	**5977**	**—**	**—**	**8834**
端州区	20	20	—	—	47

分县造林完成情况

单位:公顷

地 区	荒山荒(沙)地造林面积				更新造林
	合计	人工造林	飞播造林	无林地和疏林地新封山(沙)育林	
鼎湖区	57	57	—	—	172
大旺综合经济开发区	—	—	—	—	9
广宁县	333	333	—	—	333
怀集县	2434	2434	—	—	4133
封开县	2087	2087	—	—	533
德庆县	620	620	—	—	—
高要市	—	—	—	—	2166
四会市	93	93	—	—	306
北岭山林场	333	333	—	—	119
清桂林场	—	—	—	—	144
葵洞林场	—	—	—	—	72
大南山林场	—	—	—	—	179
大水口林场	—	—	—	—	204
大坑山林场	—	—	—	—	112
新岗林场	—	—	—	—	305
清远市	**10900**	**9913**	**—**	**987**	**3898**
清城区	667	667	—	—	133
佛冈县	513	513	—	—	67
阳山县	1473	1473	—	—	333
连山壮族瑶族自治县	667	667	—	—	67
连南瑶族自治县	1900	1333	—	567	200
清新县	1580	1580	—	—	940
英德市	1793	1793	—	—	133
连州市	2307	1887	—	420	400
银盏林场	—	—	—	—	177
笔架林场	—	—	—	—	194
天堂山林场	—	—	—	—	94
英德林场	—	—	—	—	174
长江坝林场	—	—	—	—	103
金鸡林场	—	—	—	—	80
铁溪林场	—	—	—	—	128
羊角山林场	—	—	—	—	160
小龙林场	—	—	—	—	200
龙坪林场	—	—	—	—	15
杨梅林场	—	—	—	—	300
潮州市	**3533**	**3533**	**—**	**—**	**—**
湘桥区	433	433	—	—	—
枫溪区	100	100	—	—	—
潮安县	1333	1333	—	—	—
饶平县	1667	1667	—	—	—
凤凰山自然保护区	—	—	—	—	—
揭阳市	**6866**	**6866**	**—**	**—**	**1866**
市辖区	333	333	—	—	—
榕城区	333	333	—	—	—
揭东县	1467	1467	—	—	—
揭西县	1333	1333	—	—	800
惠来县	1733	1733	—	—	533

分县造林完成情况

单位：公顷

地　区	荒山荒(沙)地造林面积				更新造林
	合计	人工造林	飞播造林	无林地和疏林地新封山(沙)育林	
普宁市	1467	1467	—	—	533
后溪林场	200	200	—	—	—
云浮市	**4673**	**3539**	**—**	**1134**	**5683**
云城区	221	221	—	—	1033
新兴县	1000	433	—	567	800
郁南县	526	526	—	—	660
云安县	819	592	—	227	1932
罗定市	2107	1767	—	340	933
大云雾林场	—	—	—	—	57
龙埇林场	—	—	—	—	136
飞马林场	—	—	—	—	104
同乐林场	—	—	—	—	28
雷州林业局	**—**	**—**	**—**	**—**	**4630**
省直林场	**—**	**—**	**—**	**—**	**2657**
西江林业局	—	—	—	—	1128
乳阳林业局	—	—	—	—	117
龙眼洞林场	—	—	—	—	20
天井山林场	—	—	—	—	194
樟木头林场	—	—	—	—	215
乐昌林场	—	—	—	—	87
连山林场	—	—	—	—	395
东江林场	—	—	—	—	394
九连山林场	—	—	—	—	107
湛江红树林国家级自然保护区	**150**	**150**	**—**	**—**	**—**
广西壮族自治区	**148878**	**124443**	**—**	**24435**	**50424**
南宁市	**10868**	**8186**	**—**	**2682**	**3299**
兴宁区	403	403	—	—	403
青秀区	233	233	—	—	300
江南区	386	386	—	—	135
西乡塘区	272	272	—	—	185
良庆区	867	867	—	—	106
邕宁区	348	348	—	—	—
武鸣县	934	934	—	—	485
隆安县	591	591	—	—	286
马山县	2692	677	—	2015	266
上林县	1613	946	—	667	157
宾阳县	1232	1232	—	—	480
横县	1297	1297	—	—	496
柳州市	**11784**	**11784**	**—**	**—**	**5555**
鱼峰区	26	26	—	—	142
柳南区	—	—	—	—	95
柳北区	110	110	—	—	40
柳江县	701	701	—	—	222
柳城县	2484	2484	—	—	96
鹿寨县	3140	3140	—	—	315
融安县	1846	1846	—	—	1711
融水苗族自治县	3254	3254	—	—	1751

分县造林完成情况

单位:公顷

地　区	荒山荒(沙)地造林面积				更新造林
	合计	人工造林	飞播造林	无林地和疏林地新封山(沙)育林	
三江侗族自治县	223	223	—	—	1183
桂林市	**18423**	**13083**	**—**	**5340**	**3893**
雁山区	94	94	—	—	31
阳朔县	3467	320	—	3147	27
临桂县	2343	2343	—	—	429
灵川县	1135	1135	—	—	298
全州县	2642	2067	—	575	593
兴安县	334	334	—	—	—
永福县	1959	1959	—	—	87
灌阳县	1223	1223	—	—	455
龙胜各族自治县	377	377	—	—	588
资源县	1509	1509	—	—	937
平乐县	2440	822	—	1618	309
荔浦县	100	100	—	—	—
恭城瑶族自治县	800	800	—	—	139
梧州市	**10363**	**10363**	**—**	**—**	**3173**
万秀区	456	456	—	—	19
蝶山区	337	337	—	—	84
长洲区	320	320	—	—	168
苍梧县	3490	3490	—	—	576
藤县	2675	2675	—	—	593
蒙山县	1953	1953	—	—	71
岑溪市	1132	1132	—	—	1662
北海市	**605**	**605**	**—**	**—**	**512**
银海区	28	28	—	—	19
铁山港区	54	54	—	—	—
合浦县	523	523	—	—	493
防城港市	**4995**	**4995**	**—**	**—**	**1623**
港口区	267	267	—	—	1
防城区	3414	3414	—	—	76
上思县	1296	1296	—	—	1287
东兴市	18	18	—	—	259
钦州市	**4057**	**4057**	**—**	**—**	**1314**
钦南区	518	518	—	—	151
钦北区	333	333	—	—	389
灵山县	2566	2566	—	—	747
浦北县	640	640	—	—	27
贵港市	**3948**	**3948**	**—**	**—**	**1335**
港北区	941	941	—	—	107
港南区	598	598	—	—	128
覃塘区	927	927	—	—	112
平南县	816	816	—	—	534
桂平市	666	666	—	—	454
玉林市	**4271**	**4271**	**—**	**—**	**2463**
玉州区	9	9	—	—	48
福绵区	44	44	—	—	325
容县	688	688	—	—	804

分县造林完成情况

单位:公顷

地　区	荒山荒(沙)地造林面积				更新造林
	合计	人工造林	飞播造林	无林地和疏林地新封山(沙)育林	
陆川县	935	935	—	—	480
博白县	1669	1669	—	—	—
兴业县	456	456	—	—	640
北流市	470	470	—	—	166
百色市	**35740**	**27090**	**—**	**8650**	**3230**
右江区	3429	3429	—	—	406
田阳县	3808	1860	—	1948	185
田东县	1350	1350	—	—	51
平果县	2096	933	—	1163	134
德保县	1054	723	—	331	52
靖西县	2146	479	—	1667	521
那坡县	1951	1000	—	951	16
凌云县	2057	1067	—	990	—
乐业县	1986	1719	—	267	300
田林县	7829	7829	—	—	1350
西林县	4306	4306	—	—	56
隆林各族自治县	3728	2395	—	1333	159
贺州市	**9998**	**7461**	**—**	**2537**	**4239**
八步区	3374	3374	—	—	587
平桂区	1903	1236	—	667	109
昭平县	1379	1379	—	—	2790
钟山县	747	747	—	—	19
富川瑶族自治县	2595	725	—	1870	734
河池市	**20624**	**17990**	**—**	**2634**	**7648**
金城江区	1603	1526	—	77	428
南丹县	2167	2167	—	—	1366
天峨县	1511	1511	—	—	618
凤山县	1207	1207	—	—	1019
东兰县	2863	1863	—	1000	370
罗城仫佬族自治县	1667	1667	—	—	1800
环江毛南族自治县	3840	3667	—	173	1154
巴马瑶族自治县	2175	2175	—	—	226
都安瑶族自治县	539	193	—	346	113
大化瑶族自治县	1535	497	—	1038	70
宜州市	1517	1517	—	—	484
来宾市	**7711**	**7151**	**—**	**560**	**2831**
兴宾区	2300	1740	—	560	638
忻城县	421	421	—	—	291
象州县	2053	2053	—	—	951
武宣县	1135	1135	—	—	342
金秀瑶族自治县	1315	1315	—	—	439
合山市	487	487	—	—	170
崇左市	**4437**	**2405**	**—**	**2032**	**1150**
江州区	1594	195	—	1399	370
扶绥县	627	418	—	209	497
宁明县	442	442	—	—	127
龙州县	733	733	—	—	—

分县造林完成情况

单位:公顷

地区	荒山荒(沙)地造林面积				更新造林
	合计	人工造林	飞播造林	无林地和疏林地新封山(沙)育林	
大新县	81	81	—	—	146
天等县	878	454	—	424	10
凭祥市	82	82	—	—	—
高峰林场	—	—	—	—	1041
七坡林场	1	1	—	—	205
东门林场	—	—	—	—	224
派阳山林场	181	181	—	—	232
钦廉林场	—	—	—	—	1046
六万林场	—	—	—	—	122
博白林场	—	—	—	—	1609
维都林场	240	240	—	—	186
三门江林场	—	—	—	—	843
黄冕林场	—	—	—	—	405
大桂山林场	—	—	—	—	1594
雅长林场	632	632	—	—	—
南宁树木园	—	—	—	—	111
中国林科院热林中心	—	—	—	—	484
沙塘林场	—	—	—	—	57
海南省	**17734**	**17734**	**—**	**—**	**13807**
海口市	379	379	—	—	720
三亚市	161	161	—	—	632
五指山市	—	—	—	—	205
文昌市	908	908	—	—	934
琼海市	372	372	—	—	331
万宁市	1219	1219	—	—	—
定安县	947	947	—	—	349
屯昌县	314	314	—	—	1285
澄迈县	1636	1636	—	—	1944
临高县	1017	1017	—	—	1265
儋州市	1917	1917	—	—	1418
白沙黎族自治县	1364	1364	—	—	277
昌江黎族自治县	2473	2473	—	—	390
东方市	2023	2023	—	—	556
乐东黎族自治县	2062	2062	—	—	445
陵水黎族自治县	—	—	—	—	568
保亭黎族苗族自治县	96	96	—	—	293
琼中黎族苗族自治县	605	605	—	—	1604
岛东林场	67	67	—	—	378
上埇林场	—	—	—	—	156
金鸡岭林场	80	80	—	—	—
岛西林场	94	94	—	—	—
三亚林场	—	—	—	—	57
重庆市	**206215**	**135414**	**10000**	**60801**	**4514**
万州区	16160	15920	—	240	—
黔江区	3333	1667	—	1666	—
涪陵区	3667	667	—	3000	4000
江北区	133	133	—	—	—

分县造林完成情况

单位:公顷

地　区	荒山荒(沙)地造林面积				更新造林
	合计	人工造林	飞播造林	无林地和疏林地新封山(沙)育林	
沙坪坝区	133	133	—	—	—
南岸区	67	67	—	—	514
北碚区	800	133	—	667	—
万盛区	333	333	—	—	—
渝北区	3932	2266	—	1666	—
巴南区	1334	667	—	667	—
长寿区	2000	667	—	1333	—
南川区	9704	4510	3000	2194	—
江津区	5333	4666	—	667	—
合川区	3000	1666	—	1334	—
永川区	6000	4333	—	1667	—
綦江区	8267	3533	—	4734	—
潼南县	4000	4000	—	—	—
铜梁县	733	400	—	333	—
大足区	2066	1733	—	333	—
荣昌县	4201	3534	—	667	—
璧山县	1333	1000	—	333	—
梁平县	3800	3667	—	133	—
城口县	7666	2333	—	5333	—
丰都县	3867	1333	—	2534	—
垫江县	1133	1133	—	—	—
武隆县	9332	4666	—	4666	—
忠县	5067	5067	—	—	—
开县	12666	8000	—	4666	—
云阳县	22553	17886	—	4667	—
奉节县	13614	11814	—	1800	—
巫山县	12667	8000	—	4667	—
巫溪县	8607	3940	—	4667	—
石柱土家族自治县	3999	2666	—	1333	—
秀山土家族苗族自治县	5334	2667	—	2667	—
酉阳土家族苗族自治县	9500	3667	4333	1500	—
彭水苗族土家族自治县	9881	6547	2667	667	—
四川省	**112159**	**58828**	**—**	**53331**	**4333**
成都市	**600**	**267**	**—**	**333**	**—**
金堂县	200	200	—	—	—
新津县	67	67	—	—	—
彭州市	333	—	—	333	—
自贡市	**1132**	**1132**	**—**	**—**	**—**
大安区	466	466	—	—	—
沿滩区	133	133	—	—	—
荣县	533	533	—	—	—
攀枝花市	**1667**	**—**	**—**	**1667**	**—**
国营林场总场	667	—	—	667	—
普威林业局	667	—	—	667	—
盐边林业局	333	—	—	333	—
泸州市	**5432**	**3766**	**—**	**1666**	**—**
江阳区	134	134	—	—	—

分县造林完成情况

单位：公顷

地　区	荒山荒(沙)地造林面积				更新造林
	合计	人工造林	飞播造林	无林地和疏林地新封山(沙)育林	
纳溪区	333	333	—	—	—
泸县	333	333	—	—	—
合江县	833	500	—	333	—
叙永县	1666	1333	—	333	—
古蔺县	2133	1133	—	1000	—
德阳市	**134**	**134**	**—**	**—**	**—**
旌阳区	134	134	—	—	—
绵阳市	**5533**	**4800**	**—**	**733**	**333**
游仙区	800	800	—	—	—
三台县	333	333	—	—	—
盐亭县	2400	2200	—	200	—
安县	333	333	—	—	—
梓潼县	333	—	—	333	—
北川羌族自治县	867	667	—	200	—
平武县	—	—	—	—	333
江油市	467	467	—	—	—
广元市	**11264**	**9332**	**—**	**1932**	**—**
市辖区	1533	1200	—	333	—
利州区	800	800	—	—	—
元坝区	1333	1333	—	—	—
朝天区	666	333	—	333	—
旺苍县	2399	1866	—	533	—
青川县	1733	1400	—	333	—
剑阁县	1666	1466	—	200	—
苍溪县	1134	934	—	200	—
遂宁市	**1933**	**1933**	**—**	**—**	**—**
船山区	200	200	—	—	—
安居区	533	533	—	—	—
蓬溪县	333	333	—	—	—
大英县	867	867	—	—	—
内江市	**1133**	**1133**	**—**	**—**	**—**
威远县	1000	1000	—	—	—
资中县	133	133	—	—	—
乐山市	**10064**	**3731**	**—**	**6333**	**666**
沙湾区	333	333	—	—	—
金口河区	200	200	—	—	—
犍为县	333	333	—	—	—
井研县	200	200	—	—	—
沐川县	1333	1333	—	—	—
峨边彝族自治县	733	400	—	333	333
马边彝族自治县	799	466	—	333	—
峨眉山市	133	133	—	—	—
川南林业局	6000	333	—	5667	333
南充市	**6267**	**6067**	**—**	**200**	**—**
顺庆区	334	334	—	—	—
高坪区	667	667	—	—	—
嘉陵区	200	200	—	—	—

分县造林完成情况

单位：公顷

地　区	荒山荒(沙)地造林面积				更新造林
	合计	人工造林	飞播造林	无林地和疏林地新封山(沙)育林	
南部县	2333	2333	—	—	—
营山县	467	467	—	—	—
蓬安县	333	333	—	—	—
仪陇县	333	333	—	—	—
西充县	800	800	—	—	—
阆中市	800	600	—	200	—
眉山市	**1999**	**799**	**—**	**1200**	**—**
东坡区	133	133	—	—	—
洪雅县	1200	—	—	1200	—
丹棱县	533	533	—	—	—
青神县	133	133	—	—	—
宜宾市	**5468**	**5068**	**—**	**400**	**333**
翠屏区	200	200	—	—	—
宜宾县	1067	1067	—	—	—
南溪区	400	200	—	200	—
江安县	667	667	—	—	—
长宁县	867	667	—	200	—
高县	333	333	—	—	—
珙县	—	—	—	—	333
筠连县	1000	1000	—	—	—
兴文县	867	867	—	—	—
屏山县	67	67	—	—	—
广安市	**6066**	**4399**	**—**	**1667**	**—**
广安区	1333	1000	—	333	—
岳池县	1333	1333	—	—	—
武胜县	333	333	—	—	—
邻水县	2000	1333	—	667	—
华蓥市	1067	400	—	667	—
达州市	**3264**	**2132**	**—**	**1132**	**—**
达县	333	—	—	333	—
宣汉县	1133	800	—	333	—
开江县	266	133	—	133	—
渠县	1199	866	—	333	—
万源市	333	333	—	—	—
雅安市	**1400**	**400**	**—**	**1000**	**2334**
雨城区	—	—	—	—	667
荥经县	333	333	—	—	—
石棉县	67	67	—	—	—
天全县	—	—	—	—	667
芦山县	333	—	—	333	667
宝兴县	—	—	—	—	333
夹金山林业局	667	—	—	667	—
巴中市	**5668**	**3934**	**—**	**1734**	**—**
巴州区	1133	1133	—	—	—
通江县	1334	667	—	667	—
南江县	1801	934	—	867	—
平昌县	1400	1200	—	200	—

分县造林完成情况

单位：公顷

地　区	荒山荒(沙)地造林面积				更新造林
	合计	人工造林	飞播造林	无林地和疏林地新封山(沙)育林	
资阳市	**2266**	**2266**	**—**	**—**	**—**
安岳县	466	466	—	—	—
乐至县	1400	1400	—	—	—
简阳市	400	400	—	—	—
阿坝藏族羌族自治州	**3335**	**401**	**—**	**2934**	**—**
汶川县	133	133	—	—	—
松潘县	267	—	—	267	—
黑水县	400	—	—	400	—
马尔康县	267	—	—	267	—
壤塘县	400	—	—	400	—
阿坝县	267	—	—	267	—
马尔康林业局	67	67	—	—	—
观音桥林业局	333	—	—	333	—
壤塘林业局	333	—	—	333	—
黑水林业局	67	67	—	—	—
松潘林业局	67	67	—	—	—
林业筑路工程处	667	—	—	667	—
南坪林业局	67	67	—	—	—
甘孜藏族自治州	**2934**	**667**	**—**	**2267**	**—**
色达县	67	67	—	—	—
理塘县	200	—	—	200	—
巴塘县	666	466	—	200	—
乡城县	67	67	—	—	—
得荣县	200	—	—	200	—
力邱河林业局	67	67	—	—	—
丹巴林业局	667	—	—	667	—
炉霍林业局	333	—	—	333	—
工程处	667	—	—	667	—
凉山彝族自治州	**9000**	**4867**	**—**	**4133**	**667**
盐源县	667	467	—	200	—
德昌县	1001	801	—	200	—
会东县	732	466	—	266	—
宁南县	67	67	—	—	—
普格县	400	133	—	267	—
布拖县	333	133	—	200	—
金阳县	733	466	—	267	—
昭觉县	399	199	—	200	—
喜德县	601	401	—	200	—
冕宁县	200	200	—	—	667
越西县	133	133	—	—	—
甘洛县	67	67	—	—	—
美姑县	67	67	—	—	—
雷波县	600	267	—	333	—
雷波林业局	999	333	—	666	—
凉北林业局	1334	667	—	667	—
林业第五筑路工程处	667	—	—	667	—
省直单位	**25600**	**1600**	**—**	**24000**	**—**

分县造林完成情况

单位:公顷

地　区	荒山荒(沙)地造林面积				更新造林
	合计	人工造林	飞播造林	无林地和疏林地新封山(沙)育林	
长江造林局	16000	1000	—	15000	—
大渡河造林局	9600	600	—	9000	—
贵州省	**147704**	**70399**	**—**	**77306**	**—**
贵阳市	**14107**	**4467**	**—**	**9640**	**—**
乌当区	2520	220	—	2300	—
修文县	2707	840	—	1867	—
息烽县	767	567	—	200	—
白云区	1713	587	—	1127	—
花溪区	1540	300	—	1240	—
清镇市	2273	1027	—	1246	—
开阳县	2433	873	—	1560	—
小河区	153	53	—	100	—
遵义市	**23386**	**10183**	**—**	**13202**	**—**
桐梓县	1281	688	—	593	—
正安县	1914	1034	—	880	—
仁怀市	1533	333	—	1200	—
赤水市	333	—	—	333	—
绥阳县	1487	600	—	887	—
习水县	3074	1420	—	1654	—
道真仡佬族苗族自治县	1533	673	—	860	—
遵义县	3227	1793	—	1433	—
红花岗区	1207	260	—	947	—
湄潭县	2240	886	—	1354	—
凤冈县	1307	740	—	567	—
余庆县	1370	523	—	847	—
务川仡佬族苗族自治县	1586	786	—	800	—
汇川区	1294	447	—	847	—
安顺市	**9907**	**4047**	**—**	**5860**	**—**
西秀区	1880	667	—	1213	—
平坝县	333	333	—	—	—
镇宁布依族苗族自治县	1553	767	—	787	—
紫云苗族布依族自治县	1880	547	—	1333	—
关岭布依族苗族自治县	1927	787	—	1140	—
普定县	2333	947	—	1387	—
六盘水市	**13407**	**8727**	**—**	**4680**	**—**
六枝特区	2947	1167	—	1780	—
盘县	5460	4620	—	840	—
水城县	3787	2767	—	1020	—
钟山区	1213	173	—	1040	—
毕节市	**16747**	**8413**	**—**	**8333**	**—**
七星关区	2413	1633	—	780	—
大方县	1920	753	—	1167	—
黔西县	1300	400	—	900	—
金沙县	1100	1100	—	—	—
织金县	1667	400	—	1267	—
纳雍县	2153	1093	—	1060	—
威宁彝族回族苗族自治县	3487	1973	—	1513	—

分县造林完成情况

单位：公顷

地区	荒山荒(沙)地造林面积				更新造林
	合计	人工造林	飞播造林	无林地和疏林地新封山(沙)育林	
赫章县	1760	700	—	1060	—
百管委	947	360	—	587	—
铜仁市	**20265**	**10265**	**—**	**10000**	**—**
德江县	2513	896	—	1617	—
沿河土家族自治县	1952	609	—	1342	—
思南县	2121	959	—	1162	—
印江土家族苗族自治县	1648	975	—	674	—
石阡县	1335	640	—	696	—
江口县	2152	1099	—	1053	—
碧江区	2213	1413	—	800	—
松桃苗族自治县	2334	1606	—	728	—
玉屏侗族自治县	1953	1134	—	819	—
万山区	2043	933	—	1110	—
黔南布依族苗族自治州	**18800**	**6503**	**—**	**12297**	**—**
罗甸县	2040	1307	—	733	—
三都水族自治县	1514	731	—	783	—
荔波县	1660	453	—	1207	—
福泉市	1313	313	—	1000	—
瓮安县	1587	313	—	1274	—
贵定县	1333	266	—	1067	—
长顺县	1340	727	—	613	—
龙里县	1266	466	—	800	—
惠水县	1435	395	—	1040	—
平塘县	1867	793	—	1074	—
都匀市	1779	333	—	1446	—
独山县	1666	406	—	1260	—
黔东南苗族侗族自治州	**17267**	**9893**	**—**	**7373**	**—**
凯里市	1333	320	—	1013	—
镇远县	1007	247	—	760	—
黄平县	1860	973	—	887	—
岑巩县	1980	1053	—	927	—
麻江县	2080	93	—	1987	—
丹寨县	1533	733	—	800	—
黎平县	1427	1427	—	—	—
台江县	333	333	—	—	—
剑河县	333	333	—	—	—
锦屏县	1373	1373	—	—	—
从江县	2000	1333	—	667	—
榕江县	333	333	—	—	—
天柱县	1340	1340	—	—	—
雷公山保护区	333	—	—	333	—
黔西南布依族苗族自治州	**13287**	**7700**	**—**	**5587**	**—**
兴义市	1800	733	—	1067	—
兴仁县	927	927	—	—	—
安龙县	2053	1060	—	993	—
贞丰县	1427	1160	—	267	—
晴隆县	800	400	—	400	—

分县造林完成情况

单位:公顷

地　区	荒山荒(沙)地造林面积				更新造林
	合计	人工造林	飞播造林	无林地和疏林地新封山(沙)育林	
普安县	1213	353	—	860	—
册亨县	1900	1253	—	647	—
望谟县	3100	1747	—	1353	—
巧马林场	67	67	—	—	—
扎佐林场	**200**	**200**	**—**	**—**	**—**
大沙河保护区	**333**	**—**	**—**	**333**	**—**
云南省	**544466**	**495424**	**—**	**49042**	**4935**
昆明市	**13805**	**10462**	**—**	**3343**	**—**
盘龙区	146	146	—	—	—
东川区	3252	2566	—	686	—
呈贡县	33	33	—	—	—
晋宁县	13	13	—	—	—
富民县	1033	1033	—	—	—
宜良县	713	713	—	—	—
石林彝族自治县	1066	1066	—	—	—
嵩明县	1866	1866	—	—	—
禄劝彝族苗族自治县	4670	2013	—	2657	—
寻甸回族彝族自治县	1000	1000	—	—	—
安宁市	13	13	—	—	—
曲靖市	**51816**	**45172**	**—**	**6644**	**601**
麒麟区	666	666	—	—	401
马龙县	2426	2426	—	—	—
陆良县	4997	4400	—	597	—
师宗县	4617	4550	—	67	200
罗平县	6740	6740	—	—	—
富源县	4760	4760	—	—	—
会泽县	10931	9731	—	1200	—
沾益县	1746	1746	—	—	—
宣威市	14933	10153	—	4780	—
玉溪市	**19263**	**14063**	**—**	**5200**	**—**
红塔区	46	46	—	—	—
江川县	333	333	—	—	—
澄江县	3000	1667	—	1333	—
通海县	333	333	—	—	—
华宁县	1120	1120	—	—	—
易门县	4193	993	—	3200	—
峨山彝族自治县	3667	3667	—	—	—
新平彝族傣族自治县	3100	3100	—	—	—
元江哈尼族彝族傣族自治县	3471	2804	—	667	—
保山市	**42371**	**42371**	**—**	**—**	**—**
隆阳区	7518	7518	—	—	—
施甸县	4773	4773	—	—	—
腾冲县	13353	13353	—	—	—
龙陵县	4007	4007	—	—	—
昌宁县	12720	12720	—	—	—
昭通市	**60056**	**60056**	**—**	**—**	**—**
昭阳区	4833	4833	—	—	—

分县造林完成情况

单位:公顷

地　区	荒山荒(沙)地造林面积				更新造林
	合计	人工造林	飞播造林	无林地和疏林地新封山(沙)育林	
鲁甸县	9673	9673	—	—	—
巧家县	5620	5620	—	—	—
盐津县	2467	2467	—	—	—
大关县	6023	6023	—	—	—
永善县	6507	6507	—	—	—
绥江县	1753	1753	—	—	—
镇雄县	12293	12293	—	—	—
彝良县	7693	7693	—	—	—
威信县	1107	1107	—	—	—
水富县	2087	2087	—	—	—
丽江市	**46884**	**46884**	**—**	**—**	**—**
古城区	4680	4680	—	—	—
玉龙纳西族自治县	6647	6647	—	—	—
永胜县	10200	10200	—	—	—
华坪县	6430	6430	—	—	—
宁蒗彝族自治县	18927	18927	—	—	—
普洱市	**14463**	**14463**	**—**	**—**	**4334**
思茅区	358	358	—	—	1667
宁洱哈尼族彝族自治县	755	755	—	—	—
墨江哈尼族自治县	4641	4641	—	—	—
景东彝族自治县	3833	3833	—	—	—
景谷傣族彝族自治县	1933	1933	—	—	2667
镇沅彝族哈尼族拉祜族自治县	367	367	—	—	—
江城哈尼族彝族自治县	427	427	—	—	—
孟连傣族拉祜族佤族自治县	167	167	—	—	—
澜沧拉祜族自治县	1600	1600	—	—	—
西盟佤族自治县	382	382	—	—	—
临沧市	**68740**	**62806**	**—**	**5934**	**—**
临翔区	8880	8213	—	667	—
凤庆县	8733	8400	—	333	—
云县	10247	9580	—	667	—
永德县	11673	9740	—	1933	—
镇康县	5080	5080	—	—	—
双江拉祜族佤族布朗族傣族自治县	8213	7213	—	1000	—
耿马傣族佤族自治县	7914	7247	—	667	—
沧源佤族自治县	8000	7333	—	667	—
楚雄彝族自治州	**42827**	**40120**	**—**	**2707**	**—**
楚雄市	2567	2567	—	—	—
双柏县	5733	5733	—	—	—
牟定县	846	846	—	—	—
南华县	5500	5500	—	—	—
姚安县	1667	1667	—	—	—
大姚县	12600	12600	—	—	—
永仁县	780	113	—	667	—
元谋县	1827	1160	—	667	—
武定县	4467	3534	—	933	—
禄丰县	6840	6400	—	440	—

分县造林完成情况

单位:公顷

地　区	荒山荒(沙)地造林面积				更新造林
	合计	人工造林	飞播造林	无林地和疏林地新封山(沙)育林	
红河哈尼族彝族自治州	**29388**	**26923**	**—**	**2465**	**—**
个旧市	779	779	—	—	—
开远市	1116	1116	—	—	—
蒙自市	2662	1874	—	788	—
屏边苗族自治县	1861	1666	—	195	—
建水县	2139	2139	—	—	—
石屏县	2603	2587	—	16	—
弥勒县	2906	2107	—	799	—
泸西县	3093	3093	—	—	—
元阳县	2214	2214	—	—	—
红河县	1480	1480	—	—	—
金平苗族瑶族傣族自治县	4134	4134	—	—	—
绿春县	3201	2534	—	667	—
河口瑶族自治县	1200	1200	—	—	—
文山壮族苗族自治州	**48390**	**40207**	**—**	**8183**	**—**
文山县	5507	5507	—	—	—
砚山县	5673	5673	—	—	—
西畴县	3080	2413	—	667	—
麻栗坡县	4905	2623	—	2282	—
马关县	1480	1480	—	—	—
丘北县	13447	9487	—	3960	—
广南县	7014	5740	—	1274	—
富宁县	7284	7284	—	—	—
西双版纳傣族自治州	**3600**	**3600**	**—**	**—**	**—**
景洪市	1733	1733	—	—	—
勐海县	1200	1200	—	—	—
勐腊县	667	667	—	—	—
大理白族自治州	**42979**	**38727**	**—**	**4252**	**—**
大理市	932	466	—	466	—
漾濞彝族自治县	5780	5113	—	667	—
祥云县	2066	2066	—	—	—
宾川县	5880	5213	—	667	—
弥渡县	1755	1371	—	384	—
南涧彝族自治县	3400	2400	—	1000	—
巍山彝族回族自治县	1000	1000	—	—	—
永平县	1013	1013	—	—	—
云龙县	7967	7300	—	667	—
洱源县	5560	5560	—	—	—
剑川县	6266	5933	—	333	—
鹤庆县	1360	1292	—	68	—
德宏傣族景颇族自治州	**20654**	**19987**	**—**	**667**	**—**
瑞丽市	933	933	—	—	—
芒市	5333	5333	—	—	—
梁河县	2321	2321	—	—	—
盈江县	7500	6833	—	667	—
陇川县	4567	4567	—	—	—
怒江傈僳族自治州	**17426**	**17426**	**—**	**—**	**—**

分县造林完成情况

单位:公顷

地　区	荒山荒(沙)地造林面积				更新造林
	合计	人工造林	飞播造林	无林地和疏林地新封山(沙)育林	
泸水县	4440	4440	—	—	—
福贡县	3166	3166	—	—	—
贡山独龙族怒族自治县	2167	2167	—	—	—
兰坪白族普米族自治县	7653	7653	—	—	—
迪庆藏族自治州	**21804**	**12157**	**—**	**9647**	**—**
香格里拉县	6800	3467	—	3333	—
德钦县	5300	2633	—	2667	—
维西傈僳族自治县	9704	6057	—	3647	—
西藏自治区	**72432**	**38395**	**—**	**34037**	**520**
陕西省	**320287**	**215684**	**39003**	**65600**	**—**
西安市	**6050**	**4717**	**—**	**1333**	**—**
灞桥区	390	390	—	—	—
阎良区	123	123	—	—	—
临潼区	825	825	—	—	—
长安区	757	424	—	333	—
蓝田县	1793	1326	—	467	—
周至县	1396	863	—	533	—
户县	656	656	—	—	—
高陵县	110	110	—	—	—
铜川市	**12219**	**7485**	**—**	**4734**	**—**
市辖区	157	157	—	—	—
王益区	222	222	—	—	—
印台区	3953	1819	—	2134	—
耀州区	3829	2829	—	1000	—
宜君县	4058	2458	—	1600	—
宝鸡市	**26520**	**13187**	**4000**	**9333**	**—**
渭滨区	1200	133	—	1067	—
金台区	843	843	—	—	—
陈仓区	3039	1373	666	1000	—
凤翔县	1932	866	—	1066	—
岐山县	3134	1067	1000	1067	—
扶风县	3399	2399	—	1000	—
眉县	733	400	—	333	—
陇县	3533	1733	667	1133	—
千阳县	2473	1473	—	1000	—
麟游县	2267	1267	667	333	—
凤县	3300	1500	1000	800	—
太白县	133	133	—	—	—
辛家山林业局	267	—	—	267	—
马头滩林业局	267	—	—	267	—
咸阳市	**33473**	**22406**	**2000**	**9067**	**—**
秦都区	133	133	—	—	—
渭城区	200	200	—	—	—
三原县	2000	1400	—	600	—
泾阳县	2266	1533	—	733	—
乾县	1720	920	—	800	—
礼泉县	3534	2600	—	934	—

分县造林完成情况

单位:公顷

地　区	荒山荒(沙)地造林面积				更新造林
	合计	人工造林	飞播造林	无林地和疏林地新封山(沙)育林	
永寿县	4533	3266	—	1267	—
彬县	3953	3086	—	867	—
长武县	4000	2867	—	1133	—
旬邑县	5400	2934	1333	1133	—
淳化县	5334	3067	667	1600	—
武功县	200	200	—	—	—
兴平市	200	200	—	—	—
渭南市	**25505**	**13172**	**—**	**12333**	**—**
临渭区	2513	1647	—	866	—
华县	1818	818	—	1000	—
潼关县	3233	2766	—	467	—
大荔县	2211	1011	—	1200	—
合阳县	1883	750	—	1133	—
澄城县	1476	609	—	867	—
蒲城县	2333	1200	—	1133	—
白水县	2083	883	—	1200	—
富平县	2722	1122	—	1600	—
韩城市	2866	1199	—	1667	—
华阴市	2367	1167	—	1200	—
延安市	**51487**	**35820**	**4000**	**11667**	**—**
市辖区	633	633	—	—	—
宝塔区	1187	720	—	467	—
延长县	3253	1920	—	1333	—
延川县	5287	4620	—	667	—
子长县	1667	1667	—	—	—
安塞县	2867	1867	—	1000	—
志丹县	4534	3867	—	667	—
吴起县	8573	8240	—	333	—
甘泉县	2807	1740	—	1067	—
富县	3033	967	1333	733	—
洛川县	3367	1833	667	867	—
宜川县	3519	2186	1000	333	—
黄龙县	5240	3040	1000	1200	—
黄陵县	1880	1547	—	333	—
劳山林业局	1187	187	—	1000	—
桥北林业局	53	53	—	—	—
桥山林业局	1200	200	—	1000	—
黄龙山林业局	1200	533	—	667	—
汉中市	**19692**	**9623**	**4002**	**6067**	**—**
汉台区	333	—	—	333	—
南郑县	2334	868	667	799	—
城固县	2068	934	667	467	—
洋县	2533	1333	667	533	—
西乡县	2000	1066	667	267	—
勉县	2000	1533	—	467	—
宁强县	3268	2067	667	534	—
略阳县	1622	889	—	733	—

分县造林完成情况

单位:公顷

地　区	荒山荒(沙)地造林面积				更新造林
	合计	人工造林	飞播造林	无林地和疏林地新封山(沙)育林	
镇巴县	1467	267	667	533	—
留坝县	1400	666	—	734	—
佛坪县	667	—	—	667	—
榆林市	**77732**	**67398**	**10334**	**—**	**—**
榆阳区	10533	7533	3000	—	—
神木县	16666	15333	1333	—	—
府谷县	14000	14000	—	—	—
横山县	10400	7733	2667	—	—
靖边县	7767	5100	2667	—	—
定边县	5333	4666	667	—	—
绥德县	1333	1333	—	—	—
米脂县	800	800	—	—	—
佳县	5380	5380	—	—	—
吴堡县	720	720	—	—	—
清涧	4000	4000	—	—	—
子洲县	800	800	—	—	—
安康市	**43542**	**29476**	**7333**	**6733**	**—**
市辖区	333	—	—	333	—
汉滨区	9000	6867	1333	800	—
汉阴县	3694	2360	667	667	—
石泉县	3833	3200	—	633	—
宁陕县	1594	861	—	733	—
紫阳县	6400	3800	2000	600	—
岚皋县	5200	2467	2000	733	—
平利县	3374	2974	—	400	—
镇坪县	1814	1347	—	467	—
旬阳县	5933	3933	1333	667	—
白河县	2367	1667	—	700	—
商洛市	**22734**	**11933**	**7334**	**3467**	**—**
商州区	3667	2200	1000	467	—
洛南县	3667	1533	1667	467	—
丹凤县	2933	1400	1000	533	—
商南县	2933	1400	1000	533	—
山阳县	3667	2400	667	600	—
镇安县	3667	1934	1333	400	—
柞水县	2200	1066	667	467	—
杨凌区	**134**	**134**	**—**	**—**	**—**
省直单位	**1199**	**333**	**—**	**866**	**—**
楼观台实验林场	866	333	—	533	—
秦岭植物园	333	—	—	333	—
甘肃省	**177330**	**110789**	**—**	**66541**	**—**
兰州市	**8009**	**4942**	**—**	**3067**	**—**
市辖区	2928	2128	—	800	—
城关区	600	400	—	200	—
七里河区	400	200	—	200	—
西固区	400	133	—	267	—
红古区	718	451	—	267	—

分县造林完成情况

单位：公顷

地　区	荒山荒（沙）地造林面积				更新造林
	合计	人工造林	飞播造林	无林地和疏林地新封山（沙）育林	
永登县	1000	467	—	533	—
皋兰县	1033	500	—	533	—
榆中县	930	663	—	267	—
嘉峪关市	**790**	**257**	**—**	**533**	**—**
市辖区	790	257	—	533	—
金昌市	**2688**	**754**	**—**	**1934**	**—**
市辖区	400	—	—	400	—
金川区	1467	600	—	867	—
永昌县	821	154	—	667	—
白银市	**14601**	**13868**	**—**	**733**	**—**
白银区	1615	1482	—	133	—
平川区	2115	2115	—	—	—
靖远县	5597	5597	—	—	—
会宁县	1066	666	—	400	—
景泰县	4208	4008	—	200	—
天水市	**10565**	**8099**	**—**	**2466**	**—**
秦州区	1666	1266	—	400	—
麦积区	1966	1633	—	333	—
清水县	1800	1467	—	333	—
秦安县	900	567	—	333	—
甘谷县	2000	1533	—	467	—
武山县	1433	1033	—	400	—
张家川回族自治县	800	600	—	200	—
武威市	**36989**	**20655**	**—**	**16334**	**—**
市直单位	1333	—	—	1333	—
国家林业局甘肃濒危动物保护中心	1000	—	—	1000	—
林科院	67	67	—	—	—
凉州区	8600	7800	—	800	—
民勤县	15514	8047	—	7467	—
古浪县	5414	3614	—	1800	—
天祝藏族自治县	3127	860	—	2267	—
石羊河林业总场	1934	267	—	1667	—
张掖市	**6999**	**1534**	**—**	**5465**	**—**
市直单位	1200	200	—	1000	—
甘州区	2233	567	—	1666	—
肃南裕固族自治县	466	—	—	466	—
民乐县	733	200	—	533	—
临泽县	767	100	—	667	—
高台县	667	200	—	467	—
山丹县	933	267	—	666	—
平凉市	**10797**	**8558**	**—**	**2239**	**—**
市直单位	580	580	—	—	—
太统崆峒自然保护区	666	333	—	333	—
崆峒区	1254	1147	—	107	—
泾川县	1233	900	—	333	—
灵台县	999	999	—	—	—
崇信县	867	867	—	—	—

分县造林完成情况

单位:公顷

地　区	荒山荒(沙)地造林面积				更新造林
	合计	人工造林	飞播造林	无林地和疏林地新封山(沙)育林	
华亭县	1266	933	—	333	—
庄浪县	1666	1133	—	533	—
静宁县	1866	1599	—	267	—
关山林管局	400	67	—	333	—
酒泉市	**7266**	**2633**	**—**	**4633**	**—**
肃州区	1233	833	—	400	—
金塔县	1200	534	—	666	—
瓜州县	1666	733	—	933	—
肃北蒙古族自治县	500	—	—	500	—
阿克塞哈萨克族自治县	400	—	—	400	—
玉门市	1000	533	—	467	—
敦煌市	1267	—	—	1267	—
庆阳市	**13020**	**9753**	**—**	**3267**	**—**
西峰区	1067	934	—	133	—
庆城县	1067	733	—	334	—
环县	1899	1699	—	200	—
华池县	1733	1533	—	200	—
合水县	1066	733	—	333	—
正宁县	333	333	—	—	—
宁县	1333	1200	—	133	—
镇原县	1199	866	—	333	—
华池林业总场	1255	721	—	534	—
合水林业总场	934	534	—	400	—
正宁林业总场	267	—	—	267	—
湘乐林业总场	867	467	—	400	—
定西市	**7507**	**5440**	**—**	**2067**	**—**
市辖区	867	667	—	200	—
安定区	1067	867	—	200	—
通渭县	1200	800	—	400	—
陇西县	800	800	—	—	—
渭源县	533	533	—	—	—
临洮县	946	813	—	133	—
漳县	867	467	—	400	—
岷县	1227	493	—	734	—
陇南市	**10365**	**5032**	**—**	**5333**	**—**
市辖区	467	200	—	267	—
武都区	1233	1100	—	133	—
成县	3132	466	—	2666	—
文县	601	334	—	267	—
宕昌县	967	500	—	467	—
康县	799	466	—	333	—
西和县	933	533	—	400	—
礼县	667	600	—	67	—
徽县	500	500	—	—	—
两当县	200	133	—	67	—
岷江林业总场	400	67	—	333	—
康南林业总场	466	133	—	333	—

分县造林完成情况

单位：公顷

地　区	荒山荒(沙)地造林面积				更新造林
	合计	人工造林	飞播造林	无林地和疏林地新封山(沙)育林	
临夏回族自治州	**17693**	**14893**	**—**	**2800**	**—**
临夏市	474	474	—	—	—
临夏县	3486	3085	—	401	—
康乐县	2399	2066	—	333	—
永靖县	2400	1733	—	667	—
广河县	834	501	—	333	—
和政县	1767	1434	—	333	—
东乡族自治县	3199	2799	—	400	—
积石山保安族东乡族撒拉族自治县	2733	2400	—	333	—
州直单位	401	401	—	—	—
甘南藏族自治州	**4633**	**1833**	**—**	**2800**	**—**
合作市	900	500	—	400	—
临潭县	600	200	—	400	—
卓尼县	200	200	—	—	—
舟曲县	866	333	—	533	—
迭部县	634	167	—	467	—
碌曲县	933	266	—	667	—
夏河县	500	167	—	333	—
省直单位	**25408**	**12538**	**—**	**12870**	**—**
白龙江林业管理局	12102	5834	—	6268	—
小陇山林业实验局	4938	4668	—	270	—
祁连山国家级自然保护区	3200	200	—	3000	—
兴隆山国家级自然保护区	200	200	—	—	—
白水江国家级自然保护区	75	75	—	—	—
西湖国家级自然保护区	200	—	—	200	—
连古城国家级自然保护区	200	—	—	200	—
尕海—则岔国家级自然保护区	333	—	—	333	—
太子山自然保护区	2347	1014	—	1333	—
省林业技术推广总站	67	67	—	—	—
省林业科学研究所	100	100	—	—	—
省治沙所	400	—	—	400	—
甘肃矿区	713	180	—	533	—
省农垦公司	200	200	—	—	—
安南坝野骆驼国家级自然保护区	133	—	—	133	—
盐池湾国家级自然保护区	200	—	—	200	—
青海省	**135644**	**33387**	**—**	**102257**	**—**
西宁市	**15266**	**8533**	**—**	**6733**	**—**
市直单位	2189	2189	—	—	—
城中区	267	267	—	—	—
城西区	478	478	—	—	—
城北区	133	133	—	—	—
大通回族土族自治县	4233	1233	—	3000	—
湟中县	5966	3033	—	2933	—
湟源县	2000	1200	—	800	—
海东地区	**19209**	**11874**	**—**	**7335**	**—**
平安县	1874	1407	—	467	—
民和回族土族自治县	2000	1333	—	667	—

分县造林完成情况

单位：公顷

地区	荒山荒(沙)地造林面积				更新造林
	合计	人工造林	飞播造林	无林地和疏林地新封山(沙)育林	
乐都县	4901	3567	—	1334	—
互助土族自治县	6067	3200	—	2867	—
化隆回族自治县	1767	1100	—	667	—
循化撒拉族自治县	2600	1267	—	1333	—
海北藏族自治州	**3934**	**600**	**—**	**3334**	**—**
门源回族自治县	667	—	—	667	—
祁连县	400	400	—	—	—
海晏县	867	200	—	667	—
刚察县	2000	—	—	2000	—
黄南藏族自治州	**7800**	**1600**	**—**	**6200**	**—**
同仁县	2953	953	—	2000	—
尖扎县	1047	514	—	533	—
泽库县	2667	—	—	2667	—
河南蒙古族自治县	1000	—	—	1000	—
麦秀林场	133	133	—	—	—
海南藏族自治州	**23830**	**4366**	**—**	**19464**	**—**
共和县	4812	1146	—	3666	—
同德县	7720	387	—	7333	—
贵德县	1653	1120	—	533	—
兴海县	5733	400	—	5333	—
贵南县	3912	1313	—	2599	—
果洛藏族自治州	**19065**	**—**	**—**	**19065**	**—**
玛沁县	9333	—	—	9333	—
甘德县	3333	—	—	3333	—
达日县	3066	—	—	3066	—
久治县	3333	—	—	3333	—
玉树藏族自治州	**21400**	**67**	**—**	**21333**	**—**
杂多县	8000	—	—	8000	—
称多县	4667	—	—	4667	—
治多县	3333	—	—	3333	—
囊谦县	5400	67	—	5333	—
海西蒙古族藏族自治州	**17941**	**4481**	**—**	**13460**	**—**
德令哈市	8434	1768	—	6666	—
格尔木市	100	100	—	—	—
乌兰县	886	886	—	—	—
都兰县	1314	1314	—	—	—
大柴旦	3593	400	—	3193	—
芒崖	2280	13	—	2267	—
冷湖	1334	—	—	1334	—
省三江集团	**3066**	**1066**	**—**	**2000**	**—**
贵南草业开发公司	533	533	—	—	—
河卡种羊场	667	—	—	667	—
门源种马场	1866	533	—	1333	—
省监狱管理局	**667**	**667**	**—**	**—**	**—**
诺木洪农场	667	667	—	—	—
省直单位	**3466**	**133**	**—**	**3333**	**—**
玛可河林业局	3466	133	—	3333	—

分县造林完成情况

单位：公顷

地　区	荒山荒(沙)地造林面积				更新造林
	合计	人工造林	飞播造林	无林地和疏林地新封山(沙)育林	
宁夏回族自治区	**94814**	**53430**	**—**	**41384**	**—**
银川市	**9306**	**4973**	**—**	**4333**	**—**
市直单位	204	204	—	—	—
兴庆区	880	213	—	667	—
金凤区	100	100	—	—	—
西夏区	34	34	—	—	—
永宁县	743	410	—	333	—
贺兰县	725	725	—	—	—
灵武市	4557	2557	—	2000	—
白芨滩国家级自然保护区	2063	730	—	1333	—
石嘴山市	**5415**	**3415**	**—**	**2000**	**—**
市直单位	114	114	—	—	—
大武口区	400	400	—	—	—
惠农区	1461	794	—	667	—
平罗县	3440	2107	—	1333	—
吴忠市	**28851**	**15074**	**—**	**13777**	**—**
市直单位	1714	1047	—	667	—
利通区	3499	1499	—	2000	—
红寺堡区	6233	2122	—	4111	—
青铜峡市	2570	1237	—	1333	—
盐池县	7692	5359	—	2333	—
同心县	7143	3810	—	3333	—
固原市	**24138**	**14671**	**—**	**9467**	**—**
市直单位	848	181	—	667	—
原州区	5197	2530	—	2667	—
西吉县	4992	3659	—	1333	—
隆德县	2293	1160	—	1133	—
泾源县	1669	1002	—	667	—
彭阳县	6805	5472	—	1333	—
六盘山保护区	2334	667	—	1667	—
中卫市	**18753**	**12279**	**—**	**6474**	**—**
沙坡头区	8281	5148	—	3133	—
中宁县	5462	3454	—	2008	—
海原县	5010	3677	—	1333	—
区直单位	**6972**	**1639**	**—**	**5333**	**—**
金沙林场	140	7	—	133	—
哈巴湖保护区	3363	1363	—	2000	—
贺兰山保护区	1333	—	—	1333	—
罗山保护区	2136	269	—	1867	—
其他单位	**1379**	**1379**	**—**	**—**	**—**
宁夏农垦局	753	753	—	—	—
其他厅局	626	626	—	—	—
新疆维吾尔自治区	**187321**	**114287**	**—**	**73034**	**2134**
乌鲁木齐市	**4096**	**4096**	**—**	**—**	**—**
天山区	870	870	—	—	—
沙依巴克区	831	831	—	—	—
新市区	812	812	—	—	—

分县造林完成情况

单位:公顷

地　区	荒山荒(沙)地造林面积				更新造林
	合计	人工造林	飞播造林	无林地和疏林地新封山(沙)育林	
水磨沟区	489	489	—	—	—
头屯河区	317	317	—	—	—
达坂城区	178	178	—	—	—
米东区	417	417	—	—	—
乌鲁木齐县	179	179	—	—	—
柴窝堡林场	3	3	—	—	—
克拉玛依市	**1214**	**547**	**—**	**667**	**—**
吐鲁番地区	**7551**	**4684**	**—**	**2867**	**47**
吐鲁番市	2057	990	—	1067	12
鄯善县	2427	1027	—	1400	—
托克逊县	3067	2667	—	400	35
哈密地区	**8000**	**666**	**—**	**7334**	**—**
哈密市	2194	527	—	1667	—
巴里坤哈萨克自治县	1734	67	—	1667	—
伊吾县	4072	72	—	4000	—
昌吉回族自治州	**18935**	**11734**	**—**	**7201**	**—**
昌吉市	2267	1600	—	667	—
阜康市	6947	3280	—	3667	—
昌吉国家农业科技园区	134	134	—	—	—
呼图壁县	467	467	—	—	—
玛纳斯县	3620	2953	—	667	—
奇台县	2367	1367	—	1000	—
吉木萨尔县	2600	1400	—	1200	—
木垒哈萨克自治县	533	533	—	—	—
博尔塔拉蒙古自治州	**10379**	**3545**	**—**	**6834**	**89**
博乐市	2522	855	—	1667	26
艾比湖湿地保护区	166	—	—	166	—
精河县	4900	2233	—	2667	50
温泉县	2738	404	—	2334	13
阿拉山口	53	53	—	—	—
巴音郭楞蒙古自治州	**16057**	**9724**	**—**	**6333**	**14**
库尔勒市	1428	1428	—	—	—
轮台县	609	609	—	—	—
尉犁县	2001	668	—	1333	—
若羌县	2733	1733	—	1000	—
且末县	2747	1747	—	1000	—
焉耆回族自治县	800	800	—	—	7
和静县	2320	653	—	1667	—
和硕县	2584	1251	—	1333	7
博湖县	702	702	—	—	—
沙依东园艺场	133	133	—	—	—
阿克苏地区	**9144**	**5946**	**—**	**3198**	**1092**
阿克苏市	455	455	—	—	470
实验林场	40	40	—	—	—
温宿县	1791	458	—	1333	142
库车县	730	397	—	333	67
沙雅县	2061	1861	—	200	140

分县造林完成情况

单位：公顷

地　区	荒山荒(沙)地造林面积				更新造林
	合计	人工造林	飞播造林	无林地和疏林地新封山(沙)育林	
新和县	1579	1379	—	200	71
拜城县	454	321	—	133	—
乌什县	785	452	—	333	68
阿瓦提县	835	502	—	333	134
柯坪县	414	81	—	333	—
克孜勒苏柯尔克孜自治州	**8592**	**8059**	**—**	**533**	**—**
阿图什市	1646	1646	—	—	—
阿克陶县	4200	4200	—	—	—
阿合奇县	1740	1207	—	533	—
乌恰县	1006	1006	—	—	—
喀什地区	**26240**	**25573**	**—**	**667**	**132**
喀什市	207	207	—	—	—
疏附县	540	540	—	—	4
疏勒县	1707	1707	—	—	—
英吉沙县	1294	627	—	667	23
泽普县	641	641	—	—	24
莎车县	11674	11674	—	—	81
叶城县	954	954	—	—	—
麦盖提县	5107	5107	—	—	—
岳普湖县	1963	1963	—	—	—
伽师县	1959	1959	—	—	—
巴楚县	150	150	—	—	—
塔什库尔干塔吉克自治县	44	44	—	—	—
和田地区	**16200**	**12600**	**—**	**3600**	**176**
和田市	340	340	—	—	2
和田县	1232	1232	—	—	27
墨玉县	2534	2534	—	—	21
皮山县	1941	1941	—	—	23
洛浦县	2853	2520	—	333	16
策勒县	2302	1568	—	734	31
于田县	3666	2000	—	1666	36
民丰县	1332	465	—	867	20
伊犁哈萨克自治州	**20637**	**11173**	**—**	**9464**	**281**
伊宁市	722	389	—	333	48
奎屯市	125	59	—	66	—
伊宁县	2343	1276	—	1067	107
察布查尔锡伯自治县	4789	3456	—	1333	36
霍城县	1167	834	—	333	11
巩留县	3153	1820	—	1333	—
新源县	2552	1285	—	1267	33
昭苏县	814	481	—	333	—
特克斯县	2706	773	—	1933	27
尼勒克县	2266	800	—	1466	19
塔城地区	**19326**	**7658**	**—**	**11668**	**143**
塔城市	1846	513	—	1333	84
乌苏市	2911	244	—	2667	59
额敏县	867	867	—	—	—

分县造林完成情况

单位:公顷

地　区	荒山荒(沙)地造林面积				更新造林
	合计	人工造林	飞播造林	无林地和疏林地新封山(沙)育林	
沙湾县	3179	512	—	2667	—
托里县	2334	1000	—	1334	—
裕民县	656	322	—	334	—
和布克赛尔蒙古自治县	7533	4200	—	3333	—
阿勒泰地区	**20532**	**7864**	**—**	**12668**	**—**
阿勒泰市	1733	1066	—	667	—
布尔津县	3653	1653	—	2000	—
富蕴县	2566	899	—	1667	—
福海县	2886	886	—	2000	—
哈巴河县	3500	1500	—	2000	—
青河县	3127	1460	—	1667	—
吉木乃县	3067	400	—	2667	—
石河子市	**233**	**233**	**—**	**—**	**49**
区直单位	**185**	**185**	**—**	**—**	**111**
天山西部国有林管理局	185	185	—	—	—
西天山国家级自然保护区	—	—	—	—	111
新疆生产建设兵团	**22923**	**19590**	**—**	**3333**	**98**
农一师	**2188**	**2188**	**—**	**—**	**6**
1 团	40	40	—	—	—
2 团	41	41	—	—	—
3 团	220	220	—	—	—
4 团	553	553	—	—	1
5 团	220	220	—	—	5
6 团	50	50	—	—	—
7 团	37	37	—	—	—
8 团	47	47	—	—	—
阿拉尔农场	20	20	—	—	—
10 团	47	47	—	—	—
11 团	184	184	—	—	—
12 团	250	250	—	—	—
13 团	130	130	—	—	—
14 团	70	70	—	—	—
16 团	27	27	—	—	—
塔水处	120	120	—	—	—
水工处	17	17	—	—	—
沙水处	21	21	—	—	—
幸福城农场	94	94	—	—	—
农二师	**3778**	**445**	**—**	**3333**	**—**
21 团	6	6	—	—	—
22 团	34	34	—	—	—
24 团	13	13	—	—	—
25 团	7	7	—	—	—
27 团	7	7	—	—	—
29 团	20	20	—	—	—
30 团	6	6	—	—	—
31 团	20	20	—	—	—
33 团	12	12	—	—	—

分县造林完成情况

单位：公顷

地区	荒山荒(沙)地造林面积				更新造林
	合计	人工造林	飞播造林	无林地和疏林地新封山(沙)育林	
34 团	25	25	—	—	—
36 团	12	12	—	—	—
38 团	200	200	—	—	—
塔里木水管处	1333	—	—	1333	—
223 团	2010	10	—	2000	—
且末支队	73	73	—	—	—
农三师	**2985**	**2985**	**—**	**—**	**56**
41 团	48	48	—	—	—
42 团	43	43	—	—	10
44 团	255	255	—	—	9
45 团	696	696	—	—	7
46 团	79	79	—	—	1
48 团	26	26	—	—	—
49 团	851	851	—	—	15
50 团	113	113	—	—	—
51 团	643	643	—	—	7
53 团	209	209	—	—	7
伽师总场	20	20	—	—	—
东风农场	2	2	—	—	—
农四师	**1451**	**1451**	**—**	**—**	**1**
61 团	217	217	—	—	—
62 团	127	127	—	—	—
63 团	253	253	—	—	—
64 团	189	189	—	—	—
66 团	8	8	—	—	—
67 团	175	175	—	—	—
68 团	21	21	—	—	—
69 团	33	33	—	—	—
70 团	54	54	—	—	—
71 团	20	20	—	—	—
72 团	27	27	—	—	—
73 团	112	112	—	—	—
74 团	23	23	—	—	—
75 团	5	5	—	—	—
76 团	8	8	—	—	1
77 团	4	4	—	—	—
78 团	168	168	—	—	—
79 团	7	7	—	—	—
农五师	**400**	**400**	**—**	**—**	**—**
81 团	35	35	—	—	—
83 团	54	54	—	—	—
84 团	52	52	—	—	—
86 团	54	54	—	—	—
87 团	37	37	—	—	—
88 团	27	27	—	—	—
89 团	71	71	—	—	—
90 团	36	36	—	—	—

分县造林完成情况

单位:公顷

地区	荒山荒(沙)地造林面积				更新造林
	合计	人工造林	飞播造林	无林地和疏林地新封山(沙)育林	
91 团	34	34	—	—	—
农六师	**3033**	**3033**	**—**	**—**	**10**
101 团	7	7	—	—	—
102 团	40	40	—	—	2
103 团	39	39	—	—	1
105 团	837	837	—	—	2
106 团	10	10	—	—	2
新湖农场	488	488	—	—	—
芳草湖农场	454	454	—	—	—
红旗农场	820	820	—	—	1
军户农场	7	7	—	—	—
共青团农场	85	85	—	—	—
六运湖农场	7	7	—	—	—
土墩子农场	27	27	—	—	—
奇台农场	20	20	—	—	2
北塔山牧场	12	12	—	—	—
师直单位	180	180	—	—	—
农七师	**844**	**844**	**—**	**—**	**—**
123 团	80	80	—	—	—
124 团	55	55	—	—	—
125 团	96	96	—	—	—
126 团	57	57	—	—	—
127 团	54	54	—	—	—
128 团	133	133	—	—	—
129 团	133	133	—	—	—
130 团	84	84	—	—	—
131 团	135	135	—	—	—
137 团	15	15	—	—	—
九建	2	2	—	—	—
农八师	**5308**	**5308**	**—**	**—**	**—**
121 团	829	829	—	—	—
133 团	1009	1009	—	—	—
134 团	544	544	—	—	—
136 团	481	481	—	—	—
141 团	55	55	—	—	—
142 团	353	353	—	—	—
143 团	65	65	—	—	—
144 团	240	240	—	—	—
石河子总场	184	184	—	—	—
147 团	299	299	—	—	—
148 团	578	578	—	—	—
149 团	123	123	—	—	—
150 团	541	541	—	—	—
152 团	7	7	—	—	—

分县造林完成情况

单位:公顷

地　区	荒山荒(沙)地造林面积				更新造林
	合计	人工造林	飞播造林	无林地和疏林地新封山(沙)育林	
农九师	**665**	**665**	**—**	**—**	**8**
161 团	7	7	—	—	—
162 团	7	7	—	—	—
163 团	27	27	—	—	—
164 团	27	27	—	—	—
165 团	26	26	—	—	—
166 团	22	22	—	—	—
167 团	104	104	—	—	8
168 团	72	72	—	—	—
169 团	9	9	—	—	—
170 团	340	340	—	—	—
团结农场	24	24	—	—	—
农十师	**550**	**550**	**—**	**—**	**—**
181 团	33	33	—	—	—
182 团	17	17	—	—	—
183 团	140	140	—	—	—
184 团	13	13	—	—	—
185 团	44	44	—	—	—
186 团	3	3	—	—	—
187 团	33	33	—	—	—
188 团	267	267	—	—	—
农十二师	**666**	**666**	**—**	**—**	**—**
头屯河农场	67	67	—	—	—
三坪农场	18	18	—	—	—
104 团	7	7	—	—	—
五一农场	367	367	—	—	—
西山农场	180	180	—	—	—
221 团	27	27	—	—	—
农十三师	**208**	**208**	**—**	**—**	**16**
红星 1 场	14	14	—	—	—
红星 2 场	13	13	—	—	1
红星 4 场	25	25	—	—	2
黄田农场	77	77	—	—	—
火箭农场	38	38	—	—	5
柳树泉农场	17	17	—	—	1
红山农场	17	17	—	—	—
淖毛湖农场	7	7	—	—	7
农十四师	**847**	**847**	**—**	**—**	**1**
47 团	17	17	—	—	1
皮山农场	270	270	—	—	—
一牧场	3	3	—	—	—
224 团	557	557	—	—	—
军事管理区	**13333**	**13333**	**—**	**—**	**—**
大兴安岭	**—**	**—**	**—**	**—**	**—**

附录五

全国历年主要统计指标完成情况

ANNEX Ⅴ

全国历年造林面积

单位:千公顷

年份	造林面积			
	合计	人工造林	飞播造林	新封山育林
1949～1952	1707.33	1707.33		
1953	1112.93	1112.93		
1954	1166.20	1166.20		
1955	1710.53	1710.53		
1956	5723.27	5723.27		
1957	4355.07	4355.07		
1958	6098.67	6098.67		
1959	5449.67	5442.67	7.00	
1960	4143.93	4136.93	7.00	
1961	1441.33	1432.33	9.00	
1962	1198.73	1188.73	10.00	
1963	1530.13	1516.03	14.10	
1964	2911.33	2893.23	18.10	
1965	3425.33	3403.23	22.10	
1966	4533.33	4351.83	181.50	
1967	3904.00	3540.99	363.01	
1968	3413.33	2858.81	554.52	
1969	3479.33	2753.31	726.02	
1970	3884.00	2976.48	907.52	
1971	4525.13	3404.40	1120.73	
1972	4635.73	3473.33	1162.40	
1973	4982.87	3925.47	1057.40	
1974	5002.47	4114.74	887.73	
1975	4973.73	4437.66	536.07	
1976	4925.73	4323.06	602.67	
1977	4793.27	4218.54	574.73	
1978	4496.33	4125.73	370.60	
1979	4489.27	3910.27	579.00	
1980	4552.00	3940.00	612.00	
1981	4110.07	3681.00	429.07	
1982	4495.60	4115.80	379.80	
1983	6324.40	5603.13	721.27	
1984	8253.67	7290.74	962.93	
1985	8336.80	6948.80	1388.00	
1986	5274.00	4158.20	1115.80	
1987	5414.20	4207.27	1206.93	
1988	5533.27	4574.80	958.47	
1989	5023.33	4109.53	913.80	
1990	5208.47	4353.34	855.13	
1991	5594.47	4751.80	842.67	
1992	6030.40	5083.70	946.70	
1993	5903.40	5044.40	859.00	
1994	5992.66	5190.24	802.42	
1995	5214.61	4629.35	585.26	
1996	4919.38	4314.96	604.42	
1997	4354.93	3737.75	617.18	
1998	4811.05	4086.00	725.05	
1999	4900.71	4276.85	623.86	
2000	5105.14	4345.01	760.13	
2001	4953.04	3977.32	975.72	
2002	7770.97	6896.04	874.93	
2003	9118.89	8432.48	686.41	
2004	5598.08	5018.89	579.19	
2005	3637.68	3221.29	416.39	
2006	3838.79	2446.12	271.80	1120.87
2007	3907.71	2738.52	118.67	1050.52
2008	5353.74	3684.26	154.07	1515.41
2009	6262.33	4156.29	226.34	1879.70
2010	5909.92	3872.76	195.95	1841.21
2011	5996.61	4065.69	196.93	1733.99
2012	5595.79	3820.70	136.41	1638.68
1949～1952	1707.33	1707.33		
1953～1957	14068.00	14068.00		
1958～1962	18332.33	18299.33	33.00	
1963～1965	7866.79	7812.49	54.30	
1966～1970	19213.99	16481.42	2732.57	
1971～1975	24119.93	19355.60	4764.33	
1976～1980	23256.60	20517.60	2739.00	
1981～1985	31520.54	27639.47	3881.07	
1986～1990	26453.27	21403.14	5050.13	
1991～1995	28735.54	24699.49	4036.05	
1996～2000	24091.21	20760.57	3330.64	
2001～2005	31078.66	27546.03	3532.64	
2006～2010	25272.49	16897.96	966.82	7407.71
1949～2012	287309.09	245074.82	31453.89	10780.37

注:1. 1985 年以前,造林成活率达到 40% 即统计造林面积,以后为达到 85% 以上统计。

2. 根据《造林技术规程》(GB/T 15776—2006),本表自 2006 年起将无林地和疏林地新封山育林面积计入造林总面积。

全国历年新封山育林和迹地更新面积

单位:千公顷

年份	新封山育林面积	迹地更新面积	年份	新封山育林面积	迹地更新面积
1949~1952		22.53	1990	4910.47	671.50
1953		16.53	1991	6220.47	664.10
1954		38.80	1992	5874.10	673.60
1955		39.20	1993	4795.60	739.20
1956		94.13	1994	4844.44	722.70
1957		55.80	1995	4538.49	750.96
1958		391.13	1996	3659.83	794.75
1959		560.33	1997	3865.81	798.38
1960		483.73	1998	9699.10	806.30
1961		157.07	1999	6704.50	1042.83
1962		106.33	2000	6130.00	919.80
1963		183.00	2001	5821.90	515.29
1964		206.53	2002	2561.36	379.00
1965		238.93	2003	1817.34	285.99
1966		321.00	2004	1196.55	319.31
1967		303.00	2005	1763.00	407.55
1968		240.00	2006	1120.87	408.24
1969		233.00	2007	1050.52	390.91
1970		325.00	2008	1515.41	424.00
1971		307.53	2009	1879.70	344.25
1972		319.00	2010	1841.21	306.71
1973		356.73	2011	1733.99	326.64
1974		362.00	2012	1638.68	305.07
1975		422.00	1949~1952		22.53
1976		420.80	1953~1957		244.46
1977		416.40	1958~1962		1698.59
1978		458.40	1963~1965		628.46
1979		409.33	1966~1970		1422.00
1980		421.93	1971~1975		1767.26
1981	3652.33	442.60	1976~1980		2126.86
1982	5732.00	438.80	1981~1985	26889.87	2580.47
1983	5678.07	508.80	1986~1990	25277.07	3308.40
1984	6780.67	552.00	1991~1995	26273.10	3550.56
1985	5046.80	638.27	1996~2000	30059.24	4362.06
1986	5736.13	577.40	2001~2005	13160.15	1907.14
1987	5449.13	703.50	2006~2010	7407.71	1874.12
1988	4646.00	636.90	1949~2012	132439.79	26124.61
1989	4535.33	719.10			

注:2004年后新封山育林面积指无林地和疏林地新封山育林面积。

全国历年林业重点

年 份	合 计	天然林资源保护工程	退耕还林工程		京津风沙源治理工程	
			退耕还林工程合计	其中：退耕地造林		小 计
1979～1985	10109.80					10109.80
1986	1106.73					1106.73
1987	1064.80					1064.80
1988	1063.93					1063.93
1989	1001.80					1001.80
1990	1662.06					1662.06
“七五”小计	**5899.32**					**5899.32**
1991	2082.20					2082.20
1992	2308.00					2308.00
1993	2602.10				132.80	2211.80
1994	2729.59				139.79	2366.48
1995	2862.17				168.59	2450.71
“八五”小计	**12584.06**				**441.18**	**11419.19**
1996	2669.49				164.95	2316.73
1997	2642.61				215.95	2233.46
1998	2856.00	290.35			231.58	2196.02
1999	3275.63	477.56	447.93	381.47	211.58	2032.46
2000	3345.92	426.37	683.60	328.42	280.27	1708.80
“九五”小计	**14789.65**	**1194.28**	**1131.53**	**709.89**	**1104.33**	**10487.47**
2001	3160.18	948.08	870.99	386.14	217.32	1034.92
2002	6777.38	856.08	4423.61	2039.77	676.38	775.63
2003	8262.78	688.26	6196.13	3085.93	824.43	533.54
2004	4802.85	641.45	3217.54	824.90	473.27	448.32
2005	3109.10	424.81	1898.36	667.39	408.25	368.20
“十五”小计	**26112.30**	**3558.68**	**16606.63**	**7004.13**	**2599.64**	**3160.62**
2006	2810.80	774.82	1050.53	218.49	409.54	566.82
2007	2681.65	732.88	1056.02	59.46	315.13	574.22
2008	3437.50	1009.02	1189.70	2.16	469.04	765.77
2009	4596.24	1360.91	886.67	0.74	434.82	1893.08
2010	3669.65	885.48	982.62	0.33	439.13	1360.65
“十一五”小计	**17195.84**	**4763.11**	**5165.52**	**281.19**	**2067.66**	**5160.54**
2011	3093.87	553.56	730.18	0.06	545.19	1264.03
2012	2753.93	485.20	655.27		541.69	1071.77
“十二五”小计	**5847.80**	**1038.77**	**1385.45**	**0.06**	**1086.88**	**2335.79**
总 计	**92538.76**	**10554.83**	**24289.13**	**7995.26**	**7299.69**	**48572.73**

注：1. 本表数据从2001年开始，将原有的16个工程整合形成10个重点林业工程。太行山绿化工程1990年造林面积数据为原全国防沙治沙工程数据。

2. 1993～2011年造林面积合计项包含速生丰产用材林工程造林，自2012年起该工程造林不作为林业重点生态工程

3. 根据《造林技术规程》(GB/T 15776—2006)，本表自2006年起将无林地和疏林地新封山育林面积计入造林总面积。

生态工程完成造林面积

单位:千公顷

三北及长江流域等防护林体系工程					
三北防护林工程	长江流域防护林工程	沿海防护林工程	珠江流域防护林工程	太行山绿化工程	平原绿化工程
10109.80					
1106.73					
1064.80					
1063.93					
956.07	45.73				
983.33	324.13			354.60	
5174.86	**369.86**			**354.60**	
1170.47	462.40	223.60		225.73	
1255.20	584.60	235.80		232.40	
1160.00	573.00	131.20		275.20	72.40
1255.49	546.00	152.78		358.22	53.99
1333.26	535.71	103.27		427.04	51.43
6174.42	**2701.71**	**846.65**		**1518.59**	**177.82**
1342.28	463.96	72.17		402.46	35.86
1266.12	447.75	63.48	56.72	366.32	33.07
1243.96	448.60	60.29	39.85	343.74	59.58
1245.41	369.84	44.48	32.09	293.36	47.28
1053.16	206.94	56.91	30.68	298.51	62.60
6150.93	**1937.09**	**297.33**	**159.34**	**1704.39**	**238.39**
541.71	162.72	90.90	27.05	141.29	71.25
453.76	110.29	55.71	46.55	76.15	33.16
275.30	108.75	38.56	44.71	50.05	16.18
232.34	113.28	30.18	31.76	30.92	9.85
217.89	65.94	22.68	30.67	28.52	2.50
1721.00	**560.98**	**238.03**	**180.74**	**326.93**	**132.94**
326.83	78.67	16.96	28.82	114.67	0.87
381.53	76.40	23.85	17.42	73.93	1.10
497.95	72.25	74.25	36.97	80.28	4.07
1255.87	222.13	212.18	82.06	119.16	1.67
928.24	118.81	173.24	66.83	69.22	4.30
3390.42	**568.26**	**500.48**	**232.10**	**457.27**	**12.01**
737.78	204.84	209.89	72.29	36.58	2.64
678.74	157.94	145.39	51.58	38.12	
1416.52	**362.79**	**355.29**	**123.87**	**74.69**	**2.64**
34137.95	**6500.68**	**2237.77**	**696.05**	**4436.47**	**563.80**

354.60 千公顷系指 1984 ~ 1990 年的造林面积,其中 1990 年造林面积为 109.73 千公顷;京津风沙源治理工程 1993 ~ 2000 年

统计。下表与此相同。

全国历年林业重点生态工程实际

指标名称		合计	天然林资源保护工程	退耕还林工程	京津风沙源治理工程	
						小　计
1979～1989	实际完成投资	62295				62295
	其中:国家投资	35443				35443
1990	实际完成投资	25537				25537
	其中:国家投资	13469				13469
1991	实际完成投资	34949				34949
	其中:国家投资	20247				20247
1992	实际完成投资	44640				44640
	其中:国家投资	22888				22888
1993	实际完成投资	118913			3351	66925
	其中:国家投资	32351			1914	27613
1994	实际完成投资	144563			6822	79326
	其中:国家投资	36779			3064	32187
1995	实际完成投资	162611			7259	86411
	其中:国家投资	43062			3523	36285
“八五”小计	**实际完成投资**	**505676**			**17432**	**312251**
	其中:国家投资	**155327**			**8501**	**139220**
1996	实际完成投资	203110			15741	124720
	其中:国家投资	54772			4506	47433
1997	实际完成投资	244737			33782	152324
	其中:国家投资	68989			12247	52494
1998	实际完成投资	495760	227761		37741	176215
	其中:国家投资	285611	206365		10176	63797
1999	实际完成投资	761756	409225	33595	35477	235521
	其中:国家投资	506707	351309	33595	8198	108432
2000	实际完成投资	1106412	608414	154075	43102	300821
	其中:国家投资	881704	582886	146623	15655	136540
“九五”小计	**实际完成投资**	**2811775**	**1245400**	**187670**	**165843**	**989601**
	其中:国家投资	**1797783**	**1140560**	**180218**	**50782**	**408696**

完成投资及国家投资情况(一)

单位:万元

三北及长江流域等防护林体系工程						野生动植物保护及自然保护区建设工程
三北防护林工程	长江流域防护林工程	沿海防护林工程	珠江流域防护林工程	太行山绿化工程	平原绿化工程	
53781	1167			7347		
33076	427			1940		
16733	6676			2128		
10291	2616			562		
19750	7747	5214		2238		
14315	3205	1983		744		
24921	10342	7250		2127		
15978	3608	2613		689		
35080	15112	9773		4436	2524	
18076	5283	2346		949	959	
38928	18587	9485		6903	5423	
19589	6535	1899		1643	2521	
42459	18308	10268		7443	7933	
21454	5474	2089		2253	5015	
161138	**70096**	**41990**		**23147**	**15880**	
89412	**24105**	**10930**		**6278**	**8495**	
71169	23114	16548		7371	6518	
30802	7455	2531		2085	4560	
80567	21095	12653	16430	12247	9332	
34704	7196	2198	502	2853	5041	
90289	27774	21029	12060	11970	13093	
37206	11154	3340	1557	5411	5129	
118754	31384	22897	16463	24232	21791	
57383	16345	5717	2775	14195	12017	
143682	31273	31551	14392	23781	56142	
71602	18427	13768	6831	13327	12585	
504461	**134640**	**104678**	**59345**	**79601**	**106876**	
231697	**60577**	**27554**	**11665**	**37871**	**39332**	

全国历年林业重点生态工程实际

指标名称		合计	天然林资源保护工程	退耕还林工程	京津风沙源治理工程	
						小计
2001	实际完成投资	1795799	949319	314547	183275	303066
	其中:国家投资	1355797	887717	248459	59283	145743
2002	实际完成投资	2558004	933712	1106096	123238	316711
	其中:国家投资	2250647	881617	1061504	120022	157582
2003	实际完成投资	3339160	679020	2085573	258781	232083
	其中:国家投资	2978139	650304	1926019	239513	136239
2004	实际完成投资	3510242	681985	2142905	267666	352661
	其中:国家投资	2983123	640983	1920609	261857	135782
2005	实际完成投资	3616302	620148	2404111	332625	192556
	其中:国家投资	3212387	584777	2185928	325408	91292
"十五"小计	**实际完成投资**	**14819507**	**3864184**	**8053232**	**1165585**	**1397077**
	其中:国家投资	**12780093**	**3645398**	**7342519**	**1006083**	**666638**
2006	实际完成投资	3533372	643750	2321449	327666	179501
	其中:国家投资	3255411	604120	2224633	310029	85398
2007	实际完成投资	3480379	820496	2084085	320929	165879
	其中:国家投资	3029091	666496	1915544	298768	91273
2008	实际完成投资	4202355	973000	2489727	323871	337349
	其中:国家投资	3626077	923500	2210195	310795	139275
2009	实际完成投资	5087347	817253	3217569	403175	557076
	其中:国家投资	4179556	688199	2886310	355377	209602
2010	实际完成投资	4720065	731299	2927290	382406	570888
	其中:国家投资	3617431	591086	2499773	329166	138550
"十一五"小计	**实际完成投资**	**21023518**	**3985798**	**13040120**	**1758047**	**1810693**
	其中:国家投资	**17707566**	**3473401**	**11736455**	**1604135**	**664098**
2011	实际完成投资	5322129	1826744	2463373	250395	664819
	其中:国家投资	4343147	1696826	1949855	223978	394431
2012	实际完成投资	5283825	2186318	1977649	356646	630274
	其中:国家投资	4050116	1710230	1545329	321863	380467
"十二五"小计	**实际完成投资**	**10605954**	**4013062**	**4441022**	**607041**	**1295093**
	其中:国家投资	**8393263**	**3407056**	**3495184**	**545841**	**774898**
总　计	**实际完成投资**	**49828725**	**13108444**	**25722044**	**3713948**	**5867010**
	其中:国家投资	**40869475**	**11666415**	**22754376**	**3215342**	**2688993**

完成投资及国家投资情况(二)

单位:万元

三北及长江流域等防护林体系工程						野生动植物保护及自然保护区建设工程
三北防护林工程	长江流域防护林工程	沿海防护林工程	珠江流域防护林工程	太行山绿化工程	平原绿化工程	
102468	53406	40026	10678	16169	80319	20917
56163	22736	14425	6499	8832	37088	12109
139272	45837	41164	17657	17151	55630	39261
66512	27942	13839	15481	10920	22888	28460
85437	41442	29155	13136	10436	52477	52406
49105	27758	20127	11083	8097	20069	25609
86645	109028	51946	11922	13048	80072	44465
44014	26017	29705	9797	11268	14981	22133
85231	53607	23029	9134	14620	6936	51452
41252	12808	19704	7039	10095	394	24450
499053	**303320**	**185320**	**62527**	**71423**	**275434**	**208501**
257046	**117261**	**97800**	**49899**	**49212**	**95420**	**112761**
84328	24386	42553	6509	13949	7776	54718
38539	8262	20637	4647	13108	205	30750
94026	13912	37819	3994	13213	2915	79580
48202	9964	23290	2811	6541	465	55464
184078	34916	94009	7142	16804	400	69800
99184	13119	18429	4043	4275	225	41963
270310	101057	140019	23828	21663	199	80097
133198	27000	35953	8979	4422	50	39948
284589	49422	192579	27177	16471	650	100107
68632	19557	33802	12519	4000	40	57740
917331	**223693**	**506979**	**68650**	**82100**	**11940**	**384302**
387755	**77902**	**132111**	**32999**	**32346**	**985**	**225865**
322215	98832	200344	26204	12948	4276	114253
208105	42627	117478	14984	11167	70	77727
325088	99667	165824	25796	13899		132938
210938	40869	96239	19977	12444		92227
647303	**198499**	**366168**	**52000**	**26847**	**4276**	**247191**
419043	**83496**	**213717**	**34961**	**23611**	**70**	**169954**
2783067	**931415**	**1205135**	**242522**	**290466**	**414406**	**839994**
1418029	**363768**	**482112**	**129524**	**151258**	**144302**	**508580**

全国历年木材、竹材及木材加工、林产化学主要产品产量(一)

时期	木材(万立方米)	竹材(万根)	锯材(万立方米)	人造板(万立方米)				松香(吨)	栲胶(吨)	紫胶(吨)
				总计	其中					
					胶合板	纤维板	刨花板			
1949	567.00									
1950	664.40									
1951	764.40									
1952	1233.20	*2710	*1151.40	*4.5	*4.5			*78056	*88	*180
三年恢复时期	**3229.00**	***2710**	***1151.40**	***4.5**	***4.5**			***78056**	***88**	***180**
1953	1753.90	2643	664.00	3.54	3.54			22267	120	15
1954	2220.60	5021	759.90	4.65	4.65			45905	157	105
1955	2093.30	5902	678.20	5.18	5.18			80091	568	142
1956	2104.80	12490	890.80	5.64	5.64			109992	1275	154
1957	2786.90	9348	824.10	6.98	6.98			116799	1633	143
“一五”时期	**10959.50**	**35404**	**3817.00**	**25.99**	**25.99**			**375054**	**3753**	**559**
1958	3579.40	14873	1187.60	12.57	12.57			98373	3679	245
1959	4517.70	15547	1454.70	16.47	15.31	1.16		79387	11266	201
1960	4129.30	8869	1622.90	20.71	14.76	5.96		78429	13650	245
1961	2193.50	4993	778.70	9.58	7.43	2.15		39227	6661	332
1962	2374.60	6076	672.80	9.52	7.42	1.55	0.54	33595	4800	241
“二五”时期	**16794.50**	**50358**	**5716.70**	**68.86**	**57.49**	**10.83**	**0.54**	**329011**	**40056**	**1264**
1963	3250.20	6853	826.40	13.60	10.43	1.86	1.30	97982	6078	180
1964	3800.00	6726	1063.90	16.89	11.95	2.80	2.14	162914	9276	220
1965	3978.00	7031	1160.10	22.06	13.90	5.02	3.14	167172	13064	440
三年调整时期	**11028.20**	**20610**	**3050.40**	**52.55**	**36.28**	**9.68**	**6.59**	**428068**	**28418**	**840**
1966	4192.40	6991	1117.80	23.13	15.04	6.24	1.85	178943	15789	640
1967	3249.60	7223	1157.40	16.78	12.23	3.46	1.09	166119	14320	800
1968	2791.20	6603	909.10	14.07	10.59	2.59	0.90	181911	13100	1400
1969	3283.30	6619	1004.80	20.06	14.67	4.18	1.21	204158	18969	1100
1970	3781.80	6958	1100.30	24.04	17.07	5.47	1.50	189288	22098	1800
“三五”时期	**17298.30**	**34394**	**5289.40**	**98.08**	**69.60**	**21.94**	**6.55**	**920419**	**84276**	**5740**
1971	4067.30	7542	1104.90	27.81	17.21	8.73	1.87	200411	23209	1873
1972	4253.50	7629	957.80	31.74	18.24	10.82	2.68	240074	21850	1076
1973	4466.90	11493	993.10	35.20	18.84	13.14	3.22	261467	17581	1302
1974	4607.10	9954	1009.00	33.99	17.62	13.34	3.03	289287	18085	1562
1975	4702.70	9073	1069.10	37.37	19.21	15.49	2.67	266224	20861	915
“四五”时期	**22097.50**	**45691**	**5133.90**	**166.10**	**91.13**	**61.51**	**13.46**	**1257463**	**101586**	**6728**
1976	4572.80	10439	1001.10	38.11	18.44	17.02	2.65	237773	19066	807
1977	4967.20	10799	1125.20	45.87	20.85	22.13	2.89	259150	23959	783
1978	5162.30	11181	1105.50	62.45	25.22	32.88	4.36	282027	30130	1384
1979	5438.93	10507	1271.40	77.46	29.24	42.93	5.29	297034	33831	2234
1980	5359.31	9621	1368.70	91.43	32.99	50.62	7.82	327283	36314	2134
“五五”时期	**25500.54**	**52547**	**5871.90**	**315.32**	**126.74**	**165.58**	**23.00**	**1403267**	**143300**	**7342**

注:标有*号的产品产量数据为1949~1952年合计数。

全国历年木材、竹材及木材加工、林产化学主要产品产量(二)

时期	木材（万立方米）	竹材（万根）	锯材（万立方米）	人造板(万立方米)				松香（吨）	栲胶（吨）	紫胶（吨）
				总计	其 中					
					胶合板	纤维板	刨花板			
1981	4942.31	8656	1301.06	99.61	35.11	56.83	7.67	406214	40159	1095
1982	5041.25	10183	1360.85	116.67	39.41	66.99	10.27	400784	36000	1397
1983	5232.32	9601	1394.48	138.95	45.48	73.45	12.74	246916	34131	1045
1984	6384.81	9117	1508.59	151.38	48.97	73.59	16.48	307993	36523	1489
1985	6323.44	5641	1590.76	165.93	53.87	89.50	18.21	255736	36875	2102
“六五”时期	**27924.13**	**43198**	**7155.74**	**672.54**	**222.84**	**360.36**	**65.37**	**1617643**	**183688**	**7128**
1986	6502.42	7716	1505.20	189.44	61.08	102.70	21.03	293500	42059	1661
1987	6407.86	11855	1471.91	247.66	77.63	120.65	37.78	395692	50306	1909
1988	6217.60	26211	1468.40	289.88	82.69	148.41	48.31	376482	41862	1482
1989	5801.80	15238	1393.30	270.56	72.78	144.27	44.20	409463	26411	833
1990	5571.00	18714	1284.90	244.60	75.87	117.24	42.80	344003	20402	829
“七五”时期	**30500.68**	**79734**	**7123.71**	**1242.14**	**370.05**	**633.27**	**194.12**	**1819140**	**181040**	**6714**
1991	5807.30	29173	1141.50	296.01	105.40	117.43	61.38	343300	19516	876
1992	6173.60	40430	1118.70	428.90	156.47	144.45	115.85	419503	26141	732
1993	6392.20	43356	1401.30	579.79	212.45	180.97	157.13	503681	26176	931
1994	6615.10	50430	1294.30	664.72	260.62	193.03	168.20	437269	18177	1001
1995	6766.90	44792	4183.80	1684.60	759.26	216.40	435.10	481264	19662	1393
“八五”时期	**31755.10**	**208181**	**9139.60**	**3654.02**	**1494.20**	**852.28**	**937.66**	**2185017**	**109672**	**4933**
1996	6710.27	42175	2442.40	1203.26	490.32	205.50	338.28	501221	23766	1450
1997	6394.79	44921	2012.40	1648.48	758.45	275.92	360.44	675758	19814	579
1998	5966.20	69253	1787.60	1056.33	446.52	219.51	266.30	416016	14081	255
1999	5236.80	53921	1585.94	1503.05	727.64	390.59	240.96	434528	10972	294
2000	4723.97	56183	634.44	2001.66	992.54	514.43	286.77	386760	7510	778
“九五”时期	**29032.03**	**266453**	**8462.78**	**7412.78**	**3415.47**	**1605.95**	**1492.75**	**2414283**	**76143**	**3356**
2001	4552.03	58146	763.83	2111.27	904.51	570.11	344.53	377793	9446	431
2002	4436.07	66811	851.61	2930.18	1135.21	767.42	369.31	395273	9132	561
2003	4758.87	96867	1126.87	4553.36	2102.35	1128.33	547.41	443306	11970	1078
2004	5197.33	109846	1532.54	5446.49	2098.62	1560.46	642.92	485863	12113	1117
2005	5560.31	115174	1790.29	6392.89	2514.97	2060.56	576.08	606594	7668	779
“十五”时期	**24504.61**	**446844**	**6065.13**	**21434.19**	**8755.66**	**6086.88**	**2480.25**	**2308829**	**50329**	**3966**
2006	6611.78	131176	2486.46	7428.56	2728.78	2466.60	843.26	845959	10564	3569
2007	6976.65	139761	2829.10	8838.58	3561.56	2729.85	829.07	1061658	13733	3430
2008	8108.34	126220	2840.95	9409.95	3540.86	2906.56	1142.23	945590	9337	2891
2009	7068.29	135650	3229.77	11546.65	4451.24	3488.56	1431.00	1001574	11000	1992
2010	8089.62	143008	3722.63	15360.83	7139.66	4354.54	1264.20	1205991	10925	2080
“十一五”时期	**36854.68**	**675814**	**15108.92**	**52584.57**	**21422.11**	**15946.12**	**5509.76**	**5060772**	**55559**	**13962**
2011	8145.92	153929	4460.25	20919.29	9869.63	5562.12	2559.39	1253651	9129	2046
2012	8174.87	164412	5568.19	22335.79	10981.17	5800.35	2349.55	1091832	6926	1971
“十二五”时期	**16320.79**	**318342**	**10028.44**	**43255.08**	**20850.80**	**11362.48**	**4908.94**	**2345483**	**16055**	**4017**
总　计	**303799.56**	**2277569**	**91963.62**	**130982.22**	**56938.36**	**37116.86**	**15638.99**	**22464449**	**1073875**	**66549**

全国历年林业投资完成情况(一)

单位:万元

年　份	林业投资完成额	其中:国家投资
1950	1010	1010
1951	1666	1666
1952	5524	5524
三年恢复时期	**8199**	**8200**
1953	13874	13874
1954	12415	12415
1955	11483	11483
1956	17733	17733
1957	21393	21393
“一五”时期	**76897**	**76898**
1958	32666	32666
1959	61240	51648
1960	84021	74052
1961	34396	31284
1962	39329	29085
“二五”时期	**251652**	**218735**
1963	63498	52506
1964	81209	68759
1965	80974	69974
三年调整时期	**225680**	**191239**
1966	79469	62657
1967	60233	44232
1968	47492	34054
1969	56252	39680
1970	62235	42977
“三五”时期	**305681**	**223600**
1971	76123	50339
1972	89978	58055
1973	93597	64052
1974	99317	63436
1975	98806	55519
“四五”时期	**457821**	**291401**
1976	68669	49659
1977	58757	46008
1978	108360	65604
1979	141326	91364
1980	144954	68481
“五五”时期	**522066**	**321116**

全国历年林业投资完成情况(二)

单位:万元

年　份	林业投资完成额	其中:国家投资
1981	140752	64928
1982	168725	70986
1983	164399	77364
1984	180111	85604
1985	183303	81277
“六五”时期	**837291**	**380159**
1986	231994	83613
1987	247834	97348
1988	261413	91504
1989	237553	90604
1990	246131	107246
“七五”时期	**1224925**	**470315**
1991	272236	134816
1992	329800	138679
1993	409238	142025
1994	476997	141198
1995	563972	198678
“八五”时期	**2052243**	**755396**
1996	638626	200898
1997	741802	198908
1998	874648	374386
1999	1084077	594921
2000	1677712	1130715
“九五”时期	**5016865**	**2499828**
2001	2095636	1551602
2002	3152374	2538071
2003	4072782	3137514
2004	4118669	3226063
2005	4593443	3528122
“十五”时期	**18032904**	**13981372**
2006	4957918	3715114
2007	6457517	4486119
2008	9872422	5083432
2009	13513349	7104764
2010	15533217	7452396
“十一五”时期	**50334423**	**27841825**
2011	26326068	11065990
2012	33420880	12454012
“十二五”时期	**59746948**	**23520002**
总　计	**139093595**	**70780086**

附录六

2003～2012年主要林产品进出口情况

ANNEX Ⅵ

2003～2012年主要林产品

产品			2003年	2004年	2005年	2006年
总计		出口	12235984	16300854	20574172	26377042
		进口	16641987	19939912	22102107	25798689
原木	针叶原木	出口	57	—	91	94
		进口	945157	1168493	1387979	1713618
	阔叶原木	出口	2830	1959	1950	1275
		进口	1501992	1635825	1855561	2215648
	合计	出口	2887	1959	2040	1368
		进口	2447149	2804318	3243540	3929266
锯材		出口	236790	219843	281431	356490
		进口	1198789	1387144	1516885	1697715
单板		出口	110806	120710	128529	171508
		进口	95536	109913	121181	118163
特形材		出口	187866	278238	557133	731094
		进口	21359	15043	25099	27429
刨花板		出口	20022	21394	18396	25183
		进口	113224	123197	115461	101730
纤维板		出口	20662	125121	396067	635782
		进口	320892	272725	229268	195714
胶合板		出口	495433	1249941	1879039	2910501
		进口	355124	384280	276681	197174
木制品		出口	2299221	2934699	3139195	3791812
		进口	35366	52953	49605	61572
木家具		出口	3815513	5229343	6843165	8783827
		进口	60661	72706	87217	117585
木片		出口	95223	102486	92893	64321
		进口	31878	39929	122141	119140
木浆		出口	2041	925	10728	16480
		进口	2643336	3526709	3694780	4354322
废纸		出口	37	24	8	5
		进口	1231243	1726999	2457178	2748047
纸和纸制品		出口	599608	768335	1060777	1457284
		进口	4393027	4637510	4387339	4215202
木炭		出口	63494	39067	22501	26111
		进口	2051	2809	6070	5922
松香		出口	139805	163850	254515	365260
		进口	3574	4392	4849	5815

进出口金额(一)

单位:千美元

2007 年	2008 年	2009 年	2010 年	2011 年	2012 年
31930993	33488310	36316317	46316686	55033714	58690787
32360169	38439466	33902486	47506554	65299100	61948082
17	21	274	51	38	1724
2404879	2414186	2234430	3240796	4864608	7250935
1194	965	4306	10475	6730	—
2950955	2769073	1852088	2830298	3408524	3760576
1211	986	4580	10526	6768	1724
5355834	5183259	4086518	6071094	8273132	3490359
392669	412265	346344	342001	360493	331346
1774871	2039427	2327863	3878172	5721322	5524195
200086	243925	172678	210865	273559	234420
135718	98504	63736	88064	118568	135155
519003	448662	371345	433189	377244	359769
21636	19774	15547	19708	29668	30988
34758	45873	32712	41387	56411	66454
106352	91859	88913	114283	122232	116921
1085801	1094538	884401	1114253	1435693	1613657
168916	140415	119570	124654	107114	93740
3577941	3400530	2523949	3402140	4339929	4795625
170383	167469	89042	116042	119681	119546
3828644	3522246	3324597	4114612	4536235	4854951
70251	75033	84081	121953	156709	274723
10683050	11017339	12035202	16157214	17118709	18331201
220383	311952	297671	387711	546457	596047
25249	9034	887	558	726	30
158338	182490	353802	673817	1159600	1331814
27487	6916	22351	11344	34119	12694
5498741	6660933	6795615	8774104	11852421	10904715
18	1	48	119	616	691
4041970	5556926	3796054	5352897	6967452	6275973
1844016	2070567	6129326	7554688	10454553	11800706
4287379	4363240	3879784	4610590	5055272	4600238
20114	22979	26065	35748	39094	44428
9914	14663	17552	22952	44877	58017
274265	271944	181729	486750	593328	268287
6686	4739	6104	8830	8577	17549

2003～2012 年主要林产品

产品			2003 年	2004 年	2005 年	2006 年
水果	柑橘属	出口	75574	105020	143383	161510
		进口	47922	48433	44859	54642
	鲜苹果	出口	209773	274407	306313	372552
		进口	23708	29417	25428	25277
	鲜梨	出口	79968	90665	122078	147713
		进口	239	234	52	23
	鲜葡萄	出口	5827	7382	9982	19234
		进口	41608	67482	82385	69654
	山竹果	出口	—	10	1	1
		进口	—	29764	39547	25217
	鲜榴莲	出口	—	1	—	—
		进口	—	52501	47863	53929
	鲜龙眼	出口	—	1131	1348	2160
		进口	—	69286	73265	85219
	鲜火龙果	出口	—	—	—	—
		进口	—	—	—	—
坚果	核桃	出口	25842	31043	46112	56691
		进口	1081	2648	3767	6324
	板栗	出口	49989	58461	49803	57404
		进口	22454	21813	21993	20264
	松子仁	出口	51334	68896	76324	103081
		进口	36	100	154	63
	开心果	出口	3232.691	4800	6403	5488
		进口	15295.372	17432	19252	14664
干果	梅干及李干	出口	1488	1568	1073	970
		进口	883	972	591	1071
	龙眼干、肉	出口	858	1041	883	1079
		进口	19544	28730	26933	32991
	柿饼	出口	12911	13210	16314	12105
		进口	—	11	43	37
	红枣	出口	9838	10942	11561	10717
		进口	1	25	1	5
	葡萄干	出口	10830.824	18397	21762	30880
		进口	9571.859	14666	15747	15695
果汁	柑橘属果汁	出口	3680	3347	3974	7402
		进口	65640	50443	62562	85830
	苹果汁	出口	254178	325345	458169	594846
		进口	348	1042	412	297
其他		出口	3351253	4029252	4612272	5456183
		进口	3440447	4344283	5299957	7412689

注：1．资料来源：海关总署信息中心；

2．木浆中未包括从回收纸与纸板中提取的木浆；

3．纸和纸制品中未包括回收纸和纸板及印刷品等；

4．2003～2008 年以造纸工业纸浆消耗价值中原生木浆价值的比例将从回收的纸与纸板中提取的纤维浆、回收纸与纸为：2003 年取0.21，2004～2006 年取 0.22，2007 年取 0.214，2008 年取 0.221，2009 年取 0.80，2010 年为 0.78，

5．2003～2008 年以造纸工业纸浆消耗价值中原生木浆价值的比例将纸和纸制品出口额折算为木制林产品价值，2009～2007 年取 0.26，2008 年取 0.26，2009 年取 0.81，2010 年取 0.79，2011 年取 0.81，2012 年取 0.86；

6．印刷品、手稿、打字稿等的进(出)口额＝进(出)口折算量×纸和纸制品的平均价格。

进出口金额(二)

单位:千美元

2007 年	2008 年	2009 年	2010 年	2011 年	2012 年
257633	437373	592697	615797	726457	971902
54670	67312	74224	106072	148576	150776
512645	698398	713518	831627	914326	959913
34674	45188	54108	75932	115830	92578
161765	215087	220716	243263	285559	325154
16	27	23	75	1043	3793
32944	47437	85926	104943	162273	336036
63180	95018	172077	189471	324280	425205
—	—	—	1	1	1
62230	69565	144383	147018	145837	196000
—	—	—	1	4	—
71250	92850	124373	149562	234304	399762
2718	2770	857	711	2451	2813
98239	124192	157334	193182	314287	395965
—	121	161	300	719	1093
—	55236	94538	105305	200154	326473
53887	60224	19849	24536	47654	54660
6218	12624	28502	48596	55204	73373
62244	62981	68208	73434	75865	85864
18304	18531	18108	22090	17893	26937
81610	47675	142974	159277	153902	174671
1091	6955	7875	5619	21990	22467
5906	13098	5622	7334	10889	35959
43178	76554	77461	203136	116623	134940
2136	1942	2311	3844	4943	6766
1500	1783	2865	4942	8274	9718
1018	1005	1249	1742	1674	1868
52849	53530	88737	64630	86455	82020
15983	10630	9098	13896	11100	16040
18	—	—	—	1	—
10709	12187	17399	17447	22611	26808
3	14	20	90	58	70
36329	47225	65311	69960	102067	73901
17917	19686	18340	23010	34943	41525
10525	14424	14218	16064	19946	11107
122646	97790	106311	109036	172899	153505
1243994	1130079	655526	747088	1081240	1142004
1224	4634	718	606	1087	1383
6924636	8116983	7640042	9459801	11782556	11746517
9683594	7559270	6718656	9727522	23016281	14830100

板出口额折算为木制林产品价值，2009～2012 年按木纤维浆(原生木浆和废纸中的木浆)价值比例折算。各年的折算系数 2011 年为 0.80，2012 年为 0.85；

2012 年按木纤维浆(原生木浆和废纸中的木浆)价值比例折算。各年的折算系数为：2003 年取 0.26，2004～2006 年取 0.27，

2003～2012年主要林产品

产品			单位	2003年	2004年	2005年	2006年
原木	针叶原木	出口	立方米	417	—	742	113
		进口	立方米	15019747	16003654	18270100	19717608
	阔叶原木	出口	立方米	8980	6137	6185	4169
		进口	立方米	10435720	10304868	11097886	12435326
	合计	出口	立方米	9397	6137	6927	4282
		进口	立方米	25455467	26308522	29367986	32152934
锯材		出口	立方米	543013	489331	682072	829990
		进口	立方米	5598051	6051670	6054178	6153148
单板		出口	立方米	106626	110498	104091	143893
		进口	立方米	223395	154142	151800	134002
特形材		出口	吨	146197	221247	424922	518926
		进口	吨	22566	11962	13127	16523
刨花板		出口	立方米	67463	130751	95035	141658
		进口	立方米	623999	652594	633972	541102
纤维板		出口	立方米	63556	509945	1376697	1968316
		进口	立方米	1394223	1377045	1137113	924481
胶合板		出口	立方米	2040470	4305484	5583972	8303695
		进口	立方米	797810	799298	589120	413429
木制品		出口	吨	1593213	1983984	2009708	2304919
		进口	吨	31660	37844	39018	47047
木家具		出口	件	142179765	175777874	211601212	248149710
		进口	件	876469	851909	863112	1290094
木片		出口	吨	1137770	1094162	880655	596242
		进口	吨	279741	302680	871274	895437
木浆		出口	吨	3763	1504	20456	32007
		进口	吨	5988591	7214995	7520149	7881293
废纸		出口	吨	228	163	30	24
		进口	吨	9381794	12306851	17036170	19623353
纸和纸制品		出口	吨	502386	576634	790907	1145650
		进口	吨	6626430	6376108	5465318	4604689
木炭		出口	吨	106615	68141	37497	46652
		进口	吨	26654	31066	43013	39406
松香		出口	吨	301173	342888	347455	367148
		进口	吨	1924	2152	2345	2872

进出口数量(一)

2007 年	2008 年	2009 年	2010 年	2011 年	2012 年
66	100	851	174	41	—
23270909	18577008	20302606	24274023	31465280	26769151
3655	2725	11885	28208	14339	3569
13861696	10992626	7756655	10073466	10860568	11123565
3721	2825	12736	28382	14380	3569
37132605	29569634	28059261	34347489	42325848	37892716
763544	717475	561106	539433	544194	479847
6557793	7181828	9935167	14812175	21606705	20669661
152746	146283	114327	158158	246914	205644
130215	91894	72327	109517	200231	342983
363790	310052	251560	302159	254144	247267
13755	12333	7953	10513	13442	14108
179824	193171	124944	165527	86786	216685
524918	374137	446543	539368	547030	540749
3056768	2382562	2031141	2569456	3291031	3609069
702512	504505	452979	400071	306210	211524
8715903	7185060	5634800	7546940	9572461	10032149
304098	293937	179178	213672	188371	178781
2207534	1750049	1563994	1858712	1876915	1865571
52585	60187	39734	43652	55484	198006
280364654	242633034	247470421	298327198	289157492	286991126
2468740	3147981	3298999	4361353	5497244	6368316
214540	73014	7247	5342	5094	69
1139607	1056387	2766012	4631704	6565328	7580364
50781	10628	35045	14433	31520	19504
8383914	9460349	13578483	11299952	14354611	16380763
108	4	220	621	2853	2067
22562110	24205826	27501707	24352214	27279353	30067145
1457278	1356450	4802753	5157993	5997827	6444274
4208691	3735959	3495948	3536533	3477712	3254368
42643	50976	54922	63398	67463	64192
75003	136266	156678	175518	188697	167655
329214	276517	193291	249801	231148	167784
3122	1076	2927	3589	2659	9918

2003～2012 年主要林产品

产品			单位	2003 年	2004 年	2005 年	2006 年
水果	柑橘属	出口	吨	292034	361385	465623	435127
		进口	吨	76637	66889	61530	78931
	鲜苹果	出口	吨	609052	774131	824050	804226
		进口	吨	41524	37281	33204	31075
	鲜梨	出口	吨	296962	318218	368298	375298
		进口	吨	689	500	81	16
	鲜葡萄	出口	吨	13433	17800	21257	34293
		进口	吨	53412	58887	57490	46021
	山竹果	出口	吨	—	2	3	1
		进口	吨	—	30811	35200	17161
	鲜榴莲	出口	吨	—	1	—	—
		进口	吨	—	85500	75371	85220
	鲜龙眼	出口	吨	—	1547	3251	3150
		进口	吨	—	109418	143375	168482
	鲜火龙果	出口	吨	—	—	—	—
		进口	吨	—	—	—	—
坚果	核桃	出口	吨	22411	25805	32267	33617
		进口	吨	1468	2687	3717	6290
	板栗	出口	吨	32369	37581	37065	43379
		进口	吨	9902	13503	13763	13343
	松子仁	出口	吨	6080	9542	11655	9948
		进口	吨	33	70	27	8
	开心果	出口	吨	2177	3572	4992	3931
		进口	吨	11435	9473	11965	9129
干果	梅干及李干	出口	吨	2041	1697	663	484
		进口	吨	785	1010	503	1095
	龙眼干、肉	出口	吨	292	311	250	287
		进口	吨	38361	55461	44385	58895
	柿饼	出口	吨	11535	11067	11603	7122
		进口	吨	—	21	59	123
	红枣	出口	吨	17483	15796	13080	9539
		进口	吨	1	26	1	1
	葡萄干	出口	吨	7778	12122	13392	23392
		进口	吨	7931	10772	11274	11109
果汁	柑橘属果汁	出口	吨	4214	3266	3848	8984
		进口	吨	53057	48255	60814	64454
	苹果汁	出口	吨	418235	487139	648463	673047
		进口	吨	478	1344	461	348

注：1. 资料来源：海关总署信息中心；

2. 表中数据体积与重量按刨花板 650 千克/立方米，单板 750 千克/立方米的标准换算；2003 年按纤维板 700 千克/立方米标准折算；2007～2012 年纤维板折算标准：密度 > 800 千克/立方米的取 950 千克/立方米、500 千克/立方米 < 密度 < 立方米的取 250 千克/立方米；

3. 木浆中未包括从回收纸和纸板中提取的木浆；

4. 纸和纸制品中未包括回收的废纸和纸板、印刷品、手稿等；

5. 2003～2008 年废纸、纸和纸制品出口量按纸和纸产品中的原生木浆比例折算，2009～2012 年按木纤维浆（原生木浆和年为 0.22，2007 年为 0.214，2008 年为 0.221，2009 年为 0.80，2010 年为 0.78，2011 年为 0.80，2012 年为 0.85；

6. 核桃进（出）口量包括未去壳核桃和核桃仁的折算量，其中核桃仁的折算量是以 40% 的出仁率将核桃仁数量折算为未栗数量折算为未去壳板栗数量；开心果进（出）口量包括未去壳开心果和去壳开心果的折算量，其中去壳开心果的折算量

7. 柑橘属水果中包括橙、葡萄柚、柚、蕉柑、其他柑橘、柠檬酸橙、其他柑橘属水果。

进出口数量(二)

2007 年	2008 年	2009 年	2010 年	2011 年	2012 年
564471	862105	1113002	933089	901557	1082217
74421	79946	91652	105275	131739	126154
1019840	1153326	1174191	1122953	1034635	975878
36396	42395	54116	66882	77085	61505
405189	446656	463159	437804	402778	409584
14	9	13	13	527	2479
55790	63303	100225	89359	106477	152292
42775	51613	89775	81744	122909	168409
—	—	—	1	4	1
40404	41084	91719	90918	83573	101141
—	—	—	4	11	—
105667	138929	196147	172205	210938	286510
3560	2221	945	1177	1704	1894
174625	196451	256037	291336	338846	323328
—	282	418	440	430	607
—	118248	195044	218355	339710	469245
28081	26179	10582	12086	17952	18024
7813	9033	21102	25918	22837	27801
45409	40920	46640	37002	37767	35081
11151	11890	10820	11983	9197	10666
7882	4178	7862	7027	9633	11579
196	882	935	503	2481	2279
3953	7691	2469	3382	5178	11008
19290	29605	21545	52781	24952	28039
736	475	551	954	1157	1522
1372	1552	3034	5635	9065	8269
254	222	232	283	264	248
80996	76117	133616	62036	77370	58551
8546	5660	5001	6505	4657	6080
7	—	—	—	—	—
9496	7884	8668	7686	6873	8522
1	17	5	51	37	17
25680	30620	41345	39850	47959	30633
12338	12570	11743	13855	20624	22358
11941	16895	20220	22563	20541	6102
65324	47566	65108	71364	78156	61904
1042326	692574	799505	788409	613912	591633
1028	2270	467	464	819	1034

折算,2004～2006 年纤维板分别按硬质纤维板 950 千克/立方米、中密度纤维板 650 千克/立方米、绝缘板 250 千克/立方米的
800 千克/立方米的取 650 千克/立方米、350 千克/立方米 < 密度 < 500 千克/立方米的取 425 千克/立方米、密度 < 350 千克/

废纸中的木浆)比例折算,纸和纸制品出口量按纸和纸产品中木浆比例折算,出口量的折算系数:2003 年为 0.21,2004～2006

去壳的核桃数量;板栗进(出)口量包括未去壳板栗和去壳板栗的折算量,其中去壳板栗的折算量是以 80% 的出仁率将去壳板
是以 50% 的出仁率将去壳开心果数量折算为未去壳开心果数量;

附录七

野生动植物进出口情况

ANNEX Ⅶ

全国野生动植物进出口情况(一)

指标名称				单位	2012年
一、进出口证明书核发数量				**份**	**32213**
1. 进口	小计			份	12914
	动物			份	11860
	植物			份	1054
2. 出口	小计			份	17277
	动物			份	1902
	植物			份	15375
3. 再出口	小计			份	2022
	动物			份	1851
	植物			份	171
二、物种证明核发数量				**份**	**26633**
1. 进口	小计			份	16756
	动物			份	5869
	植物			份	10887
2. 出口	小计			份	9877
	动物			份	2870
	植物			份	7007
三、进出口管理费				**万元**	**3680**
1. 进口	小计			万元	1339
	动物			万元	1148
	植物			万元	190
2. 出口	小计			万元	2342
	动物			万元	858
	植物			万元	1484
四、进出口贸易额				**万元**	**6945407**
(一)进出口证明书贸易额	合计			万元	359536
	1. 进口	小计		万元	96672
		动物	计	万元	77465
			观赏活体类	万元	9168
			实验类	万元	1101
			毛皮类	万元	61740
			食用类	万元	308
			药用或中成药类	万元	1235
			其他	万元	3912
		植物	计	万元	19208
			观赏类	万元	1582
			食用类	万元	691
			用材类	万元	4788
			药用或中成药类	万元	11718
			其他	万元	428

全国野生动植物进出口情况(二)

指标名称				单位	2012年
(一)进出口证明书贸易额	2. 出口	小计		万元	119243
		动物	计	万元	66368
			观赏活体类	万元	1302
			实验类	万元	18916
			毛皮类	万元	232
			食用类	万元	4185
			药用或中成药类	万元	41611
			其他	万元	121
		植物	计	万元	52875
			观赏类	万元	4239
			食用类	万元	35079
			用材类	万元	—
			药用或中成药类	万元	13557
			其他	万元	—
	3. 再出口	小计		万元	143621
		动物	计	万元	137467
			观赏活体类	万元	—
			实验类	万元	—
			毛皮类	万元	2203
			食用类	万元	135015
			药用或中成药类	万元	152
			其他	万元	97
		植物	计	万元	6154
			观赏类	万元	—
			食用类	万元	1472
			用材类	万元	—
			药用或中成药类	万元	4677
			其他	万元	6
(二)物种证明贸易额	合计			万元	6585871
	1. 进口	小计		万元	6096879
		动物		万元	130752
		植物		万元	5966127
	2. 出口	小计		万元	488992
		动物		万元	71461
		植物		万元	417531

各办事处野生动植物

单位	进出口证明书核发数量(份)									
	合计	进口			出口			再出口		
		小计	动物	植物	小计	动物	植物	小计	动物	植物
总计	**32213**	**12914**	**11860**	**1054**	**17277**	**1902**	**15375**	**2022**	**1851**	**171**
濒管办北京办事处	2917	1943	1902	41	884	554	330	90	90	—
濒管办内蒙古自治区办事处	12	10	10	—	2	—	2	—	—	—
濒管办长春办事处	3996	56	37	19	3854	103	3751	86	74	12
濒管办黑龙江省办事处	19	18	16	2	1	1	—	—	—	—
濒管办上海办事处	8746	7568	7452	116	958	640	318	220	202	18
濒管办福州办事处	1099	264	95	169	548	50	498	287	286	1
濒管办合肥办事处	504	188	100	88	276	13	263	40	40	—
濒管办武汉办事处	15	13	1	12	2	2	—	—	—	—
濒管办广州办事处	5662	2789	2208	581	1574	462	1112	1299	1159	140
濒管办成都办事处	1692	29	26	3	1663	15	1648	—	—	—
濒管办云南办事处	7458	29	6	23	7429	50	7379	—	—	—
濒管办西安办事处	89	6	6	—	83	9	74	—	—	—
濒管办乌鲁木齐办事处	4	1	1	—	3	3	—	—	—	—

进出口情况(一)

物种证明核发数量(份)							进出口管理费(万元)						
合计	进口			出口			合计	进口			出口		
	小计	动物	植物	小计	动物	植物		小计	动物	植物	小计	动物	植物
26633	**16756**	**5869**	**10887**	**9877**	**2870**	**7007**	**3680**	**1339**	**1148**	**190**	**2342**	**858**	**1484**
1056	800	371	429	256	191	65	444	184	158	26	259	167	92
11	11	5	6	—	—	—	6	6	6	—	1	—	1
5195	682	363	319	4513	476	4037	160	11	10	1	150	7	143
481	8	—	8	473	—	473	1	1	1	—	—	—	—
5201	4112	1992	2120	1089	348	741	853	724	677	47	128	86	42
1176	831	643	188	345	6	339	232	34	1	33	198	181	17
544	352	58	294	192	50	142	29	18	12	6	11	—	11
44	6	2	4	38	4	34	3	3	1	2	—	—	—
11581	8923	2409	6514	2658	1747	911	700	326	255	71	375	356	18
162	89	10	79	73	—	73	615	5	3	2	611	9	602
1021	854	6	848	167	47	120	583	13	10	4	570	52	518
74	4	4	—	70	—	70	53	13	13	—	40	—	39
87	84	6	78	3	1	2	—	—	—	—	—	—	—

各办事处野生动植物

单位	总计	进出口								
		进出口证明书								
		合计	进口							
			小计	动物						
				计	观赏活体类	实验类	毛皮类	食用类	药用或中成药类	其他
总计	**6945407**	**359536**	**96672**	**77465**	**9168**	**1101**	**61740**	**308**	**1235**	**3912**
濒管办北京办事处	191313	34783	11366	9693	1241	98	7289	—	655	411
濒管办内蒙古自治区办事处	1282	849	429	429	429	—	—	—	—	1
濒管办长春办事处	159323	5676	689	414	336	4	61	—	—	12
濒管办黑龙江省办事处	244032	338	318	289	242	—	4	—	—	43
濒管办上海办事处	525348	93213	49015	45646	1197	237	41310	34	—	2869
濒管办福州办事处	152430	126624	2351	100	38	—	1	35	—	25
濒管办合肥办事处	7458	2663	1545	1085	896	—	189	—	—	—
濒管办武汉办事处	924	200	200	97	97	—	—	—	—	—
濒管办广州办事处	4830622	52307	28588	17892	3811	115	12617	239	580	529
濒管办成都办事处	48067	19015	393	288	—	—	269	—	—	19
濒管办云南办事处	773789	21817	895	648	—	648	—	—	—	—
濒管办西安办事处	2614	2050	884	884	880	—	—	—	—	3
濒管办乌鲁木齐办事处	8205	—	—	—	—	—	—	—	—	—

进出口情况(二)

贸易额(万元)													
贸易额													
						出口							
植物						小计	动物						
计	观赏类	食用类	用材类	药用或中成药类	其他		计	观赏活体类	实验类	毛皮类	食用类	药用或中成药类	其他
19208	**1582**	**691**	**4788**	**11718**	**428**	**119243**	**66368**	**1302**	**18916**	**232**	**4185**	**41611**	**121**
1673	34	—	118	1517	3	23079	19293	502	925	44	—	17814	9
—	—	—	—	—	—	420	370	370	—	—	—	—	—
275	1	—	—	19	256	4801	171	—	—	—	—	160	11
29	—	—	29	—	—	20	—	—	—	—	—	—	—
3369	51	606	478	2131	103	7096	4323	—	98	129	4074	—	22
2252	41	20	2026	143	20	24712	23261	—	—	—	—	23261	—
460	459	—	—	1	—	997	368	—	—	3	—	365	—
103	—	—	—	103	—	1	1	—	—	—	—	—	1
10696	875	65	2136	7575	45	17407	15684	430	15133	57	48	—	15
105	89	—	—	16	—	18622	441	—	378	—	—	—	63
247	33	—	—	214	—	20923	2445	—	2382	—	62	—	—
—	—	—	—	—	—	1166	11	—	—	—	—	11	—
—	—	—	—	—	—	—	—	—	—	—	—	—	—

各办事处野生动植物

单位	进出口								
	进出口证明书								
	出口								
	植物						小计		
	计	观赏类	食用类	用材类	药用或中成药类	其他		计	观赏活体类
总计	**52875**	**4239**	**35079**	**—**	**13557**	**—**	**143621**	**137467**	**—**
濒管办北京办事处	3786	626	191	—	2969	—	339	336	—
濒管办内蒙古自治区办事处	50	—	—	—	50	—	—	—	—
濒管办长春办事处	4629	—	4515	—	115	—	187	160	—
濒管办黑龙江省办事处	20	—	20	—	—	—	—	—	—
濒管办上海办事处	2773	1022	—	—	1751	—	37102	35826	—
濒管办福州办事处	1451	1141	—	—	310	—	99561	99558	—
濒管办合肥办事处	630	381	—	—	249	—	122	122	—
濒管办武汉办事处	—	—	—	—	—	—	—	—	—
濒管办广州办事处	1722	775	7	—	940	—	6312	1466	—
濒管办成都办事处	18181	15	13160	—	5006	—	—	—	—
濒管办云南办事处	18478	280	16229	—	1969	—	—	—	—
濒管办西安办事处	1155	—	957	—	198	—	—	—	—
濒管办乌鲁木齐办事处	—	—	—	—	—	—	—	—	—

进出口情况(三)

贸易额(万元)										
贸易额										
再出口										
动物					植物					
实验类	毛皮类	食用类	药用或中成药类	其他	计	观赏类	食用类	用材类	药用或中成药类	其他
—	**2203**	**135015**	**152**	**97**	**6154**	**—**	**1472**	**—**	**4677**	**6**
—	91	—	152	93	3	—	—	—	—	3
—	—	—	—	—	—	—	—	—	—	—
—	160	—	—	—	26	—	—	—	26	—
—	—	—	—	—	—	—	—	—	—	—
—	365	35457	—	4	1276	—	1276	—	—	—
—	—	99558	—	—	3	—	—	—	—	3
—	122	—	—	—	—	—	—	—	—	—
—	—	—	—	—	—	—	—	—	—	—
—	1466	—	—	—	4846	—	196	—	4650	—
—	—	—	—	—	—	—	—	—	—	—
—	—	—	—	—	—	—	—	—	—	—
—	—	—	—	—	—	—	—	—	—	—
—	—	—	—	—	—	—	—	—	—	—

各办事处野生动植物进出口情况(四)

单位	进出口贸易额(万元)						
	物种证明贸易额						
	合计	进口			出口		
		小计	动物	植物	小计	动物	植物
总计	**6585871**	**6096879**	**130752**	**5966127**	**488992**	**71461**	**417531**
濒管办北京办事处	156530	154772	17175	137596	1758	1038	720
濒管办内蒙古自治区办事处	433	433	349	84	—	—	—
濒管办长春办事处	153646	18146	10475	7671	135501	11091	124410
濒管办黑龙江省办事处	243694	4000	4000	—	239694	—	239694
濒管办上海办事处	432135	401383	36909	364474	30752	4653	26099
濒管办福州办事处	25805	22164	1515	20650	3641	90	3551
濒管办合肥办事处	4795	1177	665	512	3618	186	3432
濒管办武汉办事处	723	232	154	79	491	67	424
濒管办广州办事处	4778316	4712151	59090	4653061	66165	50256	15909
濒管办成都办事处	29052	28015	75	27940	1037	—	1037
濒管办云南办事处	751972	745975	17	745957	5997	4063	1934
濒管办西安办事处	564	261	261	—	303	—	303
濒管办乌鲁木齐办事处	8205	8170	68	8103	35	17	18

附录八

世界主要国家林业情况

ANNEX Ⅷ

2010 年世界主要国家森林面积及变化

国家(地区)	土地面积(千公顷)	2010 年森林面积			2000～2010 年森林覆盖率变化		2010 年活立木生物量中的碳储量	
		森林面积(千公顷)	占国土面积的百分比(%)	人均面积(公顷/千人)	年变化量(千公顷)	年变化率(%)	活立木生物量中的碳储量(百万吨)	单位面积碳储量(吨/公顷)
世界合计	**13009550**	**4033060**	**31**	**597**	**-5211**	**-0.1**	**—**	**—**
非洲合计	**2964388**	**674419**	**23**	**683**	**-3414**	**-0.5**	**—**	**—**
中非共和国	62298	22605	36	5210	-30	-0.1	2861	127
刚果民主共和国	226705	154135	68	2399	-311	-0.2	19639	127
加蓬	25767	22000	85	15193	—	—	2710	123
苏丹	237600	69949	29	1692	-54	-0.1	1393	20
亚洲合计	**3093763**	**592512**	**19**	**145**	**2235**	**0.4**	**—**	**—**
日本	36450	24979	69	196	10	—	—	—
蒙古	155356	10898	7	4126	-82	-0.7	583	53
大韩民国	9692	6222	63	129	-7	-0.1	268	43
印度尼西亚	181157	94432	52	415	-498	-0.5	13017	138
老挝人民民主共和国	23080	15751	68	2538	-78	-0.5	1074	68
马来西亚	32855	20456	62	757	-114	-0.5	3212	157
缅甸	65352	31773	48	641	-310	-0.9	1654	52
泰国	51089	18972	37	282	-3	—	880	46
越南	31007	13797	44	158	207	1.6	992	72
欧洲合计	**2213507**	**1005001**	**45**	**1373**	**676**	**0.1**	**—**	**—**
芬兰	30390	22157	73	4177	-30	-0.1	832	38
法国	54766	15954	29	257	60	0.4	1208	76
德国	34863	11076	32	135	—	—	1405	127
意大利	29414	9149	31	153	78	0.9	558	61
俄罗斯联邦	1637687	809090	49	5722	-18	—	32500	40
西班牙	49911	18173	36	409	119	0.7	422	23
瑞典	41034	28203	69	3064	81	0.3	1255	45
北美洲和中美洲合计	**2132999**	**705393**	**33**	**1315**	**-10**	**—**	**—**	**—**
加拿大	909351	310134	34	9325	—	—	13908	45
墨西哥	194395	64802	33	597	-195	-0.3	2043	32
美利坚合众国	914742	304022	33	975	383	0.1	19308	64
大洋洲合计	**848655**	**191384**	**23**	**5478**	**-700**	**-0.4**	**—**	**—**
澳大利亚	768230	149300	19	7085	-562	-0.4	—	—
新西兰	26331	8269	31	1955	—	—	1292	156
巴布亚新几内亚	45286	28726	63	4368	-141	-0.5	2306	80
南美洲合计	**1756239**	**864351**	**49**	**2246**	**-3997**	**-0.5**	**—**	**—**
巴西	845942	519522	62	2706	-2642	-0.5	62607	121
智利	74353	16231	22	966	40	0.2	1349	83
哥伦比亚	110950	60499	55	1344	-101	-0.2	6805	112
苏里南	15600	14758	95	28656	-2	—	3165	214
委内瑞拉	88205	46275	52	1646	-288	-0.6	—	—

注:资料来源为联合国粮农组织《世界森林状况 2011》。

2008 年世界主要国家林产品产量、贸易量和消费量(一)

国家(地区)	工业原木(千立方米)				锯　材(千立方米)			
	产　量	进口量	出口量	消费量	产　量	进口量	出口量	消费量
世界总计	**1541971**	**119856**	**117050**	**1544777**	**400246**	**106365**	**116040**	**390570**
非洲合计	**72059**	**754**	**3449**	**69365**	**8412**	**4862**	**1307**	**11967**
刚果民主共和国	4452	5	156	4301	15	17	29	3
加蓬	3400	—	2178	1222	230	—	62	169
乌干达	3489	1	19	3471	117	4	1	121
南非	19867	60	273	19654	2056	488	55	2488
尼日利亚	9418	1	40	9379	2000	2	8	1994
亚洲合计	**244515**	**55212**	**7926**	**291801**	**88202**	**25319**	**5174**	**108347**
日本	17709	6766	49	24426	10884	6522	43	17363
大韩民国	2702	4896	—	7598	4366	564	8	4922
印度	23192	1768	14	24946	14789	48	40	14797
印度尼西亚	35551	120	685	34986	4330	318	73	4575
马来西亚	22744	217	4811	18150	4486	203	2514	2174
泰国	8700	159	—	8859	2868	387	384	2871
越南	5850	203	8	6045	5000	563	129	5433
欧洲合计	**507442**	**57383**	**76723**	**488103**	**136552**	**46939**	**72866**	**110625**
芬兰	45965	13371	710	58626	9881	468	5992	4357
法国	28366	2346	3505	27207	9690	3992	1077	12606
德国	46806	5758	7040	45524	23060	6303	12928	16435
意大利	2994	3478	33	6438	1384	6733	243	7874
波兰	30470	1868	369	31969	3786	918	481	4222
俄罗斯联邦	136700	286	36784	100202	21618	23	15258	6383
瑞典	64900	6781	2349	69332	17601	381	12006	5976
北美洲和中美洲合计	**480192**	**6428**	**13387**	**473233**	**119622**	**28148**	**28182**	**119588**
加拿大	132232	4608	2839	134001	41548	1754	24219	19083
墨西哥	6425	174	9	6590	2814	3468	64	6218
美利坚合众国	336895	1430	10200	328125	72869	22136	3703	91303
大洋洲合计	**52378**	**17**	**11290**	**41104**	**9617**	**711**	**2250**	**8079**
澳大利亚	27083	2	1065	26020	5064	575	377	5262
新西兰	20214	6	6684	13536	4341	42	1794	2589
巴布亚新几内亚	3040	—	2519	521	61	1	40	22
南美洲合计	**185385**	**61**	**4275**	**181171**	**37840**	**386**	**6262**	**31964**
巴西	115390	34	121	115303	24987	103	2102	22988
智利	39878	—	44	39834	7306	20	3335	3991
乌拉圭	7244	6	3818	3432	284	27	109	202

2008年世界主要国家林产品产量、贸易量和消费量(二)

国家(地区)	人造板(千立方米)				纸　浆(千吨)				纸张和纸板(千吨)			
	产 量	进口量	出口量	消费量	产 量	进口量	出口量	消费量	产 量	进口量	出口量	消费量
世界总计	**268788**	**73257**	**78342**	**263702**	**193146**	**45087**	**47032**	**191201**	**389237**	**114797**	**115319**	**388715**
非洲合计	**2962**	**1019**	**574**	**3407**	**2632**	**515**	**437**	**2710**	**4285**	**3604**	**1153**	**6737**
刚果民主共和国	3	3	1	5	—	—	—	—	3	15	1	17
加蓬	267	1	80	188	—	—	—	—	—	6	—	5
乌干达	24	6	1	29	—	—	—	—	3	67	1	69
南非	973	130	42	1061	1939	85	195	1828	3033	544	974	2604
尼日利亚	95	68	3	161	23	35	1	57	19	357	1	375
亚洲合计	**120935**	**19796**	**24838**	**115893**	**44289**	**17556**	**3102**	**58743**	**153251**	**22555**	**15296**	**160510**
日本	4609	4656	42	9223	10706	1916	176	12447	28360	1544	1624	28280
大韩民国	3689	1825	37	5478	536	2482	—	3018	10642	804	2675	8771
印度	2592	126	65	2653	4048	432	21	4459	7600	1734	373	8961
印度尼西亚	4332	656	3329	1659	5282	813	2622	3473	7777	401	3574	4603
马来西亚	13054	785	6266	7573	124	220	10	334	1105	2016	308	2812
泰国	3788	186	2556	1417	935	398	125	1208	4108	756	1026	3838
越南	564	488	33	1018	626	132	—	758	1324	648	24	1948
欧洲合计	**77484**	**36291**	**36992**	**76783**	**50377**	**18336**	**14598**	**54114**	**112719**	**59126**	**69405**	**102440**
芬兰	1715	411	1287	839	12087	396	2226	10257	13549	497	11852	2195
法国	6168	2271	3065	5373	2220	1972	624	3568	9420	6144	4932	10632
德国	14674	5284	8783	11175	2909	4887	1002	6794	22842	11139	13254	20727
意大利	5136	2570	997	6709	664	3210	45	3828	9467	5048	3389	11125
波兰	8124	1887	2275	7735	1151	648	33	1766	3044	2843	1496	4391
俄罗斯联邦	10665	1594	2220	10039	7003	80	1875	5208	7700	1478	2634	6544
瑞典	875	1099	331	1644	12060	450	3412	9098	12557	985	10580	2962
北美洲和中美洲合计	**48499**	**14464**	**8741**	**54222**	**73012**	**7258**	**16193**	**64077**	**101476**	**22220**	**24537**	**99160**
加拿大	12220	3689	6153	9756	20405	337	9343	11399	15789	2914	12289	6414
墨西哥	398	1079	52	1425	345	1264	20	1589	5141	3956	445	8652
美利坚合众国	35576	9195	2498	42274	52244	5601	6828	51017	80178	13411	11707	81882
大洋洲合计	**3715**	**649**	**1342**	**3022**	**2741**	**384**	**801**	**2324**	**3412**	**2023**	**1292**	**4143**
澳大利亚	1662	545	427	1780	1195	348	10	1533	2541	1490	684	3347
新西兰	1939	73	900	1112	1546	32	791	787	871	472	600	743
巴布亚新几内亚	94	2	10	86	—	—	—	—	—	17	—	17
南美洲合计	**15193**	**1038**	**5856**	**10375**	**20096**	**1038**	**11902**	**9233**	**14093**	**5268**	**3635**	**15726**
巴西	8611	163	2757	6017	12697	330	7057	5971	8977	1268	2592	7654
智利	2657	179	2193	643	4981	13	4061	933	1391	523	586	1328
乌拉圭	176	55	137	94	967	9	603	373	90	83	37	136